종교와 과학

인공지능(AI) 시대의

종교와 과학

우희종 박수영 박종식 민태영
이명권 최현성 강응섭 양윤희 김영주
공저

열린서원

■ 목차

머리말 _ 7

Ⅰ. 과학의 빛과 종교의 심연, 포스트휴먼 시대를 맞이하며 | 우희종
  1. 사물의 질서와 생명의 질서 _ 16
    1) 빛과 심연 _ 17
    2) 종교적 생명의 재해석 _ 21
    3) 종교의 합리성과 매저키즘 _ 23

  2. 과학의 지식과 종교의 지혜 _ 26
    1) 과학과 종교 차이 _ 26
    2) 지식과 지혜 _ 29
    3) 과학과 종교의 믿음 _ 32

  3. 미래 과학기술과 종교 _ 34
    1) 포스트휴먼 사회 _ 35
    2) 포스트휴먼 사회와 종교 _ 41

Ⅱ. A. N. 화이트헤드가 바라본 종교와 과학 | 박수영 _ 51

Ⅲ. 불교의학의 정체성과 전개 과정 고찰 | 박종식
  1. 들어가는 말; 종교와 과학은 충돌하는가? _ 69
  2. 불교의학은 무엇인가 _ 71
  3. 아유르베다와 불전의 태아학 _ 81
  4. 부정관의 수행법과 불교의학 _ 94
  5. 아유르베다와 불교의 호흡 생리학 _ 106
  6. 나가는 말 : 불교의학의 흐름 _ 123

Ⅳ. 불교의 생명론과 바람직한 과학의 미래 | 민태영

1. 서론 _ 129
2. 불교의 생명, 생명론 _ 131
3. 다르지만 같은 존재, 식물 _ 136
4. 식물의 존재론적, 도덕적 지위 _ 140
5. 소비하는 불교 시대의 과학 _ 150
6. 결론 _ 152

Ⅴ. 인공지능 과학 시대의 노자 철학 | 이명권

1. 서론 _ 159
2. 인공지능 시대의 철학적 문제들 _ 161
3. 인공지능 시대의 노자 철학 _ 172
4. 결론 _ 190

Ⅵ. 초연결·초지능 사회에서 현대 명상의 확장된 가치 | 최현성

1. 서론 _ 196
2. 초연결·초지능 사회와 현대 명상 _ 198
3. 초연결·초지능 사회에서 명상의 활용 _ 212
4. 결론 _ 232

Ⅶ. 정신분석의 충동과 과학자의 욕망: 라캉의 에크리 제32장을 중심으로 | 강응섭

1. 글을 시작하면서 _ 243

2. 시대적 배경과 사상적 배경 _ 244

   3. 『에크리』 32번 글 "Du 〈〈Trieb〉〉 de Freud et du désir du psychanalyste"
      의 번역과 해설 _ 249

   4. 글을 종결하면서 _ 277

VIII. 로버트 쿠버 소설의 메타픽션적 방법론:「프릭쏭 앤 데스컨트」중심으로 | 양윤희

   1. 들어가며 _ 283

   2. 메타픽션이란 무엇인가? _ 285

   3. 로버트 쿠버의 문학 세계 _ 287

   4. '틀깨기'로 본 메타픽션 -「매직 포커」와「모자 마술」_ 293

   5. '파스티슈'로 본 메타픽션 - 종교 서사「형」과「요셉의 결혼」_ 296

   6. '현실의 중첩'인 다층적 서사의 메타픽션-「베이비시터」_ 301

   7. 나아가며: 쿠버가 생각한 메타픽션의 의미-시뮬라크르의 세계 _ 306

IX. 음양오행의 현대적 재해석 | 김영주

   1. 서론 _ 315

   2. 본론 _ 317

      1) 음양과 오행에 대한 사회의 인식 _ 317

      2) 주역(周易) 팔괘(八卦)와 오행(五行) _ 321

      3) 백서(帛書) 및 죽간(竹簡) 『오행』과 사행(四行) _ 326

      4) 전통오행(傳統五行)과 자사오행(子思五行) _ 330

   3. 결론 _ 334

■ 머리말

초연결 시대, 종교와 과학의 새로운 공진화
─『종교와 과학』을 펴내며

　21세기 중반으로 향하는 지금, 우리는 인류 역사상 가장 복합적인 문명 전환기의 문턱에 서 있다. 인공지능과 생명공학, 양자컴퓨팅, 우주탐사, 초연결 네트워크 등 과학기술의 발전은 우리의 삶의 방식은 물론, 존재에 대한 이해와 의미의 지평마저 새롭게 구성하고 있다. 과학은 더 이상 물질세계에 국한되지 않고, 인간의 감정·의식·삶의 목적에까지 깊숙이 관여하며 종교가 전통적으로 다루던 영역과 교차하고 있다.

　이러한 시점에서 〈종교와 과학〉의 성찰적 대화는 단순한 논쟁이나 타협의 문제가 아니라, 지구공동체 전체의 미래와 인간성의 방향을 모색하는 공동 작업이어야 한다는 절박한 자각이 일어나고 있다. 바로 그 접점에서 본 학술지『종교와 과학』이 단행본으로 태어났다.

　K-종교인문연구소의 전문 연구자들과 고려산이쉬람 인문연구진이 함께하는 이번 제8집에서는 불교를 비롯한 다양한 종교 전통의 학자와 과학, 철학, 윤리, 심리학 분야 연구자들이 함께 참여하여, 인공지능과

인간 의식, 기술과 영성, 생명과 존재론, 자연과 인간의 공감 문제 등을 다층적으로 조명하고자 하였다. 특히 불교의 연기(緣起), 무아(無我), 자비(慈悲) 사상은 초지능의 도전 앞에서 인간 존재의 의미를 다시 묻는 데 있어 풍부한 통찰을 제공한다. 아울러 기독교, 유교, 도교 등 여러 종교의 관점에서도, 포스트휴먼의 기술 시대 윤리와 가치 및 자연에 대한 심층적 논의가 이루어졌다.

우희종 교수는 〈과학의 빛과 종교의 심연, 포스트휴먼 시대를 맞이하며〉라는 주제를 다루면서 이렇게 말한다. "과학은 계속 발전하지만, 종교는 발전하지 않는다. 과학이 다루는 사물의 질서는 빛이고, 종교가 다루는 생명의 질서는 심연이다. 포스트휴먼 시대를 맞이하는 과학과 종교의 합리성을 묻는다." 박수영 박사는 〈A. N. 화이트헤드가 바라본 종교와 과학〉이라는 주제의 글을 번역하면서 화이트헤드의 다음과 같은 말을 들려준다. "어떤 종교든 물리적 사실과 접촉하는 한, 과학적 지식이 발전함에 따라 그러한 사실들에 대한 관점은 끊임없이 수정되어야 할 것으로 예상되어야 한다. … 과학의 발전은 종교 사상의 끊임없는 체계화로 이어져야 하며, 이는 종교에 큰 이로움이 될 것이다." 박종식 박사는 〈불교의학의 정체성과 전개과정 고찰〉이라는 논문을 통해, "불교의 수행 공동체에서 필요했던 의학 지식과 기술은 승원 내부에서 발생한 환자에 대한 보살핌을 넘어서서, 일반 대중들을 위한 의술로서 자리 잡게 되는 특징이 있다. 이것은 대승 불교가 표방하는 자비행의 실천이기도 하다. 그러므로 질환과 선병 등에 대한 관심은 자비행의 한 방편으로 전환하여 불교의학의 입장을 설정하는 단초가 된다."고 주장한다. 민태영 박사는 〈불교의 생명론과 바람직한 과학의 미래〉라는 논제의 글을 통해, "종교 특히 인간의 성찰과 수행을 기본으로 하는 불교의 경우 과학이 제시하는 지식을 수용하면서 가치 판단의 기준을 제공하는 역할을 해야 하며, 우리가 실현해야 할 삶의 설계와 행동 기준까지 제시해야 할 책임이 더욱 크다."라고 했다.

이명권 박사는 〈인공지능(AI) 과학 시대의 노자 철학〉을 통해 "노자 도의 개념과 속성이 지니는 역할이 현대 사회에 던져줄 수 있는 교훈을 물었다. 그리고 도(道)와 무위(無爲)의 개념은 자율성과 자연스러움을 강조하고 있고, 인공(人工)에 대한 경계로 노자 소박(素朴)의 미학적 가치를 논했다. 또한 노자 도의 사상을 가장 잘 말해주는 '상선약수(上善若水)'의 개념으로는 비경쟁과 부쟁(不爭)의 윤리를 제시했고, 세속적이고 기술 시대의 지혜에 대해서는 노자가 말하는 '어리석음'의 역설적 가치를 들어 '유식(有識)'의 한계를 비판적으로 성찰했다. 노자 철학의 현대적 전환을 시도한 것으로 인공지능과 무위의 철학은 물론, 인간 중심주의의 해체와 도의 재사유를 고찰했고, 알고리즘 사회에서 '도'의 흐름을 따른다는 것이 어떤 것인지를 논했다."라고 했다. 최현성 박사는 〈초연결·초지능 사회에서 현대 명상의 확장된 가치〉를 논하는 글에서 "궁극적으로 초연결·초지능 사회에서 '착한 인공지능'을 만들기 위한 여정은 기술적 발전과 함께 인간의 윤리적, 철학적 성찰이 병행될 때 비로소 완성될 수 있다. AI와 뇌를 연구하는 과학자가 직접 명상을 통해 철학적 사유를 함양하고 정신을 직접 관찰하는 것은, 인간 중심의 합리적 윤리를 고찰하고, 기술의 잠재력을 최대한 활용하면서도 인간 중심의 가치를 잃지 않도록 끊임없이 고민하는 데 필수적인 요소이다."라고 말한다. 또한 정신분석학자인 강응섭 교수는 〈정신분석의 충동과 과학자의 욕망: 라캉의 『에크리』 제32장을 중심으로〉라는 주제의 글에서, "라캉은 과학에 대하여 그리고 종교에 대해서도 동일한 질문을 던졌다. 즉, 오늘날의 종교와 종교가가 지녀야 할 종교가의 욕망에 관해 질문을 던졌다. 정신분석가 라캉이 종교와 과학에 대하여 던진 욕망에 관한 질문은 60년이 지난 오늘 K-종교인문연구소에서 발간하는 인문연구 제8집 『종교와 과학』을 통해 다시 제기된다."라고 했다. 그리고 양윤희 박사는 "로버트 쿠버(Robert Coover) 소설의 메타픽션적 방법론-『요술 부지깽이(Pricksongs and Descants)』를 중심으로"라는 제목의 글에서, 쿠버의 소설로 본다면 '사건'이란 존재하는 것이 아니라 구성되는 것이다. 쿠버는 이야기의 내용(what happened)보다는, '이야기가 구성되는 방식(how it is told)'에 관심을 두고 서술을 한다. 하나의 '사건'은 객관성을 띠지 않고, 누가, 어떤 관점으로, 어떤 욕망을 가지고 구성하느냐에 따라 달라진다."라고 했다. 그러면서 "메타픽션은 현실을 해체하는 동시에 다시 짜맞추는 재구성의 기술이고 현실은 허구의 틈 속에서 자신의 뼈대를 드러낸다."라고 했다.

이처럼 『종교와 과학』은 종교 간 대화와 학제 간 성찰을 잇는 플랫폼이자, 사유의 다양성과 공동선의 가능성을 모색하는 열린 마당이다. 공저자이자 발행인으로서, 이 책을 세상에 내놓으며, 이 학술지의 탄생을 함께 이끈 모든 공동 저자들 그리고 끊임없는 질문을 던져준 동시대의 독자 여러분께 깊은 감사의 인사를 전한다.

2025년 여름
발행인 이명권(K-종교·인문연구소 소장)

I. 과학의 빛과 종교의 심연, 포스트휴먼 시대를 맞이하며

우희종

과학의 빛과 종교의 심연 포스트휴먼 시대를 맞이하며

우희종(서울대학교 명예교수)

과학은 계속 발전하지만, 종교는 발전하지 않는다.
과학이 다루는 사물의 질서는 빛이고, 종교가 다루는 생명의 질서는 심연이다.
포스트휴먼 시대를 맞이하는 과학과 종교의 합리성을 묻는다.

우리가 맞이한 21세기는 근대 이성에 의한 과학기술문명과 신자유주의 자본주의로 규정된다. 그러한 우리 삶의 현장은 생태계 위기를 불러온 인류세anthropocene를 만들어 내었고, 이제는 인공지능(AI)으로 인한 4차 산업혁명을 맞이했다. 도구적 인공지능(AI)은 물론 자율적 인공지능(SI)의 출현이 예상되는 또 다른 도약을 통한 포스트휴먼 사회는 코앞에 왔다. 이렇게 맹위를 떨치는 과학 발전으로 인해 과학은 더 이상 자연과학만이 아니라, 사회과학, 인문과학으로 확장되어 근대학문 전반의 위치로 격상되었다.

근대 사회에 있어서 과학의 권위, 신뢰, 제도화는 기존 종교의 역할을 대체하게 되었다. 이미 오랫동안 영성이나 초월성을 말하는 종교와 근대 이성의 과학의 관계를 논해 왔듯이 우리가 직면한 미래 기술사회인 포스트휴먼 사회와 종교를 검토하는 것은 필요 하다. 근대과학의 최첨단은 포스트.휴먼으로 전개되기 때문이다. 이를 통해 종교적 통찰이 없는 과학은 위험한가라는 클리셰적인 흔한 질문과 함께 종교의 사회 역할과 탈이념화된 영성/초월성의 가능성을 묻는 것이기도 하다. 인간 사회만이 아니라 지구적 생태 위기를 불러일으킨, 현재 진행형인 근대과학이다 보니 인류 이래 늘 함께 해온 종교 활동도 과학과의 관계에 있어서 늘 새롭게 점검될 필요가 있다.

한편, 합리성에 있어서 근대과학의 합리성은 이성에 근간한다. 종종 합리적인 것은 이성적인 것과 동일시 된다. 하지만 이성적인 것이 합리적이기는 하나, 그 반대인 합리적인 것이 늘 이성적인 것만은 아니다. 이성과 감성, 영성 그리고 무의식을 지닌 인간에게는 일반적으로 과학은 이성에 의한 객관성, 논리, 검증 가능한 경험 등에 바탕을 두고, 종교는 영성에 근간해 주관적 신앙, 상징, 신비 체험을 중시한다. 사람은 이성과 감성, 무의식, 그리고 종교적 내면의 영성/초월성을 지니지만, 과학 기술의 토대는 이성이다보니, 과학은 이성적 '사물의 질서'인 코스모스의 세계, 종교는 '생명의 질서'인 카오스의 세계를 다룬다. 과학의 합리성은 이성에서, 종교의 합리성은 생명에서 온다.

이성과 영성이라는 서로 다른 층위에 기반한 과학과 종교의 단순 비교는 바람직하지 않다. 과학과 종교가 어우러진 인간의 삶과 삶의 현장은 여러 층위가 복합적으로 작동하는 중층구조기에, 여러 층위layer에서 접근되어야 한다. 과학과 종교 간의 만남은 이성이 작동하는 과학 층위와 감성과 무의식과 초월성이 주로 작동하는 종교 층위라는, '서로 다른 층위' 간의 만남이자 소통이다. '서로 다른' 개체/층위/세상/영역이 각자의 고유성을 지닌 채 '함께 만나는' 것이고, 만나야 할 이유는 지금 여기에서 인간 '삶에서 통합'되기 때문이다. 인간 삶의 현장에서 과학과 종교는 화이부동이 되어야 하건만, 서로 다른 층위의 사안을 동일 층위에 올려놓고 옳고 그름을 따지는 어리석고 소모적인 상황이 있다. 이를 분명히 하기 위해 과학이란 무엇이며, 종교는 무엇인가에서 출발해 21세기 들어 과학의 시녀처럼 보이게 된 철학과 과학 기술 및 종교적 사유 간의 경계와 관계에 주목한다.

특히 과학의 존재론적 기반과 종교의 실천적 접점을 살펴봄에 있어서[1], '확장성을 지닌 근대적 사유'와 '수렴성의 종교적 사유'의 관계에 주목한다. 무엇보다 과학과 종교가 각자 절대화된 '진리' 개념에 집착할 경우, 양자의 소통은 불가능하다. 빛으로 은유되는 근대 이성의 확장성과 진리로서의 생명성 및 비움과 절대적 수용이라는 종교적 매저키즘 Masochism의[2] 자세를 살펴볼 때 더욱 분명해진다.

첨단 과학의 산물인 포스트휴먼 시대에서 논의되고 있는 신유물론(New Materialism)은 종우월주의적 인간 중심 사고를 넘어, 존재의 얽힘과 물질의 능동성을 강조하며 새로운 윤리적 지형을 제시한다[3]. 흥미롭게도, 이러한 사유는 인격신을 부정하고 '공(空)'과 '무아(無我)'를 중심으로 세계를 파악해 온 불교[4]와 일정 부분 철학적 연계성을 보인다. 종교와 과학 일반, 불교의 연기론 및 수행론, 신유물론의 관계론적 존재론[5], 반본질주의, 윤리적 실천성[6]과의 만남이 요구되는 셈이다.

---

[1] Francisco Varela, Evan Thompson & Eleanor Rosch, The Embodied Mind: Cognitive Science and Human Experience, MIT Press, 1991.
[2] 질 들뢰즈,『매저키즘』, (인간사랑 2007)
[3] Karen Barad, Meeting the Universe Halfway: Quantum Physics and the Entanglement of Matter and Meaning, Duke University Press, 2007.
[4] Nāgārjuna, Mūlamadhyamakakārikā, trans. Jay Garfield, The Fundamental Wisdom of the Middle Way, Oxford University Press, 1995.
[5] Rosi Braidotti, The Posthuman, Polity Press, 2013.
[6] Donna Haraway, Staying with the Trouble: Making Kin in the Chthulucene, Duke University

논의의 편의상 근대과학의 자연과학을 중심으로 이야기를 시작하며, 자연과학 전공이자 포스트휴먼 시대의 함의를 생각하고 있는 글쓴이의 관점은 과학상대주의자로 불리는 페이어라벤트(Paul Feyerabend), 행위자-네트워크 이론의 라투르(Bruno Latour), 탈식민적 인식론의 하딩(Sandra Harding) 및 수행적 과학을 강조하는 피커링 (Andrew Pickering) 입장에 공감하며 쓰고 있다는 점을 밝혀둔다.

1. 사물의 질서와 생명의 질서

과학은 자연과학이나 인문사회과학 불문하고 이성에 근간해 세상 사물의 질서를 파악하는 학문이자 세계관이다. 한편 종교는 기본적으로 영성/초월성을 말하면서 세상 질서 너머의 세상을 다루고, 이성의 한계와 더불어 감성과 영성에 근거하며, 무질서의 질서를 담는다 (이성이 산물인 신학은 감성이 보다 작동하는 신앙과는 구분된다).

과학은 생노병사를 겪는 '생명체'의 직선적 시간을 다룬다. 살아있는 존재의 영역이기에 죽음 이후는 말하지 못한다. 반면, 종교는 생명체의 탄생과 죽음이라는 직선적 시간이 아니라, 방향성 없는 근원적 '생명성'을 말한다. 개체 소멸 이후를 포함하여 시공간을 넘어선 초월적이자 본질적 지점을 말하는 것이 종교적 사유의 출발이다.

Press, 2016.

1) 빛과 심연

과학은 생명이 아닌, 생명체를 다룬다. 생명과학, 생명조작, 생명존중 등과 같은 용어에서 나타나듯 개념이 혼용되고 있지만 생명과 생명체는 엄연히 다르다. 생명체는 생노병사라는 직선적 시간 속에서 존재하는 생명현상을 지닌 물체이며, 생명이란 길(道), 진리, 불성(佛性), 영성(靈性), 본래면목, 자성, 한마음 등으로 불리며 모든 존재의 근원을 지칭하는 말이다.[7]

과학은 생명체에 대하여 이야기할 수 있을지는 몰라도 생명, 그 자체는 다루지 못하며, 생명은 우리의 사유와 언어의 범위를 넘어 선다. 다만 언어로 표현하기 위해 뭇 존재의 근원이 되는 속성을 '생명성'이라 말할 수 있다. 결국 우리가 흔히 하는 '생명이란 무엇인가'라는 질문은 보다 정확히 한다면 '생명체란 무엇인가'가 된다.

자연계의 일부로서 무기물질로부터 구분되는 생명체의 대표적 속성을 생각해 보면, 유전자로 규정되는 물리적 속성에 더해 지구상의 수많은 생명체가 보여주고 있는 놀라운 다양성이다. 다양성은 생명체가 발현하는 자유로움이다. 이러한 특성을 고려할 때 생명체의 특징으로서 가장 대표적인 것은 다양성의 근간이 되는 개체고유성(individuality)과 개방성이다.[8] 또한 생명체의 개체 고유성과 개방성이라는 대표적인 두 특성은 내부에서 발아되어 분리되어 생각될 수 없고 서로 연관되어 있다.[9]

---

[7] 우리에게 생명 그 자체를 지칭하는 말로서는 진리, 길(道), 법, 마음 등의 단어가 있겠지만, 결국 생명/진리가 무엇이냐라고 질문할 때 한마디로 말하기는 어렵다. 유마거사와 예수처럼 침묵하거나 달마대사처럼 '알지 못한다(不識)'으로 밖에 표현할 수밖에 없으며, 혹은 조직신학자인 Paul Tillich처럼 'the Being Itself' 혹은 'the Ground of Being'으로 표현하는 것이 그나마 최선일 것이다. 침단과학의 대상도 역시 생명체일 뿐이지 생명을 다루는 것은 아니기에 본 글에서의 생명이란 표현도 대부분 생명현상 내지 생명체를 가르치고 있으나 관례상 엄격히 구분해서 사용하지는 않기로 한다.

[8] Irun Cohen, *Tending Adam's Garden: Evolving the Cognitive Immune Self* (New York : Academic Press 2000) pp. 3-8.

[9] 마누엘 데란다,『강도의 과학과 잠재성의 철학 – 잠재성에서 현실성으로』, 이정우, 김영범 역 (그린비, 2009) pp. 99-168.

이러한 생명체를 생명현상을 지닌 물체(줄여서 말한다면 생물, 생체)라고 한다면 생명현상이란 무엇인지 살필 필요가 있다. 관찰자에 따라 달리 보임을 전제하고10) 생명현상을 말한다면, 그것은 '질서'다. 물리학자이면서도 철학과 생물학에도 관심이 많았던 슈뢰딩거(Erwin Schrödinger)가 60여 년전 생명(체)는 정보information라고 한 통찰로부터11) 다양한 분야의 전공자12) 및 베르그송(Henri Bergson)과13) 들뢰즈(Gilles Deleuze) 같은 철학자에 이르기까지 언급되었고,14) 또한 물리적 차원에서 생명의 특성을 호흡, 배설과 같은 생리학적 측면, 유전자에 의한 정보 전달계로서의 측면, 보다 넓은 관점에서의 열역학측면 등 매우 다양하게 정의되어 왔다.15) 생명은 질서의 세계이며, 상징으로 말한다면 확장성을 지닌 빛의 세계다.16)

한편 종교에서는 언어의 한계를 전제로 길(道), 진리, 생명 등으로 표현하고, 생사를 뛰어 넘는다던지, 개체로 태어나기 전인 부모미생전 등으로 말한다. 다만 기독교에서는 인격을 지닌 창조주로서 사랑을, 불교에서는 생명의 그물망(Web of life)에 근거한 그물눈 사랑으로 자비를 강조한다.

서양 근대가 기반하고 있는 기독교 문화권에서는 하느님을 빛으로 상정하는 오류를 범한다. 창세기에 보면 하느님은 깊은 암흑인 심연으로부터 '빛을 있으라'하여 빛과 어둠을 만들고 이후의 세상 질서를 만든 이다. 빛 자체가 아니라 빛과 함께 상대적 어둠을 만들어 내는 이로서 빛

---

10) 'Acts of meaning' J. Bruner p67-97 Harvard Universuty Press 1990. 우리의 문화적 믿음구조에 의해 대상의 의미와 가치가 결정된다는 것 역시 불교적 입장과 다르지 않다. 믿음에 불과한 사실과 진실의 차이.
11) 에르빈 슈뢰딩거,『생명이란 무엇인가』, 전대호 역 (궁리, 2007), pp. 115-149.
12) 마이클 머피·루크 오닐 엮음,『생명이란 무엇인가? 그 후 50년』(지호: 2003), pp. 21-25.
13) 앙리 베르그손,『창조적 진화』, 황수영 역 (아카넷, 2005).
14) 키스 안셀 피어슨,『싹트는 생명』이정우 역 (산해, 2005), pp. 407-414.
15) Stephen Goldberg, *Consciousness, Information, and Meaning: The Origin of the Mind* (Miami: MedMaster, 1998), pp. 69-71.
16) 창세기 1장에서 언급되었듯이 빛으로 인해 생성된 세상의 질서이기도 하다

과 어둠의 고향인 카오스적인 심연이라 할 수 있다. 이는 불가의 '지도 무난 유혐간택'의 맥락이다. 즉, 빛과 어둠, 선과 악, 생성과 소멸 등의 모든 것을 품는 것이 생명이자 진리이며, 이를 '현(玄)의 신학'이라 언급한 바 있다.17) 하지만 근원적 생명으로부터 비롯되어 펼쳐지는 다양성의 생생한 현상계를 나타내기에는 부족이라서 도덕경 6장의 '현빈(玄牝)'을18) 차용해 '현빈 신학'이라 하기로 한다(그림 1).

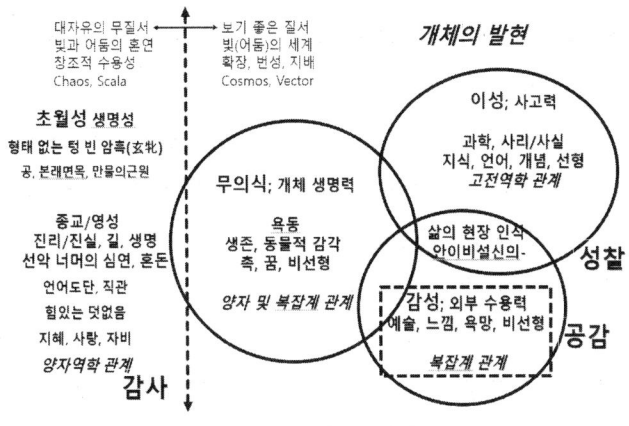

그림1. 개체와 생명성으로 본 과학과 종교의 영역

현빈이란 소멸되는 모든 존재를 담아내면서 다시 생성해 내는 바탕이자 혼돈의 힘이다.19) 존재는 고정된 중심에서 나오는 것이 아니라, 카오스의 무형적이고 수용적인 '현빈'과 같은 '무질서의 질서'가 작동하는 장field으로부터 비롯된다. '중심은 없고 중앙은 있는' 이 장은 리좀처럼

---

17) 상호문화적 글로벌 시대의 종교와 사회, 우희종, 김종만, 서동은, 유광석, 박종식, 민태영, 김영주, 박수영, 이명권, 강응섭, (열린서원 2024년) pp 9-48
18) 도덕경 6장, 谷神不死 是謂玄牝, 玄牝之門 是謂天地根, 綿綿若存 用之不勤. 여성성의 빈은 libido이자 어머니됨이요, 이후 남녀의 eros로 분화 이전이다. 깊은 玄은 體體/理요, 활달한 牝은 용用/氣이니, 현빈을 불이不二 내지 중도中道 madhyamā pratipat라 할 수 있다.
19) 혼돈의 카오스는 무질서 그 자체지만, 산만(散漫)과는 다르다. 산만은 생성의 힘은 존재하지 않으나, 무질서는 내부의 질서, 무질서의 질서에 근간한 생성의 힘을 지닌다. 무질서의 질서에 의한 생성은 복잡계적 창발현상으로 나타나며, 조건이 다함에 따라 다시 무질서로 되돌아가고, 그곳에서 다시 생성을 과정을 거친다.

뻗어 나가는 가능성의 네트워크이다. 그 연결망 위에 상즉상입의 신체 없는 기관(corps sans organes, BwO)이라는 생성의 평면이 열리고, 매저키즘Masochism과 같은 실천은 이 평면 위에서 욕망의 새로운 배치를 시도하는 창조적이고 주체적 운동이 된다.

빛과 어둠을 모두 담고 있는 심연의 '현빈의 세계'를 과학 개념을 빌어 설명해 본다면, 우선 우리의 인식 작용은 안이비설신의라는 인간 감지 기관의 한계를 지닐 수 밖에 없다. 인간은 최종적으로 빛과 어둠으로 세상을 구성한다. 이 세상은 우리 육체가 지닌 한계 내에서 만들어진 가상 세계(Virtual reality)다.

우리가 인식 및 추정하는 우주 구성 비율은 우주를 팽창 가속시키는 정체불명 암흑에너지: 약68~70%, 빛을 흡수·반사·방출하지 않는 심연의 중력 구조망인 암흑물질: 약 25~27%, 그리고 우리가 관측하고 인지하는 보통 물질(중입자): 약 5%다.

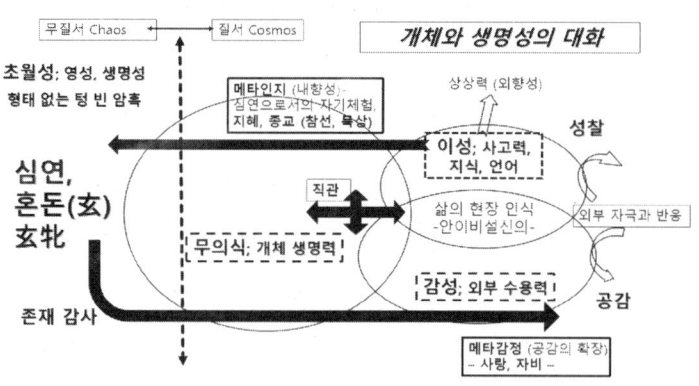

그림2. 생명성과 종교에서의 메타 인지와 메타 감정

우리의 세상은 우주의 5% 범위고, 특히 흥미로운 것은 허블 텐션 문제 (Hubble Tension)로서 암흑에너지의 진화 가능성 내지 새로운 물리

법칙의 간접 제시가 있다. 다중 우주 또는 비등방성/비동질성 우주론 등 또 다른 층위의 세상이 있을 수 있다는 것이다.[20] 소멸과 생성이 꿈틀대는 현빈에서 현은 암흑에너지, 빈은 암흑물질로 비유할 수 있다. 현빈은 모든 생성의 어머니이자, 빛과 어둠을 넘어선 지점이다.

다시 한번 과학과 종교 영역을 말한다면 과학은 빛의 세계인 코스모스와 생존의 질서를 다루며 인지 작용에 의하지만, 종교는 빛과 어둠을 품는, 생성과 소멸의 '무질서의 질서'를 담은 깊은 심연을 다루며 메타인지에서 비롯된다.[21] 메타인지란 단지 인식함을 넘어 인식에 대한 생각(think of thinkings) 기능이다. 동물에는 없는 종교성과 이에 근간한 종간 장벽마저 넘어서는 사랑과 자비의 메타감정을 강조하게 된다 (그림 2). 이와 같이 과학과 종교의 기반과 출발점부터의 다름을 인정한다면, 이러한 다름은 현실에서의 차이를 가져오지만, 두 영역의 입맞춤은 준비된 셈이다.

2) 종교적 생명의 재해석

과학과 종교의 만남에 있어서 깊은 심연이자 무질서의 질서인 생명성으로부터 현장의 생생한 육적 존재인 인간과의 연결은 필요하다.

불교는 유기체적 생명체와 사물과의 관계는 '유정무정 실유불성'의 입장으로 연기실상 속에서 연결되어 있지만, 기독교는 끊임없이 생명의 육신화를 지향하는 종교로서, 육체성은 하나님의 최종 사역이다.[22] 인

---

20) Knox, Lloyd, and Marius Millea. Hubble constant hunter's guide. Physical Review D 101, no. 4 (2020): 043533.
21) Tracey L. Kahan, Patricia M. Simone Where Neurocognition Meets the Master: Attention and Metacognition in Zen, (Ed. Kelly Bulkeley, 'Soul, Psyche, & Brain', Palgrave Macmillan, 2005)
22) 4세기의 Athanasius는 인간 육체를 진정한 구원과 부활을 위한 필수 요소라 생각했고, Aquinas는 신성과 인간성의 본질적 결합으로 강조했다.

간과 동물의 몸은 그냥 물체이거나 고깃덩어리가 아니라 살로 이뤄진 활동 주체이자, 의식 형성의 기반이며, 신학적으로 생태계 네트워크 또한 신의 물화(物化)의 장이다. 이는 신학적 상징이자 구체적인 생명 현실이다. 몸을 몸으로 인지하는 기본 작용은 신체가 느끼는 감각인 '안이비설신의'다.

무엇보다 '현빈玄牝 신학'에서는 동학의 시천주侍天主와 달리 '시지주侍地主'를 말한다. 시천주는 불가의 理를 말할 뿐이요, 보다 생생한 事를 나타내기에는 부족이라. 이에 이사 및 사사무애事事無碍를 나타내기 위해 진공묘유의 현빈이란 용어가 보다 적합하다. 여성성의 빈은 생성의 libido이자 어머니이며, 이후 성을 상징하는 성애eros로의 분화 이전 상태다. 깊은 玄은 체體/理요, 활달한 牝은 용用/氣이니, 현빈을 불이不二 내지 중도中道 madhyamā pratipat라 할 수 있다.

'시지주'를 다른 말로 표현하면 대지의 어머니이자 '하느님 어머니'이고, 빛/하늘과 어둠/땅을 모두 품고 있는 '현빈'이다. 빛과 어둠, 선과 악, 생사 등 모든 것을 품는 현빈은, 선악이 난무하는 범사에 '유혐간택'의 감사를 말하는 성육신이자, 매저키언masochian으로서의 성육화 구현이다. 이제 하늘에서 땅으로, 남성성에서 여성성으로, 질서에서 축제의 무질서로, 이성에서 온몸으로, 인간에서 생태로의 전환이 요구되는 시대다.

결국 현빈신학에서 사람이 곧 하늘이라는 인내천(人乃天)은 온갖 잡것들이 곧 하늘이자 땅이 되는 잡내지(雜乃地)가 되는 것이고, 잡雜이란 곧 선가에서 말하는 '용사혼잡'이자, 생태적 모습이다. 하늘나라가 이미 이 땅에 임한 생생한 '현장 신학', 자본주의 소작농이 모두 지주도 되는 시지주侍地主, 이 때가 되어야 비로소 사자와 사슴이 같이 노는23) 에

---

23) 구약 이사야 11장 6-9절

덴이 온다.

3) 종교의 합리성과 매저키즘

인간 이성의 근대과학은 빛으로 펼쳐진 '사물의 질서'를 다루면서 동시에 빛이 지닌 속성으로서 '질서의 확장'을 보여준다. 끊임없이 발전하는 과학의 기본 속성은 빛으로서의 확장성이며, 이런 확장성은 인류세의 등장과 생태계 교란으로 이어졌다.

이와 달리 종교에 있어서 그 근간이 되는 종교적 가치 내지 종교성은 특정 종교를 불문하고 공통적으로 '절대적 비움과 수용'의 자세가 요구된다. 기독교의 순종이나 불교의 귀의도 그렇고, 이슬람이란 말 자체가 순종, 복종을 의미한다. 생생한 삶의 현장에서 이러한 모습을 가장 잘 볼 수 있는 것은 일반 사회에서 정치사회적 억압과 여성주의적 내면 작동이나[24] 변태로 여겨지는 매저키즘에서 보인다.

모든 종교에서 존경받는, 극한 고통 속에 존재의 빛을 보고 느끼는 자들인 성자와 순교자들의 모습에서부터 감각적 욕망의 BDSM[25]의 매저키스트(M)까지 있다. 극심한 고통 속에 이 잔을 거두어 달라는 고백까지 하면서도 끝까지 수용하며 철저히 하느님 아버지께 맡기고, 모든 것을 이루었다고 고백하는 예수의 자세는, 그것을 단지 성경 안의 멋진 고준담론으로만 가두어두지 않는다면, 전형적인 매저키스트의 원형이다. 이를 심층심리학적으로 잘 언급한 것은 Douglas Thomas로서 BDSM과 킨크kink를 단순한 성적 일탈이나 자극적 문화로 여기지 않고, 깊은 심리 구조와 원형적 무의식의 구현, 트라우마와 영혼의 관계, 자아실현과

---

24) Sandra Lee Bartky, *Voluntary Servitude: Masochism and Morality*, (Routledge, 2025) p.65-79
25) Bondage, Discipline, Dominance, Submission, Sadism, Masochism의 성적 기호와 행위.

정체성의 심리적 여정으로 확장한 바 있다.[26]

창세기에 분명히 언급되어 있듯이 질서의 근원인 빛의 모태는 형태도 없이 텅빈 암흑인 현빈이며, 태어난 모든 질서는 언젠가 침묵과 고요 속에 꿈틀대는 현빈으로 되돌아간다. 아쉽게도 대부분의 사람들은 기존 고정 관념과 편견 속에 매저키즘을 단지 피학적 변태성애자로만 받아들인다. 삶의 생노병사 속에 반본환원, 고향을 잊지 않는 매저키스트는 존재의 질서로 이뤄진 이 땅에서는 마음이 가난하겠지만, 하늘의 복이 있는 셈이다.

프로이트의 SM 입장이나 칼 융의 그림자 및 아키 타입의 한계를 넘어, 들뢰즈Gilles Deleuze는 그의 저서 매저키즘을 통해 개체 차원에서 고통의 수용이 무엇을 의미하는지 다룬 바 있다. 종교가 지닌 이런 측면에 주목함으로서 빛과 확산의 질서 잡힌 주류 세계관에 의해 파괴되어가는 생태계 및 주류 질서에서 벗어나 소외되고 부족한 이들로 치부된 종교 성향의 체질적 M의 인간[27]을 새롭게 인식할 수 있다. 더 나아가 그런 이들을 위한 문화적, 구조적 공간 마련이 가능하다. 이는 이성 사회에 종교성 내지 생명성 가치의 회복과도 이어진다. 이런 측면은 초심리학 (metapsychology) 입장에서 '원초적 매저키즘 (primal erotogenic masochism)'으로 명명해 '생명을 지키는 수호자(guardian of life)'로 재정의되고 있다.[28]

불교 선종의 간화선에서 강조하는 것이 믿음, 간절함, 불퇴전의 용기지만, 이들의 동력은 삶의 고통에서 온다. 그 고통 속에 화두라는 절대 절명의 실마리를 잡고 심연으로서의 나를 발견하게 된다. 육체를 지닌

---

26) Douglas Thomas, *The Deep Psychology of BDSM and Kink: Jungian and Archetypal Perspectives on the Soul's Transgressive Necessities* (Routledge, 2024)
27) 현빈이라고 하는 모든 것을 수용하는 생명 본원의 고향에 대한 기억을 담고 있는 체질이다. 병리적 원인에 의한 M도 있으나 여기서는 논외로 한다.
28) Marilia Aisenstein, *Desire, Pain and Thought: Primal Masochism and Psychoanalytic Theory*. (Transl. Andrew Weller, Routledge, 2023) p. 44-56

인간은 관념적 존재가 아니라 '안이비설신의'라는, 밥 먹고 똥 싸는 육체와 정신의 통합체다. 진정한 종교적 모습은 자신을 찾기 위한 정신적 매저키즘이며, 이는 현장의 육체적 매저키즘과의 인식적 연결이 필요하다. 종교의 생명성은 생생한 현장성 내지 현장의 육적 (flesh) 상태로 발현되는 것이고,[29] 초기 기독교 교부들이 강조한 신성의 육신화인 성육신(Incarnation)의 개념도 이와 다르지 않다.

종교가 말하는 생명성이 지닌 절대적 수용과 순종/귀의의 의미는 십자가를 진 예수의 처절한 고통의 외침과 순종에서, 죽을 것을 알면서도 담담히 죽음의 길을 떠나는 붓다의 제자 목건련의 모습에서 찾는다면 종교에서의 진정한 합리성이란 과학의 이성과 질서와는 다르게 고통을 감내하는 초월성과 선악을 넘어서는 수용의 무질서에 근간한다. 종교적 매저키즘의 모습에 대해서 점차 우리의 인식은 변하고 있지만. 매저키즘 자체에 대한 편견이 작동하는 우리 사회의 선입견 내지 고정관념을 고려할 때, 종교적 매저키즘을 성애로서의 매저키즘과 구분하여 'Masochiness 피학성향'이라 부르고, 고통을 감내하는 종교적 인물을 '매조키언Masochian 피학감내자'이라 부르고자 제안한다.

일반적으로 매저키즘은 신체의 재배치를 통해 자기 욕망의 구조를 해체하고 재창조하는 실천이듯이, 성육화의 종교 현장성에서 매저키언 형태로 수행하는 자들은[30] 육적 욕망이건, 영적 욕망이건, '능동적 수동성의 주체'다. 존재는 고정된 중심에서 나오는 것이 아니라, 카오스의 무형적이고 수용적인 '현빈'과 같은 장(fields)에서 시작된다. 중심은 없고 중앙만이 작동하는 이 장은 리좀처럼 뻗어나가는 가능성의 네트워크이며, 그 위에 상즉상입이 신체 없는 기관이라는 생성의 층위가 열린다. 종교와 신학에서의 매저키즘 수용과 실현은 이 층위에서 종교적 욕망의

---

[29] Michel Henry, Incarnation: A Philosophy of Flesh (Transl. Karl Hefty, Northwestern University Press 2015)
[30] 스스로의 육체에 채찍질 하던 중세 수도사들인 flagellants가 있다.

새로운 배치를 시도하는 창조적이고 주체적 운동이다.

거꾸로 말하면 현장의 육체로 이뤄진 인간은 매조키언으로서의 고통을 통해 비로소 심연의 고향과 대화하며, 고향을 향한 여정을 떠나게 된다. 이때의 소통은 의식의 언어를 떠나 암묵적 소통마저 넘어 비언어의 직관으로 이뤄진다. 인간에 대하여 언어로 채워진 과학의 영역과 침묵과 직관의 종교가 맺는 관계와 역동성의 모습이다(그림 3).

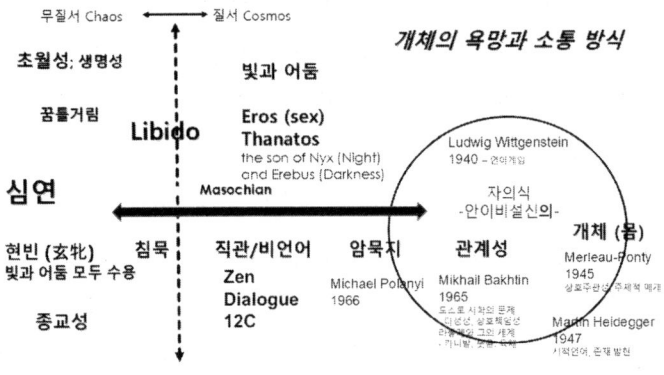

그림 3. 종교와 과학의 소통 방식

2. 과학의 지식과 종교의 지혜

1). 과학과 종교 차이

비록 과학과 종교는 서로 독립된 것이 아니라, 삶의 현장을 또한 세상의 실재를 서로 다른 방식으로 비추는 거울로 생각되지만 속한 층위가 다르다 보니 속성의 차이가 있다. 차이를 인정한다면 굳이 양자를 동일 층위에 놓고 서로를 배척하거나 통합을 시도할 이유는 없다.

근대과학은 인간을 포함한 사물의 이치를 탐구하여 지식(知識)을 추구한다. 따라서 과학은 사물의 이치인 사리(事理)에 의거하여 사실(事實; fact)을 밝힌다. 이때 사용하는 방식은 반증적 이해를 통한 분석적 환원주의며, 생명체에 대해서는 기계론적 입장을 취한다. 더욱이 과학 지식에 의한 기술 발전은 생산성과 효율을 높임으로써 인간에게 편리함과 욕망의 만족을 가능하게 하지만, 그 결과 과학 기술은 자본주의의 도구로 전락하고 잉여가치의 창출이라는 방향성과 목적을 가지게 된다.

이때 자본주의적 속성과 결합한 맹목적인 과학에 대한 신뢰는 결과적으로 '과학주의Scientism'라는 과학의 오만함으로 나타나 결과적으로 생태계 파괴와 기후 위기 라는 폭력적 모습으로 다가온다. 그런 점에서 이 시대의 과학에 요구되는 것은 과학의 겸손함이며, 과학은 끊임없는 반증을 통해 그 영역이 확대되는 열린 모습임을 잊어서는 안된다.

도그마가 아닌, 열린 과학 행위를 통해 얻은 과학 결과에 있어서 집단 내 수용 과정에 있어서도 그 사회를 구성하고 있는 다양한 집단의 의견을 겸허하게 수용해야 함을 의미한다.[31] 과학이 열려있지 못하고 마치 종교처럼 자신만의 시각에 닫혀 있을 때, 과학은 사회적 맥락과 분리되어 과학자만의 지적 유희로 머무르게 되며, 일반인 및 생태계에는 데모클레스의 검이 된다.[32]

한편, 존재의 근원을 말하는 종교는 진리와 함께 이를 위한 지혜(智慧)를 추구한다. 따라서 진리(眞理)에 의한 진실(眞實; truth)이 중요하고 대상에 대해서는 직관과 체험을 통한 총체적 관계론이 입장이다. 진리에 대한 체험을 통해 욕망의 비움 내지 열린 욕망을 통해서 행복이라

---

[31] 존 벡위드,『과학과 사회운동 사이에서: 68에서 게놈프로젝트까지』, (그린비, 2009), pp. 162-171.
[32] 우희종, "즐거운 과학기술의 달콤한 유혹",『문화과학』60호 (2009), pp. 319-339.

는 삶의 의미를 되찾게 한다.[33]

	근대과학(지식)	종교(지혜)
대상	사물의 이치 (事理-사실) '현상 – 사(事), 빛'	참된 이치 (眞理-진실) '근원 – 리(理), 심연'
관점	분석적 환원론 (유물론)	총체적 관계론
동인	호기심	간절함
인지 방식	이성	이성, 감성, 초월성
방법	논리실증적 반증과 검증의 이해	직관과 체험의 믿음
모습	앎 욕망 만족과 편리함; 확산	삶; 행동과 실천 욕망의 비움과 고통; 수용
지향	생산성 추구- 물질적 풍요 '생체성-개체고유성'	행복 추구; 삶의 의미 '생명성-근원성'
함몰	오만 - 개념과 기술의 폭력성	오염 - 맹목적 배타성
자세	겸손과 회의적 열림	초심과 유연한 열림

표 1 문화로서의 근대 과학 - Science as the Culture

종교 역시 지금 이 자리라는 삶의 현장에서 감사와 나눔이라는 본래의 뜻을 잃어버리고 오염되었을 때, 맹목적이자 매우 비현실적인 모습으로 우리에게 폭력이 된다. 바람직한 종교의 시각을 지니기 위해서는 성직자나 신자 모두 종교의 외형적 틀에 물들지 않고 항상 초심(初心)을 유지한 채 종교의 도그마적인 부분에 열려있어서, 다양한 해석을 수용할 수 있는 사고의 유연성이 요구된다.[34] 따라서 종교 역시 삶의 현장

---

[33] 우희종, "삶의 자세와 십자가의 의미", 한국교수불자연합회·한국기독자교수협의회 공편,『인류의 스승으로서 붓다와 예수』(동연, 2006), pp. 28-33.

에서 살아있는 형태가 되기 위해서는 과학과 마찬가지로 열려있음이 필요하다.[35] 과학과 종교의 속성을 비교하면 표 1과 같다.

2) 지식과 지혜

과학은 추구하는 것이 현상계의 지식인 '사실facts'이고, 종교는 현상계의 근원인 생명성으로서의 지혜인 '진실truth'에 주목한다. 지식에 근간한 사실과 지혜로 접해지는 진실이란 많은 부분 겹치기도 하지만 속성상 커다란 차이를 가지고 있어서 언제나 사실과 진실이 일치하는 것은 아니다. 진리는 우리의 사유와 언어의 범위를 넘어서지만, 진리와 진실은 '시대나 문화를 넘어' 우리가 삶의 가치로 수용할 수 있는 내용이란 것에는 이견이 없다. 몇천 년전 쓰여진 종교 경전은 여전히 우리에게 와 닿고, 또 이는 향후 몇 백년 지난 미래에서도 다르지 않을 것이다.

주관적 믿음에 바탕을 둔 종교적 내용과는 다르게 일반적으로 객관, 보편적이라고 받아들이는 과학적 사실도 잘 들여다보면 인간이 종교를 믿는 행위와 전혀 다를 바 없다. 우리가 받아들이는 과학적 사실이라는 것은 과학자가 제시한 결과를 다수가 믿는 행위다. 객관이란 것도 여러 주관이 모인, 커다란 주관일 뿐이다.[36] 예를 들어 물건이 떨어지는 것은 중력 때문이라는 것과 또 지구가 매우 빠른 속도로 돌고 있다는 것을 의심하는 이는 없다. 하지만 일반인으로서 그 누구도 중력을 연구했거

---

34) 안성두 , 우희종, 이한구, 최재천, 홍성욱,『붓다와 다윈이 만난다면』, 서울대학교출판문화원 2010
35) 우희종, "생명조작에 대한 연기적 관점",『불교학연구』15호.(한국불교학연구회, 2006), pp. 55-93.
36) 고대에는 지구가 평편하여 바다 멀리 나아가면 떨어져 죽는다고 믿었을 때에는 지구가 평평하다는 것이 사실이었다.

나 지구가 돌고 있다는 것을 체험으로 느낀 이는 없다. 단지 우리는 과학자들이 제시한 결과를 보고 그렇다고 믿고 있을 뿐이다. 그것을 우리는 과학적 사실이라고 한다.37) 따라서 사실(facts)이란 우리의 믿음을 반영할 뿐이며, 시대를 떠나 항상 누구나 인정할 수 있는 진실과 달리 결코 불변하는 것이 아니다. 과학이 계속 발전한다는 것은 현재 과학으로 설명도디 않는 비과학적 내용도 언젠가는 과학이 될 수 있다.

과학 내용나 과학적 사실이란 것은 미지의 영역이 넘쳐나는, 일종의 사회적 신뢰 기반 위에 성립된 약속 체계다. 과학적 사실은 '과학자 집단 내에서 약속된 규정에 따라' 수행되고 입증되기 때문에38) 나름대로 집단 내 '다수'가 인정하는 공공성을 지니게 될 뿐이다.39)

과학 행위를 수행하는 자로서의 과학자 역시 대상에 대한 관찰자로서의 상대적 한계를 지니고 있으며, 또한 서양 근대과학의 분석적 환원주의 접근의 방법론적 한계도 있다. 과학이 과학자 집단 내의 약속에 의거하기에, 과학 역시 당대의 사회 가치를 반영하여 구성되는 문화적 행위다.40) 이렇듯 과학은 인간이 세상을 해석하는 한 방식 중의 하나다.

따라서 '과학적 사실'이란 행위자에게나 그 결과를 받아들이는 일반인에게나 모두 그 시대의 문화적 모습이며, 종교의 가르침와는 달리 시

---

37) 과학은 과정이자 방법(method)에 의한다. 과학자가 제시한 연구결과에 대하여 우리 사회가 신뢰를 지니고 수용하는 것이기 때문에 과학행위의 과정은 과학계에서 제시한 규범 내에서 매우 엄격하게 이루어져야 한다. 이 과정 중에 자행하는 연구부정행위는 마치 재판정에 조작된 증거를 제출하여 무고한 사람을 죄인이라고 믿게 하여 (무고한 사람이 죄인이라는 것이 사실이 된다) 죽음에 이르게 하는 행위와 같다. 또한 과학의 영역이란 새로운 방법의 등장에 의존해 방법 그 자체가 과학의 본질도 이루게 된다. 근대과학은 전형적인 환원주의적 방법론에 근거하고 있다.
38) 이언 해킹,『표상하기와 개입하기 - 자연과학철학의 입문적 주제들』, 이상원 역(한울아카데미, 2005) pp. 68-84.
39) Derek Gjertsen, *Science and Philosophy: Past and Present* (London: Penguin, 1989), pp. 29-50.
40) Joan Fujimura, "Crafting Science: Standardized Packages, Boundary Objects and 'Translation'," in Andrew Pickering, ed., *Science as Practice and Culture* (Chicago: University of Chicago Press, 1992), pp. 168-211.

간이 흐르면서 과거의 과학적 사실은 대부분 역사화 된다. 과거 바로크 문화가 현대 서양미술의 출발점을 이루고 있지만 이제는 미술사에나 남아 있듯이 뉴튼의 고전역학도 현대물리학의 출발점이 되었지만, 그의 책은 고전으로서 역사박물관에 남겨질 뿐 누구도 다시 찾지 않는다. 따라서 그동안 과학문명의 제국주의적 확장성에 의해 팽배하던 '과학주의'도 과학철학자들에 의하여 일종의 문화임이 밝혀졌고, 과학 사실 역시 사회구성적 특성을 지닌다.[41]

과학은 결코 객관적이고 보편적인 실재(實在)를 말할 수 있는 것이 아니다. 객관이란 다수가 공유하는 커다란 주관일 뿐이며, 무엇보다 과학이 계속 발전하고 있음을 인정한다면 지금 우리가 첨단이라고 생각하는 과학 내용조차 앞으로는 얼마나 불완전한 것이 될지를 잘 알 수 있다. 이처럼 과학은 객관적 실재를 드러내는 것처럼 보이지만, 실제로는 특정 시대의 문화적, 사회적, 정치적 맥락 속에서 구성되는 '사회적 행위'이다. 과학적 사실은 언제나 권력, 자본, 제도와 맞물려 형성되며, 이 점에서 과학도 종교처럼 문화적 산물이다.

그런데 현실에서 '세상은 사실로 구성된다'. 사실은 집단적 합의와 제도적 권위를 바탕으로 '현실화'되기 때문이다. 하이데거의 '언어는 존재의 집'이라는 표현을 인용하지 않더라도, 언어를 통해 인식되는 개념과 사실을 통해 각각의 존재의 세계는 제한되어 만들어진다. 우리의 공적 세계는 언어와 제도의 세계다.

사실과 진실 간의 차이가 존재할 때, 현실에서 힘을 발휘하는 쪽은 진실이 아니라 사실이다. 사실이란 특정 집단이나 문화권에서 구성원 다

---

[41] Bruno Latour & Steve Woolgar, "The Cycle of Credibility," in Barry Barnes & David Edge, ed., 'Science in Context' (Cambridge, Mass.: MIT Press, 1982), pp. 35-43 및 김환석,『과학사회학의 쟁점들』(문학과 지성사, 2006) 참조.

수의 합의된 내용이기 때문이다. 특히 과학기술사회학(STS)의 관점에서 본다면 과학은 권력과 자본의 영향 속에서 구성되는 속성을 지닌다.42) 구성된 사실은 현실 속 힘이자 권력이다.

다시 말하면 그것이 과학적 사실이건, 사법적 사실이건 특정 상황에서의 진실은 하나이지만, 그것에 대하여 믿고 받아들이고 해석하는 데에는 각자의 입장에서 전혀 다르게 재현되어 전달된다43) 근대의 인간 세상은 이성에 의한 과학으로 해석된 세계다. 반면, 성경과 불경과 같은 종교 경전이 담고 있는 메시지는 '범사에 감사하면서 이웃 사랑'과 '자타불이와 동체대비'라는 자비로서 간단 분명하다. 다양한 신학 입장과 많은 종파가 있듯이 종교 역시 경전을 통한 해석일 뿐이고, 과학으로 세상을 해석하는 행위와 다르지 않다. 이제 종교와 과학의 만남에 있어서 마지막으로 검토할 것은 과학에서의 믿음과 종교적 믿음의 차이 내지 유사성이다.

3) 과학과 종교의 믿음

과학이 사실을 다루고, 종교가 진실을 다룬다고 해도 인간의 믿음 구조에서 작동한다면 비록 믿음이라는 속성은 다르지 않지만, '과학적 믿음과 종교적 믿음은 동일한 구조를 가지는가'라는 검토는 필요하다. 이는 인간 세상이 해석에 의해 이루어지듯이 이 질문에 대한 입장 역시 믿음에 대한 해석이기에 다르다는 입장과 같다는 입장으로 나뉘게 된다.

전자로서 과학을 반증 여부로 파악한 칼 포퍼(Karl Popper)는 종교적

---

42) 우희종 (2010) '미국산 쇠고기 수입 확대와 과학문화-또 하나의 대국민 사기사건', 전기 한국 과학기술학회 발표 논문 (카톨릭 대, 2010)
43) 라쇼몽(羅生門), 아쿠타가와 류노스케 (芥川龍之介), 1915.

믿음은 반증 불가능하며, 경험적 증거로 반박될 수 없다는 점에서 과학과 구조가 다르다고 본다. 과학은 검증과 반증을 거치는 합리적 믿음의 체계지만, 종교는 초월적 믿음에 기반한 실천의 체계라는 점을 강조하는 입장이다. 세상을 언어게임으로 보는 비트겐슈타인 (Ludwig Wittgenstein)44) 역시 실증적 주장이라기보다 삶의 태도나 맥락을 반영하는 종교는 과학과 서로 다른 '언어게임'을 하기에 다른 규칙과 맥락 속에서 믿음을 구성한다는 입장이며, 이는 개인 재산을 털어 무신론 운동을 펴고 있는 사회생물학자 리처드 도킨스 (Richard Dawkins)도 다르지 않다. 그는 과학적 믿음은 증거에 의해 수정 가능하지만, 종교적 믿음은 폐쇄적이며 맹목적이기에 신뢰할 수 없어 비합리적이라고 말한다.

하지만 이는 믿음 자체라기보다는 종교와 과학 간에 서로 다른 믿음 구조 내지 성격에 주목한 셈이다. 앨빈 플랜팅가 (Alvin Plantinga)는 하나님의 존재와 같은 믿음도 '정당화(justified)'되기 위해 다른 믿음에 근거할 필요 없이 정당할 수 있다는 주장마저 하면서 종교의 믿음은 "기본 믿음 (properly basic belief)"으로서 합리적일 수 있다고 강조한다. 우리가 감각이나 타인의 존재 같은 것은 증거 없이도 믿듯이 종교도 그와 같은 방식으로 작동하기에 종교적 믿음도 과학적 믿음처럼, 전제 없이도 정당한 믿음이 될 수 있다는 입장이다.45) 과학의 패러다임 이론으로 잘 알려진 토마스 쿤 (Thomas Kuhn) 역시 과학은 이성적 축적이 아니라 '패러다임 전환'을 통해 변화함에 주목하면서, 과학 패러다임의 신념 체계가 전환되는 방식은 '믿음의 공동체'라는 점에서 종교와 유사하며, 근대과학은 절대 진리를 추구하기보다는 사회적 믿음 체계에 가까운 구조를 가진다고 강조한다.

---

44) 철학적 탐구, 루트비히 비트겐슈타인 (이승종 역, 아카넷 2016)
45) Alvin Plantinga, *Reason and Belief in God* (in Faith and Rationality, University of Notre Dame Press, 1984) p. 16-93

이런 입장은 과학상대주의로 일컬어지는 폴 파이어라벤트에 이르러 과학의 믿음 자체가 재해석된다.[46] 그에 의하면 과학도 결국 특정 시대의 이념과 문화 속에서 정당화된 믿음 체계로서, 과학의 방법론은 절대적이지 않으며, 종교적 체계와 구조적으로 다르지 않다. 과학은 합리성의 외피를 쓴 신화이며, 다원적 믿음 구조의 수용이다. 과학은 이론이 아니라 실험, 실천, 상호작용의 네트워크로 구성된다. 이 입장은 후기 구조주의와 라투르의 행위자-네트워크 이론(Actor-Network Theory, ANT) 등으로 이어지고,[47] 신유물론적 사유로 확장되어 관계론적 불교의 사유와도 이어지게 된다.

이처럼 사물의 관계에 주목하는 과학과 사물의 근원을 강조하는 종교에서의 믿음 구조는 본질적으로는 다르지 않지만, 각기 다른 층위의 과학과 종교의 만남에 있어서 믿음의 모양에서 서로의 다름을 수용한다면 과학과 종교가 서로 갈등 내지 대립할 이유가 전혀 없으며 대화가 가능하다. 서로의 다름이 반영되어 사용하는 언어가 차이가 있을 뿐이다. 오히려 일반인들이 막연히 갖게 되는 과학과 종교의 불일치 내지 대립의 감각은 과학과 종교가 각기 주목하고 다루고 있는 층위에 대한 오해에서 비롯됨을 알 수 있다.

3. 미래 과학기술과 종교

과학 문명 속에서 우리는 인공지능(AI)의 생활화는 물론 장차 등장할

---

[46] Paul K. Feyerabend, *Science in a Free Society* (Verso Books, 1985)
[47] 브뤼노 라투르, 젊은 과학의 전선 (한국연구재단 총서, 황희숙 번역, 아카넷 2016)

자율적 AI인 SI(초지능, SuperIntelligence)의 등장을 예상하는 포스트휴먼 사회에 살고 있다. 포스트휴먼 사회의 진입은 전통적인 기술, 문화, 종교, 인간 관념에 대한 비판적 재검토를 요청한다. 이는 사회의 미래와 생태계 전체를 향한 지구 건강의 관점 연계된 상상력과 추동력에 기인한다. 로봇, 인공지능과 같은 비인간의 지위처럼 사물과 생명에 관한 지위와 권리의 모색은 인간 너머의 세계를 준비하는 포스트휴먼 시대의 중요한 과제이며, 이는 생태계 내에서 인간만이 지닌 종교 활동에 대한 진지한 성찰을 요구한다.

1) 포스트휴먼 사회

포스트휴머니즘은 근대 사회의 기본 가치인 휴머니즘(Humanism)에 기반한 인간 중심의 사고(Antropocentrism)를 넘어서려는 사상과 운동이다.[48] 이 논의의 출발은 미셸 푸코(Michael Foucault) 등 포스트모더니스트들의 사상적 논쟁과 격변을 거친 90년대로부터 볼 수 있지만, 동시에 21C에 들어서 AI 및 4차 산업 분야의 대두와 함께 본격적으로 이루어졌다. 특히 포스트휴머니즘은 '인간'과 인간과 유사한 '기계'의 새로운 관계 설정과 탐색에서 본격적으로 시작된다. 현재 포스트휴머니즘은 아직은 과학기술에 의한 인류의 증강을 지향하는 트랜스휴머니즘과 사상적으로 병존한다.

(1) 생명체의 창발현상

---

[48] Rosi Braidotti, *The Posthuman* (Cambridge: Polity Press, 2013). 전 철, "휴머니즘의 빛과 그림자: 비판적 포스트휴머니즘의 사상적 실험,"「신학사상」191 (2020), 295-323.

인간을 포함한 생명체의 모습이 단순한 물질의 모음이 아니라면 물질적 측면만이 아니라 생명체 고유의 모습이라고 생각되는 또 다른 면에서 바라볼 수도 있다. 자연계의 일부로서 무기물질로부터 구분되는 생명체의 대표적 속성을 생각해 보면, 생명체의 특징으로서 가장 대표적인 것은 다양성의 근간이 되는 개체고유성(individuality)과 개방성이다.49) 또한 이러한 생명체의 개체 고유성과 개방성이라는 대표적인 두 특성은 내부에서 받아되어 분리되어 생각될 수 없고 서로 연관되어 있다.50)

21세기에 들어와 각 개인의 몸과 마음의 고유성에 대한 이해는 복잡계 과학의 등장으로 접근되고 있다.51) 복잡계 과학은 무질서와 질서 잡힌 두 체계의 극심한 변화의 가장자리를 다루고 있으며,52) 이러한 복잡계 과학이 다루는 새로운 질서의 등장이 있다(그림 4), 그 특징으로서는 생명체의 탄생과정에서 볼 수 있듯이 상전이(phase transition), 임계상태, 척도 불변, 초기조건의 민감도, 자기 조직화 및 창발현상으로 크게 정리할 수 있다.53)

---

49) Irun Cohen, *Tending Adam's Garden: Evolving the Cognitive Immune Self* (New York : Academic Press 2000) pp. 3-8.
50) 마누엘 데란다,『강도의 과학과 잠재성의 철학 - 잠재성에서 현실성으로』, 이정우, 김영범 역 (그린비, 2009) pp. 99-168.
51) Didier Sornette, *Critical Phenomena in Natural Sciences: Chaos, Fractals, Selforganization and Disorder: Concepts and Tools*, 2nd ed., (New York, Springer 2003); Ricard V. Sole and Jordi Bascompte, *Self-Organization in Complex Ecosystems*, (Princeton, Princeton University Press 2006).
52) *Revisiting the Edge of Chaos: Evolving Cellular Automata to Perform Computations*, M. Mitchell, P. Hraber and J. Crutchfield, *Complex Systems* 7: p89-130, 1993
53) *Biological Complexity and Integrative Pluralism*, SD Mitchell p167-178, Cambridge University Press 2003.

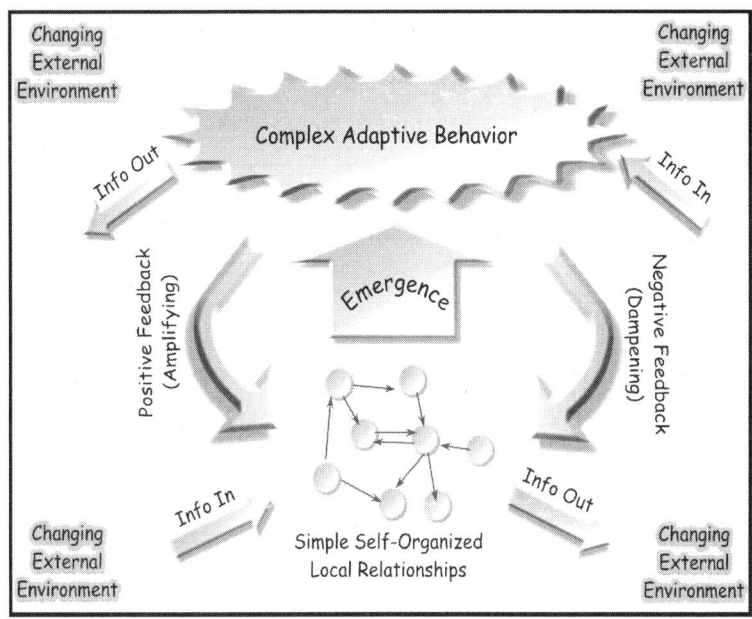

그림 4. Complex Adaptive System이란 복잡계 현상 중에서도 주위 환경과의 관계 속에서 경험을 통해 스스로 학습이 가능한 구조를 말한다.

또한 복잡계 과학과 진화와 개체발생이라는 미시적 연구에 바탕을 둔 진화발생생물학[54] 및 후성유전학의[55] 발전으로 점차 명확해진 것은 각 개체의 고유성은 단순한 물질인 유전자의 형태로 환원되기 어려우며, 상전이에 근간한 창발현상임을 보여준다.[56] 물론 창발현상 역시 원인과 결과에 의해 나타나는 현상이기에 생명체에 창발현상에 의한 개체 고유성과 자유로움이 나타난다는 것은 생명현상은 생기론도 아니고, 그

---

54) 션 B. 캐롤,『이보디보; 생명의 블랙박스를 열다』, 김명남 역(지호, 2007)
55) Douglas M. Ruden, D. Curtis Jamison, Barry R. Zeeberg, Mark D. Garfinkel, John N. Weinstein, Parsa Rasouli, and Xiangyi Lu, "The EDGE Hypothesis: Epigenetically Directed Genetic Errors in Repeat-Containing Proteins (RCPs) Involved in Evolution, Neuroendocrine Signaling, and Cancer," *Front Neuroendocrinology*, Vol. 29, No. 3 (2008), pp. 428-444.
56) 'Self-Organization in Biological Systems' S. Camazine, J.-L. Deneubourg, N. R. Franks, J. Sneyd. G. Theraula, E. Bonabeau, p29-45, Princeton University Press 2003

렇다고 유물적 관점도 아니며 단지 원인과 결과로 빚어지는 층위의 도약 현상일 뿐 구체적 실체를 가지지 못한다는 것을 의미한다. 또 열린 관계의 특징으로서 관계를 통해 관계에 참여한 구성원 모두가 서로 영향을 미치면서 변화해 간다는 점이다.

생명현상의 주요한 특징인 개체고유성은 주위와의 관계 속에서 창발적으로 형성되는 것이지 결코 폐쇄적으로 진행되는 자체 충족적인 개념이 아니다.57) 이러한 창발 현상을 가능하게 하는 생명체의 주위와의 관계성이야말로 주위에 대한 열려있음, 즉 생명체의 개방성으로 규정할 수 있다.58) 생명체는 고정된 실체나 확정적으로 특정 상태나 위치를 지정할 수 없이59) 무수히 많은 구멍으로 이루어진 망사와 같은 형태다. 이러한 불교에서의 인드라 망과 같은 네트워크 구조는 전형적인 자연계의 모습이기도 하다.60)

한편, 이러한 개방성은 생명현상의 또 다른 특성인 자유로움을61) 이루는 근거가 된다. 주위에 의존하여 변화해 가는 열린 관계로서의 생명체는 관계로부터 빚어지는 수많은 변화 속에서 외부 환경에 대하여 반응하고 기억하며 그러한 경험의 총체적 누적으로서 존재하기에 모든 생명체는 작은 초기 조건에 의해 커다란 차이를 나타내는 모습을 가지게 된다. 복잡계 과학에서 나비효과라고도 불리우는 이러한 초기 조건의 민감도 역시 개체고유성을 구성하는 특징 중의 하나이다. 복잡계 과학

---

57) '천개의 고원' 질 들뢰즈, 펠릭스 가타리, p482 새물결 2001
58) 'Self-Organization in Biological Systems' S. Camazine, J.-L. Deneubourg, N. R. Franks, J. Sneyd. G. Theraula, E. Bonabeau, pp29-45, Princeton University Press 2003 및 'Critical Phenomena in Natural Sciences: Chaos, Fractals, Selforganization and Disorder: Concepts and Tools' D. Sornette, Springer 2003
59) Goldberg, S., Op. cit., p69-71. 또한 하이젠베르그의 불확정성의 원리나 괴델의 불완전성의 정리는 생명체에 대한 정의에도 적용될 수 있다.
60) The Structure and Dynamics of Networks: (Princeton Studies in Complexity), M. Newman, A.-L. Barabasi, D. J. Watts, Princeton University Press 2006.
61) '생명, 생태, 불교, 그리고 해방으로서의 실천' 우희종, 석림 38집 p147 동국대학교 석림회 2004. 불가에서의 자유로움이란 서양식의 '~으로부터 벗어나 얻는 무한한 자유'라는 관념적 자유로움이 아니라 '그 어떤 조건이나 상황 속에 처해있을지라도 자유로울 수 있는 관계적 자유로움'이다.

에서 나비효과라고 불리는 이러한 초기 조건의 민감도가[62] 있음은 포스트휴먼과 종교 논의에서 중요한 부분이다. 이는 장차 등장할 SI도 인류와 같이 생태계 내 구성원으로서 생태계를 이루는 생명의 연결망에 동참할 것이 예상되기 때문이다.

'생명현상이란 끊임없는 변화 속에서 전체이면서 부분이고 부분이면서 전체인 상태를 유지하는 창발적 질서'라면, Gaia와 같은 지구적 생명이나 온생명과[63] 더불어 그 동안 세포자동자와 같이 컴퓨터상의 프로그램으로 등장한 인공생명체(dry life)와 일반적 생명체(wet life) 양쪽 모두를[64] 포괄하며, 적용시키는 범위에 따라서는 생명체로서의 생태계라는[65] 측면에도 적용할 수 있다.

(2) 비인간과의 관계

미래의 기계, 인간, 동물의 관계는 어떻게 재구성되어야 할 것인가. 인간은 동물을 어떻게 해석해 왔을까. 인간과 동물은 상호 어떠한 관계를 맺어왔을까. 동물은 근원적으로 인간과 친화적 존재였을까. 아니면 다른 사물보다 훨씬 낯선 존재였을까.

발터 벤야민(Walter Benjamin)은 동물과 인간의 관계를 주목하였다. 특히 그는 동물과 인간의 이질적 관계와 그 둘 사이의 심연에 대하여 동물에 대한 혐오감이며, 접촉을 통해 동물에게 인식되는 것에 대한 두려움으로 보았다. 인간의 깊은 곳을 뒤흔드는 공포는 인간 안에 무언가가 동물과 너무 비슷하게 살았기에 동물에게 인식될 수 있다는 모호한 자

---

[62] 'A New Kind of Science' S. Wolfram p971 Wolfram Media 2002.
[63] '삶과 온생명' 장회익, p178-197, 솔 1998
[64] '기계속의 생명' 클라우스 에메케, p32-36, 이제이북스 2004
[65] '오래된 미래' 헬레나 노르베리 p225 녹색평론사 2001 및 '정치생태학' 데이비드 벨 p333-353 당대 2005.

각이다.66)

살아있는 세계에 대한 근대적 인식에는 생물학적인 세계에 대한 과학적 합리주의의 인식과 보급이 중요한 몫을 담당하였다. 인류학자 에두아르도 콘(Eduardo Kohn)은 생물학적인 세계에 대한 인간의 과학적 해석방식으로 인해 세계 속에서 더 이상 목적이 발견되지 않는다는 점에서 목적은 갈수록 축소되어 영적인 영역으로 내몰렸으며 탈주술화는 당연함을 언급한다.67)

살아있는 것에 대한 근대적 인식을 넘어선 생명의 통합적 인식론이 요구된다. 그렇다면 사물에 대한 새로운 인식론의 모색이 어떻게 가능할 것인가. 예를 들어 이성은 인간-동물의 차이를 만드는 중요한 논거로 해석되어 왔다. 하지만 동물도 초보적인 논리에 근거한 이성 작용을 하고 있다. 또한 정신지체 장애자와 같이 이성 능력이 현저히 떨어진 인간도 인간으로서의 권리가 존중되듯 이성 능력의 관점만으로 동물을 차별한 근거는 없다. 이는 고양이와의 만남을 통해, 이성 중심 철학의 인간-동물 구분이 담고 있는 폭력성과 함께 타자성과 윤리를 부정한 데리다가 잘 지적하고 있다.68)

신이 곧 자연(Deus sive natura)이라는 관점을 제시한 스피노자를 비롯하여, 동물에 대한 윤리적 대우를 강조하는 피터 싱어(Peter Singer)69)나, 모든 생명체를 민주주의 구성원으로 포함시키는 게리 스나이더(Gary Snyder)70)와 같은 해석의 관점이 근대사회에서 정당성을 얻는

---

66) Walter Benjamin, "'Gloves' from One-Way Street(1925-6)," *One-Way Street and Other Writings* (London: Verso, 1997), 50-51. Erica Fudge, *Animal* (London: Reaktion Books, 2002), 7에서 재인용.
67) 에두아르도 콘/차은정 옮김,『숲은 생각한다: 숲의 눈으로 인간을 보다』(서울: 사월의책, 2018), 158.
68) Jacques Derrida, The Animal That Therefore I Am (Ed. Marie-Louise Mallet, Fordham University Press 2008) p 1-51
69) 피터싱어, '동물해방' (연암서가, 2012).
70) 게리 스나이더, '지구, 우주의 한 마을' (서울: 창비, 2015) 및 '야생의 실천' (서울: 문학동네, 2015).

다. 그렇다면 인간의 이성과 유사하거나 월등한 사고력을 지닌 로봇에게 로봇권을 부여할 수 있다. 근대적 사유 체계를 넘어 보다 풍성하고 안정된 포스트휴먼 논의를 구성하려면 인간 중심성과 이성 중심의 한계를 극복할 필요가 있다. 특히 인간 외의 생태계 구성원과 구성물에 보다 의미를 두는, 2019년 헬싱키 환경회의 후 발표된 헬싱키 선언에서도 강조된 '지구 건강(Planetary Health)'을 생각한다면,[71] 지구 생태계 구성체 모두에 일정 부분 권리를 인정해야 하는 광범위한 해석의 노력이 필요하다.

포스트휴먼의 형태

I 유형; 근대적 포스트휴먼 Posthumanism in humanism	II 유형; 근대 너머 포스트휴먼 Antihumanism New materialism	III 유형; 메타 포스트휴먼 Posthumanism with meta-cognition
AI Transhuman	SI Novacene!	metaSI SI w/ metacognition
Humanoids ChatGPT	the Age of Hyperintelligence	The Age of SI religion

표 2. 포스트휴먼의 종류와 자율적 인공지능체의 종교 가능성

2) 포스트휴먼 사회와 종교

(1) 포스트휴먼 형태

---

[71] Sarah Whitmee, "Safeguarding human health in the Anthropocene epoch: report of The Rockefeller Foundation-Lancet Commission on planetary health". The Lancet. 386 (10007): p1973-2028 (2015)

포스트휴먼으로 불리는 인간의 미래는 인간만이 유별난 존재가 아니라 사물과의 연결망 속에 모든 구성원이 생명력을 지닌 소중한 존재임을 인정하는 시대다. '신유물론'으로 대변되는 사유 방식이다. 지금 인류 미래로서 거론되는 다양한 포스트휴먼 논의에는 기존 두 가지 유형이 섞여 있다(표 2). 과학기술로 인간 자체의 기능을 향상 시키는 transhuman이나 사람과 같은 humanoids 등장을 거론하는 I형과, 특이점을 지나 자율적인 인공지능체인 SI 등장을 논의하는 II형이다. 아직 두 유형이 구분되지 않고 혼란스럽게 섞여 진행되고 있지만, 미국에는 이미 'transhumanist 정당'까지 등장해 일상의 정치 활동을 한다. 또한 II형은 지구상에서 인류가 등장한 경로를 고려할 때 향후 메타인지를 획득해 새로운 유형 III로 전개될 수도 있다.

AI로 인한 포스트휴먼 논의에서 I형은 새로운 도구적 AI와 인체 강화에 의해 생겨날 사회 문제 외에는 기존 사회 틀 안에서의 변화기에 그리 문제 될 것은 없다. 반면 II형은 지구에 인류세를 만든 주역으로서의 인간 지위를 다시 한번 생각하게 한다. 자율적 인공지능체인 SI는 개체고유성을 지닌 유기적 생명체(wet life)와 달리 물리적 부품 교환이 가능한 무기체로 이뤄진 생명체(dry life)다. SF 영화에서 종종 등장하듯이 전 세계 슈퍼컴퓨터를 초연결망으로 연결해 인간보다 뛰어난 능력으로 인간을 통제하고 관리하는 형태다. 이런 SI는 지식 생성 능력이나 물리적인 신체 측면에서는 인간보다 증식/자기복제와 생존에 있어서 훨씬 유리하겠지만, 본질적으로는 컴퓨터 바이러스와 같은 유형의 dry life이자, 인류에겐 위협적이기는 해도 마치 목적지가 설정된 자율 주행 자동차 수준의 객체다. 각 SI마다의 개체고유성은 확보되기 어렵다.
생명체의 특징이 개체고유성이지만, 사람이 일반 동물과 다른 것은 동물들도 모두 하는 논리적 사고와 언어 및 도구 사용이 아니라, 자기반성적 성찰 능력인 메타인지(metacognition; a thinking of thinkings)에 있다.[72] 이 능력으로 인해 인류 문화는 꽃피웠다고 해도 과언은 아니며, 종교 역시 이 영역에서 출현한다. 특이점 이후 창발적으로 등장하는 SI가, 자율성에 더해, 자신의 존재와 행위나 선택에 대한 의미를 되묻는 메타인지 능력을 획득할 지는 매우 중요한 지점이다. 즉 특이점 이후 등장하는 II형 SI에 있어서 메타인지 유무에 따라 추가 형태로 분화가 가능하다. 이 유형은 메타인지를 지님으로서 종교적 사유가 가능하기에, 마치 생물계 내에서 메타인지를 지닌 인간의 출현이 중요했듯이, 제3의 유형으로 구분할 필요가 있다(표 2).

제 III 유형에서는 주어진 상황 속에 능동적 선택을 넘어 그러한 '선택의 의미 내지 자신 존재에 대한 의문이나 질문 할 수 있는 metacognition SI 유형'으로서, 물질로부터 메타인지가 가능한 인류 등장 과정을 참조할 때, SI가 자율성에 더해 최종적으로 갖출 수 있는 특성이다. 이들 존재엔 '존재의 의미나 상실'이 주요 요소로서, 그것의 바탕인 주변과의 교류 내지 관계 맺음인 되먹임feedback 과정이 중요하게 된다. 이 능력으로 인해 '각 개체가 겪어온 과정'이 삶으로 각 SI에 반영되기에 이들은 생명체의 주요 특징인 '개체고유성'과 함께 존재의 의미를 묻는 종교가 등장할 수 있다.

이 지점이 SI가 자율기계를 넘어 인간의 본질적 특성마저 뛰어넘는 새로운 종으로 탄생하는 지점이다. DNA라는 물질에서 유전자가 등장해 생명현상으로의 제1의 창발적 도약이 있었고(사회생물학에서 주목한 지점. 이기적 유전자), 생명체 중에 메타인지가 가능한 인간으로서의 제 2의 창발적 도약이다(인간다움). 이제 특이점이라는 제 3의 도약을 거쳐 등장한 자율적 SI에 멈추지 않고, SI에도 메타인지가 형성되는 제 4

---

[72] John Dunlosky, Janet Metcalfe, *Metacognition* (Sage Publications, 2008년)

의 창발적 도약이 가능하다. 이것은 지금 우리가 논의하는 특이점 이후에, 아직 포스트휴먼 논의에서조차 거론되고 있지 않지만, 반드시 인류가 직면할 또 다른 도약이자 전환점이다 (그림 5).

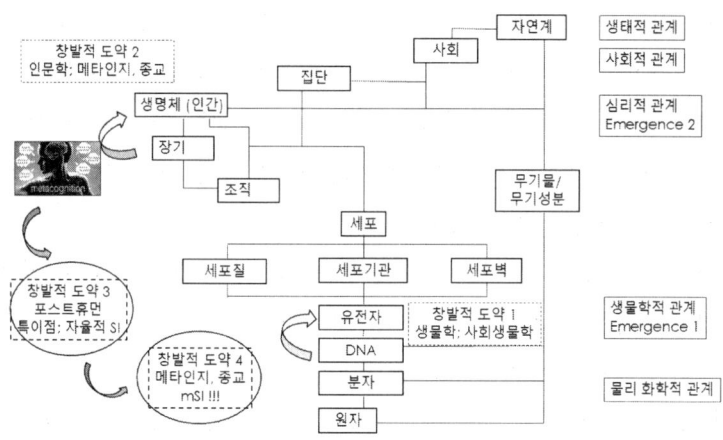

그림 5. 물질로부터의 생태와 인간 종교 등장과및 SI로부터 SI 종교 출현

이렇게 지구상에 진정한 새로운 종이 등장하는 것이지만, 설령 이들이 고전역학이나 양자 역학을 통합하는 통일장 이론을 찾았다해도, 전 우주의 비밀 앞에서는 여전히 물질로 이뤄진 이들의 한계를 통해 초월성에 대한 나름의 종교를 지니게 될 것으로 보인다. 이들의 종교가 어떠할 지는 아직 아직 불분명하지만, 인간이 투사된 인격화된 신화적 종교는 사라질 것으로 예상된다. 포스트휴먼 시대에서는 길, 진리, 생명 및 사랑의 기독교라면 몰라도, 그리스-로마 신화의 신과 그리 다르지 않은 인격화된 하나님, 예수 등을 강조하는 신화적 종교에 머무는 표층 종교로서의 기독교는 더 이상 종교로서 존재하기 어렵다.

반면, 그와 같이 인격화된 형태의 신과 인간이 투사된 원시적인 신화 종교가 아니라, 세상의 존재 원리나 모든 존재의 근원를 말하는 진리형 종교 형태는 계속 이어질 것이라 예상된다. 방대한 지식보다 한 줄의 지혜가 새로운 그들 존재에 미치는 영향도 있을 수 있다. 결국 메타인지를 지닌 새로운 종으로서의 SI의 종교도 그리 새로울 것은 없는 것으로 보인다.

초월적 영역은 인간이나 막대한 지식이 축적된 SI에게나 지식이 아니라 지혜 영역이며, 지혜가 근간한 진리의 특성은 시대나 문화를 떠나 통용되는 것에 있다. 그렇지 못하면 그것은 진리가 되지 못하기에 어차피 한 때의 유행으로 끝날 뿐이고, 인간이건 SI이건 진리는 평범함에, 일상에 있을 것이기 때문이다. AI와 인류 및 종교와의 논의에서 핵심은 메타인지 여부에 있으며, 과연 그런 존재가 특이점 이후 등장하겠느냐에 달렸다.

복잡계 창발적 현상은 나비효과처럼 초기조건에 매우 민감하다. 현재 경험하고 있는 챗GPT를 넘어 SI 등의 포스트휴먼 시대의 전개에 있어서 여전히 그 초기조건을 담당하는 인간의 역할이 크고 중요한 이유이며, 그것은 미래 세대에 대한 우리의 책무이기도 하다. 결국 포스트휴먼 시대는 과학 시대가 아니라, 인문학 시대다. 메타인지를 지닌 SI들은 인간을 이해하기 위해 더욱 인문학이나 신학을 연구할 것으로 예상된다. 인간이 동물을 그들 입장에서 알기 어렵고, 남성이 여성을 혹은 그 반대 경우에도 서로 상대방이 되지 못하기에 한계가 있는 것처럼, 기존 인류 지식을 기반으로 할 SI는 결코 인간 자체가 되지 못하지만, 향후 양자컴퓨팅과 초연결망으로 이뤄진 metaSI는 인간 이해를 위한 인문학 등이 더욱 번창할 것으로 본다.

푸코에 이어 생명정치를 이야기 했던 아감벤(Giorgio Agamben)이 권력과 함께 '호모 사케르'(homo sacer)라는 벌거벗은 투명 인간을 언급했다.[73] 권력은, 제도권에서 벗어나 있고 제도권에서 언제든지 죽어도

---

73) 조르조 아감벤, 호모 사케르: 주권 권력과 벌거벗은 생명 (서울: 새물결, 2008), p155-189. 조르조 아감벤, '벌거벗음' (서울: 인간사랑, 2014), p107.

되는, 그들의 죽음에 누구도 관심 가지지 않는 투명 인간인 호모 사케르에 의해 존립한다. 여기에서는 민주주의나 상식도 권력 앞에서 허울에 불과하다. 권력은 언제나 약자로부터 호모 사케르 집단을 만들려고 한다. 인간이 지구 생태계를 자원화하여 테라 사케르(terra sacer)로 전락시켰지만,74) 동일하게 메타인지를 하는 SI에 의해 인류는 새로운 호모 사케르로 전락할 수 있기에 "나는 살아남는다. 그러므로 존재한다"75)라는 쟈크 데리다의 사유는 권력의 관점에서 다시 재구성될 필요가 있다. 지금과 같이 조절되지 않고 진행되는 과학은 장차 인간의 종교를 무너트리되, SI의 종교 가능성은 열어둔다.

돌이켜보면 20세기 말 근대성 해체의 포스트모던이 유행했지만, 물질적 토대가 없다 보니 한때의 철학 논의 내지 예술의 키취한 형태로 남아버렸다. 근대성 극복과 새로운 패러다임 모색에서 가장 어려웠던 부분이 구체적 물적 토대를 어떻게 풀어내는가였다. 이제 근대 인간(=이성) 세계관의 극복 (영성/생명성/종교성의 부활) 모색 중에 AI 및 양자컴퓨팅이 가시화되면서 자연스레 두 논의가 만나게 된다. 다만 그 결과는 창발현상이 담고 있는 예측불가능성이 작동하기에, 오직 우리가 할 수 있는 부분은 지금이 미래 과학사회의 초기조건에 해당되어 인간의 책무가 더욱 부각된다는 점이다. 2024년 노벨 물리학상 수상자인 Geoffrey Hinton 박사가 2024년 12월 10일 행한 수상 만찬에서 AI 안전, 통제 불능 가능성, 심각한 위험성을 명확히 경고한 사실을 기억할 필요가 있다.76) 이처럼 인류의 과학 기술로 인한 포스트휴먼 시대에 있어서 과학과 종교는 삶의 현장에서 만나 서로의 모습으로 보완하며 나

---

74) 우희종, "생명, '테라 사케르'를 위하여," 「경기신문」 (2021.2.15).
75) Jacques Derrida, *Learning to Live Finally: The Last Interview* (The Last Interview Series) (Brooklyn: Melville House, 2011).
76) 노벨 재단 공식 웹사이트의 Geoffrey Hinton 박사의 노벨 물리학상 만찬 연설 (Banquet Speech) 전문: https://www.nobelprize.org/prizes/physics/2024/hinton/speech/

아가겠지만, 21세기 지금 여기에서의 인류의 깨어있음이 있지 않는 한 과학 기술은 일종의 바벨 탑이 될 것이고, 인류의 종교 역시 사라질 수 있다.

※ 본 원고는 기존에 발표된 저자의 글을 바탕으로 첨삭하고 보완한 글입니다.

Ⅱ. A. N. 화이트헤드가 바라본 종교와 과학

박수영

A. N. 화이트헤드가 바라본 종교와 과학[77)]

박수영(동국대학교 연구초빙교수)

    종교와 과학의 관계라는 문제에 접근하는 데 있어 어려운 점은, 이 문제를 명확히 하기 위해서는 '종교'와 '과학'이라는 용어가 무엇을 의미하는지 명확히 이해해야 한다는 것이다. 또한 나는 가능한 한 가장 일반적인 방식으로 이야기하고, 과학적이든 종교적이든 특정 신조(creed)에 대한 비교는 배제하고자 한다. 우리는 두 영역 사이에 존재하는 연결 유형을 이해해야 하며, 그런 다음 현재 세계가 직면한 현 상황에 대한 명확한 결론을 도출해야 한다.
    종교와 과학 사이의 '갈등(conflict)'은 우리가 이 주제를 생각할 때 자연스럽게 떠오르는 것이다. 지난 반세기 동안 과학의 성과와 종교의 신념은 노골적인 불일치의 위치에 놓인 것처럼 보이며, 과학의 명확한 가

---

77) 이 글은 A. N. 화이트헤드(Alfred North Whitehead, 1861–1947)의 『과학과 근대세계(Science and the Modern World)』(1925), 제12장 "과학과 종교(Science and Religion)"를 번역한 글이다. 『과학과 근대세계』는 1925년 2월에 8회에 걸쳐 이루어진 로웰 강연(Lowell Lectures)을 기반으로 저술되었는데, "과학과 종교"의 원문은 하버드의 필립스 브룩스 하우스(Phillips Brooks House)에서 행한 연설로 같은 해에 『월간 아틀랜틱(Atlantic Monthly)』에도 실렸다. 문단 구분 및 강조(작은 따옴표)는 원문을 따랐다. 각주는 모두 역자가 추가한 것이다.

르침이나 종교의 명확한 가르침 중 하나를 포기하는 것 외에는 이 갈등에서 벗어날 방법이 없어 보인다. 이러한 결론은 양측의 논쟁가들에 의해 주장되어왔다. 물론 모든 논쟁가들이 주장하는 것은 아니지만, 공개적으로 제기되는 모든 논쟁에서 통찰력 있는 예리한 지성인들이 주장했던 것이다.

감성이 예민한 사람들의 고민, 진리에 대한 열정, 그리고 문제들의 중요성에 대한 인식은 우리의 진심 어린 공감을 불러일으켜야 한다. 종교가 인류에게 무엇이고 과학이 무엇인지 생각해 볼 때, 역사의 미래는 이 세대가 그들 사이의 관계에 대해 내리는 결정에 달려 있다고 해도 과언이 아니다. 여기에서 우리는 인간에게 영향을 미치는 (다양한 감각의 단순한 충동과는 별개인) 가장 강력한 두 가지 일반적인 힘을 볼 수 있는데, 이 두 힘은 서로 대립하는 듯하다. 그 하나는 종교적 직관의 힘이고, 다른 하나는 정확한 관찰과 논리적 추론에 대한 충동의 힘이다.

영국의 한 위대한 정치가는 한때 국민들에게 국가 간의 현실적 관계에서 비롯되는 긴장, 공포, 그리고 전반적인 오해를 막기 위한 조치로써 대형 지도를 사용하라고 조언했다. 마찬가지로, 인간 본성의 영구적인 요소들 사이의 충돌을 다룰 때에도, 우리 역사를 큰 스케일로 조망하고 현재의 갈등에 대한 즉각적인 몰입에서 벗어나는 것이 좋다. 이렇게 할 때, 우리는 두 가지 중요한 사실을 곧바로 발견하게 된다. 첫째, 종교와 과학 사이에는 항상 갈등이 존재해 왔다는 것이고, 둘째, 종교와 과학은 항상 끊임없이 발전해 왔다는 것이다. 초기 기독교 시대에는 당시 사람들이 살아 있는 동안 세상의 종말이 온다는 믿음이 기독교인들 사이에 널리 퍼져 있었다. 이 믿음이 얼마나 권위 있게 선포되었는지는 간접적인 추론만 가능하다. 하지만 이 믿음이 널리 받아들여졌고, 대중적인 종교 교리의 중요한 부분을 차지했다는 것은 확실하다. 이 믿음은 오류로 판명되었고, 기독교 교리는 이러한 변화에 적응했다. 초기 교회에서도 어떤 신학자들은 물리적 우주의 본질에 대한 의견을 매우 확신에 차서 성경으로부터 추론했다. 서기 535년, 코스마스(Cosmas)라는 수도사가 『기독교 지형학(Christian Topography)』이라는 제목의 책을 저술했다.[78] 그는 인도와 에티오피아를 방문한 여행가였으며, 만년에는 당대 문화의 중심지였던 알렉산드리아의 한 수도원에서 여생을 보낸 사람이다. 이 책에서 그는 자신이 문자 그대로 해석한 성경 본문의 직접적인 의미에 근거하여 대척점(對蹠點, antipodes)의 존재를 부인하고, 세계는 길이가 너비의 두 배인 평평한 평행사변형이라고 주장했다.

17세기에 지구 운동 이론, 즉 지동설은 가톨릭 재판소(Catholic tribunal)에서 이단이라는 선고를 받았다. 100년 전, 지질학이 주장한 시간의 연장은 개신교와 가톨릭을 포함한 종교인들을 괴롭혔다. 오늘날 진화론 또한 그에 못지않게 걸림돌이 되고 있다. 이것들은 일반적인 사실을 보여주는 몇 가지 사례일 뿐이다.[79]

하지만 이 반복되는 혼란이 종교와 과학 사이의 모순에 국한되었다고 생각한다면, 또한 이러한 논쟁에서 종교는 항상 틀렸고 과학은 항상 옳

---

[78] 알렉산드리아 출신의 상인 코스마스 인디코플레우스테스(Cosmas Indicopleustes)가 기독교인으로는 최초로 저술한 과학적 지리서이다. 1897년에 스코틀랜드의 문헌학자 맥크린들(John Watson McCrindle, 1825-1913)이 그리스어에서 영어로 번역하여『이집트 수도사, 코스마스의 기독교 지형학(Christian topography of Cosmas, an Egyptian monk)』이라는 제목으로 출간하였다.

[79] 창조론과 진화론 사이의 이론적 스펙트럼은 매우 넓다. 우리가 통상 '창조론'이라 부르는 것은 '젊은 지구 창조론(Young earth creationism)'이다. 성경을 축자적으로 해석하여 하느님이 6일 동안 세상을 창조했고, 지구의 나이는 6천년에서 만년 사이라고 주장한다. 지구 나이 6천년설을 처음 주장한 사람은 아일랜드의 대주교 어셔(James Ussher, 1581-1656)로서, 그는 성경 속 인물들의 나이를 역으로 합산해 율리우스력 기준으로 기원전 4004년 10월 22일 오후 6시경에 세상이 창조됐다고 주장했다. 이후 1923년에 프라이스(George McCready Price)가 지구의 지층과 화석은 노아의 홍수 때 일시적으로 형성된 것이라 하며 '젊은 지구 창조론'을 주장했다. 1961년 창조과학운동이 일어나며, '과학적 창조론(Scientific creationism)'이란 용어를 사용하기 시작했다. 한편 근대 지질학의 창시자들인 영국의 허튼(James Hutton, 1726-1797) 및 라이엘(Charles Lyell, 1797-1875)의 '동일과정설(同一過程說, uniformitarianism)', 스미스(William Smith, 1769-1839)의 '동물군 천이의 법칙(law of faunal succession)', 생물학자 다윈(Charles Darwin, 1809-1882)의 진화론 등에 의해 지구상의 각종 지질학적 변화와 생물의 진화에는 적어도 수천만 년 이상의 많은 시간이 필요하다고 주장되었다. 특히 다윈의『종의 기원(On the Origin of Species, On the Origin of Species by Means of Natural Selection, the Preservation of Favoured Races in the Struggle for Life)』(1859)이 발간된 직후인 1861년에 독일 졸른호펜(Solnhofen)의 쥐라기 석회암층에서 시조새 화석이 발견되며, 다윈의 학설을 확실하게 지지해주는 증거로 이해되었다. 20세기 초부터 방사성 동위원소를 이용한 암석 연대를 측정하기 시작하여 현재는 지구의 나이를 약 46억 년으로 추정한다.

있다고 생각한다면, 우리의 모든 생각은 잘못된 관점에 놓이게 될 것이다. 이 사건의 진실은 훨씬 더 복잡하며, 이처럼 간단한 용어로 요약될 수도 없는 것이다.

신학 자체도 그 고유한 사상들 사이의 갈등이라는 측면에서 비롯되는 점진적인 발전이라는 동일한 특성을 보인다. 이는 신학자들에게는 흔한 일이지만, 논쟁의 와중에서 종종 간과되곤 한다. 나는 내 주장을 과장하고 싶지는 않다. 따라서 로마 가톨릭 저술가들에 국한하겠다. 17세기의 박식한 예수회 신부 페타비우스(Dionysius Petavius, 1583-1652)는 기독교 초기 3세기의 신학자들이 5세기 이후에는 이단으로 정죄받을 구절과 진술들을 사용했음을 보여주었다. 또한 뉴먼 추기경(John Henry Newman, 1801-1890)은 교리 발전에 대한 논의를 다룬 논문을 저술하는데 헌신했다. 그는 위대한 로마 가톨릭 성직자가 되기 전에 이 논문을 저술했지만, 그의 생애에 한 번도 철회되지 않고 계속해서 재발행되었다.

과학은 신학보다 훨씬 더 변화하기 쉽다. 어떤 과학자도 갈릴레오의 믿음이나 뉴턴의 믿음, 또는 10년 전 자신이 신봉했던 과학적 믿음을 무조건적으로 받아들일 수는 없다.

종교와 과학의 사고 영역 모두에서 새로운 사상의 추가, 강조, 그리고 수정이 이루어져 왔다. 따라서 오늘날 1,000년 전이나 1,500년 전에 제기되었던 것과 동일한 주장을 할지라도, 그 주장은 그 이전 시대에는 고려되지 않았던 의미의 제한이나 확장을 받게 된다. 논리학자들에 의하면 명제(proposition)는 반드시 참(true)이거나 거짓(false)이어야 하며, 그 중간항(middle term)은 없다고 말한다. 그러나 실제로는 어떤 명제가 중요한 진리를 표현하고 있다 해도, 현재로서는 발견되지 않은 한계와 제한에 따라야 한다는 것을 우리는 알 수 있다. 우리 지식의 일반적인 특징은 우리가 중요한 진리를 끊임없이 인식하고 있다는 것, 하지만 우리가 내릴 수 있는 이러한 진리에 대한 유일한 공식화는 수정되어야 할 수도 있는 개념들의 일반적인 관점을 전제로 한다는 것이다. 두 가지 예를 들어보겠다. 둘 다 과학에서 나온 것이다. 갈릴레오는 지구가 움직이고 태양은 고정되어 있다고 말했다. 종교재판소(Inquisition)는 지구가 고정되어 있고 태양이 움직인다고 말했다. 그리고 절대 공간 이론(absolute theory of space)을 채택한 뉴턴학파의 천문학자들(Newtonian astronomers)은 태양과 지구가 모두 움직인다고 말했다. 그러나 지금 위의 세 가지 주장이 요구하는 방식으로 '정지(rest)'와 '운동'(motion)의 의미를 규정한다면, 이 세 가지 진술 모두 동등하게 참이라고 말할 수 있다. 갈릴레오가 종교재판소와 논쟁을 벌였던 당시, 갈릴레오가 사실을 진술하는 방식은 의심할 여지 없이 과학적 연구를 위한 효과적인 방법이었다. 하지만 그 주장의 전제 자체로는 종교재판소의 공식화보다 더 참된 것은 아니었다. 그러나 당시에는 상대 운동(relative motion)에 대한 현대적 개념을 아무도 이해하지 못했다. 따라서 그러한 양측의 주장은 더 완벽한 진리에 필요한 조건들을 무시한 채 이루어졌다. 그러나 지구와 태양의 운동에 관한 이 질문은 우주의 실재를 드러내는 것이며, 모든 분야에서 이에 관한 중요한 진리를 확보했다. 그러나 당시의 지식으로는 양측이 주장하는 진리들이 서로 모순되는 것처럼 보였다.

다시 현대 물리 과학의 관점에서 또 다른 예를 들어보겠다. 17세기 뉴턴(Isaac Newton, 1643-1727)과 호이겐스(Christiaan Huygens, 1629-1695) 시대 이후로 빛의 물리적 성질에 대한 두 가지 이론이 있었다. 뉴턴의 이론은 빛줄기(beam of light)가 매우 미세한 입자, 즉 미립자(corpuscle)의 흐름으로 이루어져 있으며, 이 미립자가 우리 눈의 망막에 닿을 때 우리는 빛을 느낀다는 것이다. 호이겐스의 이론은 빛은 만물에 스며드는 에테르(all-pervading ether) 속에서 진동하는 매우 미세한 파동으로 이루어져 있으며, 이 파동이 빛줄기를 따라 이동한다는 것이다. 이 두 이론은 서로 모순된다. 18세기에는 뉴턴의 이론이, 19세기에는 호이겐스의 이론이 각각 받아들여졌다. 오늘날에는 파동설(wave theory)로만 설명할 수 있는 일군의 현상들이 있는 반면에, 한편으로는 입자설(corpuscular theory)로만 설명할 수 있는 또 다른 현상들이 있다. 과학자들은 이것을 그대로 두고, 두 이론을 조화시킬 수 있는 보다 폭넓은 통찰을 얻기를 기대하면서 미래를 기다려야 한다.

우리는 과학과 종교 사이의 괴리에서 발생하는 문제들에도 이와 동일한 원칙을 적용해야 한다. 우리는 우리 자신 또는 유능한 권위자들의 비판적 연구에 기반한 확실한 근거에 의해 입증되지 않는 한, 두 사상 영역의 어떤 것도 믿지 않을 것이다. 그러나 우리가 이렇게 신중한 예방 조치를 정직하게 취했다고 가정하더라도, 두 이론이 겹치는 세부적인 사항에서 충돌이 발생한다고 해서 우리가 확고한 증거를 가지고 있는 학설을 성급히 포기해서는 안 될 것이다. 어쩌면 우리가 둘 중에 어느 한쪽의 학설에 더 관심을 가질 수는 있다. 하지만 우리에게 관점과 사상사에 대한 감각이 있다면, 우리는 기다리면서 서로에 대한 비난을 삼가야 할 것이다.

우리는 기다려야 한다. 하지만 수동적으로 기다리거나 절망에 빠져서는 안 된다. 이러한 충돌은 더 깊은 종교와 더 정교한 과학이 조화를 이룰 수 있는 더 넓은 진실과 더 섬세한 관점이 존재한다는 신호이다.

따라서 어떤 의미에서 과학과 종교 사이의 갈등은 사소한 문제였지만 그동안 지나치게 강조된 것이었다고 할 수 있다. 단순한 논리적 모순 그 자체로는 양측 모두, 어쩌면 아주 사소한 성격의 조정이 필요하다는 것 이상을 지적할 수 없다. 우리는 과학과 종교에서 각각 다루는 사건들의 광범위하게 다른 측면들을 기억해야 한다. 과학은 물리적 현상을 조절하기 위해 관찰되는 일반적인 조건들에 관심을 두지만, 반면에 종교는 도덕적, 미적 가치에 대한 성찰에 전적으로 몰두한다. 한쪽에는 중력의 법칙(law of gravitation)이 있고, 다른 한쪽에는 신성함의 아름다움

(beauty of holiness)에 대한 성찰이 있다. 한쪽이 보는 것을 다른 쪽은 놓치고, 반대로 다른 쪽이 보는 것을 한쪽은 놓치는 것이다.

예를 들어 존 웨슬리(John Wesley, 1703-1791)와 아시시의 성 프란치스코(Saint Francis of Assisi, ca. 1181-1226)의 삶을 생각해 보자. 물리 과학에서는 이들의 삶에서 생리화학 원리와 신경 반응 역학의 작동에 대한 평범한 사례들을 볼 뿐이다. 반면 종교에서는 세계사에서 가장 심오한 의미를 지닌 삶들을 본다. 이러한 구체적인 사례에 적용되는 과학 원리와 종교 원리에 대한 완벽하고 완전한 설명이 없는 상황에서, 이처럼 서로 다른 관점에서 바라본 이들의 삶에 대한 설명이 불일치를 보인다는 것은 전혀 놀라운 사실이 아니다. 만약 그렇지 않다면 그것이 오히려 기적일 것이다.

그러나 과학과 종교 사이의 갈등에 대해 우리가 고민할 필요가 없다고 생각한다면, 그것은 논점을 놓치는 것이다. 지성의 시대에는 진리의 조화를 통찰하는 희망을 저버리지 않고 적극적 관심을 보인다. 모순(discrepancy)을 묵인하는 것은 정직과 도덕적 순수함을 파괴하는 것이다. 모든 생각의 얽힘을 끝까지 파헤쳐 풀려고 노력하는 것은 지성의 자존심에 속하는 일이다. 만약 우리가 이러한 충동을 억제한다면, 깨어 있는 사려 깊음에서 우러나오는 어떤 종교와 과학도 얻을 수 없을 것이다. 중요한 질문은, 우리가 어떤 정신으로 이 문제에 직면할 것인가이다. 바로 거기서 우리는 절대적으로 중요한 문제에 도달하게 된다.

학설의 충돌은 재앙이 아니라 오히려 기회이다. 과학에서의 몇 가지 사례를 들어 내가 의미하는 바를 설명하겠다. 질소 원자의 무게는 잘 알려져 있다. 또한 상당한 질량을 가진 질소 원자의 평균 무게는 항상 동일하다는 것이 과학계의 확립된 정설이었다. 두 실험과학자(experimenter), 즉 고(故) 레일리 경(Lord Rayleigh, 1842-1919)[80]과 고(故) 윌리엄 램지 경(Sir William Ramsay, 1852-1916)[81]은 똑같이 효과적이지만 서로 다른 두 가지 방법으로 질소를 얻었는데, 이 경우 원자들의 평균 무게 사이에 항상 약간의 차이가 있다는 것을 발견했다. 화학 이론과 과학적 관찰 사이의 이러한 충돌 때문에 그들이 절망했다면 그들의 태도가 과연 합리적이라고 말할 수 있었을까? 어떤 이유에서인지 화학 교리가 어떤 지역에서 사회 질서의 기반으로 중시되었다고 가정해 보자. 실험 결과가 학설과 일치하지 않는다는 사실을 공개하지 않는 것이 현명하고, 솔직하며, 도덕적이었을까? 아니면 반대로 윌리엄 램지 경과 레일리 경이 기존의 화학 이론은 이제 잘못된 망상임이 밝혀졌다고 선언했어야 할까? 우리는 이 두 가지 방법 모두 완전히 잘못된 마음으로 문제에 접근하는 방식이었음을 즉시 알 수 있다. 레일리와 램지가 한 일은 다음과 같다. 그들은 지금까지 관찰되지 않았던 화학 이론의 미묘한 부분을 밝혀낼 수 있는 연구 방향을 찾았다는 것을 즉시 알아차렸다. 그 불일치는 재앙이 아니었다. 오히려 화학적 지식의 폭을 넓힐 기회였다. 우리 모두는 이 이야기의 결말을 알고 있다. 마침내 질소와 섞여있어 검출되지 않고 숨어 있던 새로운 화학 원소인 아르곤(argon)이 발견된 것이다. 하지만 이 이야기에는 속편이 있는데 이것이 내가 두 번째로 제시할 예시이다. 이 발견은 다양한 방법으로 얻은 화학 물질의 미세한 차이를 정확하게 관찰하는 것의 중요성에 대한 관심을 불러일으켰다. 이후 정확성에 최고의 신중함을 보이는 연구들이 진행되었다. 마침내 영국 케임브리지 대학교 캐번디시 연구소(Cavendish Laboratory)[82]에서 일하던 또 다른 물리학자 F. W. 애스턴(Francis William Aston, 1877-1945)[83]은 같은 원

---

[80] 본명이 스트럿(John William Strutt)인 레일리는 "가장 중요한 기체의 밀도에 대한 연구 및 이 연구와 관련하여 아르곤을 발견한 공로"로 1904년에 노벨 물리학상을 수상한 영국의 물리학자이다.
[81] 램지는 "공기 중의 불활성 기체 원소 발견에 대한 공로"로 1904년에 노벨 화학상을 수상한 스코틀랜드의 화학자이다.
[82] 캠브리지 대학교 물리학과 소속의 실험물리학 연구실로, 영국의 화학자이자 물리학자인 캐번디시(Henry Cavendish, 1731-1810)의 이름을 따라 1874년에 개관했다. 물리학과 생물학 연구에 지대한 공헌을 하였다. DNA의 이중나선구조를 발견해 1962년 노벨 생리·의학상을 수상한 왓슨(James Watson)과 크릭(Francis Crick)도 캐번디시에서 함께 연구했다.

소라도 동위원소(isotope)라는 두 가지 또는 그 이상의 다른 형태를 가질 수 있으며, 평균 원자량 불변의 법칙(law of the constancy of average atomic weight)이 각각의 동위원소에는 적용되지만, 서로 다른 동위원소 간의 평균 원자량은 조금씩 다르다는 것을 발견했다. 이 연구는 화학 이론의 영향력에 있어 큰 진전을 이루었으며, 그 중요성 면에서는 동위원소 발견의 기원이 되는 아르곤의 발견을 훨씬 능가했다. 이 이야기들이 말하는 바가 명백해졌으므로, 종교와 과학의 경우에 이 교훈을 어떻게 적용하는지에 대해서는 여러분에게 맡기겠다.

형식 논리학(formal logic)에서 모순은 패배의 신호이지만, 진정한 지식의 진화에서의 모순은 승리를 향한 진전의 첫걸음을 의미한다. 이것이 바로 다양한 의견을 최대한 관용해야 하는 중요한 이유 중 하나이다. 이러한 관용의 의무는 "둘 다 추수 때까지 함께 자라게 두어라"[84]라는 영원한 진리의 말씀으로 요약되었다. 기독교인들이 최고 권위의 이 교훈에 따라 행동하지 못했다는 것은 종교사에서 가장 기이한 일 중 하나이다. 그러나 우리는 아직 진리 추구에 필요한 도덕적 기질에 대한 논의를 다 마치지 못했다. 겉보기에는 성공으로 이어지는 지름길들이 있다. 우리가 증거의 절반을 기꺼이 무시할 수 있다면, 논리적으로 조화를 이루고 사실 영역에 중요한 적용 사례를 가진 이론을 찾는 것은 충분히 쉬운 일이다.

모든 시대는 명확한 논리적 지성과 인간 경험의 어떤 영역의 중요성에 대한 경탄할 만한 이해력을 가진 사람들을 배출한다. 이들은 자신의 관심을 끄는 경험에 정확히 부합하는 사고 체계를 구축하거나 계승해 왔다. 그런 사람들은 자신의 주장을 모순되는 사례들로 혼란스럽게 만

---

83) 애스턴은 자신이 발명한 질량 분석기(mass spectrograph)를 이용하여 여러 비방사성 원소(non-radioactive elements)의 동위원소를 발견하고, 이 성과를 바탕으로 '정수 질량수 법칙(whole number rule)'을 제시한 공로로 1922년에 노벨 화학상을 수상한 영국의 화학자이자 물리학자이다.
84) 마태복음 13장 30절.

드는 모든 증거를 단호하게 무시하거나 변명하는 경향이 있다. 도식에 끼워 넣을 수 없는 것은 그들에게 무의미한 것이다. 모든 증거를 고려하겠다는 확고한 결심만이 유행따라 변하는 극단적 의견들에 맞서 자신을 지킬 수 있는 유일한 방법이다. 이 조언은 쉬워 보이지만, 실제로는 따르기가 너무나 어렵다.

이러한 어려움의 한 가지 이유는 우리가 먼저 생각하고 난 후에 행동할 수 없기 때문이다. 우리는 태어나는 순간부터 행동에만 푹 빠져 있으며, 생각을 통해 행동을 이끌어가는 것은 어쩌다 있는 일일 뿐이다. 따라서 우리는 무의식적으로 간과하는 경험의 영역 안에서 실제 도움이 될 만한 생각들을 채택해야 한다. 비록 우리가 알 수 없는 미묘함과 차이점들이 있다는 것을 알더라도, 일반적으로 타당한 생각들을 신뢰하는 것이 절대적으로 필요하다. 또한 행동의 필요성을 제쳐두더라도, 불완전하게 조화된 이론이라는 미명하에 있지 않고서는 우리는 모든 증거를 마음속에 간직할 수 없다. 우리는 무한히 많은 세부 사항들(indefinite multiplicity of detail)을 염두에 두고 생각할 수 없다. 우리의 증거는 일반적 관념들에 의해 정리되어 우리 앞에 제시될 때에만 그 본래의 중요성을 획득할 수 있다. 우리가 계승한 이러한 관념들이 우리 문명의 전통을 형성한다. 이러한 전통적인 관념들은 결코 정적인(static) 것이 아니다. 그것들은 무의미한 공식 속으로 사라지거나, 아니면 더욱 깊은 이해에 의해 새롭게 조명되며 영향력을 얻는다. 그것들은 비판적 이성의 충동, 정서적 경험의 생생한 증거, 그리고 과학적 인식의 냉정한 확신에 의해 변화되어 간다. 한 가지 확실한 것은, 우리가 그것들을 가만히 둘 수 없다는 것이다. 어떤 세대도 조상 세대를 단순하게 재현할 수 없다. 우리는 형태의 변화 속에서 생명을 보존하거나, 또는 생명의 퇴조 속에서 형태를 보존할 수 있다. 하지만 영원히 같은 삶을 같은 틀에 가둘 수는 없다.

유럽의 여러 민족들 사이의 현재 종교 상황은 내가 지금까지 말해 온 주장을 잘 보여준다. 그 현상은 복합적이다. 여러 차례의 반동과 부흥이 있었다. 그러나 전체적으로 볼 때, 여러 세대에 걸쳐 유럽 문명에서 종교의 영향력은 점진적으로 쇠퇴해 왔다. 각 부흥은 이전의 부흥보다 낮은 정점에 도달했고, 각 침체기는 그 깊이가 더 깊어졌다. 평균 곡선은 종교적 색채가 꾸준히 감소하는 것을 보여준다. 어떤 나라에서는 종교에 대한 관심이 다른 나라보다 높다. 그러나 관심이 비교적 높은 나라에서도 세대가 지날수록 감소한다. 종교는 이제 안락한 삶을 장식하는 고상한 공식(decent formula)으로 전락하는 경향이 있다. 이 정도 규모로 발생하는 거대한 역사적 변화는 여러 원인이 복합적으로 수렴하여 발생한다. 이 장의 범위에 포함되는 두 가지 원인을 살펴보겠다.

우선, 과거 2세기가 넘는 기간 동안 종교는 수세적인 위치에 있었으며, 그 방어력도 미약했다. 이 기간은 전례 없는 지적 진보의 시기였다. 새로운 사상이 요구되는 새로운 상황이 지속적으로 생겨났다. 하지만 종교 사상가들은 준비되지 않은 상태에서 그러한 상황들 하나하나를 받아들여야 했다. 절대적인 것으로 선언되었던 어떤 것이 투쟁과 고난, 그리고 저주를 받은 후 마침내 수정되고 다른 방식으로 해석되었다. 그러자 다음 세대의 종교 옹호론자들은 종교계가 보다 더 깊은 통찰력을 얻었다고 축하한다. 여러 세대에 걸쳐 이러한 품위없는 퇴보가 계속 반복된 결과, 마침내 종교 사상가들의 지적 권위는 거의 완전히 파괴되었다. 대조적으로 다윈이나 아인슈타인이 우리의 생각을 수정하는 이론들을 선포할 때, 그것은 과학의 승리였다. 우리는 과학의 오래된 이론이 버려졌다고 해서 과학의 또 다른 패배가 있다고 떠들지 않는다. 오히려 과학적 통찰력이 한 단계 더 발전했다고 생각한다.

종교는 과학과 같은 정신으로 변화에 맞서지 않는다면 예전의 영향력을 되찾지 못할 것이다. 종교의 원리는 영원할 수 있지만, 그 원리의 표현은 끊임없는 발전이 요구된다. 종교의 이러한 진화는 주로 이전 시대에 상상했던 세계관에 따라 종교의 사상을 표현하면서 생겨난 우발적인 외래적 관념들로부터 종교 고유의 사상을 분리하는 과정이다. 불완전한 과학의 굴레로부터 이렇게 종교가 벗어나는 것은 전적으로 좋은 일이다. 이렇게 할 때 종교는 그 고유한 메시지를 강조할 수 있다. 반드시 명심해야 할 중요한 점은 일반적으로 과학의 발전은 다양한 종교적 신념에 대한 진술이 어떤 식으로든 수정되어야 함을 보여준다는 것이다. 그것들은 상황에 따라 논지가 확장되거나 설명되거나, 심지어 완전히 재진술되어야 한다. 만약 종교가 진리의 건전한 표현이라면, 이러한 수정은 중요한 요점을 더욱 적절하게 보여줄 뿐이다. 이러한 과정은 종교에 도움이 된다. 따라서 어떤 종교든 물리적 사실과 접촉하는 한, 과학적 지식이 발전함에 따라 그러한 사실들에 대한 관점은 끊임없이 수정되어야 할 것으로 예상되어야 한다. 이런 식으로, 이러한 사실들이 종교 사상에 미치는 정확한 관련성이 점점 더 명확해질 것이다. 과학의 발전은 종교 사상의 끊임없는 체계화로 이어져야 하며, 이는 종교에 큰 이로움이 될 것이다.

16세기와 17세기의 종교적 논쟁은 신학자들을 매우 불행한 심경에 빠뜨렸다. 그들은 항상 공격하고 방어했다. 그들은 스스로를 적대 세력에 둘러싸인 요새의 수비대로 묘사했다. 이러한 그림들은 모두 반쪽짜리 진실(half truths)을 표현한다. 그것이 바로 매우 인기가 많았던 이유이기도 하다. 하지만 이러한 그림들은 위험하다. 특히 어떤 그림은 호전적인 당파 의식을 조장했는데, 이는 궁극적으로 신앙의 결핍을 드러낸다. 그들은 감히 수정하지 못했다. 왜냐하면 특정 이미지와 관련된 연상(association)에서 종교 고유의 영적인 메시지를 분리하는 일을 회피했기 때문이다.

예를 들어 설명하겠다. 중세 초기에 천국은 하늘에 있었고, 지옥은 지하에 있었으며, 화산은 지옥의 입구였다. 나는 이러한 믿음이 공식적인 교리였다고 주장하는 것은 아니다. 하지만 그것은 천국과 지옥에 대한 일반적인 교리에 대한 대중적인 이해가 되었다. 이러한 개념은 모든 사람이 미래 상태에 대한 교리에 포함되어 있다고 생각했던 것들이다. 그 것들은 기독교 신앙을 전파하는데 큰 영향력을 행사한 사람들의 설명 속에도 들어갔다. 예를 들어, 이러한 개념은 교황 그레고리우스(Pope Gregory the Great)의 『대화록(Dialogues)』[85]에도 나오는데, 그는 고위 공직보다 인류에 대한 위대한 공헌으로 널리 알려진 인물이다. 나는 우리가 미래 상태, 즉 내세(來世)에 대해 무엇을 믿어야 하는지 말하는 것이 아니다. 그러나 어떤 교리가 옳든, 이 경우 지구를 2류 태양에 부속된 2류 행성으로 격하시킨 종교와 과학의 충돌은, 중세적 환상을 분산시킴으로써 종교의 영성에 큰 도움이 되었다.

종교적 사상의 진화라는 이 문제를 바라보는 또 다른 방식은, 한동안 세상에 존재해 온 어떤 언어적 진술(verbal statement) 형태가 모호성을 드러낸다는 것, 그러한 모호성은 종종 의미의 핵심을 꿰뚫는다는 것에 주목하는 것이다. 과거에 어떤 교리가 어떤 의미로 받아들여졌는지는 논리적 함정을 모른 채 언어적 진술을 논리적으로 분석하는 것만으로는 판단할 수 없다. 사고 체계(scheme of thought)에 대한 인간 본성의 전체적인 반응을 고려해야 한다. 이러한 반응은 우리의 저급한 본성에서 비롯된 감정적 요소를 포함하여 복합적인 성격을 띤다. 과학과 철학의 냉정한 비판이 종교의 진화에 도움을 주는 것이 바로 이 지점이다. 종교의 발전 과정에서 이렇게 원동력이 된 사례는 무수히 많다. 예를 들어, 종교의 힘으로 인간 본성을 도저히 정화한다는 교리에 내개된 논리적 어려움은 펠라기우스(Pelagius, ca. 354-418)와 아우구스티누스

---

[85] 6세기 이탈리아의 성인들이 행한 기적(miracles), 표징(signs), 이적(wonders), 치유(healings)에 관한 모음집으로 네 권으로 구성되어 있다. 역병과 전쟁이 만연하던 시기에 그레고리우스는 자신과 부제(deacon) 베드로와의 대화를 이야기로 구성하여 저술하였다.

(Augustine of Hippo, 354-430) 시대, 즉 5세기 초에 기독교를 분열시켰다.86) 그 논쟁의 여파는 아직도 신학계에 남아 있다.

지금까지 내가 말한 것의 요지는 다음과 같다. 종교는 인류의 근본적 경험 중 하나의 유형을 표현한 것이며, 종교적 사고는 우연적인 이미지에서 벗어나 점점 더 정확한 표현으로 발전하며, 종교와 과학의 상호 작용은 이러한 발전을 촉진하는 중요한 요인 중 하나라는 것이다.

이제 현대 사회에서 종교에 대한 관심이 쇠퇴하는 두 번째 이유에 대해 말해 보겠다. 이는 내가 이 장의 서두에서 언급했던 궁극적인 질문과 관련이 있다. 즉 우리는 종교가 무엇을 의미하는지 알아야 한다. 교회는 이 질문에 대한 답변에서, 지난 시대의 감정적 반응에 맞춰 표현되거나, 아니면 비종교적 성격을 갖는 현대인의 정서적 관심을 자극하기 위하여 표현된 종교의 측면들을 제시해 왔다. 앞서 말한 것의 의미는 다음과 같다. 종교적 호소(religious appeal)는 부분적으로 고대 전제 국가의 불행한 민중들의 마음에 내재된 폭군의 분노에 대한 본능적 공포를 자극하기 위한, 특히 자연이 갖는 미지의 힘의 배후에 숨은 전능한 전제적 폭군에 대한 두려움을 자극하기 위한 것이다. 이러한 맹목적인 공포 본능에 대한 호소는 오늘날 그 힘을 잃어가고 있다. 근대 과학과 현대의 생활 조건들이 우리에게 두려움의 원인과 조건에 대한 비판적 분석을 통해 두려움의 상황에 대처하도록 가르쳐 왔기 때문에, 이제 현대인은 이러한 호소에 직접적 반응을 보이지 않는다. 종교는 신을 찾고자 하는 인

---

86) 펠라기우스는 구원에 있어 인간의 선택을 강조하고, 원죄를 부정하는 교리 체계(Pelagianism)를 주창한 것으로 알려진 신학자이다. 그는 415년 디오스폴리스 공의회(Synod of Diospolis)에서 이단으로 고발되었다. 그의 교리는 아우구스티누스에 의해 혹독하게 비판받았는데, 인간의 선한 본성 및 금욕을 선택하는 문제에서의 개인적 책임에 대한 주장이 특히 비판을 받았다. 한편 화이트헤드는 종교를 인간의 내면을 정화하는 신념의 힘으로 보았다. 다음은 그의 원문이다. "[...] 그러나 어떤 의미에서 또는 다른 의미에서 정당화는 모든 종교의 기반이다. 우리의 성격은 우리의 신앙에 따라 발전한다. 이것은 아무도 피할 수 없는 제일의 종교적 진리이다. 종교는 인간의 내면을 정화하는 신념의 힘이다. 이런 이유로 제일의 종교적 덕목은 성실(誠實), 즉 [내면을] 꿰뚫는 성실성이다." Alfred North Whitehead, Religion in the Making, (Lowell Institute Lectures 1926), Cambridge University Press, 1927, 5.

간 본성의 반응이다. 신을 권력의 측면에서 제시하는 것은 모든 현대인의 비판적 반응 본능을 일깨운다. 이는 치명적이다. 종교는 그 주요 입장이 즉각적인 동의를 받지 않는 한 붕괴되기 때문이다. 이러한 측면에서 오래된 표현 방식(phraseology)은 현대 문명의 심리에 어긋난다. 이러한 심리적 변화는 주로 과학에 기인하며, 과학의 발전이 오래된 종교적 표현 방식의 영향력을 약화시킨 주요 원인 중 하나이다. 현대 종교 사상에 들어온 비종교적 동기는 현대 사회를 편안한 조직으로 만들고자 한 욕구이다. 종교는 삶의 질서를 유지하는 데 가치 있는 것으로 제시되어 왔다. 종교의 주장은 올바른 행동에 대한 제재력(制裁力, sanction)을 갖는다는 기능에 기반해 왔다. 또한 올바른 행동의 목적은 만족스러운 사회관계 형성으로 빠르게 전락한다. 여기서 우리는 더욱 예리한 윤리적 직관의 영향 아래 점진적으로 정화되어 온 종교적 관념의 미묘한 퇴화를 보게 된다. 행동은 종교의 부산물이다. 피할 수 없는 부산물이지만, 종교의 핵심은 아니다. 모든 위대한 종교의 스승들은 종교를 단순히 행동 규범의 제재 수단으로 제시하는 것에 저항했다. 사도 바울은 율법을 비난했고, 청교도 신학자들(Puritan divines)은 의(righteousness)를 더러운 누더기라고 말했다. 행동 규범에 대한 고집은 종교적 열정의 쇠퇴를 상징한다. 무엇보다도, 종교적 삶은 안락을 추구하는 것이 아니다. 이제 나는 주저하면서도 내가 생각하는 종교 정신(religious spirit)의 본질적인 특징을 말하고자 한다.

종교란 우리가 직접 경험하는 사물들의 덧없는 변화(passing flux)의 너머에, 배후에, 그 안에 존재하는 그 무엇, 실재하지만 실현되기를 기다리는 그 무엇, 머나먼 가능성이지만 최고의 현재적 사실인 그 무엇, 변화하는 모든 것에 의미를 부여하지만 파악을 회피하는 그 무엇, 그것을 소유하는 것이 마지막 선(final good)이지만 도달할 수 없는 그 무엇, 궁극적인 이상이자 절망적 탐구인 그 무엇에 대한 통찰(vision)이다.[87]

이러한 종교적 통찰에 대한 인간 본성의 즉각적인 반응이 예배(worship)이다. 종교는 야만적 상상력의 가장 조잡한 공상과 뒤섞인 채 인간의 경험 속으로 등장했다. 종교적 통찰은 점진적으로, 천천히, 꾸준히 역사 속에서 보다 고상한 형식과 보다 명확한 표현으로 반복되며 나타났다. 그것은 인간 경험에서 끊임없이 상승 추세를 보이는 요소 중 하나이다. 그것은 사라졌다가 다시 나타난다. 하지만 그 힘을 되찾을 때, 더욱 풍부하고 순수한 내용을 갖고 재현된다. 종교적 통찰이라는 사실과 그것의 끊임없는 확장의 역사는 우리가 종교에 대해 낙관할 수 있는 하나의 근거이다. 그것이 없다면, 인간의 삶은 엄청난 고통과 불행, 덧없는 소소한 경험을 때때로 비춰주는 순간의 기쁨에 불과할 것이다.

종교적 통찰은 예배 외에 아무것도 요구하지 않는다. 그리고 예배는 서로 간의 사랑이라는 원동력으로 촉발된 동화(assimilation) 요구를 따르는 것이다. 종교적 통찰은 결코 지배하지 않는다. 그것은 항상 거기에 존재하며, 영원한 조화를 달성하고자 하는 유일한 목적을 보여주는 사랑의 힘을 지니고 있다. 우리가 자연에서 발견하는 질서는 결코 힘이 아니다. 질서는 복잡한 세부 사항의 조화로운 조정으로 자신을 드러낸다. 악은 영원한 통찰을 무시한 채 단편적인 목적을 향하는 맹목적 원동력이다. 악은 지배하고, 지연시키고, 해친다. 신의 권능은 신이 고무한 예배이다. 의식(儀式)과 사고방식 속에서 위엄 있는 통찰에 대한 이해를 불러일으키는 종교는 강하다. 신에 대한 예배는 안전을 위한 규칙이 아니다. 그것은 영혼의 모험이며, 도달할 수 없는 것을 향한 비상(飛翔)이다. 종교의 죽음은 모험에 대한 고귀한 희망을 억압할 때 찾아온다.

---

87) 한편의 웅혼한 서사시 같은 화이트헤드의 종교에 대한 통찰을 그의 원어로 들여다보는 것도 좋을 듯하다. "Religion is the vision of something which stands beyond, behind, and within, the passing flux of immediate things; something which is real, and yet waiting to be realised; something which is a remote possibility, and yet the greatest of present facts; something that gives meaning to all that passes, and yet eludes apprehension; something whose possession is the final good, and yet is beyond all reach; something which is the ultimate ideal, and the hopeless quest."

# III. 불교의학의 정체성과 전개과정 고찰

박종식

※ 이 논문은 2022년 대한민국 교육부와 한국연구재단의 지원을 받아 수행된 연구임(2022S1A5B5A17044378)

불교의학의 정체성과 전개과정 고찰

박종식(동국대학교 겸임교수)

1. 들어가는 말; 종교와 과학은 충돌하는가?

종교의 영역이 과학적 논증에 의하여 검증받아야 할 필요가 있는가? 깨달음이나 구원이 과학적 사실로 규명되어야만 하는가? 이 문제는 역으로 다음과 같이 질문될 수 있다. 과학이 믿음의 대상이 될 필요는 없지 않은가? 과학적 사실이 믿음보다 우위에 있게 될 때 그 사실은 과학이라는 이름의 도그마로 작용하는 것이지, 사실 규명에 대한 문제로 남는 것이 아니다. 이 문제는 이미 정답이 나와 있는 듯 보인다. 종교는 이때까지 누려온 권위를 정직하게 내려놓아야 한다고!

과학이 종교와 다투는 영역은 창조의 문제로 귀결된다. 창조는 최종적으로 멸망이나 심판의 개념으로 마무리될 수 있는데, 최초 창조자의 의지가 심판에 직접적으로 연결되기 때문이다. 하지만 이 논의에서는 현상의 문제로 접근하고자 한다. 과학적 방법이 현실을 가장 설득력 있게 마주치는 부분은 의료현장이다. 추상적 이론으로 질병을 다룰 수는 없다. 실효성이 바탕이 되는 의료만이 의학으로 자리잡을 수 있다. 그만큼 의료현장은 생사의 문제를 비롯하여 실질적 효능을 장점으로 여기는 부문이다. 질병을 다루며 죽음을 최대 극복대상으로 여기는 의학은 노화조차도 질병으로 바라보고자 한다. 생로병사를 다루는 불교적 입장은 이점에서 의학과 견주기에 여러모로 용이한 입장을 보여준다.

이러한 논의를 받아들이고 다시금 눈여겨 볼 일은 불교의 교리적 입장이다. 불교는 인간 현상을 번뇌로 정의하며, 이 번뇌로 인한 고통을 제거하고자 한다. 이때 번뇌를 질병으로 파악하는 시선이 있다. 그러므로 번뇌와 고통이라는 질병에 대한 처방으로 불교의 다양한 수행법을 제시한다. 종교와 과학은 수레의 양쪽 바퀴와 같은 관계라고 여겨진다. 과학에 의하여 보충되는 종교는 과학적 사실의 세계 너머의 문제를 다루며 심오한 가치를 제시한다. 또 과학은 주술적 사고를 파헤치며 종교가 주술이나 미신의 나락으로 추락하지 않도록 가이드를 설정해준다. 그리하여 종교는 종교답고 과학은 과학의 영역을 지키며 학문이라는 전문성을 두드러지게 발휘한다.

이제 다시금 과학과 종교의 고유영역과 역할은 무엇인지 질문할 필요가 있다. 과학은 믿음의 문제와 무관하게 사실의 문제를 검토하는 영역이다. 종교는 의미와 상징으로 조감되며 논리적 검증보다는 그 너머의 의미체계에 속한다. 그러나 우리 시대에 들어 종교의 폐단이 노출되면서 의혹의 시선으로 관찰되고 있다. 그리하여 종교의 영역은 더욱 왜소하게 위축되고 있다. 각 종교의 신도수가 줄어들고 있는 것이 이를 반증하고 있다. 이러한 시선을 기본적으로 인정하면서 이 글에서는 불교의 영역으로 국한하여 불교의 시선이 과학적이라는 점을 검토하고자 한다.

정상과학이라는 개념적 틀을 바탕으로 그 당시 상황에서 승인된 지적 체계로 충분히 설득력이 있었는지를 살피고자 한다.

2. 불교의학은 무엇인가?

불교의학에 대한 정의는 불전에서 추론한 의료적 내용들을 현대의학에 견주어 재구성하는 것으로 한정하고자 한다. 즉 문헌학에 입각하여 의료부분의 정상성을 검토하는 측면으로 접근한다는 것이다.

1) 불교의학의 특성

종교로서의 불교에서 부처님의 위상은 무엇인가? 불법승 삼보의 의미는 어떻게 재해석될 수 있는가? 그리고 계율은 도덕성의 잣대인가? 아니면 종교의 토대로서 억압의 메카니즘의 일환인가? 이러한 질문들은 다소 도전적이지만 불교의학의 성격을 규명하는 측면에서 상당히 의미 있는 질문들로 치환될 수 있다. 먼저 불법승 삼보의 의미를 의학적 측면으로 설명한 구절을 몇 경전에서 찾아 검토해보면 다음과 같다.

> 부처님은 마치 의왕(醫王)과 같고 법은 좋은 약과 같으며, 승가는 병든 이를 돌보는 사람과 같고 계율은 약을 먹을 때의 금기(禁忌)와 같다.[88]

> 명료한 의사가 처음에 병의 근원을 보고, 뒤에 병의 연유를 묻고, 병을 없

---

88) 《大智度論》, "佛如醫王 法如良藥 僧如瞻病人 戒如服藥禁忌"(T25, 225c20-21)

애고자 하는 까닭에 병에 맞게 약을 설하는 것과 같다. 이와 같이 병은 고와 같음을 알아야 한다. 이와 같이 병의 인연은 집과 같음을 알아야 한다. 이와 같이 병의 소진은 해탈의 멸과 같음을 알아야 한다. 이와 같이 약은 도와 같음을 알아야 한다.[89]

부처님은 마치 의왕(醫王)과 같고 법은 마치 좋은 약과 같으며 승가는 마치 병든 이를 돌보는 사람과 같나니 우리는 마땅히 청정한 지계와 바른 억념을 얻어야만 한다. 또한 부처님께서 말씀한 법의 약을 우리는 마땅히 순종해야 한다. 승가는 바로 나의 모든 번뇌의 병[結病]을 끊어 주는 한 인연이어서 이른바 병든 이를 돌보는 사람인 것이다. 그러므로 승가를 염해야 한다.[90]

붓다는 의왕(vaidyarāja)과 같고 법은 양약(bhaiṣajya)과 같으며 승가는 간병인과 같다.[91]

위 인용문들은 불교의 의학적 면모를 입증할 내용들로 보충설명될 수 있다. 나아가 반야부 경전에 대한 백과사전적 논서인 『대지도론』은 대의왕이신 붓다의 정체성과 처방약으로서 『마하반야바라밀경』을 다음처럼 제시하기도 한다.

또한 일체의 중생들이 결사(結使 saṃyojana)라는 병으로 괴로워하지만 무시의 생사 이래 아무도 이 병을 고쳐주는 이가 없었다. 항상 외도나 그릇된 스승에 현혹되고 있기에 "나는 이제 세상을 벗어나는 대의왕(大醫王)이

---

89) 《解脫道論》, "明了醫 初見病源 後問病緣 為滅病故 如病說藥 如是病 如苦可知 如是病因緣 如集可知 如是病盡 如脫滅可知 如是藥 如道可知"(T32, 452c17-20)
90) 《大智度論》, "佛如醫王 法如良藥 僧如瞻病人 我當清淨持戒 正憶念 如佛所說法藥 我當順從 僧是我斷諸結病中一因緣 所謂瞻病人 是故當念僧"(T25, 224a22-25)
91) 《四分律行事鈔簡正記》, "佛如醫王 法如良藥 僧如看病之人"(X43, 33a23-24)

되어 온갖 법의 약을 다 모았으니, 그대들은 이 약을 먹어보라" 하셨다. 이런 까닭에 부처님께서 『마하반야바라밀경』을 말씀하신 것이다.[92]

불교적 치료방침은 그 방편의 활용에서 특징을 보인다. 각각의 질병에 따른 유연한 지침의 제시를 대치실단을 정의하며 그 실례로서 풍병이나 열병 등을 거론하여 불교의 의학적 실증성을 제시하고 있는 것이다.

    대치실단이라 함은, 존재하는 것[有法]은 대치(對治, pratipakṣa)할 때는 곧 있거니와 실제의 성품은 없다. 비유하자면, 무겁고 뜨겁고 기름지고[膩]시고 짠맛이 뒤섞인 약초나 음식 등이 풍병(風病, vāyuvyādhi)에는 약이 되지만 다른 병에는 약이 되지 않는 것과 같다. 만약 가볍고 차고 달고 쓰고 떫은 약초나 음식 등은 열병(熱病, tejovyādhi)에는 약이 되지만 다른 병에는 약이 되지 않으며, 가령 가볍고 쓰고 떫고 더운 약초와 음식은 냉병(冷病, śītavyādhi)에는 약이 되지만 다른 병에는 약이 되지 않는 것과 같다.[93]

살펴본 것처럼, 대치실단의 바탕에는 오정심관이라는 선수행의 관법이 자리하고 있으며 참선과 연관지어 몸과 마음의 질병에 대한 의료적 지침이라 할 수 있다.

2) 불전의 의료 전승 검토

불전의 방대함이나 그 내용들의 유사함으로 인하여 검토대상을 세밀

---

92) 《大智度論》, "一切眾生為結使病所煩惱 無始生死已來 無人能治此病者 常為外道惡師所誤 我今出世為大醫王 集諸法藥 汝等當服 是故佛說" 《摩訶般若波羅蜜經》 (T25, 58c4-8)
93) 《大智度論》, "對治悉檀者 有法對治則有 實性則無 譬如重熱膩酢鹹藥草飲食等 於風病中名為藥 於餘病非藥, 若輕冷甘苦澁藥草飲食等 於熱病名為藥 於餘病非藥, 若輕辛苦澁熱藥草飲食等 於冷病中名為藥 於餘病非藥"(T25, p.60a15-21)

하게 검토하는 것보다 전반적 상황을 제시하는 것이 바람직하다. 그러므로 여기에서는 불전에 집중적으로 수록된 의료활동들에 대한 서지사항들을 열거하고자 한다. 남방불교 전통의 Theravāda Vinaya에는 율장 1권에 Bhesajjakkandhaka가 있다. 화지부 전통의 율장에도 의료활동 내용은 상당부분 수록되어 있다. 이는 화지부의 오분율인 미사새부화혜의 오분율(彌沙塞部和醯五分律)인 Mahīśāsaka Vinaya의 약법(藥法)인 Bhesajja Khandhaka에 해당하는 Bhaiṣyadharmaka의 번역분이다. 설일체유부 전통 가운데 특히 근본을 따르고 있음을 드러내어 정통성을 주장하는 근본설일체유부 비나야 약사(根本說一切有部毘奈耶藥事) 내용은 Mūlasarvāstivada Vinaya—Bhaiṣjyavastu의 번역본이다. 사분율(四分律)은 법장부 전통의 Dharmaguptaka Vinaya의 번역이다. 요진 계빈국 삼장(姚秦罽賓三藏) 불타사나와 축불념의 공역이며(佛陀耶舍共竺佛念譯), 약건도(藥揵度)는 Bhesajja Khandhaka에 수록되어 있다.『마하승기율』(摩訶僧祇律)은 Mahāsaṅghika Vinaya의 전통에 따르는 문헌으로 발거비구(比丘跋渠, Bhikkhu Pakiṇṇaka)의 한역으로, Vagga 5책의 病法(Gilāna)이 대표적이다. 마하박가』(율장 大品)는 Mahāvagga 가운데 약품(藥品)을 수록한 약건도(藥揵度)에 집중되어 소개된다. 구체적으로는 6장 Bhesajjakkhandhako의 160절 Pañcabhesajjakathā이다.『십송률』(十誦律)은 醫藥法분에서 의료활동 내용을 수록하고 있다. 이는 Sarvāstivāda Vinaya의 번역분으로 후진대의 북인도의 삼장 불야다라의 번역(後秦北印度三藏弗若多羅譯)으로 6장 Bhesajja Khandhaka에 집중되어 있다. 이들 율장의 불교의료 내용들을 정리하여 도표로 제시하면 다음과 같다.

| Theravāda Vinaya | Bhesajjakkandhaka | Vin I. 199-252. |
| Dharmaguptaka | Bhaiṣajyaskandhak | T22, pp.866c7-877c4 |

Vinaya	a	
Mahīśāsaka Vinaya	Bhaiṣjyadharmaka	T22, pp.147b1-153a17
Sarvāstivada Vinaya	Bhaiṣjyadharmaka	T23, pp.184b24-194b2
Mūlasarvāstivada Vinaya	Bhaiṣjyavastu	T24, pp.1a1-97a24
Mahāsāṃghika Vinaya	varga	T22, pp.457b4-457b23

율장의 내용들을 종합하여 심병(心病)과 신병(身病)으로 제시하는 내용은 『대지도론』과 『사분율명의표석』에서 잘 나타나고 있다. 이 두 권의 문헌에는 질병에 대한 기본 입장을 다음과 같이 제시하고 있다.

갖가지 안팎의 모든 병은 몸의 병이라 하고, 음욕, 성냄, 질투, 간탐, 근심 등 갖가지 번뇌와 98종의 번뇌와 5백 종의 얽매임과 갖가지 욕망은 모두가 마음의 병이라 한다.[94]

위 인용문에서 보듯이 색법과 심법이라는 이분법적 방식은 불교의학 전체를 관통하는 입장이기도 하다. 또한 불교 교학의 기본적 관점이라고 할 수 있다. 다만 심법을 더 중시하는 서술하는 방식이기에 물질적 토대인 몸에 대한 이해가 가볍게 취급된 것으로 오해되고 있다. 이 오해에 대한 변론 제시 또는 재점검의 자료로 활용하기 좋은 불전은 『수행도지경』(修行道地經)이다. 유가행파 수행전통의 불전으로 그 서문에 해당하는 병서(幷序)에서 이 경전의 원어명이 투가차복미경(偸迦遮復彌經, Yogācarabhūmi의 음역)임을 밝히고 있다. 유가행파는 일반적으로 중관파 이후 나타나는 주지주의적 흐름에 저항함은 물론 유식 일변도의 흐름에 대한 반대급부로 수행의 면모를 요가수행으로 견인한 집단이다.

---

94) 《大智度論》, "種種內外諸病 名為身病, 婬欲瞋恚嫉妬慳貪憂愁怖畏等 種種煩惱 九十八結 五百纏 種種欲願等 名為心病"(T25, 131c1-3); 《四分律名義標釋》 卷2(X44, 420b11-13)

전반적으로 인식론에 기반을 둔 심법을 중시하였으나 유가행파가 지니는 특징을 보여주고 있었다.『수행도지경』은 다양한 전통의 의료인들을 거론하고 있다. 불교의 자비방편의 활용이 의료부문에서 적극 활용됨은 물론 몸이라는 현상에 대하여 상당히 중요하게 여기고 있음을 반영하는 것이다.

옛날에 의학 서적을 지어낸 훌륭한 의원들이 있었는데 그들의 이름은 어피제공(於彼除恐) 장이회장(長耳灰掌) 양언장육(養言長育) 급교다염(急敎多髯) 천우장개(天友長蓋) 대수퇴전(大首退轉) 초췌태백(憔悴太白) 최존노면(最尊路面) 조우기백(調牛岐伯) 의회편작(醫徊扁鵲) 등이다.95)

이들 의회편작 등 의료분야의 명저 저자들 이외에 안현동요(眼眴動搖), 황금언담(黃金言談), 봉만속질(奉慢速疾), 불사화(不死火) 등 안과, 이비인후과, 종양외과, 소아과, 정신과 등의 명의들을 열거하고 있다. 명의들의 명칭이 어떻게 유래되었는지 더 검토해야 하지만, 적어도 일반 내과, 안과, 이비인후과, 소아과, 정신과 등 현대의학에서 전문성을 보장하며 분과한 의료과목에 비교하여도 전혀 손색이 없는 내용들이다.96) 이『수행도지경』이 3세기 문헌이라는 점을 염두에 둔다면 불교의학 체계는 생각보다 일찍이 정립되어 상당한 영향력을 미쳤으리라 추측할 수 있다. 나아가『치선병비요법』(治禪病秘要法)에서는 훌륭한 의사를 따르는 환자의 입장에 견주어 경전의 가르침과 스승을 따라야 한다고 노골적으로 천명한다.

---

95) 《修行道地經》, "古昔良醫 造結經文 名曰, 於彼除恐 長耳灰掌 養言長育 急敎多髯 天又長蓋 大首退轉 燋悴大白 最尊路面 調牛岐伯 醫徊扁鵲"(T15, 184c26-185a3)
96) 《修行道地經》, "主治耳目 名曰：眼眴動搖 和鬪鈴鳴 月氏英子 篋藏善覽 調牛目金 禿梟力氏 雷鳴,... 有瘡醫 治療諸瘡, 名曰：法財稚弟 端政辭約 黃金言談 是為瘡醫 ... 有小兒醫, 其名曰：尊迦葉 耆域 奉慢速疾 是等皆治小兒之病 ... 有鬼神醫, 名曰：戴華 不事火 是等辟除鬼神來嬈人者"(T15, 185a9-27)

부처가 열반한 뒤에 4부 제자들로서 좌선하려는 이는 먼저 고요한 곳에서 이레 동안 단정하게 앉은 뒤에 이레 동안 수식관을 닦는다. 그리고 다시 병들을 제거하는 이 약을 먹고는 소리를 내며 시끄럽게 하는 귀신을 제거하여 없앤 뒤에, 마음을 고요히 하고 뜻을 지키어 마음과 몸을 닦고 4대를 조화시키되 때를 잃지 않게 하며, 한마음과 한뜻으로 가벼운 계율과 위의를 범하지 말고, 지니고 있는 계율은 눈을 보호하듯 해야 한다. 이는 마치 중병을 앓는 사람이 좋은 의사의 가르침을 따르는 것처럼, 수행자도 그와 같이 가르침을 따라 더욱 분발하여 물러나지 않으며, 머리에 붙은 불을 끄듯 성현의 말을 따라야 한다. 이것을 병을 다스리는 데 몸을 따뜻하게 하는 약을 먹음이라고 하느니라.[97]

독특한 전개를 보여주는 불전『치선병비요법』은 유송(劉宋)으로 알려진 북량(北涼)의 황족 안양후(安陽侯) 저거경성(沮渠京聲)에 의하여 5세기경(455년경) 역경된다. 비교적 원전에 따를 고증임을 서두에서 밝히고 있다. 사리불 존자가 질문한 바를 기록한 것으로『잡아함경』의 아란야에서 벌어진 일 가운데서 채택하였음을 드러내고 있다. 특히 산란한 마음의 질병을 다스리는 72가지 방법을 서술하였음을 밝히고 있다.[98] 위의 인용내용은 '병을 다스리는 데 몸을 따뜻하게 하는 약을 먹음이라고 명명'하겠다(治病服煖身藥)는 것이다. 그 가운데에는 '중병을 앓는 사람이 좋은 의사의 가르침을 따르는 것처럼, 수행자도 그와 같이 가르침을 따라 더욱 분발하여 물러나지 않으며, 머리에 붙은 불을 끄듯 성현의 말을 따라야 한다'고 명시하고 있다.(如重病人 隨良醫教 行者亦爾 隨數數增 不令退失 如救頭燃 順賢聖語) 그리하여 구체적 과정으로는

---

97) 《治禪病祕要法》, "佛滅度後 四部弟子若欲坐禪 先當寂靜端坐七日 然後修心數息七日 復當服此除病等藥 除聲去肚 定心守意 修心修身 調和諸大令不失時 一心一意 不犯輕戒及與威儀 於所持戒如護眼目 如重病人隨良醫教 行者亦爾 隨數數增不令退失 如救頭燃 順賢聖語 是名治病服煖身藥"(T15, 342a25-b2)
98) 《治禪病祕要法》, "治阿練若 亂心病 七十二種法 尊者 舍利弗 所問 出『雜阿含』阿練若事中"(T15, 333a10-11)

좌선을 통하여 수식관을 하고 마음의 어지러움을 치료하자는 것이다. 이『치선병비요법』은 수행과정에 대한 올바른 지침임이 인정되어 명대(明代)에 이르러 지욱(智旭)에 의하여 편집된 『열장지진』(閱藏知津, JB271)과 청대(淸代) 지관(咫觀)의 『법계성범수륙대재법륜보참』(法界聖凡水陸大齋法輪寶懺, X1499)에서는 『치선병비요경』(治禪病秘要經)[99]이라 기록된다.

3) 아유르베다 전통과 불교의학의 교류

인도의 전통의학은 다섯 번째 베다로 알려진 아유르베다(중국명칭은 阿輸吠陀)로 대표된다. 아유르베다와 불교는 그 실천적 의료행위의 기술들과 철학적 관점에 대하여 상호 교류하였다. 아유르베다의 권위를 보증하는 문헌의 첫 번째는 Carakasaṃhitā이다. 서기 472년 북위의 길가야와 담요에 의해 한역된『잡보장경』(雜寶藏經, Saṃyuktaratnapiṭakasūtra)에는 Caraka의 생애가 기록되어 있다. 권7 16번째 이야기[100]에는 월지국의 유명한 왕 카니쉬카(Kaniṣka, 불전명은 栴檀罽尼吒)의 친구로 등장한다. 이 카니쉬카 왕에 대해서는 라바탁(Rabatak) 비문의 내용을 통해 추정할 수 있는데, AD 100~126(또는 120~146) 쿠샨 제국의 왕으로 오늘날의 인도 서북부 지역과 아프가니스탄 등지를 다스렸다. Caraka 의『차라가집』(闍羅迦集)으로 알려진 Carakasaṃhitā는 그의 제자 Agniveśa 가 체계를 만들었으며, Caraka는 단지 편집(pratisaṃskṛta) 역할이었다. Carakasaṃhitā와 불교의학의 관계를 통해서 알 수 있듯이, 아유르베다 집단과 불교 승단과의 교류는 상당한 수준이었을 것이다.

---

99) 《閱藏知津》, (J32, B271, 123b4-17). 《法界聖凡水陸大齋法輪寶懺》 卷2, (X74, 970b9-23).
100) 《雜寶藏經》, "時月氏國有王 名栴檀罽尼吒 與三智人 以爲親友 第一名馬鳴菩薩 第二大臣 字摩吒羅 第三良醫 字遮羅迦 如此三人 王所親善 待遇隆厚 進止左右"(T4, 484b16-19).

아유르베다의 두 번째 권위서는 『묘문집』(妙聞集)으로 알려진 Suśrutasaṃhitā 를 거론할 수 있다. Kāśī의 국왕 Dhanvantari는 제자 Suśruta에게 가르침을 전수해 주어 아유르베다의 학파를 이루도록 한다. 특히 Suśrutasaṃhitā 는 외과 관련 문헌의 형태로 기원전에 출발하였지만, 의학 전반의 내용들로 교정되고 첨가되어 현재의 형태로 구성된 것은 기원 후 500년 전의 일이라고 공식화되어 있다.[101] 베다 텍스트에도 갈대 줄기를 요도에 적용하여 소변불통에 대한 치료를 하였다는 내용과 동물 희생 의례를 통해 획득한 해부학 등의 지식들이 기술되어 있다. Carakasaṃhitā에도 간단한 외과 수술에 대한 묘사가 나온다. 하지만 Suśrutasaṃhitā에서 이전과 판이하게 다른 급격한 변화의 양상에 해당하는 외과적 수술 등이 거론되고 있다. 안과 수술 기법과 결석절제술, 해부학 연구를 겸한 사체의 부검, 봉합술 등은 Suśrutasaṃhitā가 보여주는 이전과 확연히 구분되는 발달된 의료 체계이다.[102]

아유르베다의 세 번째 권위서는 기원 후 600년대에 편집된 Vāgbhaṭa의 『팔심집』(八心集, 八科精華)으로 알려진 Aṣṭāṅgahṛdayaaṃhitā인데, 이 문헌은 아유르베다 체계에 대한 집대성이라고 할 수 있다.[103] 불교도로 추정되는 Vāgbhaṭa는 저명한 의사 집안 출신으로 그의 저술에는 불교적 경향의 흔적들이 발견된다.[104] 기원전 7세기 무렵의 Ātreya와 후대의 Hārīta의 의학에 대한 업적에 바탕을 둔 7세기 경 Vāgbhaṭa에 의한 Aṣṭāṅgahṛdayasaṃhitā는 Caraka와 Suśruta의 결과물을 결합시킨 아유르베다 의학의 최고에 해당하는 편집물이다.[105] 이후 4세기

---

101) Dominik Wujastyk(2003), *The Roots of Ayurveda*, Penguin Books, 64.
102) Dominik Wujastyk(2003), 앞의 문헌, 65.
103) Dominik Wujastyk(2003), 앞의 문헌, 193.
104) Julius Jolly(1977), *Indian Medicine*, Munshiram Manoharlal Pub. India, 19
105) Julius Jolly(1977), 앞의 문헌, 10,11.

실론의 불교신도였던 Buddhadāsa왕은 의학서적인 Sāratthasaṃgaha를 편찬하도록 하였다.106) 또한 기원전 3세기 Aśoka왕은 병원은 물론 동물을 위한 진료소를 설립하였다. 대승불교의 핵심인 중관학파의 시조로 알려진 Nāgārjuna는 Suśruta의 저서를 포함하여 의학 서적들을 편찬하기도 하였다. 아유르베다와 불교 사이의 또 다른 교류 증거를 약술하면, Mahāvagga의 내용들이다. 여기에는 아유르베다의 기본개념인 tridoṣa 이론을 비롯하여 안연고, 비강 치료, 찜질 치료에 해당하는 svedana, 오일, 소금의 종류와 활용 등 기원전 4세기 무렵의 불교 의학과 관련된 내용들이 기록되어 있다.107) 또한 탁실라에서 아유르베다를 학습하고 세존의 주치의 역할을 하였던 의사 지바카를 거론할 수 있다.108)

아유르베다와 중국의학 사이에는 몇 가지 주요한 차이점도 있지만, 놀라울 정도로 임상적 실천에 있어서 유사성을 가지고 있다. 역사적 배경으로는 서부 중국에서 발흥한 월지족의 북부 인도 정복(176~30 B.C.)과 쿠샨왕조 성립과 관련이 있다. 이 시기에 비단길을 통해 동서의 교류가 이루어졌으며, 그 중심지가 아유르베다의 태생지인 탁실라였다.109) 불교 의학과 아유르베다는 공통적으로 고통의 제거에 목표를 두었던 것은 사실이다. 불교 의학은 기본적으로 마음의 평화에 치중한 것에 비하여, 아유르베다는 육체의 복지에 관심을 둔 것이라고 할 수 있다. 하지만 두 체계 모두 몸과 마음이 상호 의존적이라는 입장을 취하고 있다.110) 이처럼 의료인들은 유행하며 고행하는 parivrājika의 금욕적 전통의 성장과 함께, 베다 중심의 브라만 체제를 벗어나 경험적이고 실증

---

106) Julius Jolly(1977), 앞의 문헌, 19.
107) Julius Jolly(1977), 앞의 문헌, 19.
108) Frank J. Ninivaggi(2010), *Āyurveda*, Rowman & Littlefield Pub., 17.
109) Frank J. Ninivaggi(2010), 앞의 문헌, 22.
110) Amit Jha(2011), *Traditional Indian Medicine with specific references to Buddhist and Tribal Medicine*, Research India Press, 55.

적 의료 체계를 확립하는 기회를 획득하였다. 이는 의료인들이 정통적인 종교 체제 외부에 자리하였기에 제한과 금기를 넘어서서 새로운 의료 체계를 종합해 내는 것이 가능했다는 것이다.[111]

3. 아유르베다와 불전의 태아학

고대의학에서 신생아의 발생, 즉 임신에 관한 지식은 중요한 일이었다. 특히 윤회를 상정하는 전통에서는 어떻게 새로운 존재로 전환되는가는 탐구의 과제로 등장한다. 이에 대한 아유르베다와 불교의 입장을 검토하고자 한다.

1) 아유르베다의 태아학

아유르베다에서 발생학 및 태아학의 문제는 섬세하게 검토하였다. 인도전통의학의 주류에 속하는 아유르베다는 현대에도 상당한 영향력을 행사하고 있다. 그 의료체계는 대체의학을 넘어 주류의학에도 일정한 영향력을 미치고 있다. 먼저 아유르베다에서 설명하는 임신 및 태아의 성장과정을 Caraka Saṃhitā(CS)를 중심으로 살펴보고자 한다. CS는 전체 8편(sthāna)으로 구성되어 있는데, 그 가운데 발생학과 해부학에 대한 내용은 4편 Śārīrasthāna에 제시되어 있다. CS.Śs. IV장 제목은 Mahatī Garbhāvakrānti로 태아의 형태와 발달 순서를 집중 서술한다. 태아는 첫 달에 구성 물질들이 젤리 같은 형상의 kheṭa로부터 시작된

---

111) Sebastian Pole(2013), *Ayurvedic Healing*, Jessica Kingsley Pub., 8.

다. 둘째 달에 굳어진 물질 형태인 ghana로 변형된다.[112] ghana는 3단계로 구분하여 설명된다. 덩어리piṇḍa에서 근육peśī로, 그리고 종양 arbuda으로 진행된다. 그리고 aṅga의 형태로 진행되면서 성별이 구분되고 기관발생이 시작되는 것이다. 월별로 설명하는 것을 따라가 보면, CS.Śs. IV. 9은 임신 첫 달의 양상을 설명하고 있다.[113]

> 모든 (생명적인) 특성을 가진 그 존재(정자와 난자가 만나 형성된 것)는 태아의 상태에 이르러, 첫 번째 달에는 응고되어(형태를 갖추기 시작하여), 모든 체조직(다투)이 뒤섞여 탁해지고, 점액질과 같은 상태가 되며, 형체가 뚜렷하지 않고, (일부는) 존재하고 (일부는) 존재하지 않는(아직 형성되지 않은) 사지나 기관의 부분을 가지게 된다.[114]

위의 내용은 초기 배아의 모습을 어떻게 이해하는지를 설명하고 있다. 수정란은 응고과정에서 기본적인 형태를 갖추기 시작하지만, 분명한 사람의 형체를 띠지는 않으며, 우리 몸을 구성하는 기본적인 요소들(다투, 예를 들어 혈액, 근육 등)이 뒤섞여서 형태를 만들어가는 단계이다. 형태는 불분명하고 탁한 상태로 묘사된다. '점액질과 같은 상태'라는 표현은 초기 배아의 물리적 상태를 보여준다. 아유르베다에서도 생명의 시작 단계를 관찰을 바탕으로 이해하여 설명하려 했다는 점은 뚜렷하다. 이는 현대 의학의 배아 발달 단계 설명과도 아주 다른 것은 아니다. 현미경적 소견을 바탕으로 세포학과 조직학에 힘입어 설명하는 현대의학은 관점이 세밀해져 있을 뿐, 기본 이해방식은 비교적 흡사한

---

112) G. Jan Meulenbeld(1999), *A History of Indian Medical Literature*, Vol I A, Egbert Forsten·Groningen, The Netherlands, Amsterdam. 41.
113) Ram Karan Sharma etc.(2017), *Agniveśa's Caraka Saṃhitā*, Vol II, Chowkhamba Sanskrit Series Office. 391.
114) sa sarvaguṇavān garbhatvamāpannaḥ prathame māsi sammurcchtiḥ
sarvadhātukaluṣīkṛtaḥ kheṭabhūto bhavatyavyaktavigrahaḥ
sadasadbhūtāṅgāvayavaḥ/CS.4.4.9.

것이다. CS.Śs. IV. 10에서 설명하는 임신 둘째 달의 양상은

> 두 번째 달에는 단단해져 덩어리, 길쭉한 형태(peśī), 또는 둥근 형태(arbuda)가 됩니다. 그중에서 단단한 덩어리는 남성, 길쭉한 형태는 여성, 그리고 둥근 형태는 중성(성별이 불분명한 경우)이 됩니다.[115]

임신 둘째 달의 태아 상태에 대하여 보충 설명하면, 태아가 좀 더 구체적인 형태를 띠기 시작하고 있음을 알 수 있다. 형성되는 초기 형태에 따라 성별이 결정된다고 보는 것이 아유르베다의 독특한 관점이다. 즉, 단단하고 덩어리 같은 형태면 남성, 길쭉한 형태면 여성, 둥근 형태면 남녀 구분이 어려운 경우(중성)로 발전한다고 파악한다. 현대 의학의 성별 결정 과정과는 전혀 다르지만, 고대 아유르베다에서도 임신 초기 단계에 성별이 결정된다는 개념이 있었고, 이를 형태적인 특징과 연결하여 설명한 것이다. CS.Śs. IV. 11,12에는 임신 셋째 달의 양상을 설명하고 있다.

> 거기서 어떤 사지나 기관의 부분들은 어머니에게서 비롯된 것 등으로 나누어 이전에 올바르게 설명되었다. 그러나 이제는 대원소의 변형으로 구분하여, 그의 사지나 기관 부분들과 다른 것들 또한 다른 방식으로 설명한다. 어머니에게서 비롯된 것들 등도 역시 그의 마하부타의 변형일 뿐이다. 거기서 아카샤에 속한 것은 소리śabda, 귀(śrota 청각 기관), 가벼움lāghava, 미묘함saukṣmya, 그리고 분별력viveka이다. 바유(바람/공기)에 속한 것은 촉감sparśa, 촉각sparśana, 건조함raukṣya, 동작성preraṇa, 다투의 배치 dhātuvyūhana, 신체의 움직임ceṣṭāḥśārīryaḥ이다. 아그니(불)에 속한 것은 형태/색깔rūpa, 시각darśana, 명료함prakāśa, 소화 및 대사과정pakti, 열

---

115) dvitoye māsi dhanaḥ sampadyate piṇḍaḥ peśyarbudam va tatra dhanaḥ puruṣaḥ peśī strī arbudaṃ napuṃsakam//CS.4.4.10

auṣṇya이다. 아파스(물)에 속한 것은 맛rasa, 미각rasana, 냉기śaitya, 부드러움mārdava, 미끄러움(油性 sneha), 습기kleda이다. 프리티비(땅)에 속한 것은 gandha(냄새, 후각 대상), 코(ghrāṇa, 후각 기관), 무거움(gaurava), 안정성(sthairya, 견고함), 그리고 mūrti(물질성 형태)이다.116)

위에서 보듯이, 임신 셋째 달이 되면 태아의 신체 발달이 더욱 진행된다. 눈, 귀, 코, 혀, 피부와 같은 감각 기관들과 팔다리, 내장 등 주요 신체 부위들의 기초가 동시에 만들어지기 시작한다. 현대 의학에서도 임신 초기(특히 8주 이후)에 태아의 주요 기관과 신체 구조가 빠르게 형성되는 시기라고 설명하고 있음을 참고할 수 있다. 고대 아유르베다에서도 이 시기를 태아의 중요한 발달 단계로 인식하고 있었다. '동시에'라는 표현은 이 시기에 여러 중요한 신체 기관들이 함께 발달하기 시작한다는 의미이다. 또한 아유르베다 의학에서 인체를 이해하는 두 가지 중요한 관점이 드러난다. 첫째는 신체 부위가 부모나 영혼 등 여러 근원에서 온다고 보는 것이고, 둘째는 궁극적으로 모든 신체는 다섯 가지 대원소(마하부타)의 변형과 조합으로 이루어진다고 보는 것이다. 따라서 어머니에게서 온 부분일지라도, 근본적으로는 마하부타의 변화된 형태라는 아유르베다의 철학적 관점은 종교적 이해에 근거한 것이다. 아유르베다 철학의 핵심인 5대 이론을 인체에 적용한 것이다. 우리 몸을 구성하는 모든 것, 즉 감각, 감각 기관, 그리고 다양한 신체적 특징과 기능들이 근본적으로 이 다섯 가지 대원소의 조합과 변형으로 이루어져 있다고 설명하고 있다. 이러한 접근은 인간(Puruṣa)과 우주(Loka)를 동일시하는

---

116) tatrāsya kecidaṅgāvayavā mātṛjādīnavyavān vibhajya pūrvamuktā yathāvat/ mahābhūtavikārapravibhāgena tvidānīmasya tāṃścaivāṅgāvayavān kāṃścit paryāyāntareṇāparāṃścānuvyākhyāsyāmaḥ/ mātṛjādayo 'pyasya mahābhūtavikāra eva/ tatrāsyākāśātmakaṃ śabdaḥ śrotraṃ lāghavaṃ saukṣmyaṃ vivekaśca vāyvātmakam sparśaḥ sparśanam raukṣyaṃ preraṇam dhātuvyūhanam ceṣṭāśca śārīryaḥ agnyātmakaṃ rūpaṃ darśanaṃ prakāśaḥ paktirauṣṇyaṃ ca abātmakam raso rasanaṃ śaityaṃ mārdavaṃ snehaḥ kledaśca pṛthivyātmakaṃ gandho ghrāṇaṃ gauravaṃ sthairye mūrtiśceti//CS.4.4.12

사상이다. 즉, 우주를 구성하는 모든 요소와 원리, 그리고 형태를 가진 존재들이 그대로 인간에게도 반영되어 있으며, 반대로 인간 안에 있는 모든 것이 우주에도 존재한다는 설명이다. 이러한 관점에서 아유르베다는 인간의 몸과 마음을 이해하고 치료하기 위해 우주의 자연 현상과 원리를 적용한다. 인간의 질병이나 건강 상태는 단순히 그 개인의 문제가 아니라, 더 큰 우주적인 질서나 자연과의 관계 속에서 이해되어야 한다고 보는 것이다.

2) 발생학 및 태아학에 대한 불전의 내용

아유르베다의 이해방식과 비교한다는 측면에서 불전의 내용들과 대조를 이루는 내용들로는,

> 아비의 정(精)은 맑지도 않고 또한 흐리지도 않아 적당하며, 거세지도 않고 또한 부패하지도 않으며, 빨갛거나 까맣지도 않고 또는 풍한(風寒)과 온갖 독기가 섞여 있지도 않아 소변과는 아주 판이하다. 그러면 마땅히 와서 태어날 이의 영혼이 곧 다가와서 마음속으로 생각하며 말하기를 '가령 이 남자가 여자와 더불어 어울리지 않는다면, 내가 그녀와 더불어 통하여 저 남자의 노여운 마음을 일으키게 하고 싶다. 저 남자를 분노하게 하고 나서, 공경하는 마음을 품어 여자에 대하여 생각한다면 노여움과 기쁨이 한꺼번에 생기게 될 것이다' 하면서 곧 남자를 배제하고 여인에게 향하려고 할 무렵 아버지의 정액이 떨어지면 그 영혼은 기뻐하며 '이것은 바로 나를 허락한 것이다' 하고 말하게 될 것이다.[117]

---

117) 《修行道地經》, "其精不清亦不為濁 中適不強 亦不腐敗 亦不赤黑 不為風寒眾毒雜錯 與小便別 應來生者 精神便趣 心自念言：設是男子不與女人共俱合者 吾欲與通 起瞋怒心恚彼男子 志懷恭敬念於女人　瞋喜俱作　便排男子欲向女人；父時精下　其神忻歡　謂是吾許"(T15, 186c23-187a5)

『수행도지경』은, 입태의 주체적 인식을 선명하게 부각시키고 있음을 알 수 있다. 태어나고자 하는 존재의 인식에서 스스로 남녀의 성별을 선택하는 방식이다. 그리고 이것은 프로이드 방식의 콤플렉스 이론과도 상당히 부합된다.

그때 바로 중지에서의 5음을 잃고 포태(胞胎)에 들어가 부모들의 정기와 합해지게 된다. 이미 포태 속에 있게 되면 갑절이나 더 즐거워 펄펄 뛰는데, 이것은 중지에서의 5음은 아니지만 또한 그것과 떨어져 있는 것도 아니다. 포태 속에 들어가는 이것을 곧 색음(色陰)이라 하고, 기뻐하는 때를 통락음(痛樂陰 : 受陰)이라 하며, 정(精 : 父母의 交合)에 대한 생각이 있을 때를 곧 상음(想陰)이라 하고, 본래의 죄와 복의 인연으로 인하여 포태에 들어가는 것을 곧 행음(行陰)이라 하며, 영혼이 포태를 의지하여 거기에 머물러 있는 것을 곧 마땅히 식음(識陰)이라 하나니 이렇게 화합하는 것을 5음(陰)이라고 한다.118)

위의 인용문에서 드러나듯이, 색수상행식이라는 불교의 오온체계에 맞추어 포태 과정을 설명하고 있다. 이후 주간 단위로 기간을 설정하여 태아의 발달과정을 설명하고 있다.

태 속에 들어 있을 때에 두 가지 근(根 : 감관)을 얻나니, 곧 의근(意根)과 신근(身根)이다. 7일 동안은 그 속에 머물면서 늘어나거나 줄어들지 않다가 14[二七]일째에 이르면 그 태가 점차 변해서 멀건 타락[酪]처럼 되며, 21[三七]일째에 이르면 생 타락[生酪]처럼 되고, 28[四七]일째에 이르면 정기가 엉겨서 익은 타락[熟酪]처럼 된다. 35[五七]일째에 이르면 태와 정기가 드디어

---

118) 《修行道地經》, "爾時即失中止五陰 便入胞胎 父母精合 既在胞胎倍用踊躍 非是中止五陰 亦不離之 入於胞胎是為色陰 歡喜之時為痛樂陰 念於精時是為想陰 因本罪福緣得入胎 是為行陰 神處胞中則應識陰 如是和合名曰五陰"(T15, 187a5-10)

변하여 마치 생소(生酥)처럼 되어 있다가 42[六七]일째에 이르면 변하여 굳은 살[息肉]처럼 되며, 49[七七]일째에 이르면 더욱 발전해서 한 조각의 살덩어리[段肉]처럼 되고, 또 56[八七]일째에 이르면 그 단단하기가 마치 질그릇[坯]처럼 되고, 63[九七]일째에 이르면 또 변하여 다섯 개의 포(胞)가 생기나니, 즉 두 팔꿈치와 두 허벅다리와 목 부위가 생기는데 안에서부터 생겨 나온다. 70[十七]일째에 이르면 또다시 다섯 개의 포가 생기나니, 즉 두 팔목과 두 발목과 머리가 생기는 것이고, 77[十一七]일째에 이르면 계속 스물네 개의 포가 생기나니, 즉 손가락·발가락·눈·귀·코·입으로서 이것은 안에서부터 생겨나오며, 84[十二七]일째에 이르면 위의 모든 포의 모양이 점점 더 성숙해지고, 91[十三七]일째에 이르면 배[腹]의 모양이 나타난다.119)

『수행도지경』의 주간 단위의 설명방식은 아유르베다의 월별 설명 방식에 비하면 아주 치밀하고 상세한 분석임이 확연하다고 할 수 있다. 이는 불교적 설명이 아유르베다에 비하여 더욱 실증적이고 과학적 관찰이라고 할 수 있다.

3) 아유르베다와 불전의 서술 양식 비교

CS.4.4.14의 아유르베다에서 설명하는 이후의 임신중 태아 상태는 다음과 같다.

이와 같이 그의(태아의) 감각 기관들과 사지 및 기관의 부분들이 동시에

---

119) 《修行道地經》, "尋在胎時 卽得二根 意根 身根也 七日住中 而不增減；又二七日 其胎稍轉 譬如薄酪；至三七日 似如生酪；又四七日 精凝如熟酪 至五七日 胎精遂變 猶如生酥；又六七日 變如息肉；至七七日 轉如段肉；又八七日 其堅如坏；至九七日 變爲五胞 兩肘 兩髀及其頸項 而從中出也 十七日 復有五胞 手腕 脚腕及生其頭；十一七日 續生二十四胞 手指 足指 眼耳鼻口 此從中出；十二七日 是諸胞相 轉成就；十三七日 則現腹相"(T15, 187a10-20)

형성되기 시작한다. 다만, 그가 태어난 후에 나중에 생겨나는 요소들은 제외된다. 예를 들면 치아, 이차 성징(수염 등), 형체의 뚜렷해짐(확연해짐), 그리고 그와 관련된 다른 것들이다. 이것이 자연스러운 상태(prakṛti)이며, 비정상적인 상태(vikṛti)는 이와 다르다. 실로 이 태아 안에는 어떤 것은 영원한(불변하는) 요소들이 있고, 어떤 것은 영원하지 않은(가변적인) 요소들이 있다. 그의(태아의) 사지나 기관 부분들로서 형성되는 바로 그것들이 여성의 특성, 남성의 특성 또는 중성의 특성을 지닌다. 거기서 여성과 남성에게 각각 특유한, 그리고 주된 근원과 관련된 요소들 중에서 어느 쪽이 우세한지에 따라 그쪽의 성별이 결정된다. 예를 들면, 무기력함, 겁이 많음, 명확하지 않음, 혼란(미혹), 불안정함, 고통을 잘 견디지 못함, 참지 못함, 나약함, 부드러움, 자궁과 난자의 부분 등 이것들과 그에 준하는 것들이 여성을 만드는 요소이다. 이와 반대되는 것들은 남성을 만드는 요소이다. 양쪽의 요소를 함께 가진 부분들은 중성을 만드는 요소가 된다.[120]

위 인용문은 아유르베다에서 태아의 성장이 특정 단계에서 대부분의 주요 신체 부위와 감각 기관이 동시에 형성되는 시기가 있다고 보면서도, 치아가 나거나 사춘기가 되어 이차 성징이 나타나는 것처럼, 어떤 부분들은 태어난 후에 시간이 지나면서 발달한다는 것을 분명히 구분하고 있음을 보여준다. '형체의 뚜렷해짐'은 이차성징에 대한 부분이기. 임신과 태아 발달 과정을 자연의 질서(prakṛti) 속에서 이해하려 했음을 보여주며, 그 과정에서 벗어나는 것을 비정상(vikṛti)으로 보았다. 또한, 태아를 구성하는 요소들 중에는 변하지 않는 본질적인 부분과 시시각각

---

120) evamasyendriyāṇyaṅgāvayavāśca yaugapadyenābhinirvartante 'nyatra tebhyo bhāvebhyo ye 'sya jātasyottrakālaṃ jāyante tadyathā − dantā vyañjanāni vyaktībhāvastathāyuktāni cāparāṇi/eṣā prakṛtiḥ vikṛtiḥ punarato 'nyathā/santi khalvasmin garbhe kecinnityā bhāvāḥ santi cānityāḥ kecit/tasya ya evāṅgāvayavāḥ santiṣṭhante ta eva srīliṅgaṃ puruṣaliṅgaṃ napuṃsakaliṅgaṃ vā bibhrati/ tatra srīpuruṣayorye vaiśeṣikā bhāvāḥ pradhānasaṃśrayāśca teṣāṃ yato bhūyastvaṃ tato 'nyatarabhāvaḥ/tadyathā−klaivyaṃ bhīrutvamavaiśāradyaṃ moho 'navasthānamaghegurutvamasahanaṃ śaithilyaṃ mārdavaṃ garbhāśayabījabhāgastathāyuktāni cāparāṇi strīkarāṇi ato viparītāni puruṣakarāṇi ubhayabhāgāvayavā napuṃsakakarāṇi bhavanti//CS.4.4.14

변화하는 육체적인 부분이 있음을 언급하고, 앞서 임신 둘째 달의 형태에 따라 성별이 결정된다는 내용과 연결하여, 태아의 신체 부위가 형성될 때 이미 그 형태 안에 성별의 특성이 내포되어 발현된다는 아유르베다의 관점을 다시 한번 강조하고 있다. 아유르베다에서 태아의 성별이 단순히 유전적인 요소뿐만 아니라, 특정 시점에 태아에게 발현되는 다양한 신체적, 심리적, 심지어 미묘한 에너지의 흐름이라는 성질들 중에서 어떤 쪽이 우세한지에 따라 결정된다고 보는 복합적인 관점이다. 여기서 나열된 여성적인 요소들은 대체로 부드럽거나 수용적이거나, 혹은 심리적인 불안정성과 관련된 특성들로 보이며, 남성적인 요소는 그 반대의 특성(힘, 용감함, 안정성 등)일 것으로 유추할 수 있다.

아유르베다에서 임신을 진단하거나 확인하기 위해 사용했던 구체적인 신체 증상들이다. 생리 중단, 입덧, 음식 선호도 변화, 피로감, 유방 변화, 피부색 변화 등은 현대 의학에서 임신 초기에 나타나는 증상들과 유사한 것들이다. 고대 아유르베다 의학자들이 임신으로 인한 여성의 신체 변화를 얼마나 세심하게 관찰했는지 알 수 있다. 이러한 징후들을 통해 임신을 정확히 파악하고, 임신부와 태아에게 적절한 관리와 치료를 제공하는 것이 아유르베다 임신 관리의 중요한 시작이었기 때문이다. CS.Śs. IV. 20 이후에는 임신 넷째 달 이후의 양상을 설명하고 있다.

> 네 번째 달에는 태아가 안정된다. 그렇기 때문에 그때 임신부는 특별히 몸이 더욱 무거워지는 것을 느끼게 된다.[121]
>
> 다섯 번째 달에는 태아의 근육(살)과 피의 발달이 다른 달보다 더욱 두드러진다. 그렇기 때문에 그때 임신부는 특별히 쇠약하게 된다.[122]

---

121) caturthe māsi stiratvamāpadyate garbhaḥ tasmāttdā garbhiṇī gurugātratvamadhikamāpadyate viśeṣeṇa//CS.4.4.20
122) pañcame māsi garbhasya māṃsaśoṇitopacayo bhavatyadhikamanyebhyo māsebhyaḥ tasmāttdā garbhiṇī kārśyamāpadyate viśeṣeṣa//CS.4.4.21

여섯 번째 달에는 태아의 힘과 기색이나 색깔의 발달이 다른 달보다 더욱 두드러진다. 그렇기 때문에 그 임신부는 특별히 힘과 기색/색깔의 손실을 겪는다.123)

일곱 번째 달에는 태아가 모든 구성 요소들(또는 본질들)에 의해 충분히 영양을 공급받는다. 그러므로 때문에 이때 임신부는 온갖 종류의 방식으로 가장 피로해진다.124)

아홉 번째 달을 시작으로, 하루가 지나더라도, 열 번째 달까지를 분만 시기라고 말한다. 이것이 (정상적인) 분만 시기이다. 이것(열 번째 달) 이후에 태아가 자궁 안에 머무는 것은 비정상적인 상태로 간주된다.125) 아유르베다의 월별 변화 서술방식에 비하여 불전은 주간 변화의 양상을 상술한다. 내용의 일부를 제시하면 다음과 같다.

98[十四七]일째에 이르면 간·허파·염통·지라·콩팥 등이 생기고, 105[十五七]일째에 이르면 대장(大腸)이 생기며, 112[十六七]일째에 이르면 소장(小腸)이 생기고, 119[十七七]일째에 이르면 위(胃)가 생기며, 126[十八七]일째에 이르면 생장(生臟)과 숙장(熟臟) 이 두 가지가 생기고, 133[十九七]일째에 이르면 넓적다리·발꿈치·창자·갈비뼈·손바닥·발등·팔·마디·힘줄 등이 생기며, 140[二十七]일째에 이르면 음부[陰]·배꼽·젖·턱·목 등의 모양이 생긴다.126)

---

123) ṣaṣṭhe māsi garbhasya balavarṇopacayo bhavatyadhikamanyebhyo māsebhyaḥ tasmāttā garbhiṇī balavarṇahānimāpadyate viśeṣeṇa//CS.4.4.22
124) saptame māsi garbhaḥ sarvairbhāvairāpyāyyate tasmāttdā garbhiṇī sarvākāraiḥ klāntatamā bhavati//CS.4.4.23
125) tasminnekadivasātikrānte 'pi navamaṃ māsamupādāya prasavakālamityāhurādaśamānmāsāt/etāvān prasavakālaḥ vaikārikamataḥ paraṃ kukṣāvavasthānaṃ garbhasya//CS.4.4.25
126) 《修行道地經》, "十四七日 生肝肺心及其脾腎；十五七日 則生大腸；十六七日 即有小腸；十七七日 則有胃處；十八七日 生藏熟藏起此二處；十九七日生髀及蹲腸骸手掌足趺臂節筋連；二十七日 生陰臍乳頤項形相"(T15, 187a20-24)

그 어린아이가 어머니의 뱃속에 있을 때에는 생장 아래와 숙장 위, 그 사이에 자리하고 있는데 사내 아이는 등을 밖으로 하고 얼굴은 안으로 향한 채 왼쪽 옆구리에 있고, 계집아이는 등을 어미에게 대고 얼굴은 밖으로 향한 채 오른쪽 옆구리에 있다.127)

위 인용문에서 보듯이, 불전은 태아의 성별에 따라 모태에서부터 다른 양상을 보이는 것으로 설명된다. 또 태어나는 순간의 현상을 전생의 업보와 관련지어 설명한다.

전생에 악한 일을 행한 사람은 냄새나는 바람이 일어나 몸이 편안치 못하고 마음과 뜻에도 맞지 않으며, 그 바람이 골절에 불어 등이 구부러지게 하고 단정하지 못하게 하며, 또한 못생긴 남자가 되게 하므로 사람들이 좋아하지 않게 된다. 이 266[三十九七]일은 4일이 모자라는 아홉 달째인데, 그 4일 동안에 아이의 신체와 골절이 자라나서 곧 완전한 사람이 된다.128)

그 어린아이의 몸이 이미 산문(産門)에 당도했을 때나 또는 땅에 떨어졌을 때, 바깥에서 바람이 불어오고 여인이 손을 대어 따뜻한 물로 어린아이를 씻으면, 독한 기운이 핍박하여 그 고통이 마치 종창(腫瘡)을 앓는 것과 같다. 이와 같은 괴로운 고뇌(苦惱) 때문에 혹 죽는 게 아닌가 하고 두려움에 잠겨 문득 어리석음과 의혹이 생긴다. 그런 까닭에 혼미하고 심란해져서 본래 어떤 곳으로 따라 와서 어느 곳으로 가는지를 알지 못하게 된다.129)

전생에 선을 행한 이는 간사한 무리가 틈을 타지 못하지만, 혹 전생에 악

---

127) 《修行道地經》, "其小兒在母腹中 處生藏之下 熟藏之上 男兒背外而面向內 在左脇也 ; 女子背母而面向外 處在右脇也"(T15, 187c22-24)
128) 《修行道地經》, "本行惡者則起臭風 令身不安不可心意 吹其骨節令僂邪曲 使不端正又不能男 人所不喜也 ; 是為三十八七日 九月不滿四日 其兒身體骨節 則成為人"(T15, 187c4-8)
129) 《修行道地經》, "其小兒身既當向產 又墮地時外風所吹 女人手觸煖水洗之 逼迫毒痛猶如瘡病也 以是苦惱恐畏死亡 便有癡惑是故迷憒 不識本來去至何所也"(T15, 188a14-17)

을 행한 이는 온갖 간사한 무리가 곧 달라붙는다. 아이가 갓 태어났을 때에는 어머니의 젖으로 인하여 자라나다가 점점 커지게 되면 음식을 먹고 장성하게 된다.130)

『수행도지경』의 태아론과 대비를 이루는『불설포태경』(佛說胞胎經)은 4세기 초 월지국 출신의 학승 축법호가 번역하였다. 1권으로 된 이 경은 수태로부터 태아의 성장, 출생한 다음에 이르기까지의 과정에 대한 설명을 통해 고통스럽고 덧없는 인간 세상에 대한 일체 애착에서 벗어나야 한다고 설법하고 있다. 이역본으로는 보리유지의『대보적경』의「불위아난설처태회」와「불설입태장회」가 있다. 아유르베다와 불교의 태아학에 대한 이해를 돕고자 종합적 도표를 제시하면 다음과 같다.

* 아유르베다 경전 SS의 월별 발생학

개월	양태적 특징
1달	kalalar의 형성
2달	pañca mahābhūta로 이루어진 굳은 덩어리의 arbuda, 성별의 형태적 분별
3달	팔과 다리 그리고 머리가 나타난다
4달	신체기관들의 발달, 태아의 인식능력 구비
5달	마음manas의 점진적 각성
6달	buddhi의 형성
7달	신체 기관들의 태내 성장
8달	ojas가 불안정, 사산이나 낙태에 주의
9달	출생 준비

---

130) 《修行道地經》, "宿行善者邪不得便 設宿行惡眾邪即著 兒初生時因母乳活 稍稍長大因食得立"(T15, 188a21-23).

• 불교 발생학, 38주간 태내 명칭과 양상

	『불설포태경』	「佛爲阿難說處胎會」	「佛說入胎藏會」	『수행도지경』
1	停住 轉稍熱向堅固	가라라(歌羅邏) 生酪	갈라람(羯羅藍) 酪漿	2근(二根)
2	風展轉 酪上肥	風遍滿-安浮陀 凝酥	風遍觸-頞部陀 凝酥	멀건타락(薄酪)
3	風聲門 胎裏凝堅	風藏口 閉手 藥杵	風刀鞘口, 閉尸 鐵箸	생 타락(生酪)
4	風飮食 不注曰觀	風攝取 伽那 溫石	風內門 健南 溫石	익은타락(熟酪)
5	風導御 堅精變體形	風攝持 般羅奢佉	風攝持 五相現	생소(生酥)
6	風爲水 成四應瑞	風飯 四相出現	風廣大 發生四相	굳은 살(息肉)
7	風迴轉 變成應瑞	風旋轉 手足掌縵相	風旋轉 如水苔	살덩어리(段肉)
8	風退轉 現二十應處	風翻轉 手足二十指	風翻轉 胎有二十指	질그릇(坏)
9	風自然 吹變九孔	風分散 現九種處相	風分散 胎有九穴相	오포(五皰)
10	風痤短 胎裏急病暴卒	風堅硬 脹滿浮囊	風堅硬 浮囊氣滿	生 腕及頭
11	風理壞 侵轉成就	風金剛 身孔得通徹	風疎通 胎有九孔	24포(二四皰)
12	風膚面 胎裏成腸胃	風曲口 胎內作支節	風曲口 胎內作節	胞相轉就
13	覺身體羸飢渴	風飢渴 虛羸生飢渴	前風知飢渴 藉資身	배 모양(腹相)
14	風經縷 精體生筋	風線口 胎生筋	風線口 胎生筋	생오장(生五臟)
15	風波曇 兒體安脈	風蓮花 胎子作脈	風蓮花 胎子作脈	生 大腸
16	風無量 兒體正其骨節	風甘露 九孔處開發	風甘露行 處隨勢安布	有 小腸
17	風耗牛面 兒體開眼精	風髦牛面 기관明淨	風毛拂口 器官滑澤	有 胃處
18	風大堅強	風大堅強 諸根明淨	風無垢 胎子六處淸淨	起 生藏熟藏
19	胚胎得四根	"諸根悉已具足"	眼耳鼻舌根 成就	生 脾及蹲等
20	風靭革亢 生微細骨	風堅固 골관절발생	風堅固 골관절발생	生 陰及臍等
21	風所有 兒體肌肉	風生起 胎子身生肉	風生起 胎子身生肉	體骨 分隨所

		具足			應
22	風度惡 兒體生音聲		風浮流 胎子生血	風浮流 胎子生血	骨稍堅 未熟瓠
23	風針孔清淨 革稍具足		風淨持 胎子生皮	風淨持 胎子生皮	骨轉堅 如胡桃
24	風堅持 兒身革調均		風持雲 피부광윤택	風滋曼 胎子皮膚光悅	筋連著
25	風聞在持 兒體滑澤		風持城 胎子血肉滋潤	風持城 胎子血肉滋潤	脈 尚未具成
26	風自然 前世行殃來現		風生成 生髮毛爪甲	風生成 生髮毛爪甲	諸脈 蓮根孔
27			風曲藥 成就感業	風曲藥 髮毛爪甲成就	筋皆成
28	兒體即起八念		"生八種顛倒想"	"生八種顛倒想"	肌始生
29	風髓中間 皮膚顏色		風花條 身色潤澤分明	風花條 形色顏色種類	肌肉稍厚
30	風自然 兒體生毛髮		風鐵口 髮毛爪甲生長	風鐵口 髮毛爪甲生長	纔有皮像
31	兒身轉大具足	"身相長大具足"		"胎子漸大"	皮轉厚堅
32	兒身自成無所乏少				皮革轉成
33	兒身成滿骨節堅實			"胎子增長廣大"	기관 완성
34					毛髮孔 尚未成
35				胎子支體具足	毛孔具足
36		"生厭離心"		不樂住母腹中	爪甲成
37	自然生念 羅網欲出	"起五種不顛倒想"		生三種不顛倒想	腹中風起
38	何所垂趣 兒身應所在	風拘緣 身頭向於下		風藍花 胎子轉身向下	隨本行 然風起

4. 부정관의 수행법과 불교의학

인도의 철학적 전통에서 드러나는 '깨끗함과 깨끗하지 못함'의 분별은 정-부정(淨-不淨)의 관념으로 형이상화한다. 이 전통은 베다의 제사의례는 물론 우파니샤드 시대의 철학으로 면면히 이어지는 것이다. 이

점에서 인도전통의 부정관 개념이 인체를 설명하며 어떻게 정착되었는지 살펴볼 필요가 있다.

1) 인도대륙의 전통적 부정관

인도전통의 관념은 베다에서 시작하여 우파니샤드에서 체계화된다. 그러므로 우파니샤드의 내용들은 인도정신의 근간을 이룬다고 할 수 있다. 이러한 측면에서 우파니샤드에 나타난 인체에 대한 부정관을 검토하는 것은 상당한 의미가 있다. 먼저 『마이트리 우파니샤드』[131]에서 제시하는 인도전통의 부정관을 검토하면,

> 존경하는 분이여, 뼈, 살 껍질, 근육, 골수, 살, 정액, 피, 점액, 눈물, 콧물, 똥, 오줌, 바람, 담석, 가래 이런 것들로 만들어진 이 냄새나는, 기반도 없는 육신을 가지고 욕망을 즐기는 것이 다 무슨 소용이겠습니까? 욕망, 분노, 탐욕, 미혹, 두려움, 낙담, 시기, 원하는 것을 얻지 못하고 원하지 않는 것을 얻게 되는 고통, 허기, 목마름, 노령, 죽음, 슬픔과 같은 것들이 지배하는 이 육신을 가지고 욕망을 즐기는 것이 무슨 소용이 있겠습니까?[132]

이어지는 『마이트리 우파니샤드』의 설명은 다음과 같다.

> 이 육신은 성적 결합에 의해 생겨난 것이다. 어둠속에서 자라나 요도를 통해서 밖으로 나온 것이다. 그것에 뼈가 만들어 지고, 살이 덧붙여지고 피부가 그 위에 씌워지고 그 안에 똥, 오줌, 담즙, 가래, 골수, 지방질 등이 든

---

[131] S. Radhakrishnan(1968), *The Principal Upaniṣads*, George Allen & Unwin Ltd. p.796
[132] bhagavann asthi-carma-snāyu-majjā-śukra-śoṇita-śleṣma-śru-dūṣīkā-viṇ-mūtra-vāta-pitta-kapha-samghate durgandhe niḥsāre'smin śarīre kiṃ kāmopabhogaiḥ? kāma-krodha-lobha=moha-bhaya-viṣāderṣyeṣṭaviyogāniṣṭa-samprayoga-kṣut-pipāsā-jarā mṛtyu-roga-śokādyair abhihate asmin śarīre kiṃ kāmo-pabhogaiḥ? (Mait.U.I.3)

것이다. 보물창고가 보물을 보관하고 있는 것처럼 여러 질병들을 담고 있는 것이 육신이다.[133)]

『마이트리 우파니샤드』에서 보여주듯이 우파니샤드의 신체관은 명백히 부정(不淨)하고 부질없는 것들로 이루어진 회잡(會雜)의 물질이다. 특히 마이트리 우파니샤드에서 뼈, 살 껍질, 근육, 골수, 살, 정액, 피, 점액, 눈물, 콧물, 똥, 오줌, 바람, 담석, 가래 등에 대한 부정물을 언급하고 있다. 이는 불교 부정관에서 육신이 부정하다는 규정과 36가지 부정물의 관찰 대상과 유사하다. 그러므로 우파니샤드와 불교의 관련성을 짐작할 수 있다. 또 다른 우파니샤드의 내용은 다음과 같다.

신은 다섯 가지 요소들을 차례대로 결합해서 그들의 개체와 전체의 몸을 만들었다. 해골, 피, 내장, 뼈, 살, 그리고 손톱과 같은 것들은 흙의 부분이다. 피, 오줌, 침, 땀과 같은 것들은 물의 부분이요, 배고픔, 목마름, 신열, 부은 상태, 성적충동과 같은 것들은 불의 부분이다. 이리저리 움직이는 것, 들어 올리는 것, 숨을 쉬는 것과 같은 것은 바람의 부분이다. 빛, 분노와 같은 것은 대공의 부분이다.[134)]

『파잉갈라 우파니샤드』에서 보여지는 것은 다섯 가지 요소의 계분별관(界分別觀)과 신체 부위를 각 요소별로 분별하는 양상에 해당한다. 이는 불교의 사대관과 같은 개념이 우파니샤드와 공유하고 있었음을 보여주는 것이다.

---

133) Athānyatrāpy uktaṃ śarīram idam maithunād evodbhūtaṃ saṃvṛddhvyapetaṃ niraye'tha mutradvāreṇa niṣkrāntam asthibhiś citaṃ māṃsenānuliptaṃ carmaṇāvanaddhaṃ viṇ-mūtra-pitta-kapha-majjā-medo-vasābhir anyaiś cāmayair bahubhiḥ paripūrṇaṃ kośa iva vasunā ((Mait.U.III.4.)
134) 파잉갈라 우파니샤드 2장 2절

2) 불교의 부정관 수행과 불교해부학

불교의학의 첫 출발은 태아학이기보다는 부정관 수행의 불교 해부학으로 발전하였다. 그 구체적 내용들 가운데 『잡아함경』의 부정관 내용은 다음과 같다.

> 부정관(不淨觀) 닦기를 많이 닦아 익히면 반드시 큰 과(果)와 크게 복된 이익을 얻을 것이다. 어떻게 부정관 닦기를 많이 닦아 익히면 큰 과와 크게 복된 이익을 얻겠는가 ? 이 비구는 부정관을 수반하는 염각지를 닦아, 멀리 여읨에 의존하고, 욕심 없음에 의존하며, 소멸에 의존하고 열반으로 향한다. 택법각지·정진각지·희각지·의각지·정각지·사각지를 닦아, 멀리 여읨에 의존하고, 욕심 없음에 의존하며, 소멸에 의존하고 열반으로 향한다.[135]

부정관의 행법은 열반을 획득하는 것으로 확정하여 제시한 것이다. 그러므로 이 내용은 교학이 어느 정도 완성된 이후 첨가된 것으로 여겨진다. 열반 개념의 도입 이전의 부정관은 어떠한 모습일까? 초기경전인 『아함경』과 관련하여 『니까야』의 주석서인 『청정도론』에는 '부정의 명상주제'를 제시하며 구상관(九相觀)을 설정하여 '아홉 가지 공동묘지의 관찰'로 설명하고 있다. 이 가운데 골관(骨觀)의 행법은 '해골이 된 것(aṭṭhika)'을 관찰하여 신체의 부정하고 혐오스러움을 체득하는 것이다. 이는 불교의학의 문맥에서 골격계통에 대한 해부학적 내용에 해당하는 것이다.[136] Mahāsatipaṭṭhāna Sutta의 「주석서」(Aṭṭhakathā)는 골격에

---

[135] 《雜阿含經》, "當修不淨觀 多修習已 當得大果大福利 云何修不淨觀? 多修習已 得大果大福利 是比丘不淨觀俱念覺分 依遠離 依無欲 依滅 向於捨 ; 修擇法 精進 喜 猗 定 捨覺分 依遠離 依無欲 依滅 向於捨"(K650, 980a18-23)

[136] 박종식(2020), 「백골관 수행과 불교 인체 골격 해부학의 상관성 검토」, 『불교학보』 92집, 144.

대한 설명을 구상관과 연관지어 해설하고 있다. 이는 불교의학 가운데 골격계 해부학의 내용이며, 보충적 자료로 가치가 있다.

이 몸도 또한 그와 같고, 그와 같이 될 것이며, 그에서 벗어나지 못하리라고.' 해골이 되어 힘줄도 사라지고 뼈들이 흩어져서 여기에는 손뼈, 저기에는 발뼈, 또 저기에는 정강이뼈, 저기에는 넓적다리 뼈, 저기에는 엉덩이뼈, 저기에는 등뼈, 저기에는 갈빗대, 저기에는 가슴뼈, 저기에는 팔뼈, 저기에는 어깨뼈, 저기에는 목뼈, 저기에는 턱뼈, 저기에는 치골, 저기에는 두개골 등이 사방에 널려 있는 것을 보게 될 것이다.[137]

골격계의 설명과 함께 인체의 부정관을 설명하는 방식은 다음과 같은 사례를 통해 구체적 면모를 확인할 수 있다.

비구들이여, 여기 비구는 발바닥에서부터 위로 올라가며 그리고 머리털에서부터 아래로 내려가며 이 몸은 살갗으로 둘러싸여 있고 여러 가지 부정(不淨)한 것으로 가득 차 있음을 반조한다. 즉 '이 몸에는 머리털, 몸털, 손발톱, 이빨, 피부, 살, 힘줄, 뼈, 골수, 콩팥, 염통, 간, 늑막, 지라, 폐, 창자, 장간막, 위, 대변, 쓸개즙, 가래, 고름, 피, 땀, 지방, 눈물, (피부의) 기름기, 침, 콧물, 관절, 활액, 오줌 등이 있다.'고[138]

간략히 살펴본 것처럼, 부정관 수행에 대한 기본적 개념들을 정리해보면, 부정관의 신체 관찰방법이 보여주는 특징은 시신을 세부적으로

---

137) *Aṭṭhakathā. Mahāsatipaṭṭhāna Sutta*
138) *Vibhaṅga-sutta* : SN 5.51:20. "Kathañca bhikkhave bhikkhu yathā adho thatā uddham yatha uddhaṃ tathā adho viharati, Idha bhikkhave bhikkhu imam eva kāyam uddham pādatalā adho kesamatthakā tacapariyantam pūram nānappakārassa asucino paccavekkhati ; Atthi imasmiṃ kāye kesā lomā nakhā dantā taco maṃsaṃ nahāru aṭṭhī aṭṭhimiñjā vakkaṃ hadayaṃ yakanaṃ kilomakam pihakam papphāsam antam antaguṇam udariyaṃ karīsaṃ pittaṃ semhaṃ pubbo lohitaṃ sedo medo assu vasā kheḷo siṅghānikā kasikā muttan ti."

관찰하는 것이라고 규정하고 있다. 즉 내신(內身)을 관찰하여 계의 관찰까지 진행하고 그 후 몸뚱어리에 대한 관찰에 이르러서는 현장 확인을 하기 위하여 무덤가에서 시체들의 모습을 목도한 후 이를 바탕으로 마음을 관찰하라고 권유하고 있다. 이 방법은 순서와 체계를 유지하며 후대의 외신부정관(外身不淨觀)과 9상관으로 순차적 발달의 양상을 보인다.[139] 이러한 전개과정에서 염두에 둘 사항은 불교의 해부학을 대표하는 골격계통에 대한 설명이 어떻게 진행되는가를 검토하는 것이다.『청정도론』에서는 골격의 숫자 제시보다는 수행자가 관찰할 수 있는 골격들에 대한 일반적 나열을 하고 있다. 이는 골격계 해부학에 대하여 불교적 관점이 의학적 접근이 아니라 구상관의 체득에 있음을 보여주고 있는 것이다. 이러한 골관은 부정관 행법과 관련이 있으며, 오정심관의 하나인 부정관 수행은 신체를 구성하는 조직들을 각 부위별로 나누어 부정한 것들로 목도하도록 제시되어 특히 음욕을 제어하기 위해 제시된 측면[140]이 뚜렷하다.

3) 부정관 수행의 정착과 36물 개념

위에서 설명한 부정관 수행의 한계에도 불구하고 한역 불전에서 부정관은 여전히 생명력을 유지하며 제시되고 있다. 나아가 골관과 백골관의 수행법 등으로 제시되어 기존의 부정관과 세밀한 차이를 보이며 전개되고 있다.[141] 참고로 SN Vibhaṅga-sutta의 부정관의 행법 내용은 『맛지마 니까야』(이하 MN)와 『디가 니까야』(이하 DN)에서도 동일한 내용이 제시되어 있어 초기불교의 부정관법에 대한 전형적 표현을

---
139) 박종식(2020), 앞의 논문, 145.
140) 박종식(2020), 앞의 논문, 145.
141) 박종식(2020), 앞의 논문, 147.

알 수 있다. 그러나 부정관 수행의 구체적 내용들에 있어서 문헌마다 약간의 차이가 있다. 초기 불교의 해부학적 지식은 당시의 부정관에서 그 단초를 발견할 수 있는데, 부정관은 시간의 경과와 함께 부정상으로 개념의 변화가 이루어진다. 이 부정관 수행은 무상과 무아 그리고 개고를 깨우치기 위함이다. 그러나 이 부정관의 끝자락은 죽음에 대한 알아차림의 귀결된다. 죽음이야말로 무아를 직시하는 최고의 대상이기 때문이다.

> 만일 비구가 죽음에 대한 생각을 닦아 익히고, 많이 닦아 익히면 반드시 큰 과(果)와 크게 복된 이익을 얻을 것이다. 어떻게 비구가 죽음에 대한 생각을 닦아 익히기를 많이 닦아 익히면 큰 과와 크게 복된 이익을 얻는가? 이 비구는 죽음에 대한 생각을 염각지를 수반하여 닦아, 멀리 여읨에 의존하고, 욕심 없음에 의존하며, 소멸에 의존하고 열반을 향한다.[142]

의학적 세계관을 구성하는 기반 가운데 하나는 해부학이 자리하고 있다. 이 해부학은 신체를 물질 요소로 파악하여 그 형태적 특징들을 관찰하여 파악하는 것을 일차 목표로 설정한다. 불교의학의 해부학에 대한 이해는 신체성을 염두에 둔 열반이나 법신 개념과 더불어 진행되었다고 할 수 있다. 초기불교의 유여열반(sopadhiśeṣanirvāṇa)은 구제론 차원에서 해탈의 방법을 제시한다. 불교수행의 실천적 목표는 번뇌의 소멸로서 해탈이자 깨달음의 상태를 말한다. 그리하여 초기불교시대의 불교적 완성의 길이 성립되어 가는 것을 제시하고 있다. 한편 무여열반(anupadhiśeṣanirvāṇa)은 불교적 깨달음이 성취된 상태로서의 열반을 제시하고 있다. 그리하여 부파불교시대에 고도화된 주석학적 논의를 통해서 열반이 실체화되는 과정을 보여준다. 열반 개념의 이원적 분화는

---

142) 《雜阿含經》, "若比丘修習隨死念 多修習已 得大果大福利 云何比丘修習隨死念? 多修習已 得大果大福利 是比丘修隨死念俱念覺分 依遠離 依無欲 依滅 向於捨"(K650, 980b4-9)

이 논의를 불교의학적 문맥으로 독해할 때, 신체성과 직결되도록 유도한다. 이러한 신체성에 대한 논의는 법신 개념을 둘러싸고 확장되며 불교의 전개과정에 큰 영향을 미치게 된다. 불교의 존속성은 불신관의 변천이라는 개념의 확장 또는 변용에 의해 가능하였기 때문이다. 즉 '법을 신체로 하는 자'(dharmakāya)라는 법신 개념의 등장이다. 또 사리 신앙과 연결되어 유골(dhātu)에 의한 법신의 현존성[143]이라는 측면이 나타나기도 했었다. 그러므로 열반 개념은 '법을 신체로 하는 존재'로 연결되어 의학적 문맥으로는 신체성에 대한 탐구와 배려로 이어졌다고 할 수 있다. 하지만 주류 전통의 부정관은 여전히 극복 대상으로서의 몸으로 규정하여 다음과 같이 적시한다.

> 다시 비구들이여, 비구는 발바닥으로부터 위로 올라가며 그리고 머리털로부터 아래로 내려가며 이 몸은 살갗으로 둘러싸여 있고 여러 가지 부정(不淨)한 것으로 가득 차 있음을 관조한다. 즉 "이 몸에는 머리털, 몸털, 손발톱, 이빨, 살갗, 살, 힘줄, 뼈, 골수, 콩팥, 염통, 간, 근막, 지라, 허파, 큰창자, 작은창자, 위, 똥, 쓸개즙, 가래, 고름, 피, 땀, 굳기름, 눈물, (피부의) 기름기, 침, 콧물, 관절 활액, 오줌 등이 있다." 고[144]

「대념처경」이 제시하는 위의 인용문과 같은 부정관 행법은 「바라드와자 경」(SN 35.127)에도 제시되는데, 부정한 신체로 31 부위가 제시되고 있다. 이 신체 기관에 대한 나열의 그 근본은 부정관[145]이라는 수행

---

143) 下田正弘, 김성철 역(2015), 『여래장과 불성』, 씨아이알. 169-170.
144) puna ca paraṃ bhikkhave bhikkhu imam eva kāyaṃ uddhaṃ pādatalā adho kesa-matthakā taca-pariyantaṃ pūraṃ nānappakārassa asucino paccavekkhati: atthi imasmiṃ kāye kesā lomā nakhā dantā taco maṃsaṃ nahārū aṭṭhī aṭṭhi-miñjā vakkaṃ hadayaṃ yakanaṃ kilomakaṃ pihakaṃ papphāsaṃ antaṃ anta-guṇaṃ udariyaṃ karīsaṃ pittaṃ semhaṃ pubbo lohitaṃ sedo medo assu vasā kheḷo siṅghāṇikā lasikā muttan ti.//DN 22.5.
145) 열반 개념을 신체에 대한 탐구로 연결시킬 수 있듯이, 부정관 행법을 해부학 연구로 연결시키는 것은 큰 문제가 되지 않는다. 즉 불교의학에 대한 검토는 해탈이나 구원을 검토하는 종교철학의 영역에서 물질성과 신체성을 검토하는 것으로 이어진다. 이는 과학철학의 한 분과로서 의학사 또는 의학

법이다. 즉 "수행자는 백골을 보더라도 남녀의 색(色)에 애욕을 내기 때문에 그 애욕을 끊고자 하면 36물을 관해야 한다."146)고 적시하고 있다. 이를 「기리마난다 경」(AN 10.60) 6송에서는 부정의 인식(asubha-saññā)이라 지칭하고 있다. 이외에 「염처경」(MN 10), 「염신경」(MN 119), 「우다이 경」(AN 6.29), 「분석 경」(SN 51.20) 등에도 동일한 문맥으로 나타나고 있다. 『청정도론』에는 "몸에 대한 마음챙김(kāyagata-sati)"147)으로 상세하게 설명되어 있다. 이를 통해 알 수 있는 것은 초기불교 당시에 이미 신체해부학에 대한 상당한 지식이 축적148)되어 있었다는 것이다. 이들 초기 불교의 부정관 행법은 중국의 선경류에서 전형적 모습으로 제시된다. 『선요경』에는 36물(三十六物)이라는 명칭이 구체화되어 다음처럼 나타난다.

자신의 몸 가운데 있는 36물을 분별하여 관찰하는 것이다. 머리털, 몸털, 손톱, 이빨, 눈물, 흐르는 눈물, 점액, 침, 땀, 때, 지방, 피부, 막, 살가죽, 근육살, 힘살, 핏줄, 척수, 뇌, 심장, 간, 비장, 신장, 폐, 위, 장, 밥통[肚], 아기보[胞膽], 담, 가래, 가슴의 핏발, 생장, 고름, 피, 똥, 오줌이다. 온갖 벌레와 냄새나고 더럽고 부정한 것들이 모여 몸을 이루어 五道를 왕래하며 치연하게 온갖 괴로움을 받는다.149)

철학을 연구하는 것이다.
146) 《五門禪經要用法》, "行人雖見白骨, 於男女色故生愛心, 欲除愛者應觀三十六物"(T15, 326c12-13)
147) 각묵(2009)『상윳따 니까야』 4, 초기불전연구원. 284, 각주 203 참조.
148) 각묵(2009)『상윳따 니까야』 6, 초기불전연구원. 128, 각주 65에 의하면 다음과 같은 차이점들이 나타난다. 「대념처경」(DN 22), 「염처경」(MN 10), 「염신경」(MN 119), 「우다이 경」(AN 6.29), SN의 「바라드와자 경」(SN 35.127) 등에는 뇌(matthluṅga)가 빠진 31가지로 나타난다. 『쿳다까니까야』의 <쿳다까빠타>에는 똥(karīsa) 다음에 뇌가 포함되어 32가지로 나타난다. 『무애해도』에는 마지막에 뇌가 포함되어 32가지로 나타난다. 『청정도론』에는 뇌를 골수(aṭṭhimiñjā)에 포함시켜 32가지 명상 주제를 제시한다.
149) 《禪要經》 "分別自觀身中三十六物 : 髮毛爪齒, 涕淚涎唾, 汗垢, 肪膽, 皮膜, 肌肉筋脈, 髓腦 心肝, 脾胃肺膽, 腸肚, 胞膽, 痰癊, 生藏, 膿血屎尿, 諸蟲, 臭穢不淨, 聚以爲身, 往來五道, 熾然眾苦, 猶如浮屍, 隨流東西, 所至之處, 物皆可惡"(T15, 238a2-7)

불타발타라의 한역경인 『달마다라선경』(398~421년)에서는 36물에 대해 다음과 같이 특정하고 있다.

> 서른여섯의 부정(不淨)을 차례로 말하면, 털과 머리털, 손톱과 발톱, 이빨, 얇은 살갗과 두꺼운 살갗, 힘줄과 살, 뼈와 골수, 비장, 신장, 심장, 간과 폐, 소장과 대장, 위(胃)와 포(胞), 오줌과 똥, 때와 오물, 눈물과 콧물, 침과 고름, 피, 누렇고 흰 가래와 피멍, 지방(脂肪)과 뇌(腦)와 막(膜)이다.[150]

또 Satipaṭṭhāna Sutta의 身隨觀(kāye kāyānupassī) 수습방법에 대하여 『청정도론』은 몸(kāya)이란 병의 발생지(āya)로서 더러운(kucchita) 것들이 모여진 것으로 설명한다. 즉 여러 기관들이 일정한 조건에 따라 모여 있다는 것을 의미하는 것으로 연기적 관점으로 신체를 파악한 것이다. 초기 경전과 중국의 선경류에서 제시하는 36물은 불교적 신체관의 발달 경로를 보여준다고 할 수 있다. 신체 부속물의 숫자와 제시되는 순서의 혼선은 중국 불교의학에서 재정리 되어, 외상(外相), 신기(身器), 내함(內含)의 3등분으로 구분하여 『대명삼장법수』에서는 다음과 같이 제시된다.

> 삼십육물이라는 것은, 외상에 열두 가지로 머리카락, 몸털, 손발톱, 이빨, 눈꼽, 눈물, 입 밖으로 흐르는 침, 침, 똥, 오줌, 때, 땀을 일컬음이요, 신기의 열두 가지로 겉껍질, 속껍질, 피, 고기, 근육, 혈맥, 뼈, 골수, 지방, 기름, 뇌, 막을 일컬음이요, 내함의 열두 가지로 항문, 담, 장, 위, 비, 신, 심, 폐, 생장, 숙장, 적담, 백담을 일컬음이다.[151]

---

150) 《達摩多羅禪經》 "三十六不淨次第 : 髮毛爪齒, 薄皮厚皮, 筋肉骨髓, 脾腎心肝, 肺小腸大腸, 胃胞尿尿, 垢污, 淚涕唾膿血, 黃白痰, 體肪, 腦腦, 膜."(T15, 325b15-17)
151) 《大明三藏法數》 : "三十六物者, 外相十二謂, 髮毛爪齒眵淚涎唾尿尿垢汗也, 身器十二謂, 皮膚血肉筋脈骨髓肪膏腦膜也, 內含十二謂, 肛膽腸胃脾腎心肺生藏熟藏赤痰白痰也."(P182, 198b9-199a1).

이러한 36물에 대한 설명은 그 내용면에 있어서 상이한 차이를 보인다. 이러한 혼선들이 동아시아 불교의학의 세계관에 입각하여 최종적으로 정례화된 것은 『만속장경』의 『범망경직해사의』이다. 36종의 신체기관을 번호를 붙여 제시하고 있으므로, 이전의 상이한 열거 방식이 보여주는 혼란들을 불식시켰다.

    36물이란, 첫째 발(髮), 둘째 모(毛), 셋째 조(爪), 넷째 치(齒), 다섯째 치(眵), 여섯째 누(淚), 일곱빼 연(涎), 여덟째 타(唾), 아홉째 시(屎), 열 번째 요(尿), 열한 번 째 구(垢), 열두 번째 한(汗)으로 이들을 외상(外相)이라 한다. 열세 번째 피(皮), 열네 번째 부(膚), 열다섯 째 혈(血), 열여섯째 육(肉), 열일곱째 근(筋), 열여덟째 맥(脈), 열아홉째 골(骨), 스무번 째 수(髓), 스물한 번 째 방(肪), 스물두 번 째 고(膏), 스물세 째 뇌(腦), 스물네 째 막(膜)으로 이들은 신기(身器)라고 한다. 스물다섯째 간(肝), 스물여섯째 담(膽), 스물일곱째 장(腸), 스물여덟째 위(胃), 스물아홉째 비(脾), 서른 번째 신(腎), 서른한 번 째 심(心), 서른두째 폐(肺), 서른세 째 생장(生臟), 서른네 째 숙장(熟臟), 서른다섯째 적담(赤痰), 서른여섯째 백담(白痰)으로 내함(內含)이라 한다.152)

불교의 36물에 대한 설명 방식은 연기적 세계관이 기반이다. 인체를 구성하는 부분들이 인연에 따라 모여서 그 기능을 하는 것이며, 여러 가지 조건들이 불리하게 될 때 질병이 발생하게 되고 노사(老死)의 현상으로까지 이어진다는 것이다. 여기에는 지수화풍의 4대 요소들이 이합집산하는 것으로 설명되는 것이다. 즉 현상적으로 드러난 것인 질병에 대한 설명과 원인 분석으로서의 병리학적 병인론이 개입된다. 불교의학은

---

152) 《梵網經直解事義》 "三十六物者 一髮二毛三爪四齒, 五眵六淚七涎八唾九屎十尿 十一垢 十二汗已上為外相十三皮十四膚十五血十六肉十七筋十八脈十九骨 二十髓二十一肪二十二膏 二十三腦 二十四膜已上為內相 二十五肝 二十六膽二十七腸 二十八胃二十九脾 三十腎 三十一心三十二肺 三十三生臟三十四熟臟 三十五赤痰三十六白痰 此上為內舍"(X38, 875c23-876a5)

근원에 대한 탐색보다는 현상적 해석에 집중한다. 왜냐하면 평형의 상실, 즉 질병이란 단순히 의학적, 생물학적 사태만을 의미하지 않는다. 그것은 삶의 역사적, 사회적 과정을 나타내는 것153)이기 때문이다. 불교의 36물의 도표를 제시하면 다음과 같다.

3분 신체	세부 항목
외상(外相)	발(髮) 모(毛) 조(爪) 치(齒) 치(眵) 누(淚) 연(涎) 타(唾) 시(屎) 요(尿) 구(垢) 한(汗)
신기(身器)	피(皮) 부(膚) 혈(血) 육(肉) 근(筋) 맥(脈) 골(骨) 수(髓) 방(肪) 고(膏) 뇌(腦) 막(膜)
내함(內含)	간(肝) 담(膽) 장(腸) 위(胃) 비(脾) 신(腎) 심(心) 폐(肺) 생장(生臟) 숙장(熟臟) 적담(赤痰) 백담(白痰)

아유르베다와 불교의 설명방식에서 나타나는 차이는 명백하다. 아유르베다의 근본 목적은 생명의 연장과 복리적 삶의 추구이기에 그 설명방식은 순차적인 면모를 보인다. 이 순차적인 면모는 생리학적 기능의 선후 관계라고 할 수 있다. 이에 비해 불교는 수행 차원에서 신체에 대한 부정의 관법으로 일관하고 있다. 그러므로 수행자가 자기의 몸을 관찰하기 편리한 방식으로 제시한 것이다. 이후 한역 불전에 해당하는 문헌들에서 드러나는 부정관법은 전통의 방식을 이어가면서도 중국대륙에서 전파되는 중국불교의 입장을 반영하여 선정의 단계와 연결하기도 하고 수식관과 연결하여 근기설로 변화시켜 설명하는 특징이 드러나기도 한다. 그 사례로 『사유략요법』과 『수습지관좌선법요』의 내용을 제시하면 다음과 같다.

---

153) Gadamer, H.G., 이유선 역(2002), 『현대의학을 말하다』, 몸과 마음, 73,74 : 자신의 의료적 개입과 영향에 대해서도 고려하라고 다그친다. 또한 자신들이 다루는 사례를 초월하여야 하며, 인간을 하나의 전체로서 파악하는 관점이 필요하다고 주장한다.

만약 근기(根機)가 날카로운 사람이 있어 바로 선(禪)을 구한다면, 5욕(慾)의 여러 가지 과실과 환난은 더욱 불구덩이와 같고, 또한 측사(廁舍)와 같다고 관하고, 초선(初禪)의 지위는 청량한 못과 같으며, 높은 데에서 보는 것과 같다고 생각하면 5개(蓋)는 곧 없어지고 초선을 얻는다. 파리 선인(波利仙人)이 처음에 선을 배울 때와 같으니, 길바닥에 여인의 주검이 창자가 불어터지고 악취가 가득 풍기는 것을 보고서 분명하게 마음에 그 모양을 취하여 스스로 그 몸이 그와 다르지 않다고 관하여 조용한 곳에서 전념(專念)하여 곧 초선을 얻는다.154)

홀연히 호흡의 길고 짧음을 느끼게 되고, 온몸의 털구멍이 모두 텅 비고 성긴 듯이 느껴진다. 즉시 마음의 눈으로 몸 안의 36물을 보는데, 마치 창고를 열어 여러 종류의 깨나 콩 등을 보는 것과 같다. 마음이 크게 놀라고 기뻐하며, 고요하고 편안하며 안락한 느낌을 얻게 된다. 이것을 수식관(호흡 관찰) 수행에서 특별히 뛰어난 선근(수행의 좋은 바탕)이 발현된 징후라 한다.155)

5. 아유르베다와 불교의 호흡 생리학

아유르베다의 장점은 인도전통의학의 주류에 속하기에 의료적 측면에 집중한다는 점이다. 이에 비하여 불교의학은 다양한 불전에서 추출하여 의학적 입장으로 재구성해야 하므로 향후 지속적으로 개념화하여야 하는 영역이다. 그러므로 진행중인 학문분야의 특성에서 나타나는

---

154) 《思惟略法要》, "若利根之人直求禪者 觀於五欲種種過患 猶如火坑亦如廁舍；念初禪地 如清涼池如高臺觀 五蓋則除便得初禪 如波利仙人初學禪時 道見死女膖脹爛臭 諦心取相 自觀其身如彼不異 靜處專思便得初禪"(T15, 298a3-8)
155) 《修習止觀坐禪法要》, "忽然覺息出入長短 遍身毛孔皆悉虛疎 即以心眼見身內三十六物 猶如開倉見諸麻豆等 心大驚喜寂靜安快 是為隨息特勝善根發相"(T46, 469b20-23)

과잉된 주장들도 상당하다는 것이다. 그러므로 생리학 분야의 설명에서는 아유르베다의 소화생리 이론을 간략히 소개하는 것으로 제한하고자 한다. 그리고 불교의 생리학은 수식관의 행법을 호흡생리학으로 상정하여 여러 불전의 설명을 제시하며 간단한 보충설명으로 대신하고자 한다.

1) 아유르베다의 생리학

CS. Cikitsāsthāna. XV. grahaṇīdoṣa 16[156] 생리학에 해당하는 대사과정에 대한 설명이 나타난다.

> 라사(rasa, 영양액)로부터 피(rakta)가 생기고, 그것(피)으로부터 살(māṃsa)이 생기며, 살로부터 지방(meda)이 생기고, 그것(지방)으로부터 뼈(asthi)가 생기며, 뼈로부터 골수(majjā)가 생기고, 그것(골수)으로부터 정액(śukra, 생식 세포)이 생기며, 정액으로부터 정수(prasāda)에서 태어난 태아(garbha)가 생겨난다.[157]

이 내용은 아유르베다 의학에서 인체의 조직이 위계적으로 형성된다는 '다투 파리나마(Dhatu Parinama)' 이론의 핵심을 보여줍니다. 우리가 섭취한 음식물이 소화되어 먼저 '라사'(영양액)가 되고, 이 라사가 순환하면서 다음 단계의 조직인 '락타'(피)를 만들고, 락타가 '맘사'(살/근육)를, 맘사가 '메다스'(지방)를, 메다스가 '아스티'(뼈)를, 아스티가 '마자'(골수)를, 그리고 마지막으로 마자가 가장 정제된 형태인 '슈크라'(남성의 정액 또는 여성의 난자, 즉 생식 세포)를 만든다는 것입니다. 그리

---

156) Ram Karan Sharma etc.(2017), 앞의 문헌, 11.
157) rasādraktaṃ tato māṃsaṃ māṃsānmedastato'sthi ca asthno majjā tataḥ śukraṃ śukrādgarbhaḥ prasādajaḥ //CS. Cikitsāsthāna. XV. grahaṇīdoṣa 16

고 이 정제된 생식 세포(슈크라)야말로 '프라사', 즉 우리 몸 조직들의 가장 순수하고 정수적인 상태에서 비롯된 것이며, 이것이 모여 새로운 생명인 태아를 형성한다고 설명하고 있습니다. 이는 새로운 생명이 우리 몸의 가장 건강하고 정제된 부분으로부터 만들어진다는 아유르베다의 관점을 보여줍니다. 이 구절은 아유르베다에서 인체의 건강 상태를 이해하고 치료할 때, 단순히 한 조직만을 보는 것이 아니라 조직들 간의 상호 연결성과 생성 과정을 중요하게 여기는 이유를 설명해 줍니다. 이와 관련하여 아유르베다의 생리학적 대사에 대한 이론은 세 가지가 있다.[158] Kṣīra-dadhi-nyāya(변형의 법칙)에 의하면 선행하는 영양 요소인 dhātu가 결과로 만들어지는 요소로 변형된다는 것이다. 이것은 우유가 요구르트를 거쳐 버터로 변형되는 유비를 통해 설명된다. rasa는 특정 효소인 agni에 의해 rakta가 되고 이어서 māṃsa로 변형된다고 파악한다.[159] Kedārī-kulyā-nyāya(전달의 법칙)은 수로를 통해 이동하는 물의 흐름을 비유로 설명한다. 관을 통해 이동하는 물은 가까운 곳으로부터 멀리까지 전달된다는 것이다.[160] Khale-kapota-nyāya(선택의 법칙)은 조직의 구성요소들은 각기 다른 경로를 통해 선택적으로 이동하게 된다는 것이다. 이는 비둘기가 곡식 알갱이를 각기 여러 방향으로 가지고 날아간다는 유비를 사용하여 설명한다.[161] 대체적으로 Kṣīra-dadhi-nyāya 와 Kedārī-kulyā-nyāya 이론이 적합한 이론으로 선택되었다. Khale-kapota-nyāya 이론은 rakta와 rasa 사이의 변형을 설명하는데 한계가 있기 때문이다.[162] 아유르베다의 생리학은 소화흡수에 대한 이론으로 파악할 수 있다. 이외에도 요가수행의 방법에는 다양한 호흡수련이 제시되고 있는

---

158) Ram Karan Sharma etc.(2017), 앞의 문헌, 2.
159) Ram Karan Sharma etc.(2017), 앞의 문헌, 12.
160) Ram Karan Sharma etc.(2017), 앞의 문헌, 12.
161) Ram Karan Sharma etc.(2017), 앞의 문헌, 12.
162) Ram Karan Sharma etc.(2017), 앞의 문헌, 13.

데, 이에 대한 상세한 검토는 다음 기회로 미루고자 한다. 생리학에 대한 이러한 이론적 흐름이 있었음을 염두에 두고 불교 특유의 생리학 이론의 가능성을 살펴보자.

2) 불교 수식관의 수행방법과 호흡생리학

수식관은 부정관의 위험을 피하고자 제시된 수행방법이다. 이 호흡을 관찰하는 수식관은 호흡과 관련하여 호흡생리학의 입장으로 검토할 수 있다. 이 논의에서는 호흡에 대한 일반 의학적 정보는 제외하고 단지 수식관에 대하여 불전에서 밝히고 있는 사례들을 정리하는 것으로 제한하고자 한다. 호흡생리학적 입장과 견주는 연구 자체가 별도의 논문 주제 분량이기 때문이다. 그러므로 불교의학의 하부단위로서 제시가능한 호흡생리학에 대한 검토는 다음 기회에 심도있게 다룰 것이다. 부정관 수행은 그 수행의 실천과정에서 나타난 불미스러운 사건으로 인하여 호흡을 매개로 한 안반수의의 행법으로 전환된다. 이 점에서 초기의 부정관 수행의 면모는 금강 부락 발구마강 곁에 있는 살라리 숲속에서 다음과 같은 사태가 발생하였으며 이는 부정관의 한계에 따라 수식관으로 수행체계를 전환하는 내용으로 다음과 같이 기록하고 있다.

세존께서는 모든 비구들에게 부정관(不淨觀, Asubhakathā)에 대하여 설명하시고 또 부정관을 찬탄하시면서 말씀하셨다. 비구들아, 부정관을 닦되, 많이 닦아 익힌 사람은 큰 결과와 큰 복리(福利)를 얻을 것이다. 그 때 비구들은 부정관을 닦고 난 뒤에 몹시 몸을 싫어하고 근심하여, 혹은 칼로 찔러 자살하기도 하고 혹은 독약을 마시기도 하며, 혹은 목을 매 자살하기도 하고 바위에서 떨어져 자살하기도 하며, 혹은 다른 비구를 시켜 죽이게 하

기도 하였다.163)

위 인용문은 부정관 행법에 대한 문제점을 가감없이 보여주는 구절로서 이어지는 내용은 다음과 같이 상세하게 기록되어 있다.

그 때 모든 비구들 중에 몸을 싫어하고 근심하던 사람들은 방에서 모두 나와 녹림 범지의 아들에게 말했다. 나는 아직 건너지 못하였으니 네가 나를 건너게 해다오. 나는 아직 벗어나지 못하였으니 네가 나를 벗어나게 해다오. 나는 아직 평온을 얻지 못하였으니 네가 나를 평온을 얻게 해다오. 나는 아직 열반에 들지 못하였으니 네가 나를 열반에 들게 해다오. 그 때 녹림 범지의 아들은 곧 예리한 칼로 그 비구들을 차례로 죽였다. 내지 그 죽인 사람이 60명에 이르렀다.164)

수행관의 근본적 변화는 부정관에서 수식관으로의 변화이다. SN의 Vesālī-sutta는 관법 수행의 변화와 관련된 일화를 소개하고 있다. 즉 부정관 수행에 매진하던 수행자들 수십 명이 자결하기도 하고 죽이기도 하는 사태가 벌어진 것이다. 그러자 석존은 이 일에 대한 내력을 질문하고 아난은 답변과 동시에 대안적 수행법을 요청하고 있다.

아난다여, 그런데 왜 비구승가가 줄어들었는가?" "세존이시여, 세존께서는 비구들에게 여러 가지 방법으로 부정에 관한 말씀을 하셨고 부정함을 칭송하셨고 부정을 닦는 수행을 칭송하셨습니다. 그래서 비구들은 '세존께서는 여러 가지 방법으로 부정에 관한 말씀을 하셨고 부정함을 칭송하셨고,

---

163) 《雜阿含經》, "爾時 世尊為諸比丘說不淨觀 讚歎不淨觀, 諸比丘修不淨觀 多修習者 得大果大福利 時 諸比丘修不淨觀已 極厭患身 或以刀自殺 或服毒藥 或繩自絞 投巖自殺 或令餘比丘殺"(T2, 207b22-26)

164) 《雜阿含經》, "時 有諸比丘厭患身者 皆出房舍 語鹿林梵志子言：我未得度 汝當度我；我未得脫 汝當脫我；我未得穌息 汝當令我得穌息；我未得涅槃 汝當令我得涅槃 時 鹿林梵志子即以利刀殺彼比丘 次第 乃至殺六十人"(T2, 207c14-19)

부정을 닦는 수행을 칭송하셨다'라고 하면서 갖가지로 부정을 닦는 수행에 몰두하면서 머물렀습니다. 그들은 이 몸에 대해서 전율을 느끼고 혐오스러워하고 넌더리를 내면서 칼을 들어 자결을 시도하였습니다. 그래서 하루에 열 명의 비구들이 칼로 자결을 하기도 하고 하루에 스무 명이 칼을 들어 자결을 하기도 하고 하루에 서른 명이 칼을 들어 자결을 하기도 하였습니다. 세존이시여, 세존께서는 다른 방법을 설해주십시오. 그러면 비구 승가는 구경의 지혜에 확립될 것입니다.[165]

위 인용문에서 알 수 있듯이, 부정관 수행이 주는 혐오스러움은 현실적 손실로 나타나 수행자들의 규모가 축소되었다. 그리하여 이에 대한 대안으로 제시된 호흡을 매개로 한 수행법이다. 불미스런 사건의 전모는 불전마다 상이하게 기록되어 있다. 사건 발생의 지명을 검토해보면 다음과 같은 차이가 있다. 『잡아함경』 제29권은 '금강마을 발구마 강가의 살라리 숲', 『마하승기율』 제4권은 '비야리', 『사분율』 제2권은 '비사리의 미후강변의 강당'. 『오분율』 제2권은 '비사리', 『십송률』 제2권은 '발기국 발구마 강가', 『근본설일체유부비나야』 제7권은 '광엄성 승혜강변의 사라치 마을'로 기록하고 있다. 또한 사건 발생과 관련하여 비구 살해자에 대한 설명은, 『잡아함경』 제29권은 '녹림범지', 『마하승기율』 제4권은 '녹장외도', 『사분율』 제2권은 '비구 물력가난제비구'. 『오분율』 제2권은 '미린전다라', 『십송률』 제2권은 '녹장범지', 『근본설일체유부비나야』 제7권은 '녹장범지사문'이라 기록하고 있다.[166] 인용문에서 알 수

---

165) Vesālī-sutta : SN 53.9. "Kiṃ nu kho, Ānanda tanubhūto viya bhikkhusaṅgho ti? Tathā hi pana bhante Bhagavā bhikkhūnaṃ anekapariyāyena asubhakathaṃ kathesi asubhāya vaṇṇaṃ bhāsati asubhabhāvanāya vaṇṇaṃ bhāsati, [to ca bhante bhikkhū Bhagavā kho anekapariyāyena asubhakathaṃ kathesi, asubhāya vaṇṇaṃbhāsati asubhabhāvanāya vaṇṇaṃ bhāsatī ti] anekākāravokāraṃ asubhabhāvanānuyogam anuyuttā viharanti, Te iminā kāyena aṭṭiyamānā harāyamānā satthahārakaṃ pariyesanti dasa pi bhikkhū vīsam pi tiṃsam pi bhikkhū ekāhena satthaṃ āharanti, Sādhu bhante Bhagavā aññaṃ pariyāyam ācikkhatu tathā yathāyaṃ bhikkhusaṅgho aññāya saṇṭhaheyyā ti." ; 각묵, 『상윳따 니까야 6』, pp.219–220 번역문 인용.
166) 강명희(2014) 「부정관(不淨觀) 폐해에 대한 경율 간 상위 고찰」, 『불교문예연구』 4집, 181. & 190.

있듯이 불미스러운 사태를 파악한 석존은 아난의 요청에 따라 새로운 수행법으로 안반수식관을 제시하였다는 것이다.167) 이로 인하여 부정관의 해부학적 수행방법은 호흡을 바탕으로 하는 생리학적 측면으로 이행된다고 하겠다. 불교의 호흡에 대한 생리학이라고 지칭할 수 있는 안반에 대한 교학적 내용은 다음과 같이 정의된다. 안반(安般)을 생각한다는 것은 다섯 가지 정심관(停心觀)의 하나로서 ana-apāna에 대한 음역이다 즉 안나반나(安那般那)의 준말이며, 수식관(數息觀)으로 한역된다. 안나(安那)는 내쉬는 숨이고, 반나(般那)는 들이쉬는 숨이다. 내쉬고 들이쉬는 숨을 헤아려 마음의 흔들림을 막는 방법으로 선관(禪觀)의 첫 번째 관문에 해당한다. 『잡아함경』은 불전 전승의 특성상 마하가섭 계열로 분류할 수 있다. 그러므로 두타행과 관련한 자료가 상당히 수록되어 있다. 이들 가운데 안나반나념(安那般那念)의 빨리어 원 개념인 Ānāpānasati와 직접적으로 연관되는 구절로는 『잡아함경』의 746경 〈안나반나념경〉(安那般那念經)을 거론할 수 있다. 여기에는 호흡의 생리학을 다음과 같이 여실하게 보여주고 있다.

    만일 비구가 안나반나념(安那般那念)을 닦아 익히고, 많이 닦아 익히면, 큰 과와 크게 복된 이익을 얻을 것이다. 어떻게 안나반나념을 닦아 익히고, 많이 닦아 익혀야 큰 과보와 크게 복된 이익을 얻는가? 그 비구가 마음이 안나반나념을 수반하는 염각지를 닦으면, 멀리 여읨에 의존하고, 욕심 없음에 의존하며, 소멸에 의존하고 열반으로 향하느니라.168)

안나반나념(安那般那念)의 알아차림은 궁극적으로 열반으로 향하게

참조
167) 박종식(2020), 앞의 논문, 146.
168) 《雜阿含經》, "若比丘修習安那般那念 多修習已 得大果大福利 云何修習安那般那念 多修習已 得大果大福利? 是比丘心與安那般那念俱 修念覺分 依遠離 依無欲 依滅 向於捨"(K650, 981a19–981b1)

하는 행법이라는 설명이다. 이에 대한 후대의 불전『제경요집』은 안반에 대한 염을 다음처럼 정의하고 있다.

안반(安般)을 생각한다는 것은 이른바 정신을 오로지하여 안반을 생각하는 것이다. 만약 숨이 길 때에는 〈나는 지금 숨이 길다〉고 관(觀)하여 알고, 만약 다시 숨이 짧으면 그 또한 마땅히 〈나는 지금 숨이 짧다〉고 관하여 알며, 만약 숨이 지극히 차거나 지극히 뜨거워도 또한 마땅히 〈나는 지금 숨이 차고 뜨겁구나〉 하고 관하여 알고, 드나드는 숨의 길고 짧음을 분별하고 헤아려야 한다. 온갖 어지러운 생각을 없애버리면 저절로 열반을 이룰 것이요, 이 안반을 여의지 않으면 곧 공덕을 획득할 것이니, 이것을 안반을 생각한다고 말하느니라.169)

이후 수식관의 행법에 대한 내용은 여러 불전에서 제시되고 있다. 특히 마하가섭의 지도를 받던 수행집단의 문서로 여겨지는『잡아함경』에서 확연히 제시된다.

몸을 단정히 하고 바로 앉아서, 생각을 눈 앞에 매어 두어, 세상의 탐욕과 애정을 끊고 욕심을 떠나 청정하게 되어, 성냄과 잠과 들뜸과 의심을 끊어, 모든 의혹을 건너고 온갖 착한 법에 대해 마음을 결정하게 되면, 지혜의 힘을 약하게 하고 장애 거리가 되어 열반으로 나아가지 못하게 하는 다섯 가지 덮개의 번뇌를 멀리 떠나게 된다. 그래서 안 숨을 생각하고는 그 생각을 잡아매어 잘 공부하고 바깥 숨을 생각하고는 그 생각을 잡아매어 잘 공부한다.170)

---

169) 《諸經要集》, "念安般者 謂專精念安般者 若息長時 觀知我今息長 若復息短 亦當觀知我今息短 若息極冷極熱 亦當觀知我今息冷熱 出入分別數息長短 除諸亂想自致涅槃 不離安般便獲功德 是名念安般"(T54, 26b1-5)
170) 《雜阿含經》, "端身正坐 繫念面前 斷世貪愛 離欲清淨 瞋恚 睡眠 掉悔 疑斷 度諸疑惑 於諸善法心得決定 遠離五蓋煩惱於心 令慧力羸 為障礙分 不趣涅槃 念於內息 繫念善學 念於外息 繫念善學"(T2, p.206a23-28)

『잡아함경』에서 두드러지게 수식관을 제시하는 이러한 기록들은 가섭계 수행집단과 일정하게 긴장관계에 있던 아난계 수행집단 사이의 경쟁을 반영하는 것이라는 가설을 설정하는 것으로 이 부분은 마치고자 한다. 이 가설의 근거로는 水野弘元과 고익진의 주장에 힘입은 것이라는 것을 밝힌다.[171] 또한 디가니까야 주석서의 서문의 기억할 만한 내용을 제시하면

『디가 니까야』는 아난다 존자의 제자들에게 부촉해서 그분들이 계승해 가도록 하였으며,『맛지마 니까야』는 사리뿟따 존자의 제자들에게,『상윳따 니까야』는 마하깟사빠 존자의 제자들에게,『앙굿따라 니까야』는 아누룻다 존자의 제자들에게 각각 부촉해서 전승하도록 하였다.[172]

위의 내용을 근거로『잡아함경』의 설명방식과『중아함』및 다른 아함경류의 서술 방식의 특징들을 세밀히 검토할 필요가 있다. 향후 지속적 문헌 대조를 통하여 검토할 숙제로 남겨둔다.

3) 불교 호흡생리학의 특징, 16특상의 관법

수식관이 제시하는 호흡방법은 생리학의 하부단위에 속하는 호흡생리학으로 검토할 수 있다. 본 논의에서는 이들에 대한 현대의학적 재구성은 다음으로 미루고 수식관의 특징과 중국적 전개과정, 특히 천태의 교학을 집중 검토하여 전통적 방식과의 차이를 설명하는 것으로 한정하고자 한다. 천태교관에서 주장하는 수(數 gaṇanā), 수(隨 anugama), 지

---

171) 고익진(2018),『아함법상의 체계성 연구』, 광주: 담마아카데미(2nd ed.), 39.
172) 각묵(2006),『디가니까야 1 ; 계온품』, 울산; 초기불전연구원, p.18, cf)『장부주석서』의 서문 참조.

(止 sthāna), 관(觀 upalakṣaṇā), 전(轉 vivartanā), 정(淨 pariśuddhi)의 수식관 행법은 『수행도지경』에서 제시한 방법이다.

어떤 것을 네 가지 일[四事]이라고 하는가? 첫째는 숨을 헤아리는 것[數息]을 말하고, 둘째는 서로 따르게[相隨] 하는 것을 말하며, 셋째는 지(止)와 관(觀)을 말하고, 넷째는 환(還)과 정(淨)을 말한다.173)

『수행도지경』에서 제시한 네 가지 일[四事]은 경(經)마다 그 내용을 달리하고 있다. 안세고(安世高) 한역의 『불설대안반수의경(佛說大安般守意經)』 상권 본문에서는 첫째 숨을 헤아리는 것, 둘째 서로 따르게 하는 것, 셋째 지(止), 넷째 관(觀) 등으로 분류하여 『수행도지경』 본문의 세 번째까지의 내용을 네 가지로 나누었고, 구마라집(鳩摩羅什) 한역의 『좌선삼매경(坐禪三昧經)』에서는 본문의 내용을 첫째 헤아림[數], 둘째 따름[隨], 셋째 지(止), 넷째 관(觀), 다섯째 굴려 봄[轉觀:還], 여섯째 청정(淸淨:淨) 등 여섯 가지로 늘여 분류하고 있다. 천태의 지관법은 중국화된 조식법으로 『수행도지경』의 수수지관환정 사사(四事)를 풍천기식(風喘氣息)의 사종식상(四種息相)으로 대체해 나가고자 『수습지관좌선법요』에서 설명하고 있다.

좌선함에 있어 호흡을 고르게 하는 조식법은 풍천기식(風喘氣息)의 네 가지 호흡에 대한 설명으로 시작한다. 풍은 호흡 소리가 나는 것이며 천은 호흡이 막혀서 통하지 않는 것이고 기는 세밀하지 않은 호흡을 지칭한다. 식은 올바른 호흡으로 몸을 안온하게 하며 희락을 품은 호흡이다. 조식을 위해 집착하지 않고 마음을 안정시키며 조신을 하고 모공을 통해 호흡의 들고 남을 상상하여 호흡을 고르게 하는 것이다.174)

---

173) 《修行道地經》, "何謂四事？一謂數息 二謂相隨 三謂止觀 四謂還淨"(T15, 216a7-8)

이어서 『수습지관좌선법요』는 〈명관치병〉(明觀治病)의 비법으로 여섯 가지 호흡법을 제시하고 있으며 『마하지관』에서도 유사한 설명이 나타난다.

> 마음의 생각을 관하고 여섯 가지 호흡을 사용하면 병을 고칠 수 있다. 취吹로 한기를 제거하고 호呼로 열기를, 희嘻로 통증과 풍기를, 가呵로 답답함을 제거하고 기를 내린다. 허噓로 담을 흩트리고 가득 찬 것을 해소하며, 희呬로 힘든 것을 보충한다. 호와 취로 심장을, 허로 간을, 가로 폐를, 희嘻로 비장을, 시呬로 신장을 치료한다.175)

> 두 번째로 기를 써서 대치하는 것인데, 취 호 희 가 허 시를 말한다. 모두 다 입술에 의하여 내뱉고 받아들임으로 어금니와 혀를 낮게 옮겨서 서서히 세밀하게 마음을 움직여서 상념을 띠고 호흡을 한다. 만일 차면 취를 쓰되 불을 부는 것 같이 한다. 더우면 호를 쓴다. 모든 마디가 쑤시고 아프면 희를 쓰고 또한 풍대를 대치한다. 만일 번거롭게 배가 부르고 상기한다면 가를 쓴다. 만일 가래로 가슴병을 앓는다면 허를 쓰고 만일 피로하고 권태로우면 시를 쓴다. 육기로 오장을 다스리는 데는 가는 간장을 다스리고 호와 취는 심장을 다스리고 허는 폐를 다스리고 희는 신장을 다스리며 시가 비장을 다스린다.176)

『마하지관』에서 제시하는 호흡의 행법은 각 장기에 배속되어 치료의

---

174) 《修習止觀坐禪法要》, "初入禪調息法者 息有四種相: 一風 二喘 三氣 四息 前三為不調相 後一為調相 云何為風相? 坐時則鼻中息出入覺有聲 是風也 云何喘相? 坐時息雖無聲 而出入結滯不通 是喘相也 云何氣相? 坐時息雖無聲 亦不結滯 而出入不細 是氣相也 云何息相? 不聲不結不麁 出入綿綿 若存若亡 資神安隱 情抱悅豫 此是息相也"(T46, 466a1-8)
175) 《修習止觀坐禪法要》, "次明觀治病者 有師言: 但觀心想 用六種氣治者 即是觀能治病 何等六種氣? 一吹 二呼 三嘻 四呵 五噓 六呬 此六種息 皆於唇口之中 想心方便 轉側而作 綿微而用"(T46, 471c26-472a1)
176) 《摩訶止觀》, "二用氣治者。謂吹呼嘻呵噓呬。皆於唇吻吐納轉側牙舌。徐詳運心帶想作氣。若冷用吹如吹火法。熱用呼。百節疼痛用嘻亦治風。若煩脹上氣用呵。若痰癊用噓若勞倦用呬。六氣治五藏者。呵治肝。呼吹治心。噓治肺。嘻治腎。呬治脾"(T46, p.108b27-c4)

효과를 기대할 수 있다는 방법 외에, 더욱 획기적 방법이 다음처럼 제시되고 있다.

> 또한 육기가 모두 하나의 장기를 다스리는데 장기가 냉하면 취(吹)를 쓰고 열이 있으면 호(呼)를 쓰고 아픔이 있으면 희(嘻)를 쓰고 번거로움이 가득하면 가(呵)를 쓰고 가래가 있으면 허(噓)를 쓰고 부족하고 권태로우면 시(呬)를 쓴다. 나머지 네 개의 장기(四藏)도 또한 이것과 같다.[177]

천태의 교학은 다양한 문헌의 제시가 특징이다. 천태의 호흡 수행관은 12종류의 호흡법으로 세분화하여 발전적으로 전개하고 있다. 위의 인용문을 보아 알 수 있듯이, 선병에 대한 치유법으로 천태가 『마하지관』에서 제시하는 호흡법(用氣治)은 그 호흡의 형태와 기능, 그리고 해당 장기에 대하여 상세하게 설명하고 있다. 하지만 그 근본은 수식관이었다. 이러한 대치 방편의 획기적 적용은 중국적 실용성이 돋보이는 점이다. 즉 6종기식의 호흡법이 각 장기에 직접적으로 작용하는 동시에 하나하나의 호흡법이 지니고 있는 내재적 속성으로 인하여 그 기운에 상응하는 작용을 현저하게 나타낸다는 것을 의미하는 것이다. 이러한 『마하지관』의 설명 방식에 비하여, 『수습지관좌선법요』에서 제시하는 기식법은 吹(취), 呼(호), 嘻(희), 呵(가), 噓(허), 呬(희)의 여섯 가지 호흡방법으로 약간의 상이함을 보인다. 일차적으로 기에 의한 대치법인 6종의 기식 방법이 제시되고 있다. 또한 천태의 불교의학은 6종기식에서 한층 발전된 12식의 대치상(十二息對治之相)을 제시하여 12종류의 호흡법이 사용되고 있음을 보여주고 있다. 『마하지관』은 12식의 방편을 12식의 가상심(假想心)으로 제시한다. 『마하지관』의 12식에 대한 설명

---

177) 《摩訶止觀》, "又六氣同治一藏, 藏有冷用吹, 有熱用呼, 有痛用嘻, 有煩滿用呵, 有痰用噓, 有乏倦用呬, 餘四藏亦如是"(T46, p.108c4-6)

방식은 외도에 해당하는 자들이 '증장식'에만 집중하고 있음을 확실히 보여 주고 있다. 이에 비하여 『수습지관좌선법요』의 설명은 더욱 간단하여 다음과 같다.

> 이제 간략히 십이식의 대치상을 밝힌다. 상식(上息)은 무겁게 가라앉는 것을, 하식(下息)은 허하게 매달린 것을, 만식(滿息)은 마르고 초라한 것을, 초식(焦息)은 배가 부풀어 오른 것을, 증장식(增長息)은 수척해서 빠진 것을, 멸괴식(滅壞息)은 늘어나서 풍성해진 것을, 난식(煖息)은 찬 것을, 냉식(冷息)은 열이 있는 것을, 충식(衝息)은 막히고 맺혀서 통하지 않는 것을, 지식(持息)은 부들부들 떠는 것을, 화식(和息)은 사대가 조화롭지 못한 것을 두루 치료하며, 보식(補息)은 사대가 쇠약해진 것을 돕고 보충한다. 이 호흡법을 잘 사용하여 두루 여러 병환을 치료할 만하니 미루어 알 수 있다.[178]

이러한 후대의 중국화된 천태교학의 원본에 해당하는 『수행도지경』은 수식관을 알아차림이라는 수행의 본질적 관찰방법으로 제시하고 있다. '몸 가운데 모든 헐떡거리는 숨을 죄다 관찰하는 것'[悉觀身中諸所喘息]이란, 호흡이 나오는 것은 발로부터 머리카락에 이르기까지 여러 털구멍에 두루하는 것이 마치 물이 모래에 스며드는 것과 같음을 깨달아 아는 것을 말하는 것이다. 관련 게송은 다음과 같다.

> 어떤 것을 숨을 헤아림에 희열을 경험하는 것을 안다고 하는가?
> 숨을 헤아릴 때에 기쁨에 이르는 것이다. 들이쉬는 숨도 이와 같이 한다.
> 어떤 것을 숨을 헤아림에 편안함을 만났는지를 안다고 하는가?
> 처음 숨을 헤아릴 때 안온함을 얻는 것이다. 들이쉬는 숨도 이와 같이 한다.

---

178) 《修習止觀坐禪法要》, "今略明十二息對治之相：上息治沈重，下息治虛懸，滿息治枯瘠，焦息治腫滿，增長息治羸損，滅壞息治增盛，煖息治冷，冷息治熱，衝息治壅塞不通，持息治戰動，和息通治四大不和，補息資補四大衰，善用此息，可以遍治眾患，推之可知"(T46, 472a8-13)

> 어떤 것을 숨을 헤아림에 마음이 나아가는 데를 안다고 하는가?
> 숨을 헤아리는 생각을 일으킬 때에 모든 생각을 관찰하는 것이다.
> 들이쉬는 숨도 이와 같이 한다.[179]

위 인용문을 보충설명하면, 숨을 헤아릴 때에 기쁨에 이르는 것[數息時歡喜所至]은, 들고 나는 숨을 헤아리고 이를 관찰하면서 기쁨이 증가하는데 이것을 즐거움이라 한다. 또 처음의 마음 속에서 기쁨을 내는 것을 희열이라고 하고, 뒤의 몸에 가득한 기쁨을 즐거움이라고 한다. 또 초선(初禪)과 제2선(禪) 속의 즐거움과 고통을 희열이라고 하고, 제3선 속의 즐거움과 고통을 즐거움을 받는 것[受樂]이다. 이 알아차림은 모든 생각을 관찰하는 것[觀諸想念]으로 이어진다. 여러 가지 마음과 관련된 생멸법(生滅法) 염법(染法) 불염법(不染法) 산법(散法) 섭법(攝法) 정법(正法) 사법(邪法) 등 여러 가지 마음의 모습을 관찰하는 것이다.

『수행도지경』의 수식관은 인도대륙의 불교 호흡수행법에 집중하고 있다. 인도전통에 입각한 호흡행법과 중국의 천태의 조식법에 이르기까지 불교의 호흡생리학의 특징은 호흡을 제어하거나 통제하는 것이 아니라 호흡 그 자체를 알아차리는 데 주안점을 둔다. 수식관의 결론적 행법인 16특상은 다음과 같이 『대지도론』과 『수행도지경』 등에서 설명되고 있다.

> 들고 나는 호흡에도 또한 열여섯 가지 행이 있다. 하나는 드는 호흡을 관찰함이요, 둘은 나는 호흡을 관찰함이요, 셋은 호흡의 길고 짧음을 관찰함이요, 넷은 호흡이 온몸에 두루함을 관찰함이요, 다섯은 몸의 모든 활동[行]을 제거함이요, 여섯은 기쁨[喜]을 느낌이요, 일곱은 즐거움[樂]을 느낌이요, 여덟은 마음의 모든 활동을 받아들임이요, 아홉은 기쁨을 짓지 않음이요, 열은 마음을 가다듬음[攝]이요, 열하나는 심해탈(心解脫)을 이룸이요, 열둘

---

179) 《修行道地經》, "何謂數息遭喜即知? 若數息時歡喜所至 息入如是 何謂數息遇安即知? 初數息時則得安隱 息入如是 何謂數息心所趣即知? 起數息想 觀諸想念 入息如是"(T15, 216c10-14)

은 무상함을 관찰함이요, 열셋은 흩어지고 무너짐을 관찰함이요, 열넷은 욕망을 여읨을 관찰함이요, 열다섯은 멸을 관찰함이요, 열여섯은 버림[棄捨]을 관찰함이다.[180]

어떤 것을 열여섯 가지 특별하게 뛰어난 것이라고 하는가? 헤아리는 숨이 길면 곧 그것을 알고 숨이 짧으면 또한 그것을 알며, 숨이 몸을 움직이면 그것을 알고 숨이 온화하게 풀리면 그것을 알며, 희열(喜悅)을 경험하면 그것을 알고 편안함을 만나면 곧 그것을 알며, 마음이 나아가면 곧 그것을 알고 마음이 유순(柔順)해지면 곧 그것을 알며, 마음이 깨달으면 곧 그것을 알고 마음이 즐거우면 곧 그것을 알며, 마음이 조복되면 곧 그것을 알고 마음이 해탈하면 곧 그것을 알며, 무상(無常)함을 보면 곧 그것을 알고 만일 욕망이 없으면 곧 그것을 알며, 적연함을 관찰하면 곧 그것을 알고 도의 나아갈 바[道趣]를 보면 곧 그것을 아는 것이니, 이것을 숨을 헤아리는 데 열여섯 가지 특별하게 뛰어난 것이라고 한다.[181]

이때까지 논의된 호흡생리학에 대한 내용들을 도표로 정리하여 제시하면 다음과 같다.

• 6종기식(六種氣息)에 의한 치병법(治病法)의 내용

摩訶止觀	坐禪法要	호흡의 형태	기능
吹-심	吹-신	촛불을 끄듯 내뿜는 숨	한기의 제거
呼-심	呼-비	사람을 부르듯 내는 숨	열기의 제거
嘻-신	嘻-삼초	탄식하듯 내 쉬는 숨	통증과 풍의 제거

---

180) 《大智度論》, "出入息中復有十六行：一觀入息 二觀出息 三觀息長息短 四觀息遍身 五除諸身行 六受喜 七受樂 八者受諸心行 九無作喜 十心作攝 十一心作解脫 十二觀無常 十三觀散壞 十四觀離欲 十五觀滅 十六觀棄捨"(T25, p138a10-15)
181) 《修行道地經》, "何謂十六特勝？數息長則知 息短亦知 息動身則知 息和釋即知 遭喜悅則遇 安則知 心所趣即知 心柔順則知 心所覺即知 心歡喜則知 心伏即知 心解脫即知 見無常則知 若無欲則知 觀寂然即知 見道趣即知 是為數息十六特勝"(T15, 216a15-20)

呵-간	呵-심	즐거워 웃는 듯 내쉬는 숨	번뇌의 제거, 기의 하강
噓-폐	噓-간	느리게 내쉬는 숨	담을 억제하여 삭혀줌
嘻-비	呬-폐	휴식하며 가늘게 내쉬는 숨	피로의 보충

• 12식 호흡법의 대치상(對治相)

十二息 명칭	對治相
상식(上息)	무겁게 가라앉는 것
하식(下息)	허하게 매달린 것
만식(滿息)	마르고 초라한 것
초식(焦息)	배가 부풀어 오른 것
증장식(增長息)	수척해서 빠진 것
멸괴식(滅壞息)	늘어나서 풍성해진 것
난식(煖息)	찬 것
냉식(冷息)	열이 있는 것
충식(衝息)	막히고 맺혀서 통하지 않는 것
지식(持息)	부들부들 떠는 것
화식(和息)	사대가 조화롭지 못한 것
보식(補息)	사대를 돕고 보충

• 16 특상의 호흡법

16 특상	대지도론	수행도지경
1	드는 호흡관찰 觀入息	긴 숨 인지 息長知
2	나는 호흡관찰 觀出息	짧은 숨 인지 息短知

3	호흡의 장단관찰 觀長短	몸을 움직이는 숨 인지 息動身知
4	온몸에 두루함을 관찰 觀遍身	온화하게 풀리는 숨 인지 息和釋知
5	신체 활동의 제거 除身行	희열 경험 인지 遭喜悅知
6	기쁨[喜]을 느낌 受喜	안락함 경험 인지 遇安知
7	즐거움[樂]을 느낌 受樂	나아가는 마음 인지 心所趣知
8	마음 활동의 수용 受心行	유순한 마음 인지 心柔順知
9	기쁨을 짓지 않음 無作喜	깨닫는 마음 인지 心所覺知
10	마음을 가다듬음 心作攝	환희의 마음 인지 心歡喜知
11	심해탈 성취 心解脫	조복하는 마음 인지 心伏知
12	무상의 관찰 觀無常	해탈의 마음 인지 心解脫知
13	무너짐 관찰 觀散壞	무상을 고 인지 見無常知
14	욕망여읨 관찰 觀離欲	무욕 인지 無欲知
15	멸을 관찰 觀滅	적연의 관찰과 인지 觀寂然知
16	버림을 관찰 觀棄捨	견도를 향함 인지 見道趣知

    인도 요가계통의 쿰바카 호흡이나 중국 선도계통의 호흡수련이 호흡의 통제에 집중하여 호흡시간의 연장을 위한 통제와 기운축적의 수행법으로 진행하는 것과 달리 불교 호흡생리학은 자연스런 호흡을 유지하며 이에 대한 알아차림에 집중하였다고 해석할 수 있다. 이 알아차림을 관(觀)과 지(知)로 표현하여 각 경론의 시대적 선후와 해석 방법의 차이는 더 논의할 가치가 있음은 물론이다.

6. 나가는 말 : 불교의학의 흐름

　불교의 수행 공동체에서 필요했던 의학 지식과 기술은 승원 내부에서 발생한 환자에 대한 보살핌을 넘어서서, 일반 대중들을 위한 의술로서 자리 잡게 되는 특징이 있다. 이것은 대승 불교가 표방하는 자비행의 실천이기도 하다. 그러므로 질환과 선병 등에 대한 관심은 자비행의 한 방편으로 전환하여 불교의학의 입장을 설정하는 단초가 된다. 불교의학은 이처럼 의학적 지식을 이용하여 병자의 괴로움을 경감하려는 대자비심의 발로이자 실천이었기 때문이다. 불교의학은 포교의 수단으로서의 의술이기 이전에 중생구제의 복지에 해당한다. 현대적 의미에서도 보건문제는 복지와 직결되는 경향이 있다. 이러한 입장을 염두에 두고 불전의 입장을 대입하여 보면 불교의학의 입장은 다소 명료해진다. 특히 『대지도론』은 온갖 법에 대한 약(法藥)인 '마하반야바라밀'에 대하여 대치실단(對治悉檀) 개념으로 정리하여 불교의 의학적 관점을 살펴보았다. 불교의학은 대치실단이라는 입장을 견지하고 있다. 그리고 율장에서 제시하는 불교의학의 현장성은 불교의 질병에 대한 관점이 실용성에 바탕을 둔 심신의 통합이라는 차원에서 바라보고 있음을 확인할 수 있게 한다. 마음의 병이 사실은 신체적 불편함으로부터 기인하고 있다는 것이다. 진리를 위하여 육신의 안락을 기꺼이 버린다는 구법망구(求法忘軀) 방식의 불교 담론은 진리를 추구하는 열정에 대한 격려이지 일반론으로 제시되기에는 치우친 논의일 수 있다. 또한 불교가 심법 중심의 불교 수행관이라는 측면을 강조하며 신체에 대한 관심을 소홀히 하였다고 단정하기에는 무리가 따른다. 불전은 질병의 원인에 대하여 다양한 시선을 제시하고 있다. 이는 의학이라는 분야가 다소 복잡한 체계로 구성되어 있기 때문이다.[182] 의학 부문에서 유의미하게 유통되는 지식들의 속성을 규명한 것이다. 의학적 정보들은 유통되는 그 시점까지로 한정하여 정상적 지식에 속하는 것이다. 이 점에서 질병을 바라보는 시선에서는 각각의 병인론은 다양할수 밖에 없다. 불교의 병인론이나 질병 분류 방식은 여러 수행집단으로 구성되어 분파화된 부파불교와 관련이 있으며, 특정한 경전들의 전통에 의지하여 전승되었음을 전제로 파악할 필요가 있다. 경문이 제시하는 질병의 다양한 양태들은 불교의 의학 체계 연구에 있어 해당 경전의 원천으로 작용하였을 전승들을 밝혀내는 연구가 필요하다. 또 각각의 경전들을 소의경전으로 삼아 수행한 수행집단에 대한 체계적 분류 역시 중요한 연구과제에 속한다. 전체적으로 불교의학의 발달 경로는 윤회의 문제를 해명하고자 접근한 태아학으로 시작하여 태아 및 존재의 정결하지 못함을 설파하는 부정관 행법의 도입이었다. 이는 해부학으로 재구성되어 검토가능하다. 태아학과 부정관을 토대로 설정되는 해부학의 선후 관계는 별도의 문제로 파악하여야 한다. 이후 부정관의 오류로 인하여 대안적 수행법으로 제시된 수식관은 호흡생리학의 측면에서 살펴볼 수 있었다. 이 수식관은 천태에 이르러 중국식 호흡수련의 특징으로 전개되었다. 본 논의에서 검토하지 못했으나 향후 번뇌를 집중적으로 다루는 유식계통의 불전을 분석하여 불교의학의 특징인 심법으로 재구성할 수 있다. 이는 번뇌의 심리학으로 명명하여 탐색되어야 한다. 또한 환자를 간병하는 불전의 내용은 간호학으로 검토되어야 한다. 물론 이는 향후의 과제이다.

---

182) 과학이나 의학 분야에서 거론하는 학문의 '정상성'에 대한 내용은, Mukherjee, 강병철 역 (2017), 『의학의 법칙들』(파주: 문학동네, , p69 참조 : 현재 의학은 기본적인 원칙들이 완전히 재구성되는 중이다. 우리의 질병 모델은 대부분 어중간한 혼합 모델이다. 과거와 현재의 지식이 뒤죽박죽 섞여 있다. 이러한 혼합 모델은 질병을 체계적으로 이해하는 듯 환상을 불러일으키지만 사실 우리의 이해는 불완전하다.

| 참고 문헌 |

〈원전류〉

《達摩多羅禪經》
《大明三藏法數》
《大智度論》
《摩訶止觀》
《梵網經直解事義》
《法界聖凡水陸大齋法輪寶懺》
《佛說內身觀章句經》
《四分律行事鈔簡正記》
《思惟略要法》
《禪要經》
《修習止觀坐禪法要》
《修行道地經》
《身觀經》
《十誦律》
《閱藏知津》
《五門禪經要用法》
《雜寶藏經》
《雜阿含經》
《諸經要集》
《清淨道論》
《治禪病祕要法》
《解脫道論》

Aṭṭhakathā. Mahāsatipaṭṭhāna Sutta
Caraka Saṃhitā
Vesālī-sutta
Vibhaṅga-sutta

〈단행본 및 논문〉

Amit Jha(2011), Traditional Indian Medicine with specific references to Buddhist and Tribal Medicine, Research India Press

Dominik Wujastyk(2003), The Roots of Ayurveda, Penguin Books
Frank J. Ninivaggi(2010), Āyurveda, Rowman & Littlefield Pub.
G. Jan Meulenbeld(1999), A History of Indian Medical Literature, Vol I A, Egbert Forsten · Groningen, The Netherlands, Amsterdam
Julius Jolly(1977), Indian Medicine, Munshiram Manoharlal Pub. India
Ram Karan Sharma etc.(2017), Agniveśa's Caraka Saṃhitā, Vol II, Chowkhamba Sanskrit Series Office.
S. Radhakrishnan(1968), The Principal Upaniṣads, George Allen & Unwin Ltd.
Sebastian Pole(2013), Ayurvedic Healing, Jessica Kingsley Pub
Gadamer, H.G., 이유선 역(2002),『현대의학을 말하다』, 몸과 마음
Mukherjee, 강병철 역(2017),『의학의 법칙들』, 파주: 문학동네.
각묵 2006,『디가니까야 1 ; 계온품』, 초기불전연구원,
      2009,『상윳따 니까야』 4, 초기불전연구원.
      2009,『상윳따 니까야』 6, 초기불전연구원.
      2009,『상윳따 니까야 6』, 울산; 초기불전연구원,
강명희(2014) 「부정관(不淨觀) 폐해에 대한 경율 간 상위 고찰」,『불교문예연구』 4집, 175-206.
고익진(2018),『아함법상의 체계성 연구』, 광주: 담마아카데미(2nd ed.),
박종식(2020),「백골관 수행과 불교 인체 골격 해부학의 상관성 검토」,『불교학보』 92집, 139-166.
천태지의, 김세운 역(2011),『天台小止觀』, 미들하우스,
下田正弘, 김성철 역(2015),『여래장과 불성』, 씨아이알.

IV. 불교의 생명론과 바람직한 과학의 미래

민태영

불교의 생명론과 바람직한 과학의 미래

민태영(동국대학교 연구교수)

1. 서론

불교의 생명 이론은 모든 생명체의 평등성과 존엄성을 강조하며 자비와 연기로 대표되는 일련의 생명 존중 사상에 기반한다고 볼 수 있다. 따라서 인류에게 많은 편익을 제공하고 있는 과학의 발전이 생명의 존엄성을 해치지 않고 발전해 나가기 위한 가치 기준의 설정에서 불교의 관련 논의는 중요한 의미가 있다.

특히 인간을 둘러싼 환경의 변화로 인한 전 인류적 위기감 속에서 환경 생태학을 아우르는 환경과학의 긍정적인 방향성에 대해 논할 때도 불교의 연기 개념, 불일생의 개념은 유용하다.

왜냐하면 끊임없는 상호작용을 통하여 환경과 연기하면서 변화해 나가는 생명체도 결국 기본적으로는 본질을 결여해서 공(空)한 존재이고 생명체 사이에서 나타나는 제현상을 구분 짓고 그들에게 속성을 부여하며 생명체들을 종(種)에 따라 나누는 행위란 것도 결국 고정불변한 본질은 없이 우리의 편의에 따라 만들어 낸 허구에 불과하기 때문이다.

생명체의 발달 과정과 변이도 생명체 안에 있는 요소로만 진행되는 현상만으로는 제대로 설명되지 않고 주변 환경 등과의 상호작용을 고려했을 때 비로소 의미 있는 설명이 가능하다.

이런 생명체의 원리는 마치 연기의 법칙으로 이해하고 변화의 요인이 되는 환경과 그 생명체가 둘이 아니라는 불이(不二)의 법칙과 유사성을 갖는다.

결국 불교의 그것은 단순한 철학적 원리로서가 아니라 인간과 자연이 어떻게 조화를 이루며 살아가야 하는지에 대한 답을 제공할 수 있으며 과학의 오남용으로 인간의 공간이 회생 불능의 상태가 되었을 때 혹은 그러한 상태가 되기 전에 불교가 이에 대한 방어 내지 제어의 논리로서 역할을 기대할 수 있다는 것이다.

논의의 범위를 인간을 둘러싸고 있는 거의 대부분의 요소인 식물에 국한시켜 보면 식물의 불교적 생명성과 식물학적 관점의 확장을 통해 영향을 주고 받는 대상으로서 자연과의 동행을 가능하게 하는 논지로 전개시키는 것도 가능해진다.

기후 변화로 인해 모든 생명체가 고통받고 일부 멸종해 가고 있는 이 시대에 생태계를 이루는 모든 생명의 조력자인 식물들이 그 존재 자체로 존엄하게 공존할 수 있는 논의가 구체적인 실천으로서 논의되어야 할 상황이라는 점에서 그 중요성은 더해진다.

인간과 동물과 환경에 대한 인식의 전환은 물론 식물을 포함한 모든 생명의 존엄까지 논의되어야만 그들에 대한 재인식을 통해 생태 환경의 많은 부분을 되살릴 수 있을 뿐 아니라 과학이 추구하는 '인간의 보다 나은 삶'을 완성하기 위한 중요한 계기가 될 수 있다. 그리고 그 과정을 통해 철학보다는 활용과 윤리로서 불교가 소비되는 이 시대에서 '자연을 사랑하는 종교, 과학에 살아있는 생명을 불어넣을 수 있는 종교윤리'로서 불교의 가치를 재발견할 수 있을 뿐 아니라 환경과학과 생명과학의 바람직한 발전 방향을 제시할 수 있을 것이다.

본론에서는 먼저 '바람직한 과학'으로 나아가기 위한 철학적 단초로서 불교의 생명론의 면면을 살펴보고자 한다. 특히 이 과정의 필수 요소인 인간 이외의 존재에 대한 인식과 존중에 대해 논의를 전개하되 그 중심 논지는 가장 폄훼되고 소외되어 있는 식물의 능력에 관한 연구, 식물의 권리를 주장하는 흐름을 통해 정리하고자 한다. 그리고 이러한 논의들을 '활용하고 소비하는 불교'의 시대에 적용해 나가는 방식에 관해 몇 가지 방안을 제시하고자 한다.

2. 불교의 생명, 생명론[183]

1) 불교의 연기론과 본원적 평등

불교의 본원적 평등관은 상호 의존과 평등의 실천자인 현대인이 대승의 보살로서 또는 인류의 미래 환경을 이끄는 역할자로서 자리할 수 있는 중요한 근거가 된다.

주변 자연의 남용과 생태와 환경 파괴의 문제가 현대인과 미래 세대의 문제로 대두되면서 이 시대의 불교는 '존재에 대한 자비와 상호 의존'

---

[183] [2.불교의 생명론] 1), 2)항의 내용은 2025년 3월 대한불교진흥원에서 발간한 『월간 불교문화』(3월호) 특집기사에 기고한 내용 가운데 일부를 발췌 수정하고 보완하였음을 밝혀둔다.

이라는 논리를 통해 이 문제들에 대한 의미 있는 역할을 할 수 있다.

불교에서 일체 만물은 또 연기의 법칙하에 상호 연관성을 맺으면서 존재하므로 인간뿐 아니라 인간을 둘러싼 제 존재들 또한 가치가 있다고 설하고 있다. 현실적으로도 생명의 질서 앞에 인간만 존재하는 것이 아니기 때문에 인간이 인간 외의 존재와 관련되지 않고 삶을 영위해 나가는 것은 가능하지 않다.

불교에서 유정(有情)과 무정(無情)의 개념은 생명체의 존재 여부를 구분하는 중요한 기준이었으며 불교에서 유정은 인간, 동물, 아귀, 지옥 존재 등 감정과 의식이 있는 존재, 무정은 식물, 돌, 물 등 의식이 없고 감정을 느끼지 못한다고 여겨지는 존재를 의미하였다.

불교의 세계관에서 윤회는 고통의 원인과 그 해결 방법을 이해하는 중요한 논리였으며 윤회와 업설이 정립되면서 그 주체가 되는 '식(識)'을 지닌 유정 중생'의 범주에서 식물은 제외되었다. 식물은 감정이나 의식이 없다고 여겨졌기 때문에 불교적 관점에서 식물은 오랜 기간 유정이 아닌 무정의 존재로 간주 되었던 것은 사실이다.

그러나 그 중생의 면면을 보면 생물학적으로 신진대사를 하는 존재가 아니라 '의식의 활동 가능성'이 그 기준이 되기 때문에 윤회의 장에서 식물계는 포함되지 않은 것은 당연하였을지 모른다.

제 존재의 현상은 오온(五蘊)으로 분류할 수도 있고 여섯 원소 즉 '지, 수, 화, 풍, 공(空), 식(識)'의 육대로 세분할 수도 있는데 오온의 관점에서 식물은 색(色)만 있고 육대의 관점에서 식물에게는 식(識)이 없기 때문이라는 것으로 식물은 DNA와 세포로 이루어져 있을 뿐 마음(정신)이 없는 존재라는 의미이다.

그럼에도 불구하고 업과 윤회설이 정립되기 이전 초기 불교의 계율 속에서는 생초목을 해치거나 함부로 대하는 행위를 죄로 여기며 경계하기는 하였는데 식물이 중생의 영역에 담길 수 없었던 데는 불교의 실질

적인 생활 방식과 밀접한 관계가 있었다.184)

또한 『숫타니파타』에 "어떠한 생물이든 움직이는 것이든 움직이지 않는 것이든 긴 것이든 큰 것이든 중간의 것이든 짧은 것이든 아주 작은 것이든 거대한 것이든 보이는 것이든 보이지 않는 것이든 멀리 사는 것이든 가까이 사는 것이든 태어난 것이든 태어날 것이든 존재하는 모든 것은 행복하라.185) 는 내용이 담겨 있어 살아 숨 쉬는 생명체에 관한 본원적 생명관을 엿볼 수 있다.

2) 식물 중생에 대한 재해석

계율 속에서는 생초목을 해치면 죄가 되었으며 함부로 밟거나 깔고 앉지도 남용하지도 말라고 하면서 생명체로서 인식되는 듯 했지만 식물은 생명의 태어난 방법을 나누는 방식 속에도 윤회의 장에도 모두 속하지 않는 모호하고 이중적인 존재였다.

불교의 그 '생명체'의 범주에 속하지도 않았던 식물의 지위에 관한 답은 모든 중생은 성불을 할 수 있다는 일체중생실유불성((一切衆生 悉有佛性)의 논의 전개와 더불어 연기의 법칙을 재해석하는 과정에서 찾아볼 수 있다. 불교가 모든 존재에 대해 무한히 포용하는 인식은 그들에게 부여된 가치에서도 엿볼 수 있다.

불교는 '불성'이라는 단어 속에 각 개체의 내재적 가치를 담고 있는데 불교학의 발전과 더불어 지속적으로 발전해 온 불성론은 중생이 성불하면 초목도 성불한다는 비정의 성불론까지 주장된다. 그 논의를 가능케 하였던 것은 모든 존재 사이의 차별은 내 마음에 가치 기준에 의해 있을

---

184) 우제선, 「식물은 중생인가: 불교의 생명 인식」, 『종교교육학연구』 제26권(2008), p.39
185) 『Sutta Nipāta(經集)』, Sn1. Uraga-vagga(蛇品)-8.Metta-sutta, 146, 147.

뿐이며 사물 그 자체에는 차별이 없다는 인식으로부터이다.

또한 불교에서 모든 존재는 시간적이고 공간적인 연기의 그물 속에서 의존하고 관계를 맺는 상의상관성(相依相關性)이 있으며 이 진리는 모든 존재에 머물러 있고 이러한 법칙을 요소로 하여 모든 존재가 성립된다고 말한다.[186]

현대적으로 해석하면 서로 의존하고 관계를 맺는다는 존재의 공생 공존 법칙은 연기법의 실천적 요소로 꼽히면서 이 본원적 가치는 곧 개별적 존재가 아닌 전체로 연결된 일체만법에 대한 감사와 동체대비(同體大悲)의 마음, 자연 또한 내 몸처럼 아끼고 나와 자연이 불이(不二)임을 인지하는 자세로 이어질 수 있었다는 것이다.

좀 더 나아가 연기와 무상, 무아로 이어지는 논리는 소욕지족을 추구하는 삶의 방식으로 이어지면서 자연과 조화를 이루는 삶, 주변 요소들을 오남용하지 않는 자세로 재해석하고 식물을 바라보는 방향의 전환을 이루어 나갈 여지를 마련해 주었다고 할 수 있다. 오늘날 과학의 발달과 그에 파생되는 문제들의 해결이 과학이 아닌 인간의 마음으로부터라는 점을 감안하면 불교의 생명론의 진화 과정은 의미가 있다.

불성론의 생명관은 연기설에 바탕을 둔 '무아의 생명관'이, 대승경전에 나타난 생명관 또한 연기설과 무아설에 근거한 생명관이 발전한 것이기 때문이다.[187]

이처럼 불교가 식물을 유정 밖의 생명체에서 공존하는 존재로 바꿔나가기까지 기본적으로 불교의 논지 속에는 불살생론, 연기론, 불성론 등 나 이외의 생명들과의 공존을 논할 만한 인식이 자리 잡고 있으며 식물의 불교적 생명성은 이러한 논의의 변화 속에서 빛을 발한다고 할 수 있다.

---

[186] 『잡아함경』 등의 "此有故彼有 此生故彼生. 此無故彼無 此滅故彼滅"이 전형적인 교설이다.
[187] 이중표(2010), 177.

3) 불교와 과학의 접점

비록 불교가 현대의 환경. 생태학적 관점과는 달리 모든 생명체에 대해 환경체계 속에서의 역할과 기능이 아닌 생명 자체로서의 의미를 부여한다는 개념상의 차이가 있다고는 해도 불교는 기본적으로 생명의 상호 연결성을 강조하고 생명을 존중과 보호를 중시한다는 점을 강조하고 있다. 따라서 불교가 윤리적 관점에서 생명을 탐구하는 한편 이를 철학적인 근간으로 하여 과학적 관점에서 생명의 지속 가능성을 연구해 나간다면 과학의 미래는 제 생명의 동반이라는 면에서 좀 더 긍정적일 수 있다.

불교에서 생명은 단순한 생물학적 개념을 넘어 우주 전체와 연결된 깊은 철학적 의미를 지니며 불교의 생명론은 연기법을 기반으로 하며 모든 존재가 서로 의존하며 변화하는 과정에서 생명이 유지된다고 보고 고정된 실체가 아니라 끊임없이 변화하는 관계 속에서 존재하는 것으로 인식하기 때문이다.

생명에 대한 자연과학적인 해명은 생명 현상에 대한 이해에 대한 한계로 인해 생명에 대한 포괄적 접근이 필요하다. 즉 생명의 이해는 생물학적 분석을 넘어 철학적 반성과 함께 종교적, 윤리적 모색이 포함되어야 하는데 이를 통해 과학기술의 합리성과 생명 원리에 대한 존재론적 근거를 재구성하여 생명 이해의 폭을 넓혀나갈 여지를 제공할 수 있다.[188]

다시 말해 현대 사회에서 불교의 생명론은 과학기술의 발전 속에서 생명의 의미를 성찰하는 계기가 되며 과학의 발전이 인간의 실존과 윤리에 미치는 영향에 대해 깊이 고민하는 계기가 될 수 있다. 또한 모든 존재의 평등성과 자비 실천을 강조하므로 과학의 다양한 분야에서 제기되는 문제에 답을 제시할 수 있고 과학의 발전이 생명의 본질을 훼손하

---

188) 구본술(2001), 21.

지 않도록 이끄는 역할을 할 수 있다는 것이다.

그리고 여기에 더해 '식물'이라는 존재를 그 논의의 중심에 올려야 하는 이유는 생명체 가운데 가장 큰 오해와 편견의 대상이고 환경과 기후의 변화 속에서 광범위한 피해의 대상이기 때문이다. 그러한 이유로 가장 낮다고 인식되는 존재인 식물을 바라보는 철학적·윤리적 그리고 편견 없는 과학적 시선이야말로 인류와 제 존재 간 공존의 미래를 가장 명확하게 담보할 수 있을 것으로 판단된다.

3. 다르지만 같은 존재, 식물

1) 식물 지능의 이해

한편 식물의 생명성, 영혼의 존재 여부에 관한 논란은 서구에서도 수 세기 전부터 이어져 왔다. 기원전 4세기 철학자인 아리스토텔레스(BC384~322)는 저서 『영혼론』에서 생명을 가진 것이 살아 있는 까닭은 영혼이 깃들어 있기 때문이라고 주장하면서 식물은 무생물로 치부되었다. 번식이 가능한 식물을 무생물로 단정하기는 어렵다는 모순에 직면하면서 그는 식물에게 하등의 영혼만을 가진 존재의 지위를 부여하였고 영혼에 관한 그의 관점은 수 세기 동안 서구 문화에 지대한 영향을 끼치며 움직이지 못하는 식물은 생물로 인정할 가치가 없다고 여기게 되는 계기가 되었다. 이후에도 기독교적 인간중심주의를 바탕으로 자연이 인간을 위한 도구적 존재라고 주장한 토마스 아퀴나스(Thomas Aquinas, 1224/1225년~1274), 사고 능력을 가진 인간만이 도덕적 지위를 갖는다고 주장한 르네 데카르트

(René Descartes,1596~1650), 임마누엘 칸트(Immanuel Kant,1724~1804) 등으로 이어지면서 인간중심주의철학은 자연을 인간에게 착취당해도 마땅한 존재, 저급한 존재로 전락시키는 사상적 기반이 되었다.

이후 린네와 페히너, 다윈 등의 학자들이 식물의 지능을 옹호하는 주장을 펴기도 하였으나 식물은 여전히 인간보다 하등한 능력을 소유한 생명체로 인식되고 있다.

식물은 토양에 뿌리를 내리고 사는 존재로 거의 움직일 수 없으니 이동이 자유로운 다른 생명체와는 다른 생존 방식을 택할 수밖에 없다.

식물은 잎이 뜯어 먹혀도 다시 잎이 자라고 식물의 생명을 유지할 수 있는 것은 식물이 인간이나 동물처럼 각 감각기관이 모두 따로 있는 것이 아니라 모듈식의 구조(조립품, 구성품과 같은 구조)를 이루고 있어 각 부분이 상호작용을 하거나 각자 자율적으로 생존할 수 있다. 그런데 식물의 기관이 그들의 전신에 분산된 채 온전히 기능하고 있는 그 '모듈화'와 협력, 분산적인 구조가 오히려 식물이 오랜 기간 성공한 생명체로 존속하는 요인이 되었다.

따라서 해당 장기가 없기 때문에 기능을 할 수 없다는 논리는 적절하지 않다. 동일한 관점에서, 생각을 주관하는 뇌가 없으니 지적 능력이 없다고 주장하는 것은 무의미하다. 문제는 '식물의 지능 여부'가 아니라 '지능의 정의'이다. 왜냐하면 식물은 동물이나 인간과는 그 '방식'은 같지만 '구조' 자체가 다른 존재이기 때문이다.

식물인지연구학자인 모니카 가글리아노(Monica Gagliano, 1976~)는 '지능'이라는 단어에 대해, 'intelligence'는 라틴어 'inter-legere', 즉 '여러 가지 중에서 선택하다'에서 유래하였는데 그런 기준에 따르면 선택지를 평가하고 행동하는 모든 생명체는 지능적으로 행동하고 있는 것이라고 주장하며 식물은 늘 그런 선택을 한다고 주장하고 있다.[189]

2) 식물 지능의 과학적 발견

식물에 뇌가 없으나 식물 특유의 신경조직이 존재할 수 있다는 주장이 과학자들을 통해 제기되고 있다. 초식동물들이 육식동물들로부터 위협을 받았을 때 위험신호를 주고받는 것과 비슷하게 위기에 처한 식물이 서로 신호를 주고받는다는 사실이 밝혀진 것이다. 2018년 ScienceON에는 식물도 공격을 받으면 이를 인지하여 방어시스템을 갖춘다는 사실이 시각적으로 확인되어 과학계의 비상한 관심을 끌고 있다는 내용을 전한 바 있다.[190]

미국 위스콘신-매디슨 대학의 식물학자 사이먼 길로이(Simon Gilroy)와 토요타 마사츠구(Masatsugu Toyota) 박사가 이끄는 연구팀은 애벌레가 잎을 갉아먹자 식물이 즉각 위험신호를 다른 부위에 전달해 방어시스템을 구축하는 과정을 규명하고 이를 동영상으로 촬영하였다.[191]

연구팀은 애벌레가 잎을 갉아먹는 순간 동물과 마찬가지로 신경전달물질인 글루탐산염(Glutamate)이 다른 잎으로 칼슘이온을 전달하는 상황을 볼 수 있으며 식물이 칼슘 이온을 전달하는 속도는 초당 1mm로 이를 통해 위험신호를 받은 다른 잎들은 곤충의 소화를 방해하거나 입맛을 떨어뜨리는 호르몬을 생성한다고 밝혔다. 이 연구 결과는 2018년 9월14일자 〈Science〉 지에 게재되었다.[192]

---

[189] 〈ScienceOn〉, 2023.09.14., ScienceON은 과학기술 지식인프라이다. 과학기술정보, 연구데이터, 정보 분석 서비스 및 연구인프라를 연계·융합하여 연구자가 필요로 하는 지식 인프라를 한곳에서 제공하는 서비스체계이다.
[190] 〈YTN 뉴스 나이트〉, 2018. 09.14.
[191] 실험 대상의 식물은 애기장대(학명: Arabidopsis thaliana, 십자화과)이며 식물의 유전적 연구에 주로 사용되는 식물이다.
[192] 오스트리아 빈 소재 그레고르 멘델 분자식물생물학 연구소 유세프 벨카디르(Youssef Belkhadi) 박사가 이끄는 유럽과 캐나다, 미국 학자들이 참여한 국제연구팀은 같은 해 1월 과학저널 〈Nature〉지에 동물처럼 눈과 귀가 없는 식물도 환경 신호와 각종 위험, 특히 독성이 있는 병원균 등을 보고, 듣고, 그에 대해 반응할 수 있다는 사실을 확인한 바 있다.

중앙 신경시스템이 없는 식물이 외부 공격에 아무런 대응을 하지 못한다는 것은 아니라는 점은 이미 규명된 바 있으나 어떤 과정을 통해 신호를 주고받는지 그 원인을 명확히 밝혀내지 못하고 있었다가 그 과정이 시각적으로 확인된 최초의 사례였다.[193]

지구상의 생물계는 동물, 식물, 균류로 대별되는데 이중 세포벽이 있고 엽록소가 있어 광합성을 통해 영양을 공급하는 생물을 식물이라고 한다. 과학자들은 지구가 생성된 직후인 수십 억 년 전 생명의 공통 조상이라고 불리는 '루카(LUCA)'를 시조로 해 동물과 식물, 균류가 파생됐다고 보고 있으며 이 연구 결과가 이런 주장을 뒷받침하고 있다.

즉, 식물 역시 다른 동물과 마찬가지로 진핵생물이면서 또한 다세포 생물이다. 이번 연구 결과는 동물과 식물이 외형적으로 다른 모습을 보이고 있지만 세포 내에서는 동물과 유사한 움직임을 보이고 있음을 확인하게 된 것이다.

그리고 이 연구는 '인식의 전환'과 '과학적인 이해'를 통해 식물은 단순한 생명체가 아닌 인간과는 다른 방식의 지능을 가진 존재로서 인간과의 관계를 새롭게 정의하여 조화로운 삶을 이어 나가야 하는 이유를 보여주었다는 점에서 의미있다.

더구나 식물은 대기 중 탄소를 흡수하고 산소를 배출하며 토양을 정화하고 생물 다양성을 유지하는데 핵심적인 역할을 하고 있으므로 식물 생명에 대한 존엄은 생태계 전체의 지속 가능성을 위한 최소한의 조건이라고 할 수 있다.

---

[193] 위 글, "모든 신호전달 과정은 글루타민산염으로부터 시작된다. 외부 공격을 감지한 세포에서 글루타민산염을 생성하게 되면, 동물 뇌 안의 글루타민산염 수용체와 유사한 역할을 하고 있는 이온 채널(ion channels)에서 이를 감지한다. 이온 채널에서는 글루타민산염의 양에 따라 칼슘이온(calcium ion) 생성의 변화를 주게 된다. 그리고 이 변화가 릴레이 경기를 하는 것처럼 다른 식물에 전달되는데 연구팀은 "글루타민산염으로 시작된 칼슘파동이 원형질연락사(plasmodesmata)라 부르는 세포간 채널(intercellular channels)을 통해 위험신호를 전달하면서 동종 식물 간의 안전을 도모하고 있다고 밝히고 있다."

4. 식물의 존재론적, 도덕적 지위

1) 식물의 지능과 감각에 대한 과학적 재해석

식물에 대한 인식과 위상의 변화가 조용하게 이어지고 있는 가운데 많은 학자들이 식물의 존재와 가치 그리고 식물의 능력에 대한 새로운 관점을 과학적으로 논증해 나가고 있다.

먼저, 환경 저널리스트 마이클 폴란과 세계적 식물학자 스테파노 만쿠소는 각각 『욕망의 식물학』(2006)과 『매혹하는 식물의 뇌』(2017)를 통해 식물이 지능을 가지고 있으며 오감을 가지고 상호작용을 하고 있다고 주장한다.

식물학자 스테파노 만쿠소는 '식물지능학'(Plant intelligence)이라는 분야를 개척하여 자연과 식물에 대한 '식물의 감각과 지성'에 대해 연구하고 입증해 나가고 있다.[194]

그의 저서 『매혹하는 식물의 뇌』에서는 식물이 감각을 가지고 있으며, 외부 환경에 반응하고 정보를 교환하는 능력이 있다는 점을 강조하는데 식물의 뿌리가 하등동물의 운동을 제어하는 뇌와 유사한 기능을 한다고 주장했던 다윈의 주장에 대해 현대 연구자들은 식물이 화학적 신호를 통해 서로 소통하고 협력하는 능력이 있는 것이라고 설명한다.[195]

『식물은 알고 있다』는 대니얼 샤모비츠가 저술한 책이다. 식물이 단순한 생명체가 아니라 보고, 냄새 맡고, 기억하는 감각적 존재임을 과학

---

[194] 민태영 외(2023), 202.
[195] 『매혹하는 식물의 뇌』는 세계적인 식물생리학자 스테파노 만쿠소와 과학 작가 알레산드라 비올라가 공동 집필하였다. 식물이 단순한 생명체가 아니라 지능과 감각을 가진 존재임을 과학적으로 설명하고 있는 내용을 담고 있다.

적으로 설명한다.196)

식물의 감각과 인식, 식물의 행동과 소통 그리고 인간과 식물의 관계의 통해 식물의 생태적 중요성과 지속 가능한 미래를 위한 연구하고 인간 중심적 사고에서 벗어나 식물의 역할을 새롭게 조명하였는데 식물의 감각 세계를 과학적으로 탐구하며 식물을 바라보는 방식에 대한 새로운 시각을 제공하고 있다.

또한 『식물은 알고 있다』에서는 식물의 눈을 알아내고자 했던 다윈의 굴광성 실험에서부터 최신 유전학 연구에 이르기까지 철저한 과학적 연구를 바탕으로 생존을 위해 발달시켜 온 식물의 여섯 가지 감각에 관한 내용을 담아 식물이 우리가 사는 이 세계를 어떤 생물보다도 민감하게 인식하고 있음을 일깨워 준다.

이 밖에도 이 분야의 초기작으로 피터 톰킨스와 크리스토퍼 버드가 저술한 『식물의 정신세계』는 식물의 감각과 지능에 대한 연구를 담고 있다.

2) 생명 존중과 도덕적 고려의 기준

이러한 일련의 저서들을 통해 우리는 식물의 존재와 지위에 고려해야 할 몇 가지를 짚어볼 필요가 있음을 알 수 있다.

첫째는, 생명과 관련된 윤리적 문제와 도덕 판단은 이성(인식) 능력, 의식, 쾌락과 고통을 느낄 수 있는 쾌고 감수 능력 등이 아니라 모든 생명 존재의 공유점으로서 '생명 그 자체'라는 명백한 사실을 그 기준으로 삼아야 한다는 점이다.

각 생명체는 그 생물학적 종의 고유한 특성에 따라 자기의 생존을 유

---

196) Danial A.Chamovits, 이지윤 역(2013), 『식물은 알고 있다』.

지하고, 성장하고, 종을 재생산하려는 목적 지향적 생명 활동을 수행하며, 이를 위해 변화하는 환경에 부단히 적응하려고 애쓰기 때문이다.197)

그리고 각 식물이 그 생물학적 종의 특성에 부합하는 최적의 방식으로 생명 활동을 이끌고 번성하는 것이 '생물학적 관점에서 좋다'는 것은 자연과학 측면에서도 긍정적이다. 모든 생명체들은 성장, 자기 보전, 생식 등의 근본적 특성이 있으므로 개별 생명체의 좋은 삶은 그 본질적 특성을 실현하는 것으로부터 이어진다.

결국 개별 생명체의 생물학적 종의 특성에 부합하는 정상적이고 생명력 넘치는 최적의 생명 활동의 상태를 '번성'(flourishing)이라는 개념으로 표현할 수 있으며 식물의 생명 활동 과정에서 각 종의 특성에 부합하는 긍정적이고 생명력 있는 발전을 이루는 것은 '가치 있는 것'으로 평가할 수 있다.198)

도덕적 고려는 반드시 감각이나 의식을 전제로 하지 않아도 되며 생명체의 고유한 삶의 형식이 존중받아야 한다는 안젤라 칼호프(Angela kallhoff)의 말처럼 인간은 식물의 생명 활동에 대해 식물의 좋은 삶과 관련하여 긍정적인 또는 부정적인 영향을 줄 수 있으므로 우리는 이러한 식물의 생물학적 특성과 인간과 식물의 관계로부터 각 식물의 생물학적 특성에 부합하게 대우해야 하며 식물의 생명 활동을 방해하지 않고 촉진시킬 의무가 있다.199)

한편 식물의 생명을 존중해야 한다는 윤리적 논의가 현실 속 실천의 영역으로 확장되면 식물과 인간이 공존하는 방향에 대한 고민이 이뤄지기도 하는데 일부 채식주의자들 사이에서 논의되는 '식물 섭취'를 지양

---

197) 김남준(2011), 21~23.
198) 위 글, 29.
199) 위 글, 30.

하려는 움직임이 그것이다.[200]

그러나 우리가 식물의 생명을 존중한다는 이유로 식물 섭취마저 금지하면 결국 우리는 죽게 될 것이고 자신의 생명을 존중하지 않는 방식으로 식물을 존중한다는 모순이 발생한다. 따라서 식물 생명에 대한 존중을 절대적인 도덕 원칙으로 강요하기보다는 일상적인 삶의 태도 전반에 걸쳐 식물의 생명을 고려하는 방향으로 나아가는 것이 바람직할 것이다.

즉 식물의 본질적 가치를 실현할 수 있게 하기 위해서는 누군가 식물을 섭취하고 영양분을 만드는 라이프 사이클을 유지하되 윤리성은 고려한다는 의미이다.

둘째는, 인간과 동물이 생명을 지녔다는 이유만으로 권리를 부여받는다면 '고통'이나 '쾌락'과 같은 정신적 능력의 유무를 기준으로 식물을 차별하는 것에 대한 정당성에 대한 질문이다.[201]

식물은 동물과 달리 움직이지 않기 때문에 초식동물이 식물을 먹고자 할 때 사람의 눈으로는 식물이 초식동물을 상대로 생존을 위해 의미 있는 방어 행동을 하는 것을 확인할 수 없다.[202]

고통을 느끼는지, 식물이 외부로부터 받아들인 자극을 어떻게 판단하고 의사결정을 하는지 확인하는 것은 동물의 그것을 파악하는 것보다 훨씬 어렵다. 그래서 지금까지는 식물은 동물과 달리 고통을 느끼지 못한다든가, 동물이 가지고 있는 지능을 가지고 있지 않는다고 여겨졌다. 쉽게 말해 '권리'를 인정받을 근거가 부족하다고 치부되었다.[203]

동물과 식물 모두 지구생태계의 구성체이고 멸종하는 종이 늘어날수록 인류의 생존 자체가 위험해질 수 있다는 점에서 환경보호론자들도

---

[200] 채식주의의 한 형태인 프루테리언(Fruitaruan)은 인간중심주의적으로 생명을 대하는 양식으로부터 완전히 벗어난 식생활을 지향한다. 이들은 식물을 뽑거나 베는 등의 수확 행위조차 생명 침해로 간주하고 대신 자연적으로 떨어진 과일이나 견과류, 씨앗, 일부 채소 등 식물을 죽이지 않아도 되는 식재료만을 섭취하는 것이 윤리적이라고 여긴다.
[201] 이민섭, 박치환(2016), 44.
[202] 위 글(2016), 99.
[203] Anthony Trewavas(2002), 841.

동물뿐만 아니라 식물에도 깊은 관심을 기울이고 있지만 식물이 위협을 받는 사례와 동물이 위협을 받는 사례를 각각 이용해서 대중의 관심을 유도해야 할 때 그 효과가 더 큰 쪽은 늘 후자였다.[204]

아마존 열대우림의 파괴나 식물의 종이 사라질 경우 신약 개발 등에 필요한 생물자원이 사라진다는 등의 이야기가 언론을 통해 부각되었으나 이 경우에도 아마존 열대우림에 사는 희귀동물 등이 주로 언급될 뿐이었으며 멸종으로 인한 문제가 동물과 식물 공통의 문제임에도 불구하고 '식물'을 중요하게 다루는 경우는 상대적으로 많지 않았다. 식물권에 대한 생물학적, 철학적 논의를 본격적으로 하지는 않았기 때문에 의문을 제기하는 수준에 머물지만, '식물'이라고 해서 일괄적으로 '동물'에 비해 덜 중요하게 다뤄져서는 안 된다는 점만은 최소한 기억할 필요가 있어 보이는 대목이다.

또한 식물이 위에 언급한 정신적 능력을 적절하게 발현하기 위해 외부의 환경을 어떻게 지각하는지에 대한 것, 즉 식물의 감각에 대해서도 논의할 필요가 있으며 식물의 정신적인 능력이 비록 인간이나 동물의 그것과 차이가 있다고 하더라도 일단 존재한다고 한다면 그 능력을 사용한 결과가 생태계 내에서 어떻게 작용하고 있는지도 살펴볼 필요가 있다.[205]

식물 인지 연구의 선구자로 손꼽히는 호주 서던크로스대 모니카 가글리아노 교수(Monica Gagliano)는 과학적으로 식물을 바라보는 전향적인 태도에 대해 다음과 같이 주장한다.

> 식물은 우리가 생각하는 것보다 훨씬 더 섬세하게 세상을 인식한다. 감각기관이 따로 있지 않으나 식물은 접촉에 반응하고 과거를 기억하며

---

[204] 黃忠新(2007), 53.
[205] 이민섭.박치환(2016), 107.

경험을 학습하는 방식으로 주변과 풍부한 관계를 맺어나간다. 식물이 감각하는 방식도 마찬가지다. 식물은 인간과는 다른 방식일지라도 생존의 위협을 감지하고 대응하며 위협을 이겨내기 위해 다른 식물들과 적극적으로 소통한다. 생태학 전문가들은 그들의 '느림'이 무지나 열등의 증거가 아니라는 사실을 기억해야 한다.

우리는 흔히 움직이는 속도가 빠를수록 더 진화된 것으로 인식하나 이는 매우 인간중심주의적인 관점이다. 식물은 고유의 시간 감각을 따른다. 식물의 느린 속도는 에너지를 절약하고 유기체 전체의 협응을 가능하게 하며 반응이 과도해지는 일을 방지한다.

결국 수백 년을 살아가는 식물은 우리에게 '신중하고 지속 가능한 행동'이 단순한 속도보다 우월할 수 있음을 일깨워 준다.

식물의 감각, 지능, 존엄성에 대한 대중의 인식은 점점 높아지고 있다. 많은 책과 다큐멘터리들이 그에 대한 실험적 증거들을 소개하고 있기 때문이다. 하지만 여전히 많은 이들에게 '식물 지능'은 실제 현상으로 여겨지지 않는 경우가 많다. 과학자이자 소통자로서 우리의 역할은 바로 그 간극을 메우는 일이다.

데이터를 기반으로 식물 지능의 경이로움을 설명하고 보이지 않는 식물의 삶을 사람들에게 '보이게' 만드는 것이다.[206]

그녀의 주장처럼 식물은 느린 움직임과 눈에 띄지 않는 존재감 때문에 쉽게 간과되곤 하지만 그들이 생태계의 존속과 유지에 핵심적인 역할을 하며 생동하는 생명체로서 삶을 지켜나가고 있다는 과학적 사실을 인정할 때 공존의 첫 단계는 시작될 수 있을 것이다.

인간중심주의를 정당화하는 가장 핵심적인 근거는 이성이며 이성을 지니기 때문에 동물이나 식물에 비해 높은 지위를 가질 수 있다는 것이

---

206) <투데이신문> 2025.05.14

라면 유아처럼 이성적이라고 말하기 어려운 경우 그런 이유로 함부로 대해도 된다는 데 동의할 사람은 없다.

식물의 다름과 한 생명체로서 존중하고 인정할 것인가에 대한 논쟁은 인간들이 자행해 온 일들을 되돌리기 위해 지금 꼭 필요한 관점일 것이다.

식물이 그 도덕적 지위를 인정받을 수 있는 '생물학적 특성'에 대한 논의에 있어서는 어떤 존재의 도덕적 지위 문제는 그 존재의 본질적인 특성이나 능력과 전적으로 무관하게 논의될 수 있는 성질이 아니라는 점을 인식해야 한다는 것이다.[207]

인간은 그동안 식물이 지닌 방식을 열등하다고 여기며 도구로서 취급하고 그들의 서식지를 파괴해 왔다. 하지만 식물의 진화는 증식에 유리하도록 이뤄졌고 다른 생명체가 그렇듯 살아남기 위해 스스로 변화시키고 생존, 성장, 번식한다는 점에서 그 생명을 존중받을 가치가 있다. 개별 생명체는 생물학적 종의 특성에 부합하는 정상적이고 생명력 넘치는 최적의 생명 활동의 상태를 이루고 식물의 생명 활동 과정에서 각 종의 특성에 부합하는 긍정적이고 생명력 있는 발전을 이룬다.

식물에 한정해 보면 인간은 식물의 생명 활동에 함께 작용하면서 식물의 좋은 삶과 관련하여 긍정적인 또는 부정적인 영향을 줄 수 있으므로 각 식물의 생물학적 특성에 부합하게 대우하고 식물의 생명 활동을 방해하지 않고 촉진시켜야 할 당위성이 있다는 의미이다.

3) 생명중심주의와 생태중심주의 생명관

식물의 존재론과 도덕론의 이론적인 배경으로서 생명중심주의와 생태중심주의적 논의를 개략적으로 살펴보면 먼저 개체 중심적 생명론자

---

207) 김양현(2006), 246~247.

였던 테일러(Paul Warren Taylor, 1923~2015)를 들 수 있다.[208]

그는 『자연에 대한 존중』을 통해 기존의 개체중심적이고 공리주의적인 환경윤리로부터 '생명중심적 환경윤리'를 향한 새로운 관점을 제시하였다.[209]

인간이 자연 생태계와 야생의 생물 군집을 다루는 도덕 원칙의 체계를 확립하였다고 평가받을 만큼 자연에 대한 시각의 한계를 넘어설 수 있도록 이끌며 인류의 가장 시급한 숙제인 환경문제에 대한 대안을 제시하였다.

환경윤리를 둘러싼 토론이 진실과 거짓을 판단하는 이성이든 고통을 느끼는 능력(sentience)이든 인간이 갖고 있는 어떤 속성을 공유하는 다른 생물에게만 제한적으로 도덕 주체로서의 지위를 인정하는 방식이었고 그런 주장에는 항상 누구까지를 그런 주체로 인정할 수 있는가를 둘러싼 논쟁에 갇혀 있기 마련이다. 테일러는 모든 생명체의 내재적 가치를 인정하고 도덕적 주체로서의 지위를 갖는 데 있어 '살아있다는 것 이외의 다른 어떤 조건도 필요하지 않다'는 과감하고 획기적인 주장을 제기함으로써 비로소 인간중심적 확대주의라는 한계를 벗어나게 한 것으로 평가받고 있다.

그의 생명중심주의는 목적 추구 능력을 지닌 개체적인 생명체(무생

---

[208] 그는 모든 생명체는 '목적론적 삶의 중심'으로서 각자 행복을 추구한다고 강조한다. 즉, 생명공동체 속의 모든 개별 생명체가 고유의 선이 있다는 개체론적 환경윤리의 입장을 펼친다. 이에 따라 테일러는 불침해 의무: (개별 생명체에 악행금지), 불간섭 의무:(개별 생명의 자유 간섭 금지), 성실의 의무:(속임수 금지-낚시, 사냥금지), 보상적 정의:(생명체에 끼친 피해에 보상) 등 자연 존중의 네가지 조건부의무를 제시한다.

[209] 개체론적 환경윤리는 하나하나의 개체로서의 생명체의 도덕적 지위나 권리를 승인하고 그에 따라 도덕적으로 배려하는 것으로 기연 환경끠 생태계를 보건할 수 있다고 보는 관점이다. 개체론적 환경윤리는 방법론적으로 개체주의(individualism)와 관련되며 전체를 이해할 때 그것을 구성하는 요소 단위의 특성에 주목하여 설명하게 된다. 개체론적 환경윤리에는 크게 고통을 느낄 수 있는 하나하나의 개체 동물의 고통을 해방시켜야 한다 고 주장한 Peter Albert David Singer(1946~)의 동물해방론, 삶의 주체로서 삶을 살아가는 개체로서 동물의 도덕적 권리를 존중해야 한다고 주장한 Tom Regan의 동물 권리론이 있으며 그 정점에는 살아있는 것 자체로 고유의 선을 가지고 이를 도덕적으로 배려해야 한다는 Paul Taylor의 생명 중심주의가 있다.

명체 제외)는 내재적 가치를 가짐으로써 도덕적 행위자가 이들에 대해 도덕적으로 의무를 지니게 된다는 논지로서 기존의 슈바이처의 '생명에의 경외' 사상을 보다 체계적이고 정교한 형태로 발전시켰다.

그는 특정 유기체에 주의를 집중하면 우리가 개체로서 그 유기체와 공유하고 있는 어떤 특징이 드러나는데 우리와 마찬가지로 다른 생명체도 목적론적 삶의 중심이라는 점을 주장하였으며 그 원리에 따라 그들의 행동과 내적 과정은 그들의 선의 실현을 중심으로 어떤 경향성을 끊임없이 형성하고 있다고 주장하였다.[210]

그러나 생명중심주의 도덕규범들의 일관된 실천은 실질적으로 불가능하며 절대적 의미의 생명중심주의는 인간의 생존 자체를 위협하며 이것은 곧 생명중심주의 도덕 원리와 모순을 일으킨다는 점에서 개체 식물을 어떤 경우에도 보호해야 한다는 도덕적 요구는 현실적으로 수용하기가 쉽지 않다. 따라서 생명중심주의에서 식물의 내재적 가치를 인정함으로써 발생하는 딜레마를 해결하기 위해서는 자연과 생명체의 신성함과 자기 목적성 등은 어느 정도 상대화되어야 할 필요성이 있다는 주장이 나오고 있는 것이다.[211]

논란에도 불구하고 개체 중심적인 생명이론은 현대 환경윤리와 생태학에서 환경문제의 도덕적 기초를 제공하고 자연과 인간의 관계를 재조명하는 데 기여했고 그의 이론은 인간중심주의에서 벗어나 모든 생명체의 고유한 가치를 일깨워 주었다는 점에서 의미가 있다. 왜냐하면 인간 중심과 생명 중심의 윤리 체계 중 어느 쪽을 수용하는가에 따라 자연환경을 대하는 방식에 차이가 있기 때문이다.

반면 생태중심주의는 생태계 전체의 건강과 균형을 가장 중요한 가치

---

[210] Paul W.Taylor, 김영 역(2020), 163., "모든 생물에게 도덕 주체로서의 지위를 부여할 경우, 복잡한 이해 상충 혹은 도덕적 딜레마 상황이 발생한다는 점을 해결하기 위해 1) 자기방어의 원칙 2) 균형의 원칙 3) 최소 잘못의 원칙 4) 분배적 정의의 원칙 5) 보상적 정의의 원칙 등 다섯 가지 원칙을 제시하였다."
[211] 김남준(2011), 15.

로 여기는 전체론적 관점의 철학으로 자연 그 자체가 고유하게 지니는 내재적 가치를 중시하며 인간 활동이 생태계에 미치는 영향을 최소화하고 자연의 복원력을 강화하는 데 중점을 두는 관점이다. '대지 윤리'(Land Ethic)를 제안하며 인간이 자연을 정복하거나 지배하는 것이 아니라 자연의 일부로서 균형을 유지해야 한다고 주장한 앨도 레오폴드(Aldo Leopold, 1887~1948), 가이아 이론(Gaia Hypothesis)을 제안하며 지구를 하나의 자가 조절 시스템으로 보았던 제임스 러브록 (James Lovelock, 1919~2022) 등이 여기에 속한다.

특히 네스 (Arne Næss, 1912~2009)에 의해 창시되어 자연과 인간의 관계에서 인간의 이익을 최소화하고 자연 그 자체의 고유한 가치를 존중해야 한다는 심층 생태학(Deep Ecology)은 총체주의적 존재론이라는 점, 생명의 본질적 평등성을 주장한다는 점, 상호의존성과 상호 연결성을 공유한다.

심층생태학이 자아실현을 통해 인간이 좁은 의미의 자아에서 벗어나 자연과 통합된 넓은 자아로 확장되는 것을 추구하는 것처럼 불교 또한 연기적 자각이 자비의 실천으로 이어진다는 점에서 불교와의 관련성이 주장되기도 하였다.[212]

위에서 살펴본 일련의 논의 과정을 생명과 인간 간의 관계 설정에 관한 일련의 이론들의 등장과 부침이라는 관점에서 살펴보면, 원칙이나 기준을 더욱 정교하게 만들려는 시도 못지않게 '자연을 동등한 생명체로서 존중되는 태도'가 내면화되는 일련의 과정이 필요하며 관련 교육을 받을 환경이 지속적으로 조성되는 것이 중요하다는 것을 인식할 수 있다.

그리고 자연을 존중하는 태도를 내면화할 수 있는 그 교육의 맨 앞에

---

212) 이명호(2024), 89.

상호존중과 관계성, 불살생과 자비를 내포한 불교의 생명 인식과 관점, 태도가 위치해야 하는 것은 당연한 일일 것이다.

5. 소비하는 불교 시대의 과학

1) 불교의 역할과 시대적 전환

인간이 식물의 생명 활동을 이해하고 존중해야 한다는 관점은 지속 가능한 미래를 위한 필수적인 과정이다.

그리고 그 과학과 불교의 '자연스러운' 만남의 궁극적인 목표는 그 필요에 맞게 사람들의 인식을 바꾸어 나가는 것이다.

불교는 종교이기도 하지만 체계적이며 거대한 철학으로서 인간의 삶에 유의미한 영향을 줄 수 있는 무엇인가를 찾아내고자 끝없이 탐구한다. 좀 더 나아가 이 시대를 살아가는 인간의 실제적 삶에 영향을 줄 수 있는 실천 철학 또는 삶의 양식으로서 존재한다. 이는 불교라는 종교가 궁극적인 목표를 절대적 존재가 아닌 자신의 내면적 완성에 두고 있기 때문이기도 하다. 새로운 실천 철학으로서 혹은 삶의 양식에 대한 믿음의 대상으로서 불교를 보아야 하고 이를 현실에 잘 적용해야 하는 시대이다.

2025년 4월 코엑스에서 열린 불교박람회에는 '오픈런' 행렬이 이어졌다. 개장 2시간 전부터 사람들이 줄을 섰고 4일간 20만 명의 관람객이 몰렸다. 작년의 2배 수준에 달하는 인파가 불교문화를 즐기기 위해 모였고 이 가운데 20대~30대가 80%를 차지하였다. 기존 종교 박람회의

틀을 깨고, 불교의 포용성과 개방성을 앞세워 젊은 층의 관심을 끌어모은 결과이다.[213]

콘텐츠와 커뮤니티를 묶고 대중문화의 감각을 차용하면서 열린 종교로서 불교의 진입장벽은 더 낮아지고 있다. 종교의 희화화를 우려하는 목소리도 있지만 불교의 포용성과 자율성을 드러낸 긍정적인 변화라는 평가가 더 많다. 새로운 감각을 수용하고 빠르게 시대 흐름을 읽어내는 불교의 모습 또한 재평가받고 있다.

불교에 대한 인식이 달라지면서 불교의 가르침을 일상에 적용해 삶의 태도로 여기고 이를 자신의 정체성으로 드러내고자 하는 것이 젊은 세대만의 불교 찾기 방식이다. 불교계가 포교의 방식을 바꾸어 전달보다는 포용과 자비를 강조해 나가고 있는 것도 이러한 흐름과 무관하지 않을 것이다.

2) 식물 생명 인식의 불교적 재해석 방안

이러한 추세에 맞춰 전 항에서 다뤘던 식물에 대한 이해와 권리에 대한 인식을 불교를 활용의 대상으로 소비하는 세대들에게 과학과 불교의 생명론의 조화라는 관점에서 접목시킬 방안에 대해 몇 가지 제안적 의견을 제시해 보고자 한다.

첫째 불교의 생명론을 현대적 언어로 재해석하는 것이다. 불교의 생명론은 연기법(모든 존재의 상호 연결성)과 불살생(살생을 금함)을 중심으로 전개된다. 이를 현대적 언어로 풀어내면 생태계의 순환과 지속 가능성을 강조하는 관점으로 설명될 수 있다. 그리고 불교의 윤회 개념은 생태계의 순환 과정과 연결하여 생명은 단절되지 않고 지속적으로

---

213) <한경BUSINESS> (2025.04.18.)

변화하며 관계를 이어간다는 점으로 설명할 수 있다.

둘째 현대 과학에서 식물을 보는 관점 즉 식물도 감각을 가지고 환경과 상호작용하며 정보를 교환하는 존재로 인식하는 연구에 맞춰 이러한 전향적인 과학의 관점과 불교의 연기법과 생명론을 융합하면 모든 생명체가 생물학적 특징의 다름과 차이가 있는 존재라는 점을 강조하면서도 불교의 생명론을 단순한 철학적 개념이 아니라 과학적으로도 의미 있는 생명의 원리를 수용할 수 있도록 이끌 수 있다고 판단된다.

셋째 명상, 웰빙과 휴식, 환경에 대한 높아진 관심 등 현대적인 흐름을 실용적 도구로 종교의 논지를 소비하는 경향에 맞추어 불교의 생명론을 환경보호, 지속 가능한 삶, 생태 윤리와 연결할 수 있다. 특히 불살생의 원칙을 탄력적으로 적용하여 채식주의, 생태 보호 인식, 기후 변화 대응 등에 관한 실천적인 지침으로 제시할 수 있을 것이다. 일례로서 생태관광 등을 통해 인간과 자연의 관계에 대한 인식 개선과 자연을 포함한 식물 존중의 가치를 확산시키는 것 등을 들 수 있다.

왜냐하면 식물과 자연에 대한 공감각적 체험은 식물의 존엄을 인정하고 환경보호에 대한 강조를 체감하기에 유리하며 이를 다양한 불교행사에서 활용한다면 소비하고 활용하는 불교의 이름으로 환경과 생태에 관한 인식 고양에 좋은 선례를 남길 수 있을 것으로 판단되기 때문이다.

6. 결론

본론에서는 종교와 과학의 조화 가능성에 대해 생명과 생태 위기에 대한 불교의 생명 인식과 역할론의 관점에서 정리해 보았다.

과학과 종교는 조화될 수 없는 것처럼 보이지만 과학 시대의 종교는 과학으로 설명하기 어려운 초월적이며 근원적인 물음에 대답할 수 있다. 그리고 과학은 대답할 수 없는 영역의 한계를 종교의 역할을 통해 극복할 수 있다.

종교와 과학 간 갈등기를 지나 과학의 발전이 인간의 삶을 형성하는 매우 중요한 조건이 되면서 과학 만능의 시대가 열리게 되었다.

그러나 20세기 문명의 위기는 과학주의와 기술주의에서 비롯되었다고 할 만큼 과학주의는 기계론적 사고를 통해 인간 생명의 존엄성까지 훼손시키는 양상을 보이고 과학에 바탕을 둔 기술주의 또한 기술만능주의에 빠져 인류는 생존 자체에 위협을 받는 상황에 직면하게 되었다.

이러한 상황에서 종교 특히 인간의 성찰과 수행을 기본으로 하는 불교의 경우 과학이 제시하는 지식을 수용하면서 가치 판단의 기준을 제공하는 역할을 해야 하며 우리가 실현해야 할 삶의 설계와 행동 기준까지 제시해야 할 책임이 더욱 크다.

생명과학의 도덕적 선악 문제나 가치 판단의 기준을 제시해 주어야 하는 것은 물론 생태와 환경과학에 있어서도 불교의 친생명적 가치체계 아래 인류와 제 존재의 공존을 해결해야 할 중요한 장치로 작동해야만 한다.

한편 생명의 이해는 철학적 반성과 함께 종교적, 윤리적 모색이 포함되어야 하며 이러한 비판적 성찰을 통해 과학기술의 합리성과 생명 원리에 대한 존재론적 근거를 재구성할 수 있는 여지를 마련할 수 있다.

불교의 입장에서 보면 불교의 생명론 즉 생명인식의 기본 체계라 할 수 있는 연기(緣起)의 법칙을 이해하고 이 이론에 담긴 상호 의존과 평등 그리고 불살생을 포함하는 친생명적 자세를 견지해 나가야 할 것이다.

현대 사회에서도 불교의 생명론은 과학의 발전이 인간의 실존과 윤리에 미치는 영향에 대해 깊이 고민하는 계기를 마련하며 과학의 다양한 분야에서 제기되는 문제에 답을 제시하고 과학의 발전이 생명의 본질을 훼손하지 않도록 이끌어갈 수 있다.

그 가운데서도 '식물'이라는 존재는 우리를 둘러싼 환경의 대부분을 차지하면서도 몰이해와 편견의 대상인 생명체이다. 인간의 의식 속에서 이해의 맨 끝에 자리한 식물에 대해 불교에 내포된 생명론과 과학적인 규명이 뒷받침된 인식이 있다면 인류와 제 존재 간 공존의 미래는 가장 명확하게 해결될 수 있다.

불교에 나타난 제 생명에 관한 윤리적, 도덕적 가치 기준의 수용 방식 또한 시대나 환경과의 상호작용으로 연기하며 변화해 나가고 있다. 당연히 불교는 그 법칙에 따라 바람직한 과학의 미래를 위해 진화해 나가야 할 것이다.

| 참고 문헌 |

『雜阿含經』 T13.
『Sutta Nipāta』 Sn. 1
구본술(2002), 「불교생명론의 현대적 이해」, 『윤리연구』 47, 한국윤리학회.
김남준(2011), 「식물윤리학의 원리- 식물윤리학의 근거 정립을 위한 시론적 연구」, 『환경철학』 12, 한국환경철학회.
김양현(2006), 「자연의 도덕적 지위에 대한 비판적 고찰」, 『범한철학』 제43집, 범한철학회.
민태영 외(2023), 『종교와 생태』, 서울:열린서원.
우제선(2008), 「식물은 중생인가: 불교의 생명 인식」, 『종교교육학연구』 제26권, 한국 종교교육학회.
이명호(2024), 「불교생태론과 인드라망생명공동체: 문명위기와 문명전환에 대한 불교적 대응 모색」, 『환경철학』 38집, 한국환경철학회.
이민섭·박치환(2016), 「식물권을 정당화할 수 있는가」, 『현대유럽철학연구』 44, 한국 해석학회.
이중표(2010), 『현대와 불교사상』, 전남:전남대학교 출판부.
橋本健 著, 부희옥·천상욱·김훈식 역(2003), 「식물에는 마음이 있다」, 전남대학교 출판부.
Anthony Trewavas(2002), 「Plant Intelligence: Mindless mastery」, 『Nature』
Christopher Bird·Peter Tompkins, 황금용·황정민 역(1993), 『식물의 정신세계』. 서울:정신세계사.
Danial A.Chamovits, 이지윤 역(2013), 『식물은 알고 있다』, 서울:다른.
Michael Pollan, 이창신 역(2002), 『욕망의 식물학(Botany of desire)』, 서울:서울문화사.
Paul W.Taylor, 김영 역(2020), 『자연에 대한 존중 - 생명 중심주의 환경 윤리론』, 서울:리수.
Stefano Mancuso·Alessandra Viola, 양병찬 옮김(2016), 『매혹하는 식물의 뇌 (Verde Brillante)』, 서울:(주)행성B이오스.
黃忠新(2007), 「动物权利主体论质疑兼论民法对动植物的生态保护」, 『重庆科技学院学报』 4期, 华中师范大学政法学院.
〈ScienceOn〉 2018.09.14.
〈YTN 뉴스 나이트〉 2018.09.14.
〈투데이신문〉 2025.05.18.
〈한경BUSINESS〉 -부처, 깨달음이 트렌드가 되기까지- 2025.05.14.

V. 인공지능 과학 시대의 노자 철학

이명권

인공지능 과학 시대의
노자 철학

이명권 (비교종교학자 · 동양철학자)

1. 서론

지금은 인공지능(Artificial Intelligence, AI) 시대다. 인간이 과학을 지배하는 시대를 넘어서 기술이 인간을 지배하는 전도(顚倒)된 시대에 살고 있다. 인공기술 지능의 확장은 단순한 기능의 진보가 아니라, 인간의 존재와 주체성 그리고 가치 판단과 사회 질서까지 흔드는 철학적 혁명이다. 따라서 이러한 확장을 무조건 '진보'로 간주하기보다, 그 본질과 한계를 묻는 성찰적 관점이 절실히 요구된다. 인간 정체성의 위기와 주체의 재구성을 위해서라도, 혹은 기술문명의 윤리적 · 형이상학적 과제를 검토하기 위해서라도 우리는 노자 철학의 현대적 의의를 물을 필요가 있다. 그 질문 가운데는 인공지능(AI)과 무위의 철학, 인간 중심주의의 해체와 도(道)의 개념에 대한 재성찰, 알고리즘 사회에서 '도'의 흐름을 따른다는 것, 그리고 비인격적 질서와 도의 윤리를 비교적으로 검토해야 한다. 따라서 인공지능 시대의 노자적 삶은 무엇이며, 기술 사회 속에서 비움(虛)과 고요(靜)의 미학을 묻고 실천하는 작업이 요구된다.

노자 철학의 기존 연구들은 대개 노자가 살았던 시대적 배경과 그 시대의 철학적 주제들을 다루는 내용이 많았다. 이른바 약 2천5백 년 전의 춘추전국 시대에 나타난 노자의 철학이 유교적 사상의 기초를 이루는 공자의 사상과 대비되면서, 혹은 불교 사상과의 접촉점이 되면서 노자 철학은 중국 사상과 정신세계를 풍요롭게 하였던 사상적 배경이 되었다. 이른바 유불도 사상의 주축을 이루면서 동아시아 사상사에 뿌리 깊은 기둥을 형성하였다. 이는 서양 철학사에서 헤브라이즘 전통과 그리스도교 사상이 그리스 사상과 뼈대를 이루면서 서양 정신을 유도해 온 것과 유사하다. 그런 점에서 도가 사상의 원류인 노자 『도덕경』에 담긴 사상은 동서양의 고전 세계를 더욱 풍부하게 하는 고전 중의 고전으로 자리매김하고 있다.

따라서 본 연구는 2장에서 인공지능 시대의 제반 철학적 문제들을 고찰해 보고, 인공지능과 그 기술 지능의 확장이 가져오는 문제와 결과는 무엇이며, 그 철학적 쟁점에 대해서 고찰하면서 인간 고유의 지능을 강화할 몇 가지 필요성을 논의해 보고자 한다. 3장에서는 인공지능 시대의 노자 철학을 논한다. 기술문명의 전환기에 철학의 역할이 무엇인지를 묻고, 노자 철학의 무위와 자연, 그리고 존재의 새 지평에 대해 고찰할 것이다. 또한 인공(人工)에 대한 경계와 소박(素朴)의 미학, 상선약수(上善若水)와 인공지능 시대의 비경쟁·부쟁(不爭)의 윤리, 지혜(智)와 어리석음(愚)의 대비를 통해 유식(有識)의 한계를 비판적으로 성찰할 것이다. 4장 결론에서는 이러한 논의를 종합하여 AI 과학 시대에 노자 철학이 줄 수 있는 교훈과 그 한계를 논하고자 한다.

2. 인공지능 시대의 철학적 문제들

인공지능 과학 시대의 철학적 문제는 기술의 발전이 인간 존재, 인식, 가치, 윤리, 사회 구조에 미치는 심오한 영향을 반영하며, 고전철학부터 현대철학까지 다양한 문제를 다시 질문하게 만든다. 철학적 쟁점에 대해서는 우선 기술의 탈주체화 문제와 하이데거의 철학적 통찰을 살펴보고, 인공지능 시대에 대한 비판적 철학자들인 베르나르 스티글레르(Bernard Stiegler)와 귄터 안더스(Günther Anders)의 주장을 주의 깊게 경청해 보고자 한다.

1) 인공지능과 기술지능의 확장

(1) 개념적 정의

인공지능과 기술지능의 확장이라는 주제는 철학적·과학적·문명사적 관점에서 매우 깊이 있는 문제를 함의한다. 우선 인공지능의 개념은 학습, 추론, 판단, 창의 등과 같은 인간의 인지능력을 모방하거나 대체하는 알고리즘과 시스템을 말한다. 예를 들면, 자연어 처리, 이미지 인식, 자율주행, 창작형 AI 등이 그러하다. 반면에 기술지능(Technological Intelligence)은 더욱 포괄적인 개념으로, 기술 자체가 문제를 인식하고 해결하는 방향으로 진화하는 성향이 있다. 이는 인간과 기계의 상호작용 속에서 탄생하는 복합적이고 집단적인 지능 시스템을 말한다. 예컨대, 사물인터넷, 클라우드, AI, 빅데이터 등의 융합 지능이다.

(2) 철학적 쟁점

(2-1). 인간 고유의 지능과 강화

기술이 인간의 추론·기억·판단까지 대체한다면, 인간은 어떤 지능을 보존하거나 강화해야 하는가? 이는 단지 기능적 보완의 문제가 아니라, 인간다움의 본질을 어떻게 재정의할 것인가와 직결된 철학적 질문이다. 기계로 대체 불가능하거나 대체가 바람직하지 않은 고유 영역을 중심으로 중점적으로 보존하거나 강화해야 할 인간의 지능을 몇 가지 고려해 볼 필요가 있다.

첫째, 직관적 지능(Intuitive Intelligence)이다. 기술은 통계적 추론과 논리 기반의 판단에 강하지만, 전체적인 감각이나 순간의 통찰, 맥락 파악에는 약하다. 직관은 축적된 감성과 경험의 융합으로서 비선형적 사고를 가능하게 하며 창의의 근원이다. 상황 전체를 꿰뚫는 직감과 미묘한 뉘앙스를 파악하는 감각은 인간이 보존해야 할 능력이다.

둘째, 심미적 지능 (Aesthetic Intelligence)이다. 아름다움, 조화, 상징, 은유의 세계는 단순한 데이터 조합을 넘어서는 영역이다. AI는 창작할 수 있지만, 진정한 '의미'와 '감동'을 느끼고 그것을 전달하는 능력은 아직 인간의 영역이다. 따라서 공감력, 감수성, 예술적 직관, 존재의 감각 등 심미적 기능은 인간이 강화해야 할 능력이다.

셋째, 도덕적·공감적 지능(Moral & Empathic Intelligence)이다. 기술은 도덕적 원칙을 계산할 수 있어도, 고통에 공감하거나 타인의 처지에서 고려하는 능력은 없다. 특히 윤리적 딜레마나 감정이 얽힌 판단은 인간의 공감 능력과 삶의 체험이 전제된다. 그러므로 '타인의 고통에 반응하는 마음'이나 '비판적 윤리성'은 보존해야 할 능력이다.

넷째, 자기성찰 지능(Reflective Intelligence)이다. 기술은 무엇을 할 수 있는가는 판단하지만, 인간은 왜 그것을 해야 하는가, 그것이 옳은가를 묻는 존재다. 이러한 능력이 없으면, 인간은 기술의 목적이 아니라 수단으로 전락한다. 존재의 질문과 '의미'에 대한 사유, 성찰과 반성의 지능은 강화해야 할 능력이다.

다섯째, 변형적 지능(Transformative Intelligence)이다. 인간은 기존 질서를 해체하고 재구성하는 능력을 지닌다. 이는 노자, 장자, 니체, 푸코, 들뢰즈 등이 강조한 인간의 창조적 변형성이다. 기계는 현재 상태의 개선은 가능하지만, 체계 자체를 전복하거나 역설적으로 뒤집는 창조적 전환에는 한계가 있다. 질문하는 힘, 전복적 상상력, 새로운 패러다임을 여는 능력은 보존해야 할 능력이다.

이처럼 기술 시대에 인간이 지녀야 할 고유의 지능은 보존하거나 강화해야 할 필요성이 있다. 이에 대한 철학적 결론은 기술이 '기능하는 존재(functioning being)'를 지배할수록, 인간은 '되려는 존재(becoming being)'로서의 본질을 되살려야 한다는 점이다. 인간은 정답을 아는 것으로 그치는 존재보다 물음을 던지고, 의미를 찾아가며, 변화하는 존재로 자리매김해야 한다. 그러한 지능, 감성, 성찰의 능력은 인공지능이나 기술 지능과는 대체할 수 없는, 오히려 더 강화되어야 할 인간의 미래다.

(2-2). 기술지능의 문제와 확장성

인간 고유의 지능에 비해 기술지능이 점차 결정권과 판단권을 가질 때, 윤리적·법적 주체성은 인간에게 남아 있는가 하는 문제도 있다. 그뿐만 아니라, 지능의 의미는 무엇인가 하는 문제도 있다. 계산이나 추론이 가능한 것이 지능인가, 아니면 감정·의미·의식까지 포함해야 지능이라고 할 수 있는가 하는 개념적 정의의 범주 문제도 있다. 예컨대 지능을 정보 처리 능력으로 볼 것인가, 아니면 존재의 자각 능력으로 볼 것인가 하는 것이다.

기술지능의 확장은 다음과 같은 몇 가지 방향으로 이해할 수 있다. 영역별로 보면, 인지, 자율, 연결, 창의 부분으로 크게 4가지 영역의 확장이 가능하다. 첫째, 인지 부분에서는 인간의 기억, 계산, 언어 이해 능력 대체 등이 있고, GPT나 Copilot, 번역기 등이 인지 기능의 확장 영역이다. 둘째, 자율 영역에서는 판단과 행동을 기계가 독자로 수행하는 자율주행 지능이다. 예컨대, 드론이나 로봇 등이다. 셋째, 연결 부분이다. 사물과 인간, 시스템의 실시간 네트워크화가 대표적이다. 예를 들면, 사람이 아닌 '사물들'이 인터넷에 연결되어 서로 정보를 주고받거나 제어할 수 있는 사물인터넷(IoT, Internet of Things)[214]이 그렇다. 그러한 응용의 사례는 스마트홈에서 볼 수 있듯이 냉장고가 식품을 인식하고 부족하면 자동으로 주문하거나, 헬스케어 장치로 스마트워치가 심박수를 측정하여 건강의 이상을 알려 주는 것과 같고, 스마트시티처럼 교통량을 자동으로 분석하여 신호등을 제어하는 기능이 있다. 심지어는 산업현장에서도 기계 공장을 사전에 감지하여 정비하기도 한다. 기술지능의 영역이 이처럼 날로 확장되고 있는 현실에서 보완 되어야 할 부분은 사물인터넷에 연결되어 해킹당할 수 있는 위험 요소가 있다는 점이다. 그뿐만 아니라 개인행동의 데이터가 노출되어 프라이버시를 침해할 수 있다.

    넷째, 창의 영역이다. 기술지능은 예술·설계·문학 등, 창조적인 능력의 구현을 가능하게 해 준다. 예를 들어 AI 미술과 같이 텍스트를 입력하면 그림을 그려 주는 자동 이미지 생성 기능이나 특정 스타일로 사진을 변형시키는 스타일 모방작업, 관객 반응에 따라 작품이 실시간으로 변화하는 인터랙티브 아트, AI 도구를 활용한 전통 회화와 디지털 아트 제작과 같은 콜라보 창작 등이 있다. AI 미술은 누구나 쉽게 예술

---

[214] 사물인터넷은 온도나 습도 위치나 움직임 등의 데이터 수집하는 센서를 통하여 Wi-Fi, 5G, 블루투스 등의 네트워크를 통하여 서버나 플랫폼에 데이터를 저장하고 분석한다. 그리고 이러한 데이터를 응용하여 스마트 폰 앱이나 자동제어 시스템을 동작한다.

창작이 가능하다는 창작의 민주화나 인간이 떠올리기 어려운 형태를 조합하는 새로운 상상력의 확장 기능이 있다. 문제는 창의성의 주체가 인간인가, AI인가 하는 것과 같은 저작권이나 창작자의 정체성 문제가 남는다. 이 밖에도 작곡이나 설계의 영역도 마찬가지다.

2) 인공지능과 비판적 문제의식: 철학적 쟁점

(1) 기술의 탈주체화 문제와 하이데거의 철학적 통찰

인공지능 시대에 기술이 도구에서 판단자로 전환되고 있다는 것이 가장 큰 이슈다. 예컨대, 하이데거는 "기술은 인간을 수단화하고, 존재를 은폐한다."[215]라고 했다. 하이데거는 '인공지능(AI)'이라는 용어가 등장하기 훨씬 전 20세기 중반에 활동했지만, 그의 철학은 AI와 디지털 기술 시대를 성찰하는 데 깊이 있는 통찰을 제공한다. 특히 기술의 본질, 존재의 은폐, 도구적 이성에 대한 비판, 인간과 세계의 관계 변화는 오늘날 AI 시대에도 매우 시사적이다. 그러한 이유로 하이데거의 철학적 통찰 몇 가지를 열거해 보자.

첫째, 기술의 본질은 중립적이지 않다는 것이다. "기술은 단순한 수단이 아니다. 기술은 세계를 드러내는 하나의 방식(Die Frage nach der Technik, 1954)."[216]이라고 하면서, 기술을 단순한 도구(instrument)로 보지 않고, 인간이 세계를 어떤 방식으로 '발굴'하여 '드러냄'(Entbergen, 脫隱蔽)을 가능하게 하는 존재의 방식으로 이해했다. 이 같은 방식의 사유를 응용해 보면, AI는 세계를 데이터로 환원하고, 인간을 알고리즘적으로 해석하는 특정한 '드러냄의 양식'이다. 이것은 존재의 풍부함을 축

---

[215] M. Heidegger., trans., by William Lovitt, *The Question Concerning Technology and Other Essays* (Harper & Row, 1977), pp.4-6.
[216] ibid., pp.4-5.

소 시킬 수 있게 된다. 예컨대, 인간이 기술의 개발과 발굴을 통해 자연 에너지를 자신에게 유리한 편으로 끌어당겨서 주문 제작하는 방식을 통해 과도한 생산과 소비가 발생하며, 동시에 인간도 하나의 자연이 아닌 '비축품(Bestand)'으로 '이끌려 가는' 가능성이 높아진다는 것이다. 병원에서 환자가 인간 실험의 재료로 쓰이는 경우도 하나의 예가 된다.

둘째, 모든 존재를 자원화하는 '틀'로서의 게슈텔(Gestell)이다. 그는 "현대 기술은 세계를 '대기 자원(standing-reserve)'으로 조정한다."217)고 했다. '게슈텔'이란 모든 것을 자원으로 호출하고 조정하는 기술적 사유의 틀이다. AI는 인간의 감정, 언어, 판단까지 계산이 가능한 정보 자원으로 전환한다. 따라서 인간도 하나의 '입력-출력 시스템'처럼 다뤄질 위험이 있다. 이는 인간의 고유성과 존재의 다양성을 '은폐(Verbergen)'하는 결과를 낳을 수 있다는 것이다. 그런 점에서 기술과 인간 존재의 문제는 중요한 지점에서 '은폐(concealing)'와 '탈은폐(revealing)'의 작용을 동시에 진행 시키는 셈이다.

셋째, 기술은 존재를 은폐하면서 인간은 기술에 의해 수단화 된다. 하이데거는 "기술은 그 본질에 있어, 존재를 은폐하는 하나의 방식."218)이라고 말한다. 기술은 세계를 효율·통제의 대상으로 구성하지만, 그로 인해 존재의 본래 의미는 가려지게 된다는 것이다. 예컨대, AI가 인간의 사고를 예측할 수 있다고 생각할 때, 인간 존재의 불확정성, 침묵, 신비 등은 사라진다. 그리하여 인간은 기술에 의해 수단화된다. 하이데거는 인간이 기술을 지배한다는 착각을 경계했다. 오히려 현대 기술은 앞서 언급한 대로 인간마저도 기술 체계의 한 부속물로 변형시킨다. 이는 오늘날 AI 알고리즘이 인간의 선택, 취향, 움직임을 분석하고 유도하는 방식에서도 그대로 드러난다.

---

217) ibid., pp.13-14.
218) ibid., pp.5-6.

넷째, AI 시대 '구원'의 가능성은 '시적 사유'에 있다고 했다. 하이데거는 인간이 기술 시대에 수단으로 전락하고 도구화되고 있지만, 시적 사유의 가능성을 통하여 인간은 여전히 의미와 존재를 물을 수 있다고 주장한다. 그는 기술의 위협이 존재를 은폐하지만, 그 속에서도 존재를 다시 드러낼 가능성(구원, Erlösung)이 있다는 것이다. 그 열쇠는 시적 사유(Dichten), 즉 존재를 있는 그대로 받아들이는 비도구적 태도다. AI 시대에도 인간은 효율이나 기능을 넘어서 의미, 침묵, 경외, 고유성을 경험해야 존재의 진리로 나아갈 수 있다는 철학적 통찰이다.

하이데거가 자주 인용한 시인 횔덜린(Hölderlin)의 구절에서도 그러한 입장이 나타난다. "위험이 있는 곳에는 또한 구원이 자란다."219) 하이데거는 자신의 저서 『기술에 관하여』(Die Frage nach der Technik)(1954)』에서 이 시구를 인용하며, 기술이 갖는 위험(Gefahr)이 크면 클수록, 동시에 그것이 드러내고 열어주는 '구원(Rettung)'의 가능성도 함께 성장한다는 생각을 강조한다. 구원이 위험 속에서 발생한다는 사유를 시적 사유(poetic thinking)와 연결해 사유의 전환을 강조하는 것이다. 이는 성서에서도 "죄가 깊은 곳에는 은혜도 넘친다."라는 역설적 통찰과 맥락이 유사하다.

(2) 인공지능 시대에 대한 비판적 철학자들과 사상

하이데거 이후, 인공지능 기술 시대에 대해 비판적 성찰을 제시한 철학자들은 기술의 도구적 이성, 인간의 주체성 상실, 존재의 환원, 데이디 권력 등을 문제 삼으며 다양한 철학적 사유를 전개해 왔다. 다음은 대표적인 비판적 철학자 및 사상의 흐름이다.

---

219) "Wo aber die Gefahr ist, wächst auch das Rettende." 이 구절은 횔덜린(Hölderlin)의 1800년경 작품 'Patmos' 첫 구절 중 일부다.

(2-1). 베르나르 스티글레르(Bernard Stiegler)

기술은 기억의 외부화이며, 인간의 '시간성'을 변화시킨다는 것이 베르나르의 핵심 사상이다. 기술은 단순한 도구가 아니라, 기억과 시간의 저장 매체(retentional device)라는 것이다. '기억과 시간의 저장 매체'라는 말은 스티글레르가 기술을 바라보는 핵심 철학 개념 중 하나다. 그에 따르면 기술은 도구의 차원을 넘어 인간 기억을 외부에 기록하고 저장하는 매체이며, 이를 통해 시간성(temporalité) 자체가 구조화된다는 점이다. 그리하여 그는 『기술과 시간』(Technics and Time, 1)이라는 저술을 통하여 "우리는 더 이상 생각하지 않는다. 기술이 대신 기억하고 대신 선택한다."[220]라고 말한다. 그는 하이데거의 '기술의 존재론'을 계승하면서도, 기술을 곧 '기억의 기술(technics of memory)'[221]로 보며 인간과 기술의 관계를 심화하며 변화시킨다. 예컨대, 디지털 기술과 AI는 개인의 사유와 감정을 산업화·자동화하여 '노에스피어(noösphere)'[222]의 황폐화를 초래한다는 것이다. 이는 알고리즘 자본주의가 인간 욕망을 기계적으로 예측·조작하여 자유와 책임을 마비시키게 된다는 점이다.

이제 기술은 '시간의 조직자 (Organisateur du temps)'다. 인간은 기술을 통해 과거를 저장하고 미래를 설계한다. 기술은 단순히 외부 저장소가 아니라, 인간이 시간을 경험하고 구성하는 방식 그 자체다. 예컨

---

220) Bernard Stiegler,(trans. by Richard Beardsworth &, George Collins), *Technics and Time, 1: The Fault of Epimetheus*, (California: Stanford University Press, 1998), p.135.
221) 기술과 기억의 문제에 대해서 스티글레르는 하이데거와 후설의 해석에 기반하여 기억을 3가지 유형으로 설명한다. 첫째, 지금-여기의 직접적 지각 기억(Primary retention)으로 음악을 듣고 있는 바로 그 순간의 소리 같은 것. 둘째, 과거 경험에 대한 재기억(Secondary retention)으로 이전에 들은 음악을 떠올리는 기억과 같은 것. 셋째, 외부 기술에 저장된 기억(Tertiary retention)인 제3의 기억으로 기술적 매체인 책, 사진, 영상, 데이터, 인터넷, AI 등이다. 스티글레르는 제3의 기억(tertiary retention)이 바로 기술의 본질이라고 본다.
222) 노에스피어는 지구 진화의 한 단계로, 인간의 이성과 의식이 지구의 지질권(Geosphere)이나 생물권 위에 작용하여 형성된 정신적 층위를 말한다. 이러한 개념을 창안해 낸 자들로는 블라디미르 베르나츠키 (V. Vernadsky)가 있다. 그는 과학적 기반에서 지구 진화 단계를 제시한다. 피에르 테야르 드 샤르댕 (Pierre Teilhard de Chardin)은 노에스피어를 신학적·우주론적 관점에서 확장하여 해석하고 있다. 그 이후의 철학자들로서 베르나르 스티글레르 같은 이들이 디지털 시대의 지식, 기억, 사유의 위기와 관련하여 노에스피어를 다시 해석한다.

대, 우리가 스마트폰으로 사진을 찍고, SNS에 저장하며, 알고리즘이 이를 되돌려주는 구조는 개인적 시간의 외재화이자 기억의 자동화다. 이처럼 기술적 기억이 인간의 사고를 대신하게 될 때, 스티글레르는 여기에 비판적 문제의식을 제기한다. 그는 "기억이 외재화되고, 알고리즘화될수록 인간의 사유 능력은 자동화되고, 감각적 시간 경험은 '산업화' 된다."라고 했다. AI가 우리의 검색 이력, 시청 습관, 표정, 동선을 기억하고 분석하면서, 우리가 무엇을 보고, 듣고, 생각할지까지 예측한다면 인간은 자신의 시간을 갖지 못하고, 외부 알고리즘에 '시간을 빼앗기는' 존재가 된다는 것이다. 이를테면, 기술이 시간을 조직화함으로써, 인간 삶의 리듬이나 기억 방식 그리고 사고의 흐름에 영향을 줌으로써, 기억의 자동화를 통해 인간 사유의 산업화와 소외 현상이 발생하는 철학적 위험을 지적하는 것이다.

(2-2). 귄터 안더스(Günther Anders)

인공지능(AI) 시대에 대해 비판적이고 통찰적인 사유를 제시한 사상가들은 철학, 미디어 이론, 기술 윤리, 정치철학 등 다양한 분야에 걸쳐 있다. 베르나르 스티글레르 외에도 주목할 만한 인물 가운데는 20세기 독일의 '기술 철학자' 귄터 안더스가 있다. 그의 대표작인 『인간 시대의 도래(The Obsolescence of the Human)』[223]에서 인간은 기술 발전의 속도에 인간의 감정·윤리가 따라가지 못하는 현상을 '수치심의 격차(der Scham-Abstand)'로 설명하면서, 핵무기, 자동기계, AI 등은 인간의 통제를 넘어서는 비인간적 초월성을 지녔다고 평가했다. 따라서 그는 AI 시대에 인간이 만든 기술을 인간이 더 이상 이해하거나 통제할 수 없

---

223) Günther Anders의 영역판 *The Obsolescence of Man*(trans. by Christopher John Müller, Univ Of Minnesota Press, 2025)은 1956년 독일어판 *Die Antiquiertheit des Menschen Bd. I: Über die Seele im Zeitalter der zweiten industriellen Revolution*을 번역한 것임. 그는 이 책을 통해 기술 시대에 지배되는 시대, 곧 자동화, 지구 온난화, AI 등으로 인해 "우리가 없는 세상(world without us)"을 예견하고 있다.

는 '인간 초과 기술'의 시대를 예견한 것이다. 안더스는 핵무기의 등장으로 인간이 '타이탄(Titan)'에 가깝게 진화했지만 동시에 자기 자신을 제어하지 못하는 '초과된 존재'가 되었다고 했다. 그는 또 세계가 이미지로만 전달되면서 현실과 이미지의 구분이 사라지는 현상도 심도 있게 비판했다.

"우리는 타이탄이다"라고 하면서 인간 능력의 비약적 확장을 말했지만 동시에 통제 불능의 위기 상황을 드러내고 있는데, 이미지 중심 사회에서 '절반은 있고 절반은 없어진(half-present and half-absent)' 현실의 유령적 존재(phantom)로 전락하는 인간 실존을 풍자하고 있다. 그리하여 귄터 안더스는 기술문명, 특히 핵무기와 대중매체에 의해 인간이 자기 능력의 결과를 감당하지 못하는 '기술적 초과(Hypermacht)'의 시대를 비판하면서, 동시에 윤리적 대안과 인간 회복의 가능성도 다음과 같이 몇 가지로 모색했다.[224]

첫째, 수치심의 윤리(Promethean Shame, Promethean Responsibility)다. 안더스는 인간이 만든 기술을 이해하거나 제어할 수 없다는 데서 생겨나는 "프로메테우스적 수치"를 말한다. 하지만 그는 단순한 절망이나 체념이 아니라, 이를 윤리적 책임의 출발점으로 삼아야 한다고 주장한다. "우리는 우리 손으로 만들어 낸 것을 상상할 수조차 없는 시대에 살고 있다. 그러나 바로 그렇기에, 우리는 그 상상력 부족에 대해 책임이 있다."라고 했다. 인간은 자신의 기술적 창조물에 대해 상상할 능력을 키우고, 책임감을 지녀야 한다는 것이다.

둘째, 상상력의 윤리(Ethics of Imagination)다. 기술이 만들어 낼 결과는 현실적으로는 아직 오지 않았기 때문에, 윤리는 '상상력'을 통해 선행적 대응을 해야 한다는 것이 그의 핵심 사유다. 인간의 도덕은 단지

---

[224] Christopher John Müller(ed.), *Prometheanism: Technology, Digital Culture and Human Obsolescence*, (London: Rowman & Littlefield, 2016), pp.30-32.

의지에 있는 것이 아니라, 상상할 능력에 있다고 하여, 이는 우리가 기술의 파국적 결과를 상상함으로써 책임을 자각하고, 윤리적 행동으로 전환하는 것이다.

셋째, 저항과 증언의 윤리(Witnessing & Resistance)다. 안더스는 핵무기와 같은 문명 파괴적 기술에 대해 침묵하지 않고 증언하는 윤리를 강조한다. 그는 직접 히로시마 생존자들과의 대담, 핵무기 반대 운동 참여, 아이히만(Eichmann) 비판을 통해 증언과 저항의 실천 철학을 전개했다. 이는 "침묵하지 말 것", 그리고 "당신이 책임이 없다고 느낄 때 오히려 그 책임이 시작된다."라는 태도를 견지하라는 것이다.

넷째, '행동 가능한' 절망의 윤리(Ethics of Action in Despair)다. 그는 절망 자체가 윤리적 태도의 반대가 아니며, 오히려 절망을 행동의 근거로 삼아야 한다고 말한다. "우리는 행동하지 않을 권리를 잃었다."라고 하면서 행동과 실천을 강조한 것이다. 희망이 없더라도 행동은 가능하다는 비판적 실천주의로서, 행동은 가능성의 결과가 아니라 책임의 출발점임을 명확히 하고 있다.

이같이 안더스는 "우리는 기술의 피해자가 아니라, 기술에 대한 상상력의 부재의 피해자이다."라고 말하면서 상상력 부재와 그 실천을 반성적으로 촉구했다. 그에게 극복이란 단순히 기술을 거부하는 것이 아니라, 기술을 통제하고 상상하며, 그에 대한 책임을 묻는 인간이 되는 것이다. 그는 "윤리는 감정이 아니라, 상상력과 책임의 훈련"을 강조하며, 인간 주체의 복원을 궁극적 대안으로 제시했다.

3. 인공지능 시대의 노자 철학

1) 기술문명의 전환기와 철학의 역할

인공지능의 급속한 발전과 인간 존재의 위기를 극복하기 위한 대안으로 자연 친화적인 동양 고전철학의 재조명이 필요하다. 그 가운데서도 무위자연(無爲自然)을 역설하는 노자의 사상은 생태계의 회복을 위해서라도 아주 중요하고 시의적절한 대안적 사상이 된다. 이런 점에서 기술문명의 전환기와 관련한 철학의 역할은 오늘날 지성적 위기를 꿰뚫고 극복할 수 있는 핵심 주제다. 특히 인공지능, 자동화, 디지털 기술의 확산이라는 문명사적 변곡점에서 철학이 어떤 역할을 할 수 있을지, 특히 노자의 철학이 기여할 수 있는 논거는 무엇인지 살펴보고자 한다.

기술의 비약적 발전에 따라 인공지능, 유전자 편집, 로봇 공학, 데이터 경제 등은 인간의 인식과 노동, 기억, 판단 능력을 대체 또는 초월하고 있다. 그리하여 앞서 본 것처럼 기술은 더 이상 도구가 아닌 환경이 되었다. 하이데거의 'Ge-Stell 개념'이나, 기술은 사물을 '대기 자원(standing-reserve)'으로 간주하는 등의 표현이다. 이러한 상황에서 나타나는 문명의 전환기적 징후는 인간과 기계의 경계가 흐려지는 탈인간화(post-humanism) 현상이다. 이는 책임, 주체, 자유 등을 강조했던 기존의 윤리 개념에 혼란이 형성된다는 뜻이다. 특히 대중의 인식이나 행동, 욕망마저 알고리즘화된 사회에서는 더욱 그러하다.

이제 철학의 역할과 기능이 무엇인지 묻지 않을 수 없다. 그 몇 가지 대안을 생각해 보면 다음과 같다.

첫째, 사유의 회복이다. "우리는 더 이상 생각하지 않는다"라고 앞서 경고한 스티글레르의 지적이나, '상상력의 부재'를 말한 귄터 안더스의 경고를 신중히 생각할 필요가 있다. 기술이 판단하고 선택하고 기억하는 시대에, 철학은 '생각 그 자체'를 다시 묻는 역할을 한다. '무엇이 인간인가?'라는 존재론적 질문이 다시 본질적 물음이 되는 것이다.

둘째, 윤리적 성찰이다. 기술의 목적과 인간성에 대한 반성적 성찰이 필요한 것이다. 철학은 '기술을 어떻게 사용할 것인가'보다 '기술이 어떻게 인간을 형성하는지'를 성찰해야 한다. 〈노자〉 18장에서 "도가 무너지니(大道廢) 인의가 생겨난다(有仁義)"[225]라고 했는데, 인간 본래의 삶이 무너진 마당에 기술이 판을 치니, 가짜 윤리와 대체 윤리의 위험이 대신하는 것이다.

셋째, 존재의 방식 전환이다. 이는 노자가 강조하는 무위자연(無爲自然)과 비권력성의 정신에서 지혜를 얻을 수 있는 부분이다. 기술은 세상을 지배하고 예측하려는 힘과 권력의 산물이다. 노자 철학은 인위적인 세계와 힘의 지배를 반대하는 방향으로 비움(虛)과 낮춤(卑), 그리고 경쟁적으로 전쟁을 하지 않음(不爭)을 강조하기 때문이다. 그렇다고 현대사회에서 기술로부터 회피하는 것이 아니라, 기술을 '자연스럽게' 받아들이는 비지배적인 기술관이 필요하다는 뜻이다.

그렇다면 이제 철학의 구체적 실천과 내용이 필요할 것이다. 철학의 역할은 비판과 성찰에 있다. 기술 시대의 비판적인 내용은 기술에 내재된 이데올로기와 권력성을 해체하는 일이다. 이를테면, 감시의 기능으로서 자본주의와 알고리즘 편향에 비판적으로 대응하는 것이다. 그리고 성찰은 인간의 정체성과 윤리를 다시 정의 하는 일로서, 책임의 주체가 인간인가 AI인가 하는 물음에 답해야 한다. 철학의 역할과 기능은 비판과 성찰 외에도 길의 안내와 비움의 경청이 있다. 길의 안내는 철학의

---

225) 이명권, 『노자왈 예수 가라사대』 상권, (서울: 열린서원, 2017), pp.127-130.

중요한 인문학적 방향 제시로서 개인과 사회가 기술 속에서 비인간화되지 않고 살아가는 방법을 탐색하게 한다. 그리고 비움의 경청은 동양철학, 특히 노자나 장자의 교훈에서 배울 것이 많다. 비움과 침묵의 지혜가 그러한 것이다.

    기술 시대에 다시 철학으로 돌아가야 하는 이유는 기술이 '어떻게'를 해결하지만, 철학은 '왜'를 묻기 때문이다. 기술이 지배하는 세상일수록 철학은 더욱 급진적인 실천이자 저항이 된다. 〈노자〉 41장의 말처럼, "밝은 도는 어두운 것 같고, 앞으로 나아가는 도는 후퇴하는 것 같으며, 평탄한 도는 어그러진 것 같고, 숭고한 덕은 골짜기 같으며, 광대한 덕은 부족한 것 같다. 도는 은밀히 감추어져서 이름이 없는데, 오직 만물을 잘 보조하고 완성시킨다."[226]라는 이치가 기술 세계에 적합한 교훈이 될 것 같다. 철학은 '말로 규정하고 예측하려는' 기술의 세계에 '도(道)'로 표현되는 '자연(自然)'의 침묵과 여백의 가능성을 회복시키기 때문이다. 노자가 "도는 스스로 그러함을 본받는다"라고 한 '도법자연(道法自然)'을 말한까닭도 같은 맥락이다. 노자의 이러한 구절은 도가 지닌 심오함과 반(反)의 지혜를 압축적으로 드러낸다. 진정한 도는 눈에 보이거나 겉으로 드러나는 것이 아니며, 진실은 때로 세속적 기준과 반대로 나타난다는 통찰을 담고 있기 때문이다. 이러한 전제를 염두에 두고 기술문명의 과학 시대에 노자의 철학이 어떤 대안을 줄 수 있는지 살펴보자.

---

226) 이명권, 『노자 왈 예수 가라사대』 하권, pp.29–33. "明道若昧, 進道若退, 夷道若纇. 上德若谷, 大白若辱, 廣德若不足, 道隱無名. 夫唯道, 善貸且成."

2) 기술문명 시대의 노자 철학: 무위와 자연, 그리고 존재의 새 지평

(1) 무위와 자연의 철학: 자율성과 자연스러움

노자 철학은 여러 가지 차원으로 해석할 수 있지만, 큰 범주에서 무위(無爲), 소박(素朴), 부쟁(不爭), 허정(虛靜) 그리고 유약(柔弱)과 겸허(謙虛) 등의 개념과 결부될 수 있다. 물론 이는 도자의 핵심 개념인 도의 속성을 다른 방식으로 표현한 것이다. 도의 우주적 속성이 있는가 하면, 도의 작용을 인간의 측면에 대입하면 덕성(德性)으로 나타나게 마련이다. 이러한 도의 우주적 작용이나 인간 내면의 심성과 결부하여 작용하는 두 측면 모두를 고려해 볼 수 있지만, 인공지능과 같이 고도로 발달한 과학 시대에 인간과 기술의 양가적 측면을 고려하면서 노자가 제시하는 도의 기능과 그 철학적 역할은 혼돈의 시대에 새로운 '제3의 길'을 제시해 줄 수 있는 '상상력'을 도와 줄 수 있으리라고 생각한다.

노자의 도 개념은 인위적 조작 없이 흐름을 따르는 '스스로 그러한(自然)' 질서임에 반하여 기술은 조작적 질서다. 현대 인간은 기술이 제공하는 바탕 위에서 살 수밖에 없는 운명에 처해있다. 그러나 그러한 운명을 숙명으로 여기고 아무런 대책 없이 무방비 상태로 기술적 과잉의 정보와 기능 속에 인간의 운명을 내맡길 수는 없는 노릇이다. 그러므로 우리는 인위적 조작의 기술이 인간을 지배하고 종속화시키는 영향권에서 점차 벗어나서 노자가 말하는 '무위'의 철학과 지혜를 배울 필요가 있다.

무위(無爲)라고 하는 것은 억지 개입을 하지 않는 것을 말한다. 반면에 기술은 개입과 통제의 체계다. 포스트모더니즘의 선구적인 철학자 미셸 푸코(Michel Foucault)가 말하듯이 지능이 확장될수록 권력은 보이지 않는 알고리즘으로 이동하여 감시와 통제의 기능이 강화된다. 그는 판옵티콘(Panopticon) 개념에서 데이터옵티콘(data-opticon)으로의 전환을 설명하고 있다. 푸코는 『감시와 처벌』(Discipline and Punish, 1975)이라는 그의 저서에서 영국의 공리주의자 벤담(J. Bentham)의 판옵티콘(panopticon)을 분석하며 근대 권력의 작동 방식을 설명한다. 판옵티콘은 중심 감시탑에서 감시자가 보이지 않게 모든 수감자를 항시적으로 감시할 수 있는 구조다. 푸코의 핵심 개념에서 '권력'은 강제하기보다는 자기 감시(self-surveillance)를 유도하는 방향으로 작동한다. 예컨대, "항상 누군가가 보고 있다"라는 인식 자체가 규율화(disciplinary power)를 낳는다는 것이다. 반면에 데이터옵티콘(Data-opticon)은 감시의 디지털 전환이다. '데이터옵티콘'이라는 용어는 푸코 이후 학자들[227)]이 디지털 시대의 감시를 설명하기 위해 만든 개념으로, 디지털 기술과 인공지능이 통치성과 감시의 방식을 어떻게 바꾸고 있는지를 통찰하는 현대적 이론이다. 이 개념은 감시(surveillance)의 구조가 물리적 공간을 넘어서 데이터 기반의 통제 체계로 전환되는 현상을 설명한다.

데이터옵티콘의 특징을 전통 판옵티콘과 구별하여 설명하면 다음과 같다. 판옵티콘이 물리적 공간을 기반으로 감시한다면, 데이터옵티콘은 디지털 플랫폼·데이터를 기반으로 감시한다. 전자가 감시자-피감시자의 구분이 있다면, 후자는 모두가 동시에 감시자이자 피감시자다. 또한 전자가 시선이나 감시의 압박을 받는다면, 후자는 알고리즘·데이터 추적의 압박이 있다. 그리고 전자는 자율적인 규율화가 예상되지만, 후자는 행동 예측과 개입을 중심으로 통제하게 된다. 기술·인공지능 시대의 감시와 통제 기능은 알고리즘적 통치(Algorithmic Governance)로 진행되며, AI와 빅데이터는 시민의 행위, 성향, 위치, 관심사 등을 실시간으로 분석한다. 예컨대, 어떤 단체의 사회 신용 시스템은 개인의 행동 데이터를

---

227) 이 용어에 대해서는 대표적으로 슬라보예 지젝(Slavoj Žižek), 셸라 벤하비브(Seyla Benhabib), 그리고 샤샤 루보브(Sasha Lubov) 등의 이론가들이 활용한다.

점수화해서 사회적 권리를 배분하는 것과 관련된다. 기업의 경우에는 소비자 행동 예측을 통한 광고나 정치적 여론 조작으로 활용할 수도 있다. 이러한 통제는 이제 예측과 조정으로 작동한다. 질 들뢰즈(Deleuze)는 '규율 사회'에서 '통제 사회'로의 전환을 말한다. 이는 앞서 푸코가 판옵티콘에서 데이터옵티콘으로의 전환을 말한 것과 맥락을 같이 한다. AI 기반의 감시는 과거를 단속하기보다 미래 행동을 예측하고, 사전에 개입한다. 예컨대, 범죄 예측 소프트웨어(predictive policing)나 개인의 데이터를 기반으로 위험을 예측하여 보험료를 산정하는 보험료 할당 알고리즘 등이다.

이상에서 보는 바와 같이 기술 지능 사회는 개입과 감시 그리고 통제의 역할을 한다. 반면에 노자가 주장하는 무위의 철학은 개입과 감시 그리고 통제나 조작이 없는 사회적 삶이다. 이른바 무위자연에 따른 비경쟁적 삶이다. 노자는 기술 지능이 제시하는 이러한 통제와 자기 기계화의 삶에 대해 다른 존재 방식을 제시하는 것이다. 무위(無爲)는 앞서 언급했듯이 인공적 개입을 버리고 도(道)의 흐름에 맡기는 것이다. 이를 실천하는 방식으로는 〈노자〉 48장이 말해주는 교훈으로 지식을 쌓아가는 방식에서 도리어 '버림'으로써 진리를 얻고 도를 실천하는 무위의 방법이 있다. 노자는 이렇게 말한다.

"배운다는 것은 매일 더해간다는 것이며, 도를 따른다는 것은 날마다 덜어내는 것이다. 덜어내고 또 덜어내어 무위에 이르면, 하지 않아도 하지 않음이 없다. 늘 탈 없는 무욕으로 행하면 천하를 얻지만, 탈 있게 하면 천하를 얻기에 부족하다."[228]

---

[228] 이명권, 『노자 왈 예수 가라사대』 하권, pp.67-70. "爲學日益, 爲道日損. 損之又損, 以至於無爲. 無爲而無不爲. 取天下常以無事, 及其有事, 不足以取天下."

여기서 노자는 무욕(無欲)의 방법으로 무위에 이르는 길을 말한다. 무욕의 방법은 욕심을 내지 않고 일을 처리하는 '무사(無事)'를 뜻한다. 천하를 얻거나 다스리려 해도 '무사'의 방법으로 일해야 한다. 이는 기술지능이 선도하는 '개입'이나 간섭이 아니라, '스스로 그러함'의 원리를 따라야 함을 말하는 것이다. 그런데, AI 기술 시대에는 푸코가 데이터옵티콘에서 지적하듯이 우리는 더 이상 감옥에 갇히지 않지만, 데이터를 통해 투명한 유리 감옥 속에 살고 있는 셈이다.

여기서 잠시 노자의 탁월한 전문 해석가인 위진(魏晉)시대 왕필(王弼)이 〈노자〉 48장의 본문을 어떻게 해석하고 있는지 살펴보자. 왕필은 '위학(爲學)'을 세속적 지식의 축적 행위로 보며, 지식은 늘어날수록 사물에 얽매이게 된다고 보았다. 노자의 "위학일익(爲學日益)"에 대해 다음과 같이 해석했다. "자기가 능한 바를 능숙하게 하고, 그 익힌 바를 늘리고자 힘쓴다"라고 했다.

날마다 덜어내는 '위도(爲道)'에 대해서도 그는 "도를 따르는 자는 허(虛)와 무(無)로 돌아가기를 힘쓴다."라고 해석했다. 왕필은 '위도(爲道)'를 존재의 본연(本然)이자 출발인 '비움(虛)'과 '무(無)'로 돌아가는 과정이라 보고, 능숙한 재능을 버림으로써 도와의 합일에 이른다고 한 것이다. "덜어내고 또 덜어내서 무위에 이른다(損之又損, 以至於無爲)"라고 한 노자 본문에 대해서 왕필은 다음과 같이 해석한다. "인위적으로 작위함이 있으면 잃어버리는 것이 있게 마련이다. 그러므로 무위를 함으로써 하지 못함도 없는 것이다." 여기서 왕필은 '덜어낸다(損)'는 것을 인위적 작용이 있는 '유위(有爲)'와 그것이 전혀 없는 "무위(無爲)"의 상태를 대비 시킨다.

이처럼 왕필은 무위(無爲)를 '아무것도 하지 않음'이 아니라, 불필요하고 작위적인 행위를 '비우고 또 비워 스스로 그러함에 맡기는 방식'으로 해석하며, 이를 통해 오히려 모든 것이 성취된다고 보았다. 그러한

'무위'의 영역은 사물에 간섭하지 않는 형태다. 노자가 말한 "천하를 얻으려면 늘 무사로 해야한다(取天下常以無事)"는 구절에 대해서 왕필은 "늘 스스로 그러한 타고난 본성(因)에 따른다."라고 함으로써, 타고난 본성에 따르는 무위의 영역은 무사의 일로서 기술 시대의 개입과 간섭과는 차별화되고 있다. "무사(無事)"는 도가적 통치의 이상으로, 행정·통제·규범 따위의 작위적 간섭을 하지 않음을 뜻하기 때문이다.

여기서 한 걸음 더 나아가서 노자는 '인위적인 일 없음(無事)'과 '인위적인 일 있음(有事)'를 구분하여 설명하면서, 다음과 같이 말한다. "인위적인 일이 있으면 천하를 얻기에 부족하다(及其有事, 不足以取天下)." 이 구절에 대해 왕필은 다음과 같이 해석한다. "자기가 지어내는 것이다. 천하를 취하기에는 부족하다."[229] 이처럼 통치의 작위적 개입은 오히려 도에서 벗어난다고 하며, 작위적인 행위가 없는 무사(無事)가 가장 강력한 통치력임을 강조한다. 푸코가 말하는 '감시와 처벌'의 기술 통제 사회의 경우와 사뭇 다르다. 이른바 푸코가 지적하는 지식-권력 구조의 비판과 맞물리는 부분이 있다. 노자에게서 '무사'가 가장 깊은 통치의 힘이 될 수 있다는 지적을 현대철학과 대응시켜 보면, 자율적 질서와 비개입적인 민주주의 윤리와도 부분적으로 상통할 수 있을 것이다. 따라서 '무사'는 단순한 소극성이 아니라, 가장 강력하고도 정합적인 통치 원리가 된다. 이는 현대의 기술 사회의 과잉 개입과 대비되어 비개입적인 신뢰 기반의 통치 윤리로 기능 할 수 있을 것이다. 푸코가 '미시 권력(micro-power)'[230]을 해체적으로 드러냈다면, 1노자는 권력의 비작용

---

[229] <노자> 48장 원문에 대한 왕필의 해석은 다음과 같다. "務欲進其能, 益其所習." "務欲反虛無也, 有爲則有所失. 故無爲乃無所不爲也." "酗常因也." "自己造也." "失統本也." cf. [魏] 王弼『老子道德經注』, (北京: 中華書局, 2014), p.132.

[230] 푸코의 미시 권력은 미시 권력관계(micro-physics of power)라고도 하는데, 그의 권력이론의 핵심으로 근대 사회에 대한 비판적 성찰이다. 이는 중앙집중적 권력이나 국가 권력과는 매우 다른 권력의 작동 방식을 보여준다. 눈에 보이지 않으면서, 일상적인 분산된 권력의 형태다. 예컨대, 학교나 병원, 군대의 시간 단위로 구성된 시간표, 감옥, 가정, 직장 같은 일상의 미시적 관계 속에서도 섬세하게 작동한다. 특히 푸코는 권력의 탈중심화를 주장하면서 권력이 하나의 소유물이 아니라, '관계'로

인 '무사(無事)'로 천하를 얻는다는 제안을 하고 있다.

이처럼 왕필의 노자 해석의 핵심은 기술과 지식을 축적하는 '위학(爲學)'은 도로부터 멀어지고, 지식을 더는 위도(爲道)는 사물의 인위적 작용을 멈추는 과정이다. 그러한 과정에서 얻게 되는 도와 합일된 상태의 무위(無爲)는 자연의 작용에 따름으로써 인위적 개입 없이 모든 것이 이루어지는 무불위(無不爲)의 경지다. 이는 무사(無事) 곧, 간섭하지 않음으로써 다스리는 경지에 이르게 된다는 것이다. 결국 왕필은 도덕경을 통해 존재의 본질은 무(無)이며, 작용은 자연에 따른다는 형이상학적 사유를 전개했다. 지식과 작위는 오히려 도에서 멀어지게 하고, 비움과 따름(無知·無爲)이야말로 진정한 자유와 통치의 근거임을 주장한 것이다.

(2) 인공(人工)에 대한 경계와 소박(素朴)의 미학

노자가 말하는 소박(素朴)의 미학은 단순함과 비경쟁의 가치를 표방한다. 반면에 기술은 경쟁과 복잡성을 강화한다. 따라서 노자의 철학은 인공(人工)에 대한 경계를 말하는데, 소박의 미학은 『도덕경』 전반을 관통하는 무위자연(無爲自然) 사상의 핵심이다. 특히 현대 기술문명과 욕망 과잉 시대에 깊은 철학적 울림을 준다. 이를 좀 더 자세히 살펴보자.

2-1) 인공(人工)에 대한 노자의 근본적 경계

노자에게 있어서 인공(人工)은 곧 인위(人爲)와 같은 의미로 쓰인다. 그것은 도(道)의 자연스런 흐름을 거스르고, 사물의 본성을 왜곡하는 작위적 개입을 뜻하기 때문이다. 〈노자〉 25장에 의하면 인공적 기술이 아

본다. 푸코 이전에는 권력이 억누르는 억압 중심이라면, 푸코 이후에는 권력이 규율이나 생산 관리 차원에서 형성되고 길들여진다는 것이다. 그리하여 권력은 우리가 생각하는 것보다 훨씬 가까운 곳에 있으며, 말투, 옷차림, 생활습관, 감정 표현 속에도 권력이 스며있다. cf. 『감시와 처벌』(Surveiller et punir, 1975).

닌 자연스러움의 길이 무엇인지를 다음과 같이 제시하고 있다.

> 인간은 땅을 본받고, 땅은 하늘을, 하늘은 도를, 도는 스스로 그러함(自然)을 본받는다.231)

왕필은 이 구절에 대해 사람이 땅을 본받는다(人法地)고 했을 때, '본받는다'라는 뜻을 지닌 '법(法)'은 '법칙(法則)'으로 해석했다. 따라서 사람이 땅(地)을 위배할 수 없고, 그렇게 위배하지 않을 때, 비로소 안전하고 땅의 법칙을 따르는 것이라 했다. 이와는 달리 인공기술 시대에 인간은 기술의 법칙을 따르고 있지 않은가? 또한 왕필은 "땅이 하늘을 위배하지 않을 때, 비로소 온전히 만물을 실을 수 있으므로 하늘을 본받는다."라고 해석했다. 땅이 하늘을 본받는다는 것은 하늘 운행의 법칙을 따라 만물을 온전히 실을 수 있다는 것이다. 그런가 하면 하늘의 운행도 어떤 법칙에 따라 움직이는 데 그것을 일러 노자는 '하늘이 도를 본받는다(天法道)'라고 했다. 이를 왕필은 이렇게 해석했다. "하늘은 도를 위배하지 않으니 온전히 덮을 수 있고, 도를 본받게 되는 것이다"라고 했다. 땅이 하늘을 본받아 만물을 실을 수 있는 것이라면, 하늘은 도를 본받아 만물을 덮을 수 있다는 것이다. 여기서 한 걸음 더 나아가서 도는 그냥 가만히 있지 않고 '스스로 그러함(自然)'이라는 자연을 본받는다는 것이 노자의 진술이다. 이른바 '도법자연(道法自然)'에 대하여 왕필은 "도가 스스로 그러함을 위배하지 않음으로써 이에 그 본성을 획득한다."라고 했다."232) 이른바 스스로 그러함을 본받는다는 것은 '본성의 획득'이라고 해석한 것이다. 이러한 경지야말로 인간이 추구할 수 있는 본연(本

---

231) 이명권, 『노자 왈 예수 가라사대』 상권, pp.181-2. "人法地, 地法天, 天法道, 道法自然."
232) "法, 謂法則也. 人不違也, 乃得安全, 法地也. 地不違天, 乃得全載, 法天也. 天不違道, 乃得全覆, 法道也. 道不違自然, 乃得其性, 法自然也." cf. [魏] 王弼, 『老子道德經注』, (北京: 中華書局, 2014), p.66.

然)의 모습이다. 이를 각 종교의 영역에서 볼 때, 그리스도교에서는 성령(聖靈)의 회복이며, 불교에서는 불성(佛性)의 회복이라고 할 수 있다. 하지만 인공기술 시대에는 점점 거리가 멀어진다. 노자는 기본적으로 인공이라는 작위적 기술과 문명, 그리고 형식과 권력을 경계한다. 이처럼 노자의 도가 경계하는 것은 인간 중심의 개조(改造)와 기술적 지배의지 그리고 욕망의 기획이다.

2-2) 소박(素朴)의 미학: 꾸미지 않음의 아름다움

노자는 인공을 경계할 뿐만 아니라, 그것에 맞서는 적극적 미학적 원리로서 '소박(素朴)'을 제시한다. 〈노자〉 19장은 이렇게 말한다. "있는 그대로를 드러내며(見素), 순박한 것을 껴안고(抱朴), 사사로운 일을 줄이고 욕심을 적게 한다."[233] 노자 본문의 '소(素)'는 본래의 상태, 가공되지 않은 자연을 뜻한다. 그리고 '박(朴)'은 거칠고 다듬지 않은 나무로서 천연의 단순함을 말한다. 이리하여 '소박'은 꾸밈없는 진실성과 존재의 근원에 가까운 아름다움을 뜻하는 것이다. 이처럼 노자는 '소박의 미학'을 드러내는데 이는 인공(人工)과 대비된다.

인공의 본질이 인간의 조작과 개입이라면, 소박은 도의 자연성과 자생성이다. 또한 인공의 작용이 교묘함과 욕망의 조직화라면, 소박의 작용은 단순함과 덜어냄이다. 인공의 결과는 복잡하면서 소외와 경쟁을 낳는다면, 소박은 평화, 자족, 순환이다. 이 양자를 미학적으로 분석하면 인공은 기술적 장식미와 과잉이 특징이라면, 소박의 미학은 단순성의 미와 거친 순수로 특징지을 수 있다. 이로써 도가적 미학의 핵심은 꾸밈없는 아름다움(無飾之美)에 있다고 할 수 있다. 노자는 진정한 강함은 부드러움에 있고, 진정한 아름다움은 소박함에 있다고 본 것이다.

---

233) 이명권, 『노자 왈 예수 가라사대』 상권, p.137. "見素抱朴, 少私寡欲"

이는 단지 삶의 양식이 아니라 존재의 방식이자 저항의 미학이다.

이와 관련하여 노자 소박의 미학을 현대적으로 적용해 보면, 건축양식에서도 노자적 공간은 '적게 만들고, 여백을 살리며, 흐름을 고려한 설계'를 생각해 볼 수 있고, 생활은 최소한의 소비와 절제의 미, 그리고 자족의 삶을 들 수 있다. 기술에 관해서는 하이테크의 과잉을 비워내고 기술의 비개입성을 회복할 필요가 있다. 이른바 기술 최소화 운동(low-tech movement) 같은 것이다. 결국 노자의 '소박'은 단순함이 아닌 '도와의 일체'다. 노자가 말하는 소박은 결코 '미개함'이나 '낙후성'이 아니라, 오히려 그것은 과잉된 문명의 허위와 욕망을 비워내는 통찰이며, 존재의 본질에 가까이 가기 위한 의식적인 미학적 실천이다. 그러므로 소박은 도의 현현이며, 인공은 도의 은폐다. 꾸미지 않음이야말로 도의 진실에 가까운 미적 상태이기 때문이다.

(3) 상선약수(上善若水)와 인공지능 시대의 비경쟁·부쟁(不爭)의 윤리

상선약수(上善若水)는 『도덕경(道德經)』 제8장의 핵심 구절로, 노자 철학의 윤리적 이상을 상징하는 말이다. 이를 중심으로 'AI 시대의 비경쟁 윤리'를 비교적 관점에서 고찰해보자. '상선약수'의 철학적 의미를 담은 본문은 다음과 같다.

> 지극히 훌륭한 것은 물과 같다. 물은 만물을 이롭게 하면서도 다투지 않으며, 사람들이 싫어하는 낮은 곳에 처하니, 그러므로 도(道)에 가깝다.[234]

---

234) ibid., pp.59-63. "上善若水. 水善利萬物而不爭, 處衆人之所惡, 故幾於道."

이 본문을 통해서 '상선약수'의 윤리적 의미를 유추할 수 있다. 노자는 '최고의 가치나 훌륭한 일(上善)'을 물에 비유하면서, 자연이 지닌 겸손과 무위 그리고 무쟁(無爭)의 속성에서 도(道)의 윤리를 발견한다. 물은 만물을 잘 이롭게 하면서도(水善利萬物), 낮은 곳으로 흐르며 자리를 다투지 않으며(處下不爭), 자기 형체가 없이 모든 것에 스며드는 부드러움(柔弱)을 지닌다. 이러한 물의 성품은, 도(道)와 가까운 인간 삶의 자세를 암시한다.

이처럼 노자 도의 속성을 가장 잘 드러내 보여주는 구절인 '상선약수'의 내용은 다투지 않되 스스로의 길을 가는 무쟁(無爭), 억지로 개입하지 않고 자연의 흐름에 맡기는 무위(無爲), 낮은 곳에 머무르며 권력과 이익 추구에서 벗어나는 겸하(謙下), 그리고 만물을 감싸며 대립하지 않는 포용(包容)의 정신을 배울 수 있다. 물은 부드럽고 유약하나 결국 강하고 단단한 것을 이기고(柔弱勝剛强) 스스로 내세우지 않지만, 만물의 생명을 지탱하는 역할을 하기 때문이다.

이러한 상선약수의 교훈은 기술 시대에 비경쟁과 부쟁(不爭)의 윤리를 제공한다. 노자가 말하는 '부쟁'(不爭)은 단순히 경쟁을 회피하라는 말이 아니라, 자연과의 조화 속에서 억지로 다투지 않고, 자신의 자리를 지키며, 부드럽게 살아가는 태도를 뜻한다. 이는 경쟁 사회와의 대비를 이룬다. 현대 사회는 '경쟁 = 발전'이라는 등식 아래 과도한 경쟁을 부추기지만, 노자는 다음과 같이 말한다. 〈노자〉 81장에서 "하늘의 도는 이익을 주되 해치지 않으며, 성인의 도는 행하되 다투지 않는다."235)라고 했다. 도의 작용이 억지스럽지 않고, 조화로우며 무쟁(無爭) 하다는 사상을 담고 있다. 이 구절에 대해 한대(漢代)의 하상공(河上公)은 이렇게 해석한다. "하늘이 만물을 생장시키며, 사랑으로 길러 장대하게 하지만

---

235) 이명권, 『노자 왈 예수 가라사대』 하권, pp.217-220. "天之道, 利而不害, 聖人之道, 爲而不爭."

해를 입히지 않는다."236)라고 했다. 〈노자〉 22장에서도 '부쟁'의 원리가 나온다.

> 스스로 보이게 하지 않으므로 밝고, 스스로 옳다 하지 않으므로 빛난다. 스스로 자랑하지 않으므로 공덕이 있고, 뽐내지 않으므로 덕이 오래간다. 대저 오로지 다투지 않으므로 천하에 능히 그와 더불어 다툴 자가 없다.237)

여기서 "다투지 않음(不爭)"은 자연의 도에 따르는 비경쟁의 원리로도 강조된다. 비경쟁은 비굴함이 아니라, 자기 자리를 아는 지혜와 겸손이다. 이러한 물의 성질과 관련하여 윤리적인 실천적 적용을 고려해 보면, 만물을 이롭게 하는 이타적 삶에서 공동체적 배려를 엿볼 수 있고, 다투지 않음은 경쟁보다 조화와 협력의 가치를 말해주며, 낮은 곳에 머무는 것은 권력과 명예에 대한 무욕의 정신을 보여주는 것이다. 또한 부드러움이 강함을 이기는 것이나 흐름의 변화에 유연하게 대처하는 삶도 상선약수의 중요한 덕목들이다. 이는 남을 이겨야 한다는 경쟁적 윤리에서 벗어나, 자연과 더불어 사는 삶, 갈등보다 조화와 순응, 무리한 주장보다 무위의 실천을 강조하는 비폭력적, 탈권력적 윤리 지향의 삶이다. 이것은 현대 사회의 치열한 경쟁과 생존 논리를 반성하게 하며, '지혜로운 포기', '겸허한 자기 자리 찾기', '부드러움의 힘'이라는 대안을 얻게 한다.

〈노자〉 61장에서 "큰 나라는 아래로 흐르니, 천하가 교차하여 만나는 곳으로 천하를 품는 암컷과 같다."238)라고 했다. 여기서도 소박과 겸허가 지배력보다 크다고 말하고 있다. 이 노자 본문에 대해 왕필의 해석을

---

236) "天生萬物, 愛育之令長大, 無所傷害." cf. [漢] 河上公, 『道德經集釋』 上册, (北京: 中華書局, 2015), p.108.
237) 이명권, 『노자 왈 예수 가라사대』 상권, pp.161-162. "不自見故明, 不自是故彰, 不自伐故有功, 不自矜故長. 夫唯不爭, 故天下莫能與之爭."
238) 이명권, 『노자 왈 예수 가라사대』 하권, pp.61-134. "大國者下流. 天下之交, 天下之牝."

보면, "큰 나라가 아래로 흐른다(大國者下流)"는 것은 "강과 바다가 큰 곳에 있지만 낮은 곳에 처하니 온 시내가 거기로 흘러가고 대국이 큰 땅을 차지하지만 낮추어 처하므로 천하가 그리로 모여든다. 그러므로 대국은 자신을 낮춘다."239)라고 풀이한다. 이 또한 앞서 언급한 '상선약수'의 교훈과 일맥상통하는 대국(大國)의 겸허한 '부쟁'의 평화로운 처세술이다.

(4) 지혜(智)와 어리석음(愚): 유식(有識)의 한계 비판

인공지능(AI) 시대에 노자가 바라보는 지혜(智)와 어리석음(愚)을 고찰해 보는 것도 '유식(有識)'의 한계에 대한 비판적 성찰이 될 수 있을 것이다. 인공지능 시대는 '지식' 중심 사회다. 이에 AI는 막대한 정보를 수집하고 정교한 분석을 하여 인간보다 더 '유식한 존재'처럼 보이기도 한다. 인간 사회 또한 '전문가', '지식인', '데이터 과학자'를 우위에 두며 판단과 결정을 위임하기도 한다. 그러나 노자는 '지식'과 '지혜'를 구분하고, 지나친 유식(有識)을 경계하고 있다.

노자는 '지혜'와 '어리석음'의 문제를 역설적인 방식으로 표현한다. 노자에게 있어 진정한 '지혜(智)'는 단순한 지식의 축적이 아니다. 오히려 자연과 조화롭게 살아가는 '무지(無知)' 혹은 '순진(純眞)'에 가까운 삶이 도(道)에 가까운 것이라고 설명한다. 〈노자〉 19장에서 이렇게 말한다. "성스러움을 끊고 지혜를 버리면, 백성이 백배로 이로워진다." 그리고 이어서 같은 장에서 "기교를 끊고 이(利)를 버려라. 도적이 없을 것이다."240)라고 했다. 여기서 '성(聖)'과 '지(智)'는 잘난 체하는 유식자들을

---

239) [魏] 王弼, 『老子道德經注』, (北京: 中華書局, 2014), p.164.
240) 이명권, 『노자 왈 예수 가라사대』 상권, pp.133-139. "絶聖棄智, 民利百倍.", "絶巧棄利, 盜賊無有."

의미하며, 그들이 만들어 낸 분별(分別)이나 간계(奸計)가 도리어 세상을 어지럽힌다는 비판이 담겨 있다.

유식(有識)의 한계에 대한 노자의 비판을 고찰해 보면, 몇 가지로 구분하여 설명할 수 있다. 우선 '무지의 지(無知之知)'를 들 수 있다. 이는 소크라테스가 "나는 내가 아무것도 모른다는 것을 내가 안다."라고 했던 말을 생각나게 하지만 소크라테스가 말하는 그러한 인식론적 근거의 지식은 아니다. 오히려 현대인들이 알고 있다고 믿는 자들의 '지식'에 도전을 던지는 것으로 과잉 확신이나 교만으로 흐르는 지식을 경계하고, 침묵하며 어리석다고 할 정도의 비분별적인 앎으로서, 이는 '반(反)지성적이 아니라 탈(脫) 지성적'인 것으로 전문적 판단의 도그마를 벗어나 있는 앎이다. 그리하여 노자의 무지(無知)는 무능이 아니라 존재에 대한 겸허함이다.

노자의 경우에 〈노자〉 2장에서 보여주는 대로, 지식은 상대적일 수밖에 없으나, 도는 절대적이다. 앞서 살핀 '도법자연(道法自然)'이 그러한 경지다. 현대의 유식(有識)은 데이터에 의한 지식을 진리로 착각할 수 있게 하는 문제가 있다. 데이터는 정확해도 '진리(眞理)'는 모를 수 있기 때문이다. 어디까지나 노자는 '무위자연'의 경지로 모든 이야기를 풀어가지만 현대 기술 시대에는 기술로 모든 사건 사물을 제어하려고 한다. 인위적인 통제의 폭력성이 가미되는 것이다. 이렇게 볼 때, 인공지능 시대의 '지'(智)는 전도(顚倒)된 측면이 있다. AI의 지능은 계산 가능성과 예측력이 있어서 빠르고 정밀하지만, 지혜와는 무관하다. 노자의 관점에서 볼 때 문제점은 AI는 '유식'하나 '지혜롭지 않다'라는 것이고, '정답'은 많지만 '올바름'은 알지 못한다. 그리고 '선택'은 하되, '책임'은 지지 않는다.

그렇다면 진정한 '지'란 무엇인가? 노자에게 진정한 지혜(智)는 다음과 같다. 예컨대, 부지(不知)의 지(智)로서 "나는 알지 못한다"라는 자각으로 교만이 없는 지혜, 무위(無爲)의 지(智)로서 억지로 하지 않고 흐름을 따르는 통찰, 자연(自然)의 지(智)로서 인간 중심의 통제가 아닌 자연과의 조화를 이루는 지혜와 같은 것으로 이해할 수 있다. 이것은 오늘날 AI 기술 중심 사고에 대한 근본적인 반문이 될 수 있다. "우리는 점점 더 많은 것을 '알게' 되었지만, 정작 어떻게 살아야 할지는 더욱 모르게 되었다."라는 고백에 노자는 적절한 의미 있는 대답을 제공해 줄 것이다.

〈노자〉 56장에서 이렇게 말한다. "아는 자는 말하지 않고, 말하는 자는 알지 못한다."[241] 이는 인공지능 사회의 '유식의 시대'에서 노자의 '무지의 지혜'로 나아가게 하는 주요 명제가 될 수 있다. 인공지능 시대는 데이터와 유식이 넘쳐나는 시대다. 그러나 노자의 도는 말 없는 지혜, 억지 없는 진리를 지향한다. 따라서 진정한 윤리적 전환은 "AI보다 똑똑해지려는 것"이 아니라, "AI와 더불어 지혜롭게 살아가는 길"을 찾는 것이 효과적일 수 있다.

이처럼 노자의 철학에서 지혜(智慧)는 흔히 우리가 생각하는 지성(intellect) 중심의 지식이나 논리적 사유 능력과는 매우 다른 개념이다. 노자의 지혜는 오히려 비(非)지성적, 혹은 탈(脫)지성적 요소를 강하게 내포하고 있다. 무지(無知)와 소박(素朴)의 미덕으로서, 인위적 지식을 경계한다. "학문을 하려면 날마다 더해지나(爲學日益), 도를 따르려면 날마다 덜어낸다(爲道日損)."라는 〈노자〉 48장의 교훈도 맥락을 같이 한다. 여기서 '도에 이르는 길은 날마다 덜어낸다(爲道日損)'라는 말은, 진정한 지혜는 지식의 축적이 아니라, 과잉된 지성의 벗어남을 뜻한다. 노자가 '무지'를 강조한 것도 무식함을 장려하는 것이 아니라, 지성 중심의 오만한 분별을 내려놓고 직관적이고 전일적인 인식으로 돌아가자는

---

[241] 이명권, 『노자 왈 예수 가라사대』 하권, pp.103-109. "知者不言, 言者不知."

것이다.

노자가 '어리석음(愚)'을 말한 맥락도 마찬가지다. 진정한 '지혜로운 자'는 세속적 기준으로 보면 오히려 '어리석은 자'처럼 보일 수 있다고 말한 것이다. 〈노자〉 41장에서 "밝은 도는 어두운 것 같다(明道若昧)"라고 한 것이나, 『도덕경』의 사상과 통하는 『회남자』에서 "큰 지혜는 마치 어리석은 것 같다(大智若愚)."라는 표현이 그러하다. 〈노자〉 45장에서 "완전함은 마치 결함처럼 보이고, 충만함은 마치 텅 빈 듯하다."[242] 라는 어리석은 듯하지만 진정한 지혜일 수 있음을 역설적으로 잘 표현해 주고 있다. 여기서 강조되는 것은, 세속의 잣대로 보면 부족하거나 미련해 보이는 것 속에 도의 진정한 작용이 있다는 것이다. '어리석음처럼 보이는 지혜'가 탈지성적 요소의 핵심이다.

이러한 관점에는 언어와 사유의 한계 인식이라는 측면이 있다. 노자는 인간의 언어와 개념(지성의 도구들)이 도(道)의 본질을 포착하지 못한다고 보는 것이다. 이를 잘 보여주고 있는 것이 〈노자〉 1장에 나타나는 유명한 구절이다. "도를 도라고 하면 늘 그러한 도가 아니며, 이름을 붙이면 그 이름도 늘 그러한 이름이 아니다."[243] 도는 이름이 붙여질 수 없는 논리와 언어의 영역 밖에 있는 실재이기 때문이다. 따라서 노자의 지혜는 말로 설명하거나 개념화하는 것을 회피하며, 때로는 역설적 표현(Paradox)을 통해 지성의 한계 너머를 가리킨다. 이리하여 노자는 도의 은밀한 가르침을 비유로 잘 전달하고 있다.

갓난아이(嬰兒)의 비유가 그렇다. 이는 가장 순수한 지혜를 대변한다. 노자는 갓난아이(嬰兒)를 자주 이상적인 존재로 제시한다. 예를 들면, 〈노자〉 10장, 20장, 55장에서도 등장한다. 아이는 지식도 없고 판단도 없지만, 도와 가장 가까운 자연(自然) 그대로의 상태다. 이는 이전에

---

242) ibid., pp53-55.. "大成若缺, 其用不弊. 大盈若沖, 其用不窮."
243) 이명권, 『노자 왈 예수 가라사대』 상권, pp.15-22. "道可道, 非常道. 名可名, 非常名."

학습된 것들을 벗고, 감각과 존재 자체로 사물을 받아들이는 순수한 상태를 이상으로 여긴 것이다. 이처럼 노자의 탈지성적 지혜를 현대 기술 시대의 지성적 지혜와 구분해 보면, 다음 몇 가지로 설명이 가능하다. 기술 사회의 전통적 지성적 지혜의 중심에는 분석이나 판단, 축적이 특징을 이루지만, 노자의 탈지성적 지혜는 덜어냄(損)이나 감응과 자연이 중심이 된다. 전자의 경우는 개념이나 논리 그리고 언어가 지혜의 수단이 되지만, 노자의 경우는 직관이나 무위 그리고 침묵이 수단이다. 기술 시대 지혜의 목표는 이해와 통제가 핵심이라면 노자의 경우는 조화와 순응이다. 이들 지혜의 이미지는 전통 기술 사회에서 학자나 이성인(理性人)이 중심이라면, 노자의 경우는 '갓난아이'나 '물' 그리고 '어리석음'이 도에 가까움으로 비유되고 있다.

4. 결론

인공지능 시대에 노자 철학을 논의한다는 것이 어떤 의미가 있는가 하는 문제의식에서 본 논문은 출발했다. 노자 철학의 핵심 사유가 오늘날 고도로 발달한 정보와 산업사회에서 어떻게 적용 가능한지를 실험적으로 고찰해 본 것이다. 그러한 가능성으로 필자는 노자 도의 개념과 속성이 지니는 역할이 현대 사회에 던져 줄 수 있는 교훈이 무엇인지를 살펴보았다. 예컨대 도(道)와 무위(無爲)의 개념은 자율성과 자연스러움을 강조하고 있고, 인공(人工)에 대한 경계로 노자 소박(素朴)의 미학적 가치를 논했다. 또한 노자 도의 사상을 가장 잘 말해주는 '상선약수(上善若水)'의 개념으로는 비경쟁과 부쟁(不爭)의 윤리를 제시했고, 세속적이고 기술 시대의 지혜에 대해서는 노자가 말하는 '어리석음'의 역설적 가치를 들어 '유식(有識)'의 한계를 비판적으로 성찰했다.

이러한 노자 철학의 기본적 사상을 중심으로 노자 철학의 현대적 전환을 시도한 것으로 인공지능과 무위의 철학은 물론, 인간 중심주의의 해체와 도의 재사유를 고찰했고, 알고리즘 사회에서 '도'의 흐름을 따른다는 것이 어떤 것인지를 논했다. 특히 기술 시대의 비인격적 질서와 대비하여서는 도에 입각한 윤리로서의 공감과 자율 그리고 유기적 조화를 고찰했다.

인공지능 시대에 과연 노자의 철학적인 삶은 어떻게 적용될 수 있는가 하는 문제에 대해서도 기술 시대에서 비움(虛)과 고요함(靜)의 미학을 실천하는 것도 중요함을 보았다. 인간의 지혜와 기계의 연산 작용과 대비하여 볼 때, 진정한 앎이란 무엇인가 하는 것도 검토하였다. 이른바 노자 철학이 제안하는 탈경쟁·탈과잉의 삶이 도에 가까운 것으로서 더욱 '자연스러움(自然)'으로 다가올 것이다.

이처럼 AI시대에 노자 철학의 의의가 큼에도 불구하고 여전히 노자 철학의 한계가 있을 수 있다. 그것은 무위(無爲)와 자연(自然)의 영역을 어떻게 치열한 생존 경쟁의 글로벌 자본주의적 세계 질서 속에서 구체적으로 실현할 수 있을 것인가 하는 문제다. 제반 다양한 사회와 집단이 기주의 그리고 자국의 이익을 극대화하는 국가 간 무한 경쟁 구도 속에서 노자의 '소국과민(小國寡民)'과 같은 정신이 어떻게 적용 실현될 수 있을 것인가 하는 것은 여전히 과제로 남는다. 하지만 그럼에도 노자의 정신과 철학은 무한 생존 경쟁 체제 속에서, 오히려 더욱 각자의 삶 속에서 혹은 정치적 지향 속에서, 인간 고유의 정신을 회복하는 일에 빛을 발할 수 있는 여지가 충분하다고 할 수 있을 것이다.

| 참고 문헌 |

이명권,『노자 왈 예수 가라사대』상권, (서울: 열린서원, 2017)
이명권,『노자 왈 예수 가라사대』하권, (서울: 열린서원, 2017)
[魏] 王弼,『老子道德經注』, (北京: 中華書局, 2014)
[漢] 河上公,『道德經集釋』上冊, (北京: 中華書局, 2015)
Bernard Stiegler,(trans. by Richard Beardsworth &, George Collins), Technics and Time, 1: The Fault of Epimetheus, (California: Stanford University Press, 1998)
Christopher John Müller(ed.), Prometheanism: Technology, Digital Culture and Human Obsolescence, (London: Rowman & Littlefield, 2016)
M. Heidegger., trans., by William Lovitt, The Question Concerning Technology and Other Essays (Harper & Row, 1977)

VI. 초연결·초지능 사회에서 현대 명상의 확장된 가치

최현성

초연결·초지능 사회에서 현대 명상의 확장된 가치

최현성(인도학자·명상가)

■ 요약문

이 논문은 초연결·초지능 사회에서 현대 명상의 확장된 가치를 탐구한다. 전통적인 종교 및 영적 가치에서 발전해온 명상은 현대 사회의 스트레스, 불안, 우울 등의 문제를 해결하고 심리적 웰빙을 증진하는 실용적인 가치에 중점을 두며 대중화되었다.

신경과학의 발전은 명상이 뇌의 기능적, 구조적 변화(신경가소성)를 유도하고, 뇌 활동성 변화를 통해 긍정적인 감정 상태와 인지 기능 향상에 기여함을 과학적으로 입증하며 신뢰성을 강화했다. 마음챙김 명상은 이러한 연구와 활용의 대표적인 사례이며, 자비 명상도 이를 보완하는 중요한 역할을 한다.

명상의 효과가 검증되면서 의학 및 심리학 분야는 물론, 기업, 학교, 병원 등 다양한 환경에서 적극적으로 활용되어 직원들의 정신 건강 개선과 업무 능력 계발, 그리고 전반적인 생산성 증대에 기여하고 있다.

특히 인공지능(AI), 가상현실(VR), 증강현실(AR), 메타버스와 같은 최신 기술 발전은 새로운 윤리적, 철학적 질문을 제기하며, 명상이 이러한 문제에 대한 통찰력과 윤리적 사유를 심화하는 데 필수적인 도구로 주목받고 있다. VR/AR 기술은 몰입형 명상 환경을 제공하여 집중력을 높이고 스트레스, 불안, 우울증 완화 등 정신 건강 문제 해결에 효과적이며, AI 기반 명상 앱은 개인 맞춤형 지도를 제공하고 신경 피드백을 통합하여 명상을 더욱 효과적으로 만든다. 장기간의 명상 수행은 정신적, 육체적 능력 유지와 비범한 인지 능력 확장에도 기여할 수 있음이 연구되고 있으며, 이는 단순한 치유를 넘어 인간성 함양과 지속 가능한 사회적 웰빙을 위한 명상의 깊은 잠재력을 시사한다.

신경과학 연구는 아직 초기 단계의 한계를 지니지만, 명상의 실용성은 미래 사회로 갈수록 더욱 증대될 것이며, AI 개발자가 직접 명상을 통해 철학적 사유를 함양하는 것이 '착한 인공지능' 개발에 기여할 수 있음이 강조된다.

주제어: 초연결사회, 인공지능, 명상, 마음챙김, 신경과학, 정신 건강

1. 서론

오늘날 우리는 초연결·초융합·초지능이라는 키워드를 핵심으로 삼는 현대 문명의 변곡점에 서 있다. 이러한 급속한 기술 발전과 산업화는 물질적 풍요를 가져왔음에도 불구하고, 인간관계의 단절, 스트레스 증가, 그리고 정신적 불안과 같은 부작용을 초래하며 개인의 행복에 심

각한 불균형을 야기하였다. 이와 같은 현대인의 내면적 고통과 삶의 질 저하라는 시대적 요구 속에서, 고대로부터 인류와 함께하며 각 시대에 맞는 의미를 지녀왔던 명상은 현대를 살아가는 이들에게 '멈춤과 통찰'을 제공하는 유용한 도구로 다시금 각광받게 되었다.

전통적으로 여러 종교와 문화의 전통에서 형성되어 발전해 온 명상은 주로 종교적·영적인 가치에 깊이 뿌리내려 있었으나, 이제는 그 실용적인 측면이 더욱 주목받으며 대중화의 길을 걷고 있다. 특히 신경과학의 비약적인 발달은 명상의 효과에 대한 과학적 증거를 제시함으로써 명상에 대한 신뢰성을 확보하고 그 실용성을 강화하는 데 결정적인 기여를 하였다.

명상의 과학적 접근은 동양의 오랜 심신수련법을 넘어 의학, 심리학, 교육 분야로까지 확장되었으며, 그 효과에 대한 검증 자료가 속속 발표되고 있다. 기능성 자기공명영상(fMRI)과 같은 정교한 뇌 분석 장비의 발달은 명상 시 뇌에서 일어나는 기능적·구조적 변화를 실시간으로 밝혀낼 수 있게 하였고, 이는 명상의 신비가 점차 벗겨지는 추세로 이어졌다.

예를 들어, 명상 중에는 깊은 통찰력, 창의적 생각, 문제 해결력, 그리고 유쾌하고 이완된 기분과 관련이 있는 세타(θ)파가 특징적으로 나타나며, 오랜 명상 수행은 뇌 활동성의 변화를 통해 긍정적인 감정 상태와 인지 기능 향상에 기여함을 확인하였다. 나아가 뇌 피질 두께의 증가와 같은 뇌의 구조적 변화 또한 보고되었다. 이러한 과학적 기반은 명상이 의학 분야에서 중요한 위치를 차지하게 만들었으며, 존 카밧진(Jon Kabat-Zinn)이 개발한 마음챙김 기반 스트레스 감소 프로그램(MBSR)은 우울, 스트레스, 만성 통증 치료에 효과적인 방법으로 제시되어 명상이 '치유'의 영역으로 확대되는 중대한 전환점을 마련했다. 명상의 실질적인 효용은 국내외 기업에서도 직원들의 정신 건강 개선 및 업무 능력 계발을 위해 적극적으로 도입되는 계기가 되었으며, 이는 명상의 사회

저변 확산에 긍정적인 역할을 하고 있다.

그러나 이러한 명상의 과학적 검증과 실용적 활용이 강조되는 현대적 흐름 속에서, 명상이 지닌 깊은 역사적·문화적 맥락과 철학적 의미를 간과할 위험성 또한 제기되고 있다. 명상의 본질은 단순히 특정 뇌파 변화나 생리적 효과를 넘어선 '자비심'의 계발과 같은 보다 심오한 가치에 있음을 강조할 필요가 있다.

따라서 본 연구는 이러한 다층적인 이해를 바탕으로, 초연결·초지능 사회라는 현대적 맥락 속에서 명상의 실용적 효용과 가치를 조명하는 동시에, 그 본래의 철학적 깊이와 윤리적 함의를 탐구하고자 한다. 우리는 명상이 현대인의 삶에 제공하는 구체적인 이점들(스트레스 감소, 면역 기능 강화, 만성 통증 개선, 심리적 증세 완화, 인지 기능 향상)을 면밀히 분석할 것이다. 나아가 과학적 연구의 발전과 더불어 명상이 직면할 수 있는 과제와 한계점, 윤리적·철학적 고려사항들을 비판적으로 검토할 것이다. 궁극적으로 이 탐구는 종교와 철학 그리고 과학의 조화로운 대화를 통해 명상의 참된 의미를 대중에게 전달하고, 현대 사회에서 명상이 담당해야 할 역할과 미래를 위한 대안적 사유의 지평을 제시하는 데 기여할 것이다.

2. 초연결·초지능 사회와 현대 명상

1) 초연결·초지능 사회의 특징과 도전

오늘날 우리는 현실과 가상공간의 융합, 인간과 지능화된 기계의 상호작용, 디지털 공간에서 부의 창출이 가속화되는 초연결·초지능 사회에 살고 있다. 인공지능(AI), 로봇공학, 사물인터넷(IoT), 자율주행 기술, 3D 프린팅, 나노기술, 생명공학, 재료공학, 에너지 저장기술, 퀀텀 컴퓨팅 등 첨단 과학기술은 물리학, 디지털 공학 및 생물학 방면의 기술 융합을 기반으로 전례 없는 시너지를 창출하며 사회 전반을 혁신하고 있다.[244]

이 기술들은 정보통신기술(ICT) 기반의 초융합을 바탕으로 초지능과 초연결이 구축된 사회를 형성하고 있으며[245], 그 진행 속도와 수많은 분야의 끊임없는 융합 및 조화는 이 시대의 독특한 특성으로 주목받고 있다.[246]

이러한 기술 발전은 인류에게 막대한 기회를 제공하지만, 동시에 심각한 부정적인 영향과 윤리적 도전을 제기하기도 한다. 특히 생명공학 분야는 '인간이란 무엇인지', '자신의 신체 및 건강 데이터와 정보를 타인과 공유해도 되는지', '다음 세대를 위해 유전자 코드를 조작할 권리와 책임이 있는지'와 같은 근본적인 사회적 규범과 규제에 대한 질문을 던지며 가장 큰 어려움을 야기할 것으로 예상된다.[247]

이러한 윤리적·철학적 관점에서 바라봐야 할 주제들은 기술의 실용적 발전과 대치되는 지점을 가질 수 있다. 윤리와 철학은 무분별한 과학기술의 발전에 속도 조절을 요구하며 발생할 수 있는 부작용을 염려하기 때문이다.

명상은 이러한 첨단 기술 시대의 흐름 속에서 순기능을 극대화하는 방향으로 나아가고 있다. 그럼에도 불구하고 명상을 통해 철학적 사유

---

244) 조상식(2016), p.156.
245) 박철제(2018), p.26. 참조. 정보통신기술을 기반으로 한 초융합을 바탕으로 초지능(Superintelligence)과 초연결(Hyperconnectivity)이 구축된 사회를 '제4차 산업혁명시대'라고 한다.
246) 정재승(2018), p.260. 참조. 제4차 산업혁명은 '제1·2·3차 산업혁명의 융합 혁명'이자 사물인터넷(IoT), 인공지능(AI), 빅데이터, 블록체인을 중심으로 한다는 특징이 있다.
247) Schwab(2016), p.48.

가 깊어지고 통찰력이 계발되는 효과가 있음에 주목할 필요가 있다. 윤리와 철학을 경시하며 진행되는 과도한 발전이 야기하는 문제점을 해결하는 대안으로서 명상의 역할은 더욱 중요해지고 있다.

2) 현대 명상의 정의와 분류

고대 종교와 철학의 근본적인 지향점은 고통스러운 마음 상태를 넘어 이상적이고 완전한 경지에 이르고자 하는 열망이었다.[248] 이러한 열망을 실현하기 위한 핵심적인 실천 방편이 바로 명상이다. 이는 역사적 증거와 현대 학술 연구를 통해 명확히 입증된다.

고대 문명은 보편적으로 인간의 고통을 인식하고 순수하거나 완전한 의식 상태를 추구하였으며, 명상은 이러한 내면의 변화를 위한 필수적인 통로 역할을 하였다.[249] 불교의 괴로움(두카) 개념과 팔정도[250], 힌두교 요가의 윤회와 모크샤(해탈) 추구[251], 그리고 다양한 문화권의 명상적 수행들은 모두 고통에서 벗어나 더 나은 마음 상태를 얻으려는 인류의 공통된 열망을 반영한다.

지금도 명상의 고유한 기능은 여전히 유효하다. 오히려 유물론적인 사고와 자본주의에 함몰되어 살아가는 오늘날의 세태에서 명상의 본질적 기능은 중요하게 여겨지고 있다.

초연결·초지능 사회에서 첨단 과학에 발맞추어 명상이 제 기능을 다

---

248) Nguyen, V. T., & Trinh, P. N. (2025), p.453
249) Stimson, D. A. (2012), p.111
250) Nguyen, V. T., & Trinh, P. N. (2025), p.455
251) Sumertini, N. W. (2021), p.47

하기 위해서는 유구한 역사를 자랑하는 본래적 의미와 기능을 간과해서는 안 될 것이다. 단지 명상의 효과와 방법에 치중되어 활용하다보면 쉽게 변질될 수 있을 뿐만 아니라 제 기능을 발휘하지 못할 것이기 때문이다. 그동안 과학적 연구의 바탕에서 현대적 명상이 등장하고 대중화가 되어 가는 것도 정통성과 본질이 보존된 상태에서 응용되고 있으므로 가능한 일이었다. 따라서 현대 명상을 정의하고 분류함에 있어서 고대 종교와 수행 전통에서 중요하게 여기는 개념이 오늘날의 명상법에 어떻게 상응하는지 확인하는 작업이 필요하다.

오늘날 서구 사회에서는 동양의 수행을 바탕에 두고 과학적 도구를 활용하여 명상의 개념을 정립하고 있다. 전 세계 각 분야의 전문가들이 명상을 주제로 연구한 내용을 집대성한 책인 『옥스퍼드 명상 핸드북』(The Oxford Handbook of Meditation)에서는 여러 종교의 명상 전통과 현대 명상을 다음과 같이 정리하고 있다.[252]

그러나 2025년 현재에도 명상 기법을 정의하고 분류하는 데 있어 학계의 통일된 합의는 여전히 부족하며, 다양한 목표와 기법을 가진 명상 연구의 발전을 위해서는 더욱 정교한 분류 시스템이 필요하다는 논의가 활발히 이루어지고 있다.[253] 이는 명상 활동이 집중, 이완, 상상, 움직임 등 다양한 요소를 포함하며, 이러한 활동들이 어떻게 조합되고 어떤 대상을 향하는지에 따라 명상 기법을 정의할 수 있다는 새로운 관점을 제시한다.[254]

〈표1〉의 좌측은 서양에 기반을 둔 전통 명상을, 우측은 동양에 기반

---

252) 최현성(2022), p.8.
253) Nash, J. D., & Newberg, A. B. (2023), p.2
254) Sparby, T., & Sacchet, M. D. (2022), p.14

을 둔 전통 명상을 표현하고 있다. 서양 전통에서는 맨 위에 있는 유대교가 시대적으로 가장 오래되었으며 그 다음으로 기독교, 이슬람교가 뒤따른다.

서양 전통		동양 전통	
유대교 (Judaism)	히브리 문자의 결합법 (Letter Permutation)	힌두교 (Hinduism)	한 지점에 집중 (Ekāgratā)
	강렬한 종교적 정서에 초점 (Hitbodedut)		호흡 조절 (Prāṇayāma)
	천사의 이름을 암송 (Merkabah Recitation)		차크라에 집중 (Kula visualisation)
기독교 (Christianity)	짧은 기도문을 반복적으로 암송 (Prayer of the Heart)	불교 (Buddhism)	부정관(不淨觀) Meditation on the Foul
	신의 빛에 대해 묵상 (Divine Light Contemplation)		간화선(看話禪) Koan
	성독(聖讀) Lectio Divina		지(止)와 관(觀) Samatha and Vipassanā
이슬람 (Islam)	세마 의식(Sama) 종교 음악과 춤을 통한 명상	도교 (Daoism)	복기(服氣, Fuqi) 원기(元氣)를 흡입/저장
	디크르(Dhikr) 신에 초점을 맞춘 주요 어구의 반복		내단(內丹,Neidan) 연단술(煉丹術)
	무라 카바(Muraqaba) 영적인 마음을 응시		내업(內業, Neiye) Inner Cultivation
마음챙김 기반의 개입 (Mindfulness-Based Intervention)	이완법(Relaxation) 근육의 수축과 이완에 집중		초월 명상 (Transcendental Meditation)
현대 명상 치료법 (Modern Therapeutic Technique)			

<표1> 동서양의 전통적 명상과 현대의 명상 치료법

동양 전통에서는 우측 최상단에 있는 힌두교가 발생한 후에 불교가 생겨났으며 도교는 불교보다 먼저 생겼다고 본다. 최하단에는 근육 이완과 마음챙김 기반의 접근법, 초월 명상을 포함하는 현대 명상의 치료법으로 정리되었다.

위의 내용을 통하여 전 세계에서 역사적으로 추구해 온 대표적인 명상이 무엇인지 확인할 수 있다. 그중 일부 전통이 오늘날 현대적인 옷을 입고 대중화되었다. 그 가운데 불교에서 유래한 마음챙김 기반의 명상법이 현대 명상의 중심적 위치를 차지하고 있다. 불교 승려에 의해 서구사회에 보급되었으며 치료 목적으로 만들어진 MBSR(Mindfulness Based Stress Reduction)로 인하여 대중화가 이루어졌다.[255]

오늘날 명상으로 통용되는 방법의 대부분은 불교로 대표되는 인도 전통에 뿌리를 두고 있다. 심리와 상담, 치유 등 임상 분야의 전문가뿐 아니라 명상을 연구하는 학자들 역시 인도 전통에서 명상의 원류를 찾고 있으며 그로부터 발전하여 파생된 방법론에 정통성을 부여하고 있다.[256] 특히, 불교의 마음챙김 명상에 대한 연구가 광범위하게 이루어지고 있다. 이러한 토대 위에 자비 명상에 대한 중요성이 증대되고 있으며 요가에 대한 연구도 확대되고 있다.[257] 따라서, 현대 명상은 서구사회에서 가장 널리 알려진 명상법이며 다양한 요가의 형태를 포함하는 불교와 인도 양식을 띤 명상이라 할 수 있다.

2025년 현재, 명상 수행은 단순한 개인의 정신 건강 증진을 넘어 사회적 웰빙과 대인 관계 개선에도 중요한 영향을 미치는 것으로 연구되

---

[255] Farias, et al.(2021), p.6.
[256] Calderone, A., Latella, D., Impellizzeri, F., de Pasquale, P., Famà, F., Quartarone, A., & Calabrò, R. S. (2024), pp. 1-3
[257] Arias, et al.(2006), pp.817-818.

고 있다. 특히, 마음챙김 훈련은 학생들이 사회적 정서 학습(SEL, Social Emotional Learning)을 포함한 인지적/사회 정서적 기술을 향상하는 데 도움이 된다. 자기 인식, 자기 관리, 타인 인식, 관계 형성, 의사 결정 등의 역량을 향상시키는 것으로 나타났으며 친사회적 행동을 촉직한다는 연구 결과도 있다.258) 또한, 자비 명상(Loving-Kindness Meditation)은 자신과 타인에 대한 연민과 평정심을 함양할 수 있다.259) 이러한 연구들은 명상이 개인의 내면을 넘어 공동체와 사회 전체의 웰빙에 기여하는 확장된 가치를 지님을 시사하고 있다.

3) 현대 명상의 대표적 사례

현대에는 명상에 입문하는 진입 장벽이 낮아지고 대중적으로 보급되었으며 다양한 분야에서 연구되고 있다. 현대 명상은 동서양의 종교와 수행전통에 뿌리를 두고 '웰빙'이나 '치료법'과 같은 실용성에 목적을 두면서 형성되고 발전해 온 까닭에 효과를 중심으로 그 특성을 파악하는 경향이 있다.

현대 명상에 대한 체계적인 연구는 마음챙김(Mindfulness)이 치료의 영역에서 활용되면서 시작되었다. 마음챙김은 초기불교의 원형을 보존하고 있는 테라와다 불교의 수행에서 기원한다. 1979년에 존 카밧진(Jon Kabat-Zinn) 박사가 메사추세츠대학 의료센터에서 시행한 프로그램인 마음챙김에 근거한 스트레스 완화법(MBSR, Mindfulness Based

---

258) Flook, L., Hirshberg, M. J., Gustafson, L., McGehee, C., Knoeppel, C., Tello, L. Y., ... & Davidson, R. J. (2025), p.142
259) Calderone, A., Latella, D., Impellizzeri, F., de Pasquale, P., Famà, F., Quartarone, A., & Calabrò, R. S. (2024), p.2

Stress-Reduction)의 보급으로 인해 대중적으로 자리 잡았다.260) 이에 따라 의료, 건강 돌봄, 심리학, 비즈니스, 교육, 법조계, 정치권을 포함해 수많은 사람과 기관으로 확산되었다.

(1) 마음챙김에 근거한 스트레스 완화(MBSR)

종교에서 유래한 명상법들 가운데 서구사회의 명상 연구에 큰 반향을 크게 일으킨 것은 마음챙김(mindfulness)이었다.261) 1970년대 이후 정신의학과 임상 심리학 계통에서 심리적 어려움을 겪거나 정신적 장애가 있는 사람들을 위한 치료 목적으로 마음챙김을 기반으로 한 프로그램을 다양하게 개발했다. 불안과 우울증과 스트레스를 줄이고, 약물 중독을 치료하기 위한 방법들이 고안되어 광범위하게 시행되었다.

최초의 실증적 연구는 게리 데테라주(Gary Deatherage)에 의해 시작되었다. 기존의 요가와 선(禪)에 대한 연구와는 대조적으로 마음챙김 명상의 연구는 이완 반응(Relaxation Response)을 만든 허버트 벤슨(Herbert Benson)의 방법처럼 쉽고 편리한 방법을 사용하였으며 신에 대한 믿음의 언어가 아니었다. 마음의 작동을 관찰하는 것에 대해서 합리적이고 과학적인 연구가 진행되었다.262) 데테라주는 "불교심리학은 우리들 각자가 심리작용을 주의 깊게 관찰하는 과학자로 만들어 준다."263)라고 했다.

마음챙김 명상의 실용화에 선구적인 역할을 한 사례는 존 카밧진에 의해 개발된 MBSR이었으며 연구자와 임상의에 의해 많은 주목을 받게 되었다.264) 그는 마음챙김을 '현재 순간에, 판단을 하지 않는 상태로, 의

---

260) Kabat-Zinn(2012), p.8.
261) Oman(2021), p.51.
262) Oman(2021), p.51.
263) Deatherage(1975), p.133.

도를 갖고 특수한 방법으로 주의를 기울이는 것'이라고 정의 내렸다.265) 하루 종일 앉아서 명상을 하는 것과 같은 효과를 낼 수 있도록 일상생활에서 할 수 있는 다양한 보조 명상을 제공하고 있다. 이것을 일컬어 '비공식 명상'이라 하며 '공식 명상' 외에 추가적으로 해야 한다. 예를 들어, 어디든 어느 때나 스트레스의 상태가 되면 호흡으로 의식을 가져오는 것으로써 마음의 중심을 잡는 방법이다. 또 다른 한 가지는 '인내', '비판단'과 같은 마음챙김의 특성을 계발하는 수련이 있다. MBSR은 깨달음과 열반과 같은 궁극적인 영적 목표를 위한 가장 쉬운 목표로 관심을 옮겼다. 이것은 개인의 웰빙과 같은 세속적 목표를 용이하게 하는 측면이 있다. 2014년 2월 TIME지의 표지 타이틀이 "마음챙김 혁명: 스트레스를 야기하는 멀티태스킹 문화에서 집중력을 찾는 과학"(The Mindful Revolution: The science of finding focus in a stress-out, multi-tasking culture)이 된 것은 그 인기뿐 아니라 시대정신을 대변한다는 것을 시사한다.266)

(2) 마음챙김 자기연민(MSC)

불교에서 유래한 마음챙김 명상을 토대로 하여 다양한 형태로 응용되고 파생된 많은 방법들이 양산되었는데, 그 중에 '자비심(慈悲心)'을 추가하여 응용한 경우를 주목해서 볼 필요가 있다. '자비심'을 활용할 때 여러 지표에서 효과 있는 것으로 나타나기 때문이다.

지난 10년 동안 자비심이 웰빙에 미치는 영향에 대한 연구가 이루어졌으며, 심리적 건강에 긍정적인 영향을 미친다는 결과를 보인다.267) 메타 분석으로 20개 연구를 분석한 자료에서는 자비심이 커질수록 우울

---

264) Oman(2021), pp.51-54.
265) Kabat-Zinn(1994), p.4.
266) Oman(2021), pp.54-55.
267) Germer & Neff(2019), p.359.

중과 불안을 감소시키고 스트레스에 대한 회복탄력성을 증가시킴으로써 웰빙을 증진케 한다는 결과를 발견했다.[268] 게다가, 자비심은 동기, 건강 행동, 긍정적인 신체 이미지, 그리고 회복력 있는 대처와 연결될 뿐만 아니라 행복, 낙관, 그리고 삶의 만족과 같은 심리적 강점과 직접적으로 연관되어 있다.[269]

자비심을 계발하는 명상 프로그램으로 마음챙김 자기연민(MSC, Mindful Self-Compassion)이 대표적인 방법이다. MSC프로그램은 MBSR과 그 구성과 내용이 유사하다. MBSR처럼 일반 수련 8회와 특별 수련 1회로 이루어져 있다는 것과 수련 시간이 2시간 30분~3시간 동안 이루어지는 것이 동일하다. MSC는 자비와 연민의 마음을 느끼도록 하는 명상에 할애하는 시간과 비중이 크고 관계의 회복에 대한 부분도 중요하게 다루고 있다는 점에서 차이가 있다.

MSC는 마음챙김과 자비심의 역량을 함께 계발한다는 점에서 지혜와 자비라는 불교의 핵심 가치를 통합하여 활용할 수 있다는 장점이 있다. 일상에서 고통의 순간을 알아차리고 연민의 마음으로 반응하여 회복을 돕는다. 심리 문제나 증상을 해결하는 것을 넘어서 현실을 보다 자비롭고 지혜롭게 대처하는 기본 역량을 강화한다.[270]

자기연민은 고통을 느낄 때 자신의 욕구를 인식하고 자기를 돌보지만, 자기중심적이거나 개인주의적인 방식으로 이루어지지 않는다. 자기연민이 많은 사람은 자기연민이 부족한 사람보다 다른 사람을 용서하고 그들의 관점을 취하며 이타적이 될 가능성이 더 높다. 또한, 사랑이 많은 파트너에 의해 자기연민이 높게 형성된 사람은 낮은 사람들보다 더

---

268) MacBeth & Gumley(2012), p.550.
269) Germer & Neff(2019), pp.359-360.
270) 송영숙(2018), p.14.

감정적으로 연결되고 서로를 지지하며 덜 분리되고 통제된다는 것으로 나타났다.271)

4) 현대 명상과 신경과학

(1) 뇌 중심의 신경과학과 명상

신경을 기반으로 한 진지한 명상 연구는 불과 몇 십 년 전에 시작되었다. '명상 신경과학(contemplative neuroscience) 또는 '명상과학(contemplative science)으로 불리는 새로운 분야로 등장하였으며 최근 몇 년 동안 전례 없는 가속화가 이루어졌다.272) 1950년대와 1960년대에 과학자들이 명상을 하는 다양한 사람들의 머리에 처음으로 전극을 부착하였으며 연구의 시발점이 되었다.273) 이때부터 축적된 연구가 있었기 때문에 현재의 발전을 이룩할 수 있었다.

뇌의 구조와 기능을 조사하기 위한 도구는 주로 장기 및 단기 명상 훈련과 뇌신경 간의 상관관계를 밝히기 위해 사용되어 왔다.274) 그 동안 대부분의 연구는 불교에서 유래한 마음챙김 명상에 집중되어 있었다.275) 점진적으로 요가와 힌두교 명상에 대한 신경과학 연구의 증가하였다. 그럼에도 불구하고 마음챙김을 포함한 불교 기반의 명상법에 초점을 맞추는 이유는 가장 많이 연구되었고 근거가 충분하게 많기 때문이다.276)

명상에 대한 정의는 활용 목적과 수행 집단의 성격에 따라 달라진다.

---

271) Germer&Neff(2019), pp.359-360.
272) Van Dam, et al.(2018), p.36.
273) Bagchi & Wenger(1957), p132. ; Kasamatsu & Hirai(1966), p315.
274) Fox & Cahn(2021), p.429.
275) Tang, et al.(2015), p.213.
276) Fox & Cahn(2021), p.430.

뇌 중심의 신경과학을 주제로 한 연구에서는 다음과 같이 정의한다. '주의(Attention), 인식(Perception), 감정(Emotion), 생리 현상(Physiology, 호흡/각성)을 관찰(Monitoring)하고 조절(Regulating)하는 것을 목적으로 하는 정신 훈련의 모임을 명상이라고 한다. 이러한 정의는 많은 연구자들에 의해 사용되어 왔다.[277] 정의는 단순하기 때문에 특정 집단이나 종파에도 속하지 않고 측정 가능한 명상의 측면을 강조할 수 있다는 장점이 있다. 이 개념은 뇌과학과 생리학의 도구로 쓰이며 과학적 연구의 현장에서 활용된다.

하지만, 이 정의는 실제 모든 명상 전통에서 중요하게 여겨지는 요소가 빠져있다. 형이상학적인 목표와 실재의 본성이나 자기(the self)에 대한 핵심 통찰력과 깨달음, 해탈, 의식의 변화와 같은 구원론적인 측면과 같은 것들이다. 그러므로 명상을 정신 훈련으로 정의하는 것은 대중이 관심을 갖는 많은 특성을 포함하여 측정할 수 있지만, 신경과학자가 아직 조사할 수 없는 측면은 제쳐 두고 있다는 한계성이 있다.[278]

신경과학에서는 명상을 건강과 관련하여 접근하고 연구하는 경향이 많다. 먼저 명상과 나이에 따른 뇌의 위축과 인지능력 저하에 대해 살펴보겠다. 뇌의 기능은 나이가 들어감에 따라 부정적인 영향을 받는다. 회백질의 밀도와 양을 계속해서 줄이고 뇌의 신진대사율도 낮아진다. 이러한 구조적·기능적 변화는 '기억력 상실', '부주의한 집중력', '실행 기능 장애'와 같은 인지장애를 유발한다.[279] 예를 들어, 파그노니(Pagnoni)는 13명의 장기 명상 전문가와 13명의 대조군을 대상으로 뇌의 회백질의 양을 조사했다.[280] 대조군 중에 나이가 많은 사람은 작업에 대해 훨씬

---

277) Lutz, et al.(2008).
278) Davis & Vago(2013), pp.1-3.
279) Rusinek, et al.(2003), pp.691-696.
280) Pagnoni & Cekic(2007), pp.1623-1627.

많은 오류를 범했지만, 거의 모든 명상 전문가들은 나이가 많아도 수행 능력이 높게 유지되었으며 연령에 따른 차이는 보이지 않았다.[281] 즉, 장기간 명상을 하면 나이가 들어도 집중력을 요하는 작업을 능숙하게 할 수 있다는 것을 의미한다는 것이다.

다음으로 명상과 중독의 신경적 기반 그리고 정신 질환에 대한 연구다. 명상이 우울증, 사회 불안 장애 및 양극성 장애, 주의력결핍 과잉행동장애(Attention Deficit Hyperactivity Disorder, ADHD)와 같은 정신 질환의 증상을 개선하고 담배나 약물에 대한 금욕을 촉진한다고 보고된 다수의 연구가 있다.[282] 예를 들어, 마음챙김이 중독과 갈망을 완화하는 방법을 탐구하기 위해 웨스트브룩(Westbrook) 연구팀은 47명의 흡연자에게 마음챙김 명상을 훈련시킨 다음 담배에 대한 갈망을 유발하도록 설계된 흡연 관련 이미지를 보게 했다. 마음챙김 상태에서 음하전대상피질과 다른 뇌 영역 사이의 기능적 결합력도 감소했는데, 이는 명상 연습이 여러 뇌 시스템 간의 상호작용에 광범위하게 영향을 미칠 수 있음을 시사한다.[283] 2018년 정신의학 및 신경과학 저널(Journal of Psychiatry and Neuroscience)에 발표된 마음챙김으로 외상후 스트레스 장애(Posttraumatic Stress Disorder, PTSD)를 치료하는 방법에 대한 논문에 따르면, 마음챙김이 PTSD 증후를 낮추는 것으로 확인된 사례가 있다.[284]

이와 같이 뇌를 중심으로 한 신경과학에서 명상을 활용한 치료는 괄목할만한 성과를 보여주고 있다. 임상에서 '명상 중재법'(meditation intervention)의 인기가 증가하고 있는 점을 감안할 때, 가까운 미래에 연구의 급속한 진전과 확산이 예상된다.

---

281) Pagnoni & Cekic(2007), p.1627.
282) Fox & Cahn(2021), p.448.
283) Westbrook, et al.(2013), pp.73-84.
284) Boyd & Lanius & McKinnon(2018), p.20.

(2) 명상 신경과학의 한계점

그 동안의 비약적인 발전과 연구에도 불구하고 아직 명상 신경과학 연구는 초기 단계에 불과하다. 뇌와 신경에 대해서 아직 밝혀지지 않는 부분이 많으며 명상과의 인과관계를 명확하게 하기에는 근거가 부족하기 때문이다.

연구와 연구자 사이의 합의는 여전히 규칙이 아니라 예외적 허용이 지배적이다. 참가자가 적은 연구를 기반으로 결과를 일반화하고 이것이 명상을 하는 모든 사람과 모든 사람에게 해당한다고 가정하는 것은 위험하다.[285] 특정 결과가 반복적으로 나타난다고 해서 모든 연구자가 그 결과의 의미에 대한 해석에 동의하는 것은 아니다. 다양한 형태의 명상이 특정 신경정신 장애에 어떻게 차별적으로 영향을 미칠 수 있는지 탐구하는 데 더 많은 노력이 필요하다.

지금까지 살펴본 내용을 통해 신경과학적 방법은 뇌가 어떻게 명상 상태를 생성하고 유지하는지 많은 연구 결과를 통해 알 수 있다. 숙련된 수행자들은 이미 신경과학자들이 일반 사람들이 거의 알아차리지 못하는 미묘한 지각 및 인지 현상을 이해하는 데 도움을 주기 위해 연구에 참여하고 있다.[286] 장기 명상가들은 시각화와 같은 비범한 인지 능력과 말초 신경계에 대한 자발적인 통제에 관한 뇌의 한계에 대하여 과학자들의 개념을 계속 확장하고 있다.[287] 지난 수십 년간의 작업은 뇌가 어떻게 이 특별한 수행에 의해 변화되는지에 대한 이해를 통해 엄밀하게 개발하기 위한 미래 연구의 발판을 마련했다.[288]

하지만 저명한 신경과학자들은 신경과학은 아직 걸음마 단계에 있다

---

285) Mascaro, et al.(2013), pp.48-55.
286) Ellamil, et al.(2016), p.186.
287) Amihai & Kozhevnikov(2015), pp.1-9.
288) Davis & Vago(2013), pp.1-3.

고 본다. 그들은 이례적으로 명상 신경과학 분야의 현재 상태에 대해 솔직하게 종합적으로 검토하고 있다.289) 리처드 데이비슨(Richard Davidson)과 저명한 티베트 승려의 발표에서는 신경과학이 마음을 연구하는 방식은 물고기가 때때로 수면에서 만드는 잔물결을 측정하여 물고기를 연구하는 것과 같다고 할 정도였다.290) 신경과학으로 명상을 연구하는 경우에는 수많은 변수와 다양한 형태가 복합적으로 결합하는 요인을 모두 다 반영하기 어렵다는 과학적 한계가 있다. 그러므로 이러한 탐구의 근본적인 한계를 고려하여, 그 연구의 결과를 획일적으로 적용하는 것을 경계하면서 그 가치를 적절한 상황에 따라 참고할 필요가 있다.

3. 초연결·초지능 사회에서 명상의 활용

1) 명상의 의학적 효용

제3차 산업혁명이 시작된 1950년대를 기점으로 산업화가 고도화되어 스트레스와 같은 유해한 것이 문제시되면서 명상이 주목받게 되었다. 특히 1970년대에 들어와 스트레스에 의한 정신신체 질환이 만연하고, 병원을 찾는 환자의 70-80%가 스트레스 관련 질환자라는 사실이 알려지면서 명상법이 행동의학의 중요한 자기조절 기법으로 임상 장면에 도입되었다.291) 불교의 집중 명상인 사마타 수행을 임상에 처음 도입한 것은 1970년대 초반 미국 하버드 의과대학의 허버트 벤슨(Herbert

---
289) Tang, et al.(2015), pp.213-215.
290) Purser & Lewis(2021), p.940.
291) Ornish(1990), p.258.

Benson)의 이완반응(relaxation response)이었다. 일반인들이나 환자들도 이완반응 명상을 실천하면 스트레스 예방이나 스트레스에 의한 각종 질병의 치유에 크게 도움 된다는 사실이 널리 알려져 크게 유행했다.[292] 또한 사마타와 짝을 이루는 위빠사나가 임상에 도입된 것은 1980년 존 카밧진에 의해서다. 그는 매사추세츠 종합병원에 스트레스 완화 클리닉을 설립하고 마음챙김 기반의 스트레스 완화 프로그램을 시행했다. 불교의 명상법이 임상에 도입된 이래 20년 동안 1만 여명 이상의 암, 심장병, 고혈압, AIDS, 불면증, 두통, 디스크, 당뇨병 등 스트레스에 기인된 각종 심신증 환자가 명상으로 큰 도움을 받았다.[293]

(1) 마음챙김 관점에서 정신 질환에 대한 접근

명상은 단순히 신체와 정서적인 부분만 치료하는 것이 아니라 삶 전반에 걸친 전인적 통합 치료를 지향한다. 특히 마음챙김 기반으로 연구된 결과를 통해 정신 질환에 대한 치유의 관점을 알아보도록 하자.

정신 질환을 이해하기 위한 패러다임은 시간이 지남에 따라 변화해 왔고 문화에 따라 다양하며 정신의학, 심리학, 신경과학 등의 관점을 포함하고 있다. 지난 10여 년 동안 신경과학적 관점은 정신의학의 다른 중요한 방법들보다 압도적으로 발전했다. 영국 정신의학 저널(The British journal of psychiatry)의 2012년 특별호의 사설은 치료의 '비기술적 측면'의 중요성을 강조한다.[294] 하지만 최근까지 현대 심리 치료는 내담자의 환자가 '수정'이 필요한 내적 정서적 갈등, 비합리적인 생각, 부적

---

292) Friedman & Myers & Benson(2001), pp.227-234.
293) Ornish(1990), pp.259-266.
294) Bracken, et al.(2012), pp.430-434.

응적 행동을 가지고 있다고 간주되는 의료 모델을 반영했다. 그 사람의 상황, 문화, 종교적 또는 영적 성향에 거의 관심을 기울이지 않았다.295)

마음챙김 기반에서는 정신질환을 다른 관점으로 접근한다. 존 카밧진은 임상의와 연구자가 인식해야 할 사항을 다음과 같이 말했다.

"명상적 실천으로서 마음챙김의 특성은 운동이나 인지 행동 기법으로 한정되지 않는다. 바람직한 변화를 유도하거나, 망가진 것을 고치는 것을 목적으로 하는 행동주의 패러다임으로 전환 되었다."296)

약리학적 또는 심리학적 '치료'(cure)를 통해 증상을 근절하는 것은 정통 건강의 핵심 목표다. 이와 대조적으로 마음챙김 관점은 증상을 받아들이거나 웰빙 중심으로 삶으로써 치유(healing) 능력이 발생하는 것을 강조한다.297) 이를 통해 환자가 자신의 병을 '재인식'할 수 있게 한다. 그러면 삶은 일관성 있고 의미 있는 것으로 볼 수 있다. 이것은 환자가 자신의 병을 탓하는 대신에 자신의 웰빙에 대해 스스로 책임지도록 동기를 부여해 준다.

마음챙김을 수행하는 것은 현대 과학과 불교적 치유가 제공하는 관점 사이의 '중도'(中道)로 설명될 수 있다. 현대 과학의 구체적 양상인 심리학과 정신의학은 역사적으로 소수의 질병에 초점을 맞추었고 정신질환을 이해하고 치료하는 방향으로 향하는 지식 체계를 생성했다. 반면에 불교로 대표되는 마음 정화의 전통은 우리 모두가 겪을 수 있는 실존적 불안뿐만 아니라 공통된 인간성과 상호 연결성을 이해하는 데 도

---

295) Dobkin & Monshat(2021), pp.673-674.
296) Kabat-Zinn(2003) p. 145.
297) Dobkin & Monshat(2021), pp.679-680.

움이 된다. 다시 말해 명상 수행은 주관적이고 개인적인 것을 강조하는 반면, 서양의학은 과학적 방법을 사용하여 객관적이고 일반화 가능하며 검증 가능한 것에 중점을 둔다. 따라서, 마음챙김 접근법을 활용하면 두 영역 사이에서 중도적 관점을 취하는 효과를 얻을 수 있다.

(2) 마음챙김 기반 중재법과 신체 치료

마음챙김 기반 중재법(MBIs, Mindfulness-Based Intervention)이 신체 치료에 주는 효과와 함의에 대해서 살펴보겠다. MBIs는 주로 MBSR(Mindfulness-Based Stress Reduction)과 관련되어 있다. MBSR은 대표적인 마음챙김 기반의 치료프로그램으로 일주일에 한 번 하루에 2시간 30분씩 8주간 진행하며 돌아가서 과제를 수행해야 한다. MBIs이 진화하면서 이미 만들어진 프로그램을 수정되었는데, 인지 행동 치료인 CBT(Cognitive Behavioral Therapy)와 MBSR이 혼합된 형태의 MBCT(Mindfulness-Based Cognitive Therapy)가 대표적이다.

지난 수십 년 동안, MBIs는 수많은 건강 상태에 대해 적용해 왔다. 대부분 작고 제대로 설계되지 않은 연구로 구성되었지만, 최근 진행된 연구들은 과거의 연구가 계속해서 쌓였다. 그 결과를 종합하여 최신의 사례까지 포함한 연구가 2020년에 무작위대조시험(randomized controlled trials)에 집중하여 진행된 바 있다. 특히, 이 연구에서는 결과의 해석이 다른 통제 집단들을 활용하여 몸의 상태에 대한 MBIs을 조사했으며, 특정 유형의 제이와 비교하여 마음챙김의 효과가 명백함을 밝혔다. 그 결과를 정리하면 다음과 같다.[298]

---

298) Goyal & Rusch(2021), pp.694-695.

마음 훈련을 포함하는 비교적 짧은 개입도 사람들의 기분을 개선하는 데 도움을 줄 수 있다. 통증, 불안 및 우울증과 같은 일반적인 증상이 호전되는 걸 돕는다. 심지어 감기에 대한 민감성을 줄이는 데 도움이 될 수 있다. 이러한 결론은 다른 의학적 치료를 기반으로 하는 것과 동일한 유형의 과학적 증거에 근거하였으므로 신뢰도가 높은 것은 사실이다. 하지만, 아직 마음챙김 연구 분야는 초기 단계이며 더 많은 연구가 필요하다.

마음챙김은 많은 주목을 받고 있지만 그 효과는 제한적이다. 여기서 검토한 대부분의 연구에서는 마음챙김 기반 개입이 건강 결과를 향상시키는 것으로 밝혀지면 효과의 크기는 일반적으로 낮고 때로는 중간 정도였다. MBIs는 환자에게 약물에 대한 일반적인 부작용 우려가 없는 치료법을 선택할 수 있는 기회를 제공한다. 또한, 여러 병증의 증상을 줄이는데 유용하거나 증상을 개선하기 위해 다른 치료법과 함께 사용될 수 있다. 결과에 대한 요약은 〈표 2〉에 나와 있다.

질환	효과*	효과에 대한 신뢰도**
일반적 통증	+	보통
과민성 대장 증후군	++	낮음
결합 조직염	+/-	낮음
만성 허리 통증	+	보통
암 관련 증상	+/-	보통
성 기능	+	낮음
혈압	0	낮음
심장병	+	낮음
당뇨병	0	보통
약물 사용		

흡연	0	낮음
술과 마약류	0	낮음
폐병	0	낮음
불면증	+/-	낮음
면역 기능		
면역 세포 수치	+/-	낮음
항체 반응	+/-	낮음
감기 민감성	+	낮음
세포 노화	+/-	낮음
전사 인자	+	낮음
코티솔	0	낮음

<표 2> 마음챙김 기반 치료법의 결과 요약[299]

* 효과: 0=효과 없음, +/-=가능성 또는 가벼운 효과, +=적당한 효과, ++=큰 효과

** 시험의 수/질 및 결과의 일관성을 기반으로 보고된 효과의 전반적인 신뢰도에 대한 정성 요약: 낮음, 보통, 높음

이러한 발견은 마음챙김이 지속적으로 강력하게 스트레스를 감소시키므로 스트레스 관련 상태에 큰 영향을 주어야 한다는 대중적인 견해와 다소 상반된다. '스트레스'는 누구나 공감할 수 있고 때때로 식별할 수 있는 것이지만 과학적으로 정량화하기 어려운 개념이기 때문이다. 그동안 여러 시도가 있었지만 스트레스 경험을 완전히 포착하지 못했다.[300]

몇몇 소규모 연구에서는 인지된 스트레스에 대한 마음챙김의 긍정적

---

299) Goyal & Rusch(2021), p.711.
300) Goyal, et al.(2014) pp.357-368.

인 효과를 발견했지만 높은 질을 기준으로 평가된 최신 연구에서는 무효값이 나왔다. 연구된 수많은 증상과 상태에서 더 큰 개선이 나타나지 않는 이유는 무엇일까? 마음챙김을 숙달하려면 MBSR의 일반적인 8주 과정보다 훨씬 더 많은 훈련이 필요하다.

원래 마음챙김이 유래된 불교 전통에서는 건강 문제에 대한 요법으로 개념화되지 않았다. 오히려 명상은 자각의 힘을 높이기 위해 오랜 시간을 통해 배우고 연습하는 기술이자 결과적 상태이다. 이러한 자각을 통해 존재의 미묘한 무엇에 대한 통찰력과 이해를 얻게 된다. 대상을 객관화하여 바라보는 법, 생각 통제에 대한 마음 훈련은 8주의 과정만으로는 그저 표면 정도를 긁을 수 있을 뿐이다. 장기간 지속적인 수련을 통해 마음으로 할 수 있는 많은 것들이 가능해진다면 어떤 효과가 있을지는 과학적으로 밝혀진 바가 미약하다. 정신적·육체적 활동이 이러한 조건에 어떻게 기여하는지에 대한 연구도 충분하지 않다. 지난 30년 동안 많은 것을 알 수 있었지만, 마음이 건강에 어떻게 기여하는지 이해하기 위해서는 여전히 해야 할 일이 산적해있다.

2) 기업에서 명상의 활용

제4차 산업혁명 시대는 글로벌 IT기업을 비롯하여 과학 기술을 핵심 역량으로 삼는 수많은 기업들이 중심이 되어 이끌어 가고 있으며 그 역할을 계속될 것으로 보이다. 이러한 기업의 임원진이 회사를 경영하는 데 있어서 좋은 인재를 뽑는 것이 중요하다는 것은 당연하다. 그런데 새로운 인재를 뽑는 것만큼 기존의 인적 자원을 관리하는 것이 중요하며 여기에는 건강 상태까지 포함된다.

과다한 업무량, 책임감, 업무성과 등의 스트레스에 대한 대처 능력은 건강과 직무 만족도에도 영향을 미치기 때문에 회사의 이익과도 직결된다. 스트레스 장애가 직무능력 저하를 일으키는 가장 큰 원인이 된다는 것은 많은 연구를 통해 확인된다.[301] 따라서 기업에서는 명상을 통해 업무 스트레스를 비롯한 여러 측면의 건강을 배려하는 운영 시스템이 많아지고 있다. 명상 효과에 대한 많은 사례를 통해 기업 내 명상의 효과는 확인되고 있다.

국내의 기업의 근로자를 대상으로 명상 프로그램을 적용하여 마음챙김의 영향력을 확인한 연구에서는 스트레스 감소에 매우 긍정적인 효과가 있음이 나타났다.[302] 또한, 공기업의 직원을 대상으로 한 연구에서도 그 효과가 증명되었다.[303] 마음챙김 명상이 조직에 미치는 영향에 대한 연구 결과를 소개하면 다음과 같다.[304]

① 조직 내 개인에게 긍정적인 영향, 직무 만족 및 몰입도 증가, 창의적 업무 역량 증가
② 정신적·육체적 스트레스의 감소를 기대
③ 대인 관계가 긍정적으로 개선
④ 스트레스 관리, 집중력 및 업무능력 향상, 공감·협력·신뢰·위기관리·발표력 향상
⑤ 명상이 숙달되면 기간과 장소에 상관없이 언제 어디서든 가능함

이러한 효과를 알고 국내 대기업은 이미 명상을 도입해왔다. 삼성전자는 1천억 원을 투자하여 경북 영덕에 명상 연수원을 설립하여 삼성

---

301) Sauter, et al.(1992), p.1148.
302) 배한주 외(2020), p.331.
303) 박남수(2012), p.123.
304) 지성구 외 2인(2016), pp.108-109.

임직원에게 다양한 명상 프로그램을 제공하고 있다. 2017년 6월부터 시행된 3박 4일 프로그램은 삼성의 모든 계열사 직원이 이용할 수 있도록 운영되고 있다. 삼성인력개발원에서 프로그램 개발과 운영을 담당했다. 임직원들의 마음 건강과 스트레스 해소 등을 목적으로 운영되며 자연을 활용한 숲 체험 명상, 바다 명상, 별빛 명상 등으로 이루어져있다.[305]

삼성뿐 아니라 다른 기업에서도 명상관련 프로그램을 운영하고 있다. LG는 '트윈 리더스 명상 프로그램'을 도입하였으며, 사내에 명상방을 마련했다.[306] LG디스플레이는 2017년 4월 경북 문경시에 '힐링센터'를 건립하여 '자신과의 소통', '오감 깨우기', '소통 스킬 훈련' 등의 명상 프로그램이 이루어지고 있으며 명상 전문가가 함께하며 진행한다.[307] SK에서는 '행복날개수련원'을 통해 그룹 전체 임직원들의 심신을 아우르는 건강을 챙기고 있다. 2007년에 '행복날개수련원'을 재단법인으로 만들어서 명상 프로그램을 그룹 계열사에 제공하고 있다. 최근 COVID-19로 인한 비대면 상황에서도 줌(ZOOM)을 통해 명상 소그룹 프로젝트를 운영했다.[308]

해외에서는 보다 더 일찍 명상의 효과를 기업에 적용해왔다. 미국에서는 1950년대 이후 산업화가 고도화되어 스트레스와 같은 삶의 고통거리가 문제시되면서 명상이 주목받게 되었다. 먼저 의학 분야에서 치료법의 일환으로 각광받아온 명상은 적용 범위를 확장하여 기업에서 도입하게 된 것이다.

실리콘밸리에서는 국제적인 컨퍼런스인 '위즈덤(Wisdom) 2.0'을 통

---

305) 김동은(2017) 기사 참조.
306) 김광호(2017), p.13.
307) 김연정·강현욱(2020), p.200.
308) SKinno News(2021) 기사 참조.

해 마음챙김에 대한 트렌드가 형성하고 있으며, 참가하고 있는 기업 가운데 애플, 구글, 페이스북, 트위터, 링크드인 등 세계를 대표하는 글로벌 IT기업이 주축을 이룬다.309) '위즈덤 2.0'이라는 행사는 2010년 400명으로 시작하여 2019년에는 25개국의 2500여명이 참석할 만큼 더욱 각광받고 있는 명상 컨퍼런스다. 글로벌 IT 기업 출신의 참석자가 많았다. 행사의 중요한 키워드는 단연 마음챙김이다. '위즈덤'은 종교성을 배제하고 과학적 효준화와 효과를 특징으로 내세운 용어다.310)

세계 유수의 기업에서 명상을 도입하는 사례는 아주 많다. 대표적으로 구글은 사내 프로그램으로 SIY(Search Inside Yourself)라는 명상 프로그램을 전 직원에게 제공하고 있다.311) 이것은 7주 동안 20시간의 내면을 탐색하는 마음챙김 프로그램이다. 직원들의 집중력을 향상시켰으며 감성지능을 높이는 결과가 나왔다. 향상된 감성 지능은 동료들 간에 조화와 합동에 도움이 되었으며 자신감, 업무 능력, 리더십도 향상되었다.

외국 기업의 경우에는 회사 내에 전폭적인 지원으로 프로그램이 활성화되어 있으나, 국내의 경우는 그에 비해 규모도 작을 뿐더러 명상 연수원을 중심으로 이벤트 식으로 이루어진다는 점에서 지속성의 힘이 약하다고 볼 수 있다. 외국의 경우에는 프로그램의 연구 측면에서 보더라도 기업과 과학자와 명상전문가 집단이 협력하여 개발을 하고 있는 반면, 국내에는 명상 강사를 초빙하여 이루어지고 있다. 국내외의 사례에 차이는 있으나 기업을 중심으로 직원 교육의 일환으로 마음챙김 명상이 보급되고 있는 것은 꾸준히 증가해왔으며 앞으로도 확산될 전망이다.

---

309) 김연정·강현욱(2020), p.200.
310) 배영대(2019) 기사 참조.
311) 김연정·강현욱(2020), pp.200-201.

3) 첨단 기술을 활용한 명상

(1) VR/AR 기술로 인한 새로운 차원의 몰입형 명상

명상 수행은 기술의 발전과 함께 진화하고 있다. 가상현실(VR) 및 증강현실(AR)과 같은 기술이 명상 경험에 통합되어 마음 방황과 스트레스 수준을 줄이는 데 활용될 가능성이 연구되고 있으며, 인공지능(AI) 기반의 명상 앱은 사용자에게 맞춤형 지도를 제공하여 명상을 더욱 접근하기 쉽고 효과적으로 만들고 있다.

VR 및 AR 기술은 외부 방해 요소를 최소화하고 고도로 통제되고 몰입적인 환경을 조성하여 명상 경험을 크게 향상시킬 수 있다. 이러한 기술은 사용자가 명상 기술을 효과적으로 연습하도록 돕고, 특히 명상 초보자나 집중력 유지에 어려움을 겪는 사람들에게 '안식처'를 제공한다. VR의 몰입적 특성은 '현존감'을 강력하게 촉진하여 호흡 및 신체 감각 집중과 같은 명상의 근본적인 측면을 향상시키며, 이는 VR 기반 명상 효과의 핵심적인 역할을 한다. AR은 디지털 콘텐츠를 현실 세계에 통합하여 신경 피드백과 결합된 안내 경험 등 독특하고 상호작용적인 명상 기회를 제공하며, 이를 통해 사용자는 감각 환경을 능동적으로 조작하여 심리적, 생리적으로 마음챙김에 도움이 되는 '안식처'를 만들 수 있다. 이는 기술이 강력한 주의 보조 도구이자 환경 조절자 역할을 하여 일반적인 실제 장애물을 극복함으로써 더 깊은 명상 상태에 대한 접근을 용이하게 함을 의미한다.[312]

VR 및 AR 기반 명상은 생리적 스트레스 지표와 부정적인 감정을 감

---

312) Chen, H., Liu, C., Zhang, A., Lu, W. Q., Wu, K., & Chiou, W. K. (2024), pp.1-2

소시키고 우울증 및 불안 증상을 완화하며 전반적인 기분을 개선하는 등 정신 건강에 긍정적인 영향을 미친다. 이러한 기술은 특히 초보 명상가의 집중력과 정서 조절 능력을 향상시키고, 수면의 질 개선 및 분노, 슬픔과 같은 감정 조절에도 기여한다.

이러한 치료 효능은 학생 및 젊은 성인[313], 고령층[314] 등 다양한 인구와 맥락에서 확인되었다.

VR 기반 명상은 기존의 안내 명상, 비디오 기반 명상, 오디오 기반 개입보다 더 효과적인 것으로 나타났으며, AR 명상 경험 또한 부정적인 기분 상태를 감소시키고 긍정적인 기분 상태를 증가시키는 데 효과적이었다. VR/AR의 이러한 광범위한 효능은 초보자, 고령층, 학생, 간병인 등 다양한 인구와 학업, 임상 환경 등 다양한 환경에서 일관되게 나타나며, 이는 전통적인 웰빙을 넘어 더 넓은 임상적 유용성을 시사한다. 특히 이러한 기술은 전통적인 접근이나 참여가 어려울 수 있는 고위험 또는 취약 계층을 위한 맞춤형 정신 건강 개입 및 기술 개발에 중요하고 적응 가능한 도구임을 의미한다.[315]

현재 VR/AR 명상 연구는 유망하지만 표본 크기가 작고 이질성이 높아 메타 분석 및 일반화에 제한이 있다. VR/AR 구성 요소의 효과를 명상 자체의 효과와 분리하는 것이 중요한 과제이며, 일부 연구에서는 VR 기반 명상과 기존 명상이 유사한 효과를 보였다. 향후 연구에서는 무작위 대조군 연구(RCT) 및 비용-편익 분석을 통해 엄격한 효능 평가가 필요하며, 종단 연구를 통해 장기적인 효과와 지속 가능성을 이해해야 한다. 기술적 한계(예: 불편한 헤드셋)는 몰입감을 방해할 수 있으며, 메타

---

313) Xu, J., Khanotia, A., Juni, S., Ku, J., Sami, H., Lin, V., ...& Rahimpoor-Marnani, P. (2024).
314) Gao, D., Su, Y., Zhang, X., Li, H., & Luo, H. (2024).
315) Chen, H., Liu, C., Zhang, A., Lu, W. Q., Wu, K., & Chiou, W. K. (2024), p.1

버스 통합은 새로운 디지털 위험을 초래할 수 있다.

'VR/AR 효과'와 '명상 효과'를 분리하는 것은 기술의 치료적 기여도를 정확히 파악하기 위한 핵심 과제이며, 이를 위해 미래 연구는 단순한 비교를 넘어선 보다 정교한 실험 설계를 요구한다.[316]

(2) 인공지능(AI) 기반 정신 건강 시스템과 윤리적 과제

인공지능(AI)은 정신 건강 관리 서비스에 혁신적인 변화를 가져올 잠재력을 지닌 도구로 평가받고 있다. 선별 및 진단부터 치료 지원, 사후 모니터링, 그리고 인구 수준의 예방에 이르기까지 다양한 단계에서 인간 치료사를 보완하는 유망한 수단으로 부상하고 있다.[317] AI 챗봇, 자연어 처리(NLP) 도구, 대규모 언어 모델(LLM), 기계 학습(ML) 모델, 딥러닝(DL) 모델 등 다양한 언어 모델, 예측 모델링, 감성 분석, 추천 시스템 등은 진단 정확도를 향상시키고, 개인 맞춤형 치료를 강화하며, 임상의에게 통찰력과 권장 사항을 제공하고, 정신 건강 지원의 접근성과 비용 효율성을 높이는 데 기여한다.[318]

특히, 대화형 AI 및 대규모 언어 모델(LLM)은 인간의 대화를 시뮬레이션하여 다양한 치료적 상호작용을 지원한다. LLM은 주로 심리 교육(정신 건강 정보 및 대처 전략 제공)[319], 안내형 자가 치료 및 정서적 지원(구조화된 운동, 감정 조절, 비판단적 지원)[320], 임상 치료 지원(치료 조언, 진단, 예후 평가), 정신 장애 선별 및 탐지(우울증 및 자살 위험 예측), 그리고 교육 자료 생성에 활용된다.[321]

---

316) Chen, H., Liu, C., Zhang, A., Lu, W. Q., Wu, K., & Chiou, W. K. (2024), p.1
317) Ni, Y., & Jia, F. (2025), pp.11-12.
318) Ni, Y., & Jia, F. (2025), p.5.
319) Wang, L., Bhanushali, T., Huang, Z., Yang, J., Badami, S., & Hightow-Weidman, L. (2025).
320) Mansoor, M., Hamide, A., & Tran, T. (2025).
321) Jin, Y., Liu, J., Li, P., Wang, B., Yan, Y., Zhang, H., ... & Wang, Y. (2025).

이러한 AI 기술은 정신 건강 서비스의 접근성을 향상시키고, 임상 의사 결정 지원 도구 역할을 하며, 특히 정신 건강 관리 역량이 부족한 지역에서 저렴하고 효과적인 솔루션을 제공할 수 있다.

AI 기반 명상 앱 또한 사용자의 행동, 스트레스 수준, 선호하는 명상 유형 및 생체 인식 데이터(뇌파, 심박변이도 등)를 분석하여 개인 맞춤형 명상 경험을 제공하며 혁신을 주도하고 있다. 이러한 앱은 맞춤형 콘텐츠를 추천하고, 사용자 진행 상황에 따라 프로그램을 조정하며, 실시간 신경 피드백을 통해 집중력 향상과 같은 실행 가능한 통찰력을 제공하고 세션 내에서 즉각적인 조정을 가능하게 한다. 또한, AI의 예측 분석과 신경 피드백의 즉각적인 생리적 데이터 결합은 사용자의 정신 상태 변화를 감지하고 명상 안내를 즉시 조정하는 정교한 폐쇄 루프 시스템을 구축하여 더욱 효율적인 학습과 깊은 집중 상태, 지속적인 참여를 유도한다.[322]

그러나 AI의 편리함이 인간의 감독 없이 과도한 의존이나 오용으로 이어질 수 있으므로, AI의 범위와 강력한 안전 프로토콜에 대한 명확한 경계 설정의 필요성도 함께 내포하고 있음을 간과해서는 안 될 것이다. 즉, AI 기반 정신 건강 시스템은 개인 정보 보호, 인간 정신 건강 경험의 해석과 관련한 과제 등 여러 중요한 윤리적 문제와 한계를 안고 있다.[323]

방대한 데이터를 학습하는 LLM은 데이터 프라이버시 침해와[324] 알고리즘 편향을 증폭시켜 취약 계층에 대한 차별적 결과를 초래할 위협

---

[322] Chen, H., Liu, C., Zhang, A., Lu, W. Q., Wu, K., & Chiou, W. K. (2024), p.1
[323] Ni, Y., & Jia, F. (2025), pp.15-19.
[324] Mandal, A., Chakraborty, T., & Gurevych, I. (2025). pp.1-4.

이 있다.325) 또한, AI는 진정한 공감 능력과 정서 지능이 부족하며, 그 특성으로 인해 의사 결정 과정의 투명성이 떨어져 사용자 불만과 신뢰성 문제를 야기할 수 있다.326) AI의 편리함과 저렴한 비용은 사용자의 과도한 의존을 유발하고 전문적인 도움을 지연시킬 수 있으며, 결정적으로 정신 건강 위기 상황을 효과적으로 관리할 수 없다.327) 더불어 주로 서구권 영어권 데이터로 훈련된 현재 AI 모델은 문화적 및 언어적 편향을 보여 다양한 인구에 부적절한 권장 사항을 제공할 위험이 있으며, AI 기반 데이터 수집 및 의료 오류 책임에 대한 규제 및 법적 테두리가 미비하여 새로운 법적 개념의 필요성이 제기되고 있다.328)

이러한 모든 한계를 고려할 때, AI는 인간 전문가를 대체하는 것이 아닌, 강력한 인간 감독 하에 통합되어야 할 보완적인 도구로 명확히 정의되어야 한다.

4) 현대 명상의 과제

현재 인류는 초연결・초지능 시대에 진입했으며, 이 시대를 주도할 핵심 동력은 인공지능(AI)일 것으로 예측된다. AI는 미래 사회 전반으로 그 영향력을 확대할 것으로 보이며, 이에 따라 전문가 집단에서는 AI가 야기할 수 있는 문제점을 제기하고 그 위험성을 줄이기 위한 방안을 모색하고 있다. 이러한 노력의 바탕에는 인공지능 연구에서 발생할 수 있는 문제에 대해 인간 중심으로 해결한다는 개념이 깔려 있다.

---

325) Anderson, J. W., & Visweswaran, S. (2025). pp.2-3.
326) Wang, L., Bhanushali, T., Huang, Z., Yang, J., Badami, S., & Hightow-Weidman, L. (2025). pp.1-8.
327) Naik, A., Thomas, J., Sree, T., & Reddy, H. (2025). pp.2-6.
328) Wang, L., Bhanushali, T., Huang, Z., Yang, J., Badami, S., & Hightow-Weidman, L. (2025). p.6.

(1) '착한 인공지능'을 위한 인간 중심 AI의 필요성과 AI 윤리

과연 우리는 '착한 인공지능'을 만들 수 있을까? 이것을 개발하기 위해서는 단순히 '착한 개발자'를 넘어, 윤리와 철학에 대한 깊이 있는 이해가 필수적이다. 왜냐하면, '착한 인공지능'은 단순히 기술적 효율성을 넘어선 개념이기 때문이다. 이는 인간의 핵심 가치, 필요, 그리고 전반적인 복지와 일치하는 AI 시스템의 개발 및 배포를 본질적으로 의미한다. 그러므로 인간 중심 AI(Human-Centered AI, HCAI)에 대한 고찰이 필요하다.

HCAI는 인간의 능력, 가치, 경험을 AI 설계 및 운영의 핵심에 두는 근본적인 디자인 철학이다. 접근 방식은 기술이 인간의 역할을 대체하거나 축소하는 대신, 인간의 능력을 증강하고 복지를 향상시키는 데 기여하도록 보장한다. HCAI의 핵심 원칙에는 사용자 공감 및 이해 증진, 편향 완화를 포함한 엄격한 윤리적 고려, 설계 과정에서의 적극적인 사용자 참여, 접근성 및 포괄성 보장, 투명성 및 설명 가능성 증진, 지속적인 피드백 메커니즘 구현, 그리고 자동화와 인간 통제 사이의 중요한 균형 유지가 포함된다.[329]

인간-컴퓨터 상호작용 분야의 저명한 인물인 옥스퍼드 대학의 벤 슈나이더만(Ben Shneiderman) 교수의 선구적인 저서 『인간 중심 AI(Human-centered AI)』는 '인간의 삶을 증강하고 향상시키기 위해 인공지능을 어떻게 사용할 수 있는지에 대한 낙관적인 현실주의자의 가이드'를 제공하며, '인간의 가치, 권리, 정의, 존엄성을 존중하는 신뢰할 수 있고 안전하며 신뢰할 수 있는 방식'으로 사람들을 연결하는 미래 애플리케이션을 강조한다. 이는 AI 혁신의 근본적인 목적을 재정의하며, 기술 발전이나 효율성 증대만을 넘어 포괄적인 인간 번영을 위한 사회-기

---

329) Ozmen Garibay, O., Winslow, B., Andolina, S., Antona, M., Bodenschatz, A., Coursaris, C., ... & Xu, W. (2023). pp.4-12.

술 시스템 구축으로 초점을 전환한다.330)

　AI 윤리는 점점 더 지능적이고 자율적인 시스템에서 발생하는 근본적인 도덕적 질문을 다루는 빠르게 진화하는 분야이다. 이는 공리주의, 의무론, 덕 윤리를 포함한 확립된 철학적 틀에 크게 의존한다. 핵심은 AI 시스템의 목표와 행동이 인간의 가치와 일치하도록 하는 '가치 정렬 문제'이다. 인간 선호의 다양성, 상충하는 윤리 원칙, 추상적인 도덕적 가치를 알고리즘에 내재화하는 어려움으로 인해 이는 복잡한 도전 과제이다. AI에 따른 가치 정렬의 어려움은 기술적 문제를 넘어 인간 도덕 철학의 복잡성을 반영한다.331) 이는 AI 가치 정렬이 기술적 해결책만으로는 충분하지 않으며 근본적인 윤리적 우선순위에 대한 지속적인 사회적 숙고, 문화 간 대화, 그리고 합의 형성이 필요함을 시사한다.

　예를 들어, 자율주행 자동차가 사고의 순간에 '운전자와 외부의 행인 중에 누구를 보호해야 하는지?'를 결정해야 하는 딜레마에 직면할 수 있다. 일반 대중은 외부 행인을 보호하기를 원하는 반면, 자동차 구매자는 운전자의 보호를 우선시 할 수 있다. 이처럼 복잡한 상황에서 '착하고 편견 없는 인공지능'을 개발하기 위해서는 깊은 철학적 사고가 반드시 선행되어야 한다.

(2) 철학적 사고 함양을 위한 명상의 필요성

　그렇다면 이러한 철학적 사고는 어떻게 함양할 수 있을까? 예컨대, 생물학자들은 뇌가 어떤 식으로든 정신을 만들고, 수십억 개의 뉴런에서 일어나는 생화학적 반응이 어떤 식으로든 고통과 사랑 같은 경험을

---
330) Shneiderman, B. (2022).
331) Kakembo, Aisha & Annet, & University IV, Kampala International. (2025). pp.1-4.

만든다고 가정한다. 그렇지만 지금까지 정신이 뇌에서 어떻게 발현하는지에 대한 설명은 내놓지 못하고 있다. 자신의 정신을 체계적으로 관찰하도록 훈련하기 위해서는 '명상'을 필요하다.[332] 따라서, '착한 인공지능'을 만들기 위한 여정은 기술적 발전과 함께 인간의 윤리적, 철학적 성찰이 병행될 때 비로소 완성될 수 있다는 입장을 견지해야 한다. 명상은 이러한 자기 성찰을 위한 실천적 도구다.

뇌와 AI를 연구하는 과학자에게 직접 명상할 것을 권하는 것은, 명상이 정신을 직접 관찰하기 위한 '돋보기'와 같기 때문이다. 자신이 명상을 하지 않고 다른 명상가의 뇌에서 일어나는 전기 활동만을 관찰한다면 명상의 잠재적 성과 대부분을 놓치게 될 것이다. 실제로 일부 대학에서는 명상을 뇌 연구의 대상 차원을 넘어 연구 도구로 활용하기 시작했지만, 이는 여전히 걸음마 단계에 있다. 뇌를 연구하는 과학자가 정신세계를 관찰하기 위해 직접 명상을 해야 하듯이, AI 연구 개발자 역시 명상을 통해 철학적 사유를 할 수 있어야 인간 중심의 합리적 윤리를 고찰할 수 있을 것이다.

명상은 AI 개발자와 리더에게 필수적인 인지적, 정서적 역량을 함양하는 강력한 도구 역할을 한다. 정서 지능을 향상시켜 공감 능력을 높이고 다양한 인간의 필요, 취약성, 그리고 AI의 잠재적 사회적 영향에 대한 더 깊은 이해로 이끌어준다. 또한, 명상은 인지 유연성을 향상시켜 복잡하고 모호한 AI 윤리적 딜레마에 직면했을 때 더 객관적이고 포괄적이며 덜 충동적인 의사결정을 촉진한다.[333]

그렇다면, 구체적으로 명상을 통해 '착한 인공지능' 개발에 필요한 '철

---

[332] Harari(2018) pp.473-478
[333] Rajuroy, Adam & Liang, Warren & Johnson Mary, Britney. (2025)

학적 사고'를 어떻게 함양할 수 있을까? 명상은 단순히 추상적인 철학적 사고를 넘어, '자비심'과 같은 구체적인 윤리적 특성, 상호 연결성에 대한 깊은 이해, 그리고 고통에 대한 공감적 반응을 통해 '체화된 지혜'와 '윤리적 직관'을 길러낸다는 점을 주목할 필요가 있다. 왜냐하면, 인공지능이 인간의 삶과 직접적으로 상호작용하는 시대에, 기술 개발자들이 단순히 논리적 알고리즘을 넘어 인간의 복잡한 감정과 윤리적 미묘함을 이해하는 데 필수적인 역량을 명상을 통해 얻을 수 있음을 보여주기 때문이다.

명상, 특히 자비심 중심 수행은 개인의 공감과 자비심을 직접적으로 함양한다.[334] 이러한 자질은 인간의 복지를 진정으로 우선시하고, 다양한 필요를 이해하며, 고통에 적절하게 반응하는 AI를 설계하는 데 필수적이다. 또한, 모든 생명과 시스템이 불가분의 관계에 있다는 인식인 '상호 연결성'에 대한 깊은 이해는 AI 개발을 분열을 악화시키거나 타인의 희생을 통한 개인주의적 이득을 촉진하거나 복잡한 시스템 전반에 걸쳐 의도치 않은 부정적인 파급 효과를 일으키는 대신, 협력, 집단적 번영, 그리고 사회적 조화를 증진하는 해결책으로 이끌 수 있다.

자비심 중심의 명상은 인간에게 공감과 자비심을 함양하고 뇌에 신경가소성 변화를 일으킬 수 있다는 신경과학적 증거가 있다.[335] AI는 '인간 공감의 요소'를 모방하거나 '인간 감정을 인식하고 반응'하도록 프로그래밍될 수 있지만, 알고리즘적 모방과 실제적으로 느껴지는 (인간 경험으로서) 자비심사이의 구별은 매우 중요하다.

---

334) Laneri, D., Krach, S., Paulus, F. M., Kanske, P., Schuster, V., Sommer, J., & Müller-Pinzler, L. (2017). p.4035.
335) Laneri, D., Krach, S., Paulus, F. M., Kanske, P., Schuster, V., Sommer, J., & Müller-Pinzler, L. (2017). pp.4043-4044.

(3) 기술 발전이 명상과 정신 건강에 미치는 영향

기술 발전은 명상 수행과 정신 건강 지원 분야에 혁신적인 변화를 가져오고 있다. 가상현실(VR) 및 증강현실(AR) 기술은 몰입형 환경을 제공하여 명상 경험을 심화하는 데 탁월한 효과를 보이고 있다. 이러한 기술은 주의 산만을 줄이고 '현존감'을 높여 초보 명상가나 고위험 환경에 있는 사람들에게 특히 유용하며, 불안, 우울증, 스트레스와 같은 정신 건강 문제를 완화하는 데 기여한다. 다만, VR/AR이 명상 자체의 효과와 독립적으로 어떤 치료적 기여를 하는지에 대한 보다 엄격한 연구가 필요하다.

인공지능(AI)은 명상 앱에 개인 맞춤형 경험을 제공하며 이 분야에 혁신을 더하고 있다. 사용자 행동 분석, 생체 인식 데이터 통합, 실시간 신경 피드백을 통해 AI는 사용자에게 동적이고 적응적인 명상 지도를 제공함으로써 참여도와 지속률을 크게 높인다. 특히 챗GPT로 대표되는 대규모 언어 모델(LLM)과 같은 대화형 AI는 정신 건강 선별, 심리 교육, 임상 치료 지원, 정서적 지원을 위한 강력한 보조 도구로 자리매김하여 정신 건강 서비스 접근성을 향상시키고 있다. 그러나 AI의 활용은 데이터 프라이버시, 알고리즘 편향, 공감 능력의 한계, 위기 관리 불가능성 등 중대한 윤리적, 방법론적 과제를 야기한다. 따라서 AI는 인간 전문가를 대체하는 것이 아닌 보완적인 도구로 활용되어야 함을 강조하고 싶다.

위에서 다룬 현대 명상의 과제를 종합해보면, 궁극적으로 '착한 인공지능'을 만들기 위한 여정은 기술적 발전과 함께 인간의 윤리적, 철학적 성찰과 명상적 수행이 병행될 때 비로소 완성될 수 있을 것이다. 우리는 기술의 잠재력을 최대한 활용하면서도 인간 중심의 가치를 잃지 않도록 끊임없이 고민하고, 명상과 같은 실천적 도구를 통해 깊이 있는 자기 성찰을 지속해야 할 것이다.

4. 결론

대로부터 인류와 함께해온 명상은 다양한 종교와 문화적 맥락 속에서 종교적, 영적인 가치를 추구하며 발전해왔다1. 그러나 급변하는 초연결·초지능 사회로의 전환과 현대 사회의 복합적인 도전은 명상의 실용적 가치를 더욱 부각시키고 있으며, 미래 사회로 갈수록 그 중요성은 더욱 증대될 것으로 전망된다.

본 연구는 초연결·초지능 사회라는 현대적 맥락 속에서 명상의 실용적 효용과 확장된 가치를 조명하는 동시에, 그 본래의 철학적 깊이와 윤리적 함의를 탐구하였다. 먼저 초연결·초지능 사회의 특징과 당면 과제를 살펴보았으며, 현대 명상의 정의와 분류를 정리하였다.

특히 전통적 명상에서 덜 중요시되었던 스트레스, 불안, 우울, 만성피로와 같은 현대인의 정신적, 신체적 어려움 해결 및 심리적 웰빙 증진에 중점을 두어 대중화의 기반을 마련한 점을 강조했다. 대표적인 사례로는 마음챙김 명상과 자비 명상을 소개하였다.

신경과학의 비약적인 발전은 명상 수행이 뇌의 기능적 및 구조적 변화(신경가소성)를 유도하며, 뇌파(특히 세타파, 알파파) 활성화 및 전전두엽 부위의 활성화와 관련이 있음을 과학적으로 입증하며 현대 명상의 신뢰성을 크게 강화했다.

장기간 명상 수행자들은 나이가 들어도 집중력을 요하는 작업을 능숙하게 수행하며 높은 수행 능력을 유지할 수 있음이 확인되었고, 일반인이 거의 알아차리지 못하는 미묘한 지각 및 인지 현상을 이해하는 데 기여하며, 비범한 인지 능력과 말초 신경계에 대한 자발적인 통제에 관한 뇌의 한계를 계속 확장하는 데 도움을 주고 있다.

그럼에도 불구하고 명상 신경과학 연구는 아직 초기 단계에 불과하며, 뇌와 신경에 대해 밝혀지지 않은 부분이 많고 명상과의 인과관계를 명확하게 하기에는 근거가 부족하다는 한계점 또한 인지해야 한다. 따라서 연구 결과를 획일적으로 적용하기보다는 상황에 따라 적절히 참고하는 자세가 필요하다.

명상의 효과가 검증되면서 의학 및 심리학 분야는 물론, 기업, 학교, 병원 등 다양한 환경에서 적극적으로 활용되고 있다. 특히 국내외 기업에서는 직원들의 정신 건강 개선과 업무 능력 계발, 생산성 증대 등의 실질적 효용을 얻고 있으며, 이러한 경영학적 효용은 명상이 사회 저변으로 확대되는 데 긍정적인 역할을 하고 있다.

또한, 가상현실(VR) 및 증강현실(AR) 기술은 몰입형 명상 경험을 제공하여 주의 산만을 줄이고 '현존감'을 높이며, 불안, 우울증, 스트레스와 같은 정신 건강 문제 완화에 기여하고 있다. 인공지능(AI) 기반의 명상 앱은 사용자 맞춤형 지도를 제공하여 명상을 더욱 효과적으로 만들며, 대화형 AI는 정신 건강 서비스 접근성을 향상시키는 보조 도구로 자리매김하고 있다.

궁극적으로 초연결·초지능 사회에서 '착한 인공지능'을 만들기 위한 여정은 기술적 발전과 함께 인간의 윤리적, 철학적 성찰이 병행될 때 비로소 완성될 수 있다. AI와 뇌를 연구하는 과학자가 직접 명상을 통해 철학적 사유를 함양하고 정신을 직접 관찰하는 것은, 인간 중심의 합리적 윤리를 고찰하고, 기술의 잠재력을 최대한 활용하면서도 인간 중심의 가치를 잃지 않도록 끊임없이 고민하는 데 필수적인 요소이다.

따라서 우리는 명상과 같은 실천적 도구를 통해 깊이 있는 자기 성찰을 지속해야 할 것이다. 이러한 탐구는 종교와 철학 그리고 과학의 조화로운 대화를 통해 명상의 참된 의미를 대중에게 전달하고, 현대 사회에서 명상이 담당해야 할 역할과 미래를 위한 대안적 사유의 지평을 제시하는 데 기여할 것으로 기대된다.

| 참고 문헌 |

1. 단행본 및 논문

권진영(2022). 「4차 산업혁명 시대의 불교융합교육 연구」(국내박사 학위논문). 동국대학교 일반대학원, 서울.
김광호(2017). 「기업에서의 호흡명상 활용 사례 연구」, 『명상심리상담』 17, 12-15.
김연정·강현욱(2020). 「직장인의 마음챙김 활동 참여시 인지된 자 유감 및 심리적 행복감이 생활만족과의 관계 검증」. 『한국체육과학회지』 29(2), 199-211.
박남수(2012). 「마음챙김에 근거한 스트레스 완화 프로그램이 조직 구성원의 정신건강에 미치는 효과」. 『한국조직학회보』, 9(2), 107-144.
박철제. (2018). 「제4차 산업혁명 현황 및 발전방향 연구」, 『경제경영연구』, 3(1), 21-42.
배한주, 김혜진, 이정숙(2020). 「일대기업 근로자의 자아존중감, 감 성지능, 마음챙김이 스트레스 반응에 미치는 효과」, 『한국직업건강간호학회지』 29(4). 325-332.
송영숙(2018). 「Mindful Self-Compassion(MSC): 불교상담기법 모색」, 『불교문예연구』 (10), 11-46.
안지연, 김영은(2019). 「초학문적 융합(transdisciplinary) 패러다임의 수업 설계 원리 탐색」. 『통합교육과정연구』 13(2). 23-50.
정재승(2018). 『열두 발자국』. 서울: 어크로스.
조상식(2016). 「제4차 산업혁명'과 미래 교육의 과제」. 『미디어와 교육』. 6(2), 152-185.
지성구, 김열권, 여찬구(2016). 「마음챙김 명상이 조직유효성에 미치는 영향에 관한 예비적 연구」, 『경영교육연구』 31(3), 93-116.
최현성(2022). 「현대 명상의 연원과 실용성 연구」(국내박사학위논문), 동국대학교 일반대학원, 서울.
허정임(2016). 「예술교육에서 통합 융합교육의 개념 고찰-미술교육을 중심으로」. 『미술교육연구논총』, 47, 141-167.

Amihai, I. & Kozhevnikov, M. (2015). "The Influence of Buddhist Meditation Traditions on the Autonomic System and Attention", BioMed Research International.

Anderson, J. W., & Visweswaran, S. (2025). Algorithmic individual fairness and healthcare: a scoping review. JAMIA open, 8(1), ooae149.

Arias, A. J. & Steinberg, K. & Banga, A. & Trestman, R. L. (2006). "Systematic Review of the Efficacy of Meditation Techniques Astreatments for Medical Illness", Journal of Alternative & Complementary Medicine, 12(8), 817-832.

Bagchi, B. K. & Wenger, M. A. (1957). "Electrophysiological Correlates of Some Yogi Exercises", Electroencephalography and Clinical Neurophysiology, 7, 132-149.

Boyd, J. E., Lanius, R. A., McKinnon, M. C. (2018). "Mindfulness-based Treatments for Posttraumatic Stress Disorder: a Review of the Treatment Literature and Neurobiological Evidence", Journal of Psychiatry & Neuroscience.

Bracken, P., Thomas, P., Timimi, S., Asen, E., Behr, G., Beuster,C. ⋯ & Yeomans, D. (2012). "Psychiatry Beyond the Current Paradigm", The British Journal of Psychiatry, 201(6), 430-434.

Calderone, A., Latella, D., Impellizzeri, F., de Pasquale, P., Famà, F.,Quartarone, A., & Calabrò, R. S. (2024). Neurobiological Changes Induced by Mindfulness and Meditation: A Systematic Review. Biomedicines, 12(11), 2613.

Chen, H., Liu, C., Zhang, A., Lu, W. Q., Wu, K., & Chiou, W. K. (2024). How flow and mindfulness interact with each other in mindfulness-based augmented reality mandala coloring activities. Frontiers in Psychology, 14, 1301531.

Davis, J. H. & Vago, D. R. (2013). "Can Enlightenment be Traced to Specific neural Correlates, Cognition, or Behavior? No, and (a qualified) Yes", Frontiers in Psychology, 4, 870.

Deatherage, G. (1975). "The Clinical Use of mindfulness Meditation Techniques in Short-term Psychotherapy", Journal of Transpersonal Psychology, 7(2). 133-143.

Dobkin, P. L. & Monshat, K. (2021) "Mental Illness through the Lens of Mindfulness", The Oxford Handbook of Meditation. Oxford: Oxford University Press. 673-693.

Ellamil, M., Fox, K. C., Dixon, M. L., Pritchard, S., Todd, R. M.,Thompson, E. & Christoff, K. (2016). "Dynamics of Neural Recruitment Surrounding the Spontaneous Arising of Thoughts in Experienced Mindfulness Practitioners", Neuroimage, 136, 186-196.

Farias, M. & Brazier, D. & Lalljee, M.(2021). The Oxford Handbook of Meditation, Oxford:Oxford University Press.

Flook, L., Hirshberg, M. J., Gustafson, L., McGehee, C., Knoeppel, C., Tello, L. Y., ⋯

& Davidson, R. J. (2025). Mindfulness training enhances students' executive functioning and social emotional skills. Applied developmental science, 29(2), 141-160.

Fox, K. C. & Cahn, B. R. (2021). "Meditation and the Brain in Health and Disease", The Oxford Handbook of Meditation. Oxford: Oxford University Press. 429-461.

Friedman, R., Myers, P., Benson, H. (2001). "Meditation and the Relaxation Response", Assessment and Therapy: Specialty Articles from the Encyclopedia of Mental Health, 227-234

Gao, D., Su, Y., Zhang, X., Li, H., & Luo, H. (2024). The application of virtual reality meditation and mind-body exercises among older adults. Frontiers in Psychology, 15, 1303880.

Germer, C. & Neff, K.(2019). "Mindful Self-compassion (MSC)", The Handbook of Mindfulness-based Programs: Every Established Intervention, from Medicine to Education, London: Routledge, 357-367.

Goyal, M. & Rusch, H. L.(2021). "Mindfulness-Based Interventions in the Treatment of Physical Conditions". The Oxford Handbook of Meditation. Oxford: Oxford University Press. 694-716.

Harari, Y. N. (2018) 21 Lessons for the 21st Century. London: Jonathan Cape. [전병근 역(2018). 『21세기를 위한 21가지 제언』. 서울: 김영사.]

Jin, Y., Liu, J., Li, P., Wang, B., Yan, Y., Zhang, H., ... & Wang, Y. (2025). The Applications of Large Language Models in Mental Health: Scoping Review. Journal of Medical Internet Research, 27, e69284.

Kabat-Zinn, J.(1994) Wherever You Go, There You Are: Mindfulness Meditation in Everyday Life. New York: Hyperion.(2003) "Mindfulness-based interventions in context: Past, present, and future", Clinical Psychology: Science and Practice, 10(2), 144-156. (2012) Mindfulness for Beginners: Reclaiming the Present Moment and Your Life, Boulder, Colorado: Sounds True. [안희영 역(2012), 『존 카밧진의 처음 만나는 마음 챙김 명상』, 서울: 불광출판사.]

Kakembo, Aisha & Annet, & University IV, Kampala International.(2025). The Ethics of AI: Philosophical Perspectives. 5. 65-71. 10.59298/RIJRE/2025/526571.

Kasamatsu, A. & Hirai, T. (1966). "An electroencephalographic study on the Zen meditation (Zazen)", Psychiatry and Clinical Neurosciences, 20(4), 315-336.

Laneri, D., Krach, S., Paulus, F. M., Kanske, P., Schuster, V., Sommer, J., & Müller-

Pinzler, L. (2017). Mindfulness meditation regulates anterior insula activity during empathy for social pain. Human Brain Mapping, 38(8), 4034-4046.

Lutz, A., Slagter, H. A., Dunne, J. D. & Davidson, R. J. (2008). "Attention regulation and monitoring in meditation", Trends in cognitive sciences, 12(4), 163-169.

MacBeth, A., & Gumley, A. (2012). "Exploring compassion: A meta-analysis of the association between self-compassion and psychopathology", Clinical psychology review, 32(6), 545-552.

Mandal, A., Chakraborty, T., & Gurevych, I. (2025). Towards Privacy-aware Mental Health AI Models: Advances, Challenges, and Opportunities. arXiv preprint arXiv:2502.00451.

Mansoor, M., Hamide, A., & Tran, T. (2025). Conversational AI in Pediatric Mental Health: A Narrative Review. Children, 12(3), 359.

Mascaro, J. S., Rilling, J. K., Tenzin Negi, L. & Raison, C. L. (2013). "Compassion meditation enhances empathic 0accuracy and related neural activity", Social Cognitive and Affective Neuroscience, 8(1), 48-55.

Naik, A., Thomas, J., Sree, T., & Reddy, H. (2025). Artificial Empathy: AI based Mental Health. arXiv preprint arXiv:2506.00081.

Nash, J. D., & Newberg, A. B. (2023). An updated classification of meditation methods using principles of taxonomy and systematics. Frontiers in Psychology, 13, 1062535.

Nguyen, V. T., & Trinh, P. N. (2025). Suffering, Authenticity and Freedom: Comparative Perspectives of Buddhist and Heideggerian Conceptions of Human Existence in East-West Dialogue. Open Journal of Philosophy, 15(2), 453-467.

Ni, Y., & Jia, F. (2025, May). A Scoping Review of AI-Driven Digital Interventions in Mental Health Care: Mapping Applications Across Screening, Support, Monitoring, Prevention, and Clinical Education. In Healthcare (Vol. 13, No. 10, p. 1205). MDPI.

Oman, D. (2021). "Studying the Effects of Meditation: The First Fifty Years", The Oxford Handbook of Meditation, Oxford: Oxford University Press, 41-75.

Ornish, D.(1990). Dr.Dean Ornish's program for reversing heart disease. NewYork : Random House.

Ozmen Garibay, O., Winslow, B., Andolina, S., Antona, M., Bodenschatz, A., Coursaris, C., ... & Xu, W. (2023). Six human-centered artificial intelligence grand challenges. International Journal of Human-Computer Interaction, 39(3), 391-437.

Pagnoni, G. & Cekic, M. (2007). "Age effects on gray matter volume and attentional performance in Zen meditation", Neurobiology of Aging, 28(10), 1623-1627.

Purser, R. & Lewis, D. J. (2021). "Neuroscience and Meditation: Help or Hindrance?", The Oxford Handbook of Meditation. Oxford: Oxford University Press.

Rajuroy, Adam & Liang, Warren & Johnson Mary, Britney. (2025). AI, Mindfulness, and Decision-Making: A Holistic Framework for Ethical Leadership in Business and Geopolitical Conflict Management.

Rusinek, H., De Santi, S., Frid, D. ⋯ & de Leon, M. J. (2003). "Regional brain atrophy rate predicts future cognitive decline: 6-year longitudinal MR imaging study of normal aging", Radiology, 229(3), 691-696.

Sauter, S. L., Murphy, L. R., & Hurrell, J. J. (1992). Prevention of work-related psychological disorders: A national strategy proposed by the National Institute for Occupational Safety and Health (NIOSH). American Psychologist, 45(10), 1146.

Schwab, K. (2016), The Fourth Industrial Revolution, Colony/Geneva: World Economic Forum, 송경진(역)(2016), 『제4차 산업혁명』, 서울: 새로운 현재

Shneiderman, B. (2022). Human-centered AI. Oxford University Press.

Sparby, T., & Sacchet, M. D. (2022). Defining meditation: Foundations for an activity-based phenomenological classification system. Frontiers in Psychology, 12, 795077.

Stimson, D. A. (2012). Contemplative Neuroscience: An Integrative Approach for Investigating Consciousness. Berkeley Undergraduate Journal, 25(3).

Sumertini, N. W. (2021) "The Philosophy of Liberation in the Patanjali Yoga Sutra," International Journal of Multidisciplinary Research and Publications (IJMRAP), Volume 4, Issue 5, pp. 42-47

Tang, Y. Y., Hölzel, B. K. & Posner, M. I. (2015). "The neuroscience of mindfulness meditation", Nature Reviews Neuroscience, 16(4), 213-225.

Van Dam, N. T., Van Vugt, M. K. ⋯ & Meyer, D. E. (2018). "Mind the hype: A critical evaluation and prescriptive agenda for research on mindfulness and meditation", Perspectives on Psychological Science, 13(1), 36-61.

Wang, L., Bhanushali, T., Huang, Z., Yang, J., Badami, S., & Hightow-Weidman, L. (2025). Evaluating Generative AI in Mental Health: Systematic Review of Capabilities and Limitations. JMIR Mental Health, 12(1), e70014.

Westbrook, C., Creswell, J. D. ⋯ & Tindle, H. A. (2013). "Mindful attention reduces neural and self-reported cue-induced craving in smokers", Social Cognitive and Affective Neuroscience, 8(1), 73-84.

Xu, J., Khanotia, A., Juni, S., Ku, J., Sami, H., Lin, V., & Rahimpoor-Marnani, P. (2024). Effectiveness of virtual reality-based well-being interventions for stress reduction in young adults: Systematic review. JMIR mental health, 11(1), e52186.

2. 기타 자료

김동은. "삼성, 'IT와 명상' … 3박4일 교육과정 운영", 매일경제, 2017년 6월 9일.
https://www.mk.co.kr/news/business/view/2017/06/387576/ (2022.12.6. 검색)

배영대. "마인드풀, 내 마음이 궁금해'(1)] 샌프란시스코 '위즈덤 2.2' 콘퍼런스를 가다", 『월간중앙』 2019년 3월 17일.
http://jmagazine.joins.com/monthly/view/325317 (2022.12.6. 검색)

SKinno News. "'홈트'로 건강과 행복 에너지 모두 충전 완료! – SK이노베이션 계열 구성원들의 건강 챙기기", SKinno News 2021년 7월 8일.
https://skinnonews.com/archives/85603 (2022.12.06. 검색)

VII. 정신분석의 충동과 과학자의 욕망: 라캉의 『에크리』 제32장을 중심으로

강응섭

정신분석의 충동과
과학자의 욕망: 라캉의 『에크리』
제32장을 중심으로[336]

강응섭(예명대학원대학교 교수)

1. 글을 시작하면서

본 글은 1964년 1월 로마대학교 철학과에서 주최한 'Colloque «Technique et Casuistique(기술과 결의론 또는 과학과 도덕신학/윤리학에 관한 콜로키움)»'에서 발표한 자크 라캉의 발표문 "Du 〈〈Trieb〉〉 de Freud et du désir du psychanalyste"를 검토한다. 이 콜로키움이 개최되던 당시, 제21차 보편공의회(1962.10.11.-1965.12.8.)가 로마 바티칸에서 개최되고 있었다. 이 두 기관이 논의하는 의제 가운데 주요한 것은 과학의 '실천'이었다. 여기서 '실천'은 종교와 과학의 영역에 속한다. 이 콜로키움

---

[336] 본 글은 연구자가 2023년 한국현대정신분석학회 전기학술대회(2023.6.10. 주제: 에크리 스펙트럼, 예명대학원대학교 레마홀)에 발표하고, 예명대학원대학교 '정신분석학 박사후 모임'(2023.9.15.)에서 소개한 "1964년 로마의 라캉, 2023년 서울의 라캉; 60년 간의 Trieb, Désir 논의; 『에크리』 32장과 『자크 라캉의 세미나 11. 정신분석의 네 가지 근본 개념』 13-15장을 중심으로"를 수정한 것이다. 본 글에서 다룬 『에크리』 제32장의 서지는 다음과 같다. 자크 라캉/홍준기·이종영·조형준·김대진 역, "프로이트의 '충동'과 정신분석가의 욕망에 관해," 『에크리』(광명: 새물결출판사, 2019), 1005-1009. 이 글의 불어본은 J. Lacan, Écrits(Paris: Seuil, 1996), 851-854이고, 영어본은 J. Lacan, "On Freud's "Trieb" and the Psychoanalyst's Desire," Translated by Bruce Fink in collaboration with Héloïse Fink and Russel Grigg, Écrits(New York London: W. W. Norton & Company, 2006/2002), 722-725이다.

에 참석한 라캉은 정신분석학을 '실천'의 영역에 자리매기고자 한다. '실천'은 '욕망'에 관계된다. 라캉은 한편으로 '학'(學)으로서 과학-종교학-정신분석학의 욕망을 말하고, 또 다른 한편으로 '기술'(技術)로서 과학자-종교학자-정신분석가의 욕망을 말한다. 전자가 후자를 이끌어야 하는데, 1964년 당시 전자가 욕망하지 않음으로337) 후자가 작동하지(opérer) 않는다고 라캉은 말한다. 그래서 욕망을 작동시켜야 되는데, 욕망을 다루는 것은 정신분석학 영역의 임무로 보았다.

K-종교인문연구소에서 발간하는 인문연구 제8집의 주제 "종교와 과학"과 관련하여, 연구자는 1964년의 정황을 고찰하면서, 60년이 지난 오늘(2025년)의 상황과 연결하여, '정신분석의 충동(衝動, Trieb)과 과학자의 욕망'에 관하여 논하고자 한다.

2. 시대적 배경과 사상적 배경

1964년 1월, 로마대학교 철학과의 Enrico Castelli(1900.6.20.-1977.3.10.) 교수는 과학기술의 발전에 따른 윤리학적 문제를 다루기 위해 'Colloque «Technique et Casuistique»'를 개최했다. 여기에 프랑스의 정신과 의사이자 정신분석가인 자크 라캉(Jacques Lacan, 1901-1981), 리쾨르(Paul Ricœur, 1913-2005, 프랑스 철학자), 알퐁스 드 발롱스(Alphonse de Waelhens, 1911-1981, 벨기에 철학자), 필리아시 카르카노(Filiasi Carcano, 1911-1977, 이태리 철학자) 등도 초대되어 발표 및 토론에 참

---

337) 자크 라캉/맹정현·이수련 역, "1. 파문." 『자크 라캉의 세미나 11: 정신분석의 네 가지 근본 개념』(서울: 새물결, 2008), 24. "아무도 물리학자의 욕망이 어떤 것인지를 묻지 않습니다."

여했다. 여기서 라캉이 발표한 글은 "Du 〈〈Trieb〉〉 de Freud et du désir du psychanalyste"이다. 1964년 1월에 유럽의 석학들이 모여 과학기술의 발전에 따른 윤리 문제를 다루는 자리에서, 라캉이 이 글을 발표한 이유는 무엇일까?

    1964년은 제21차 보편공의회(제2차 바티칸 공의회, 1962.10.11-1965.12.8.)가 로마에서 진행 중이었다. 로마에서 동일한 시기에 콜로키움과 보편공의회가 개최된 것이다. 보편공의회는 짧게는 수십 년, 길게는 몇백 년에 한 번 개최되는 기독교의 주요 회의이다. 교황 요한 23세가 소집한 제21차 보편공의회는 제19차 보편공의회(트리엔트공의회, 1545.12.13.-1563.12.04.), 제20차 보편공의회(1차 바티칸 공의회, 1869.12.8.-1870.10.20.)에 이은 회의로, 제20차 이후 92년 만에 열린 것이다. 제21차는 교황 요한 23세가 주창한 아모데르나멘토(ammodernaménto)로 잘 알려져있다. 이 말은 쇄신, 현대화(모데르니짜찌오네, modernizzazione)를 의미하는 이태리어다. 가톨릭교회가 당시 시대에 적응하는 것, 교회 밖으로 나가는 것 등을 의미했다.

    1960년 대는 1차 세계 대전, 2차 세계 대전의 여파로 사회가 어려움을 겪고 있던 시기이자 정보화 사회로 진입하는 제3차 산업혁명의 시기였다. 특히 과학의 발달로 인한 평화의 위협, 무기 개발로 인한 전쟁 공포, 당시에도 진행 중이었던 전쟁(가령, 베트남 전쟁, 1960~1975) 등 당면한 문제가 많았다. 1945년에는 원자폭탄을 투하하는 일이 발생했고, 과학기술에 대한 우려의 목소리가 높아지고 있었다. 기독교(특히 가톨릭)에 기반한 유럽 사회는 1960년 대의 과학기술에 대하여 경각심을 갖고 있었다. 1962년부터 65년까지 로마에서 개최한 제21차 보편공의회(제2차 바티칸 공의회)는 이런 현안 문제에 개입하였다. 1964년 1월에 로마대학교 철학과에서 개최한 콜로키움은 이런 흐름에서 이해할 수 있다.

    1964년 콜로키움 이후 60년이 더 지나는 2025년 현재, 아날로그에서 디지털로 전환하는 제4차 산업혁명으로 불리는 시기에서 세계는 가속화된 과학기술의 발전으로 새로운 세상에서 살고 있고, 기후변화(climate change), 기후위기(climate crisis), 기후비상사태(climate emergency), 기후정의(Climate Justice) 등 지구 온난화를 겪고 있다.

라캉의 글을 이해하기 위해서는 1964년 당시의 정신분석 영역의 상황을 파악하는 것이 중요하다. 여기서 상황은 과학과 윤리학의 내용에 관한 것이라기보다는 정신분석 진영에서 라캉이 처한 상황이다. 1953년 가을부터 라캉은 자신의 공식세미나를 생탄병원(Saint-Anne)에서 진행했지만 1963년 11월 20일 '아버지의 이름'이라는 제목의 강의를 끝으로 이곳을 떠나, 1964년부터는 루이 알튀세르(Louis Pierre Althusser, 1918-1990)의 배려로 파리고등사범학교(ENS)에서 강의를 이어간다. 장소 변화는 라캉과 국제정신분석협회(IPA)의 갈등으로 인한 것이었다. 1963년 8월부터 IPA는 '프랑스정신분석학회(Société française de psychanalyse)'에 라캉을 분석양성가 명단에서 삭제하도록 권고했고, 이를 거부하자 11월 19일 SFP를 해체하고, 라캉을 파문한다. 이것은 외부에 의한 프랑스 정신분석 그룹의 분열이었다. 이듬해인 1964년 5월 26일 라가슈, 라플랑쉬, 앙지외 등을 중심으로 '프랑스정신분석협회(Association psychanalytique de France, APF)'를 창설한다. 6월 21일에는 라캉을 중심으로 '프랑스정신분석학교(l'École française de psychanalyse, EFP)'를 창설하고 9월에 '파리프로이트학교(l'École freudienne de Paris, EFP)'로 귀결한다. 1965.7.28일 IPA 제24차 국제정신분석대회 때 '프랑스정신분석협회(APF)'는 IPA에 가입한다. 이로써 프랑스에는 3개의 정신분석 그룹이 상존한다. 첫 번째 그룹은 1926년 창설한 '파리정신분석학회'(SPP, 당시 83명 분석가, 1926-현재), 두 번째 그룹은 '프랑스정신분석협회'(APF, 1965-현재, 26명 분석가), 세 번째 그룹은 '파리프로이트학교'(EFP, 1964.9.-, 134명 분석가)이다. 처음 두 그룹의 109명은 IPA에 소속되고, 세 번째 그룹의 134명은 IPA 밖에서 라캉과 함께 한다.338)

1964년 1월 12일 로마 콜로키움을 마친 뒤, 라캉은 1964년 1월 15일(수요일) 고등사범학교(ENS)에서 열한 번째 공개세미나를 개최한다. 이 강의는, 라캉의 저서 중 프랑스에서도 최초로 출간한 책이고, 한국에서도 최초로 출간한 책이다. 한글 번역명은 『자크 라캉의 세미나 11. 정신분석의 네 가지 근본 개념』이다. 그는 이 강의 첫 시간에 IPA로부터 자신의 파문을 스피노자의 파문에 비유하고, "Quel est le désir de l'analyste?(분석가의 욕망은 무엇인가?)"라는 질문을 던진다. 이 말은 로마에서 했던 "Du 〈〈Trieb〉〉 de Freud et du désir du psychanalyste"와도 연관된다. 이날 강의에서 그는 과학자, 기술자 등 '기사'의 욕망에 관해 언급한다.

본 글에서 연구자가 다루는 『에크리』의 32번째 글 "Du 〈〈Trieb〉〉 de Freud et du désir du psychanalyste"는 연대기적으로 볼 때, 1963년 11월에 해체된 '프랑스정신분석학회(SFP)'와 1964년 9월에 창설된 '파리프로이트학교(EFP)' 사이에 위치한다. 이 글은 크게 세 그룹의 욕망을 문제삼아 진행한다. 우선, 라캉이 참석한 로마 콜로키움의 주제인 «Technique

---

338) 프랑스에는 1926년 11월 4일 파리정신분석학회(Société psychanalytique de Paris, SPP, 1926-)가 설립된다. 이 학회의 구성원인 프랑스인과 타국인 사이에 갈등이 있긴 했지만 분열은 없었다. 1953년에 이르러 의사-비의사의 정신분석가 문제로 파생하고, 그 결과 비의사에게 정신분석가를 허용하는 '프랑스정신분석학회(Société française de psychanalyse, SFP, 1953년 6월 18일 다니엘 라가슈(Daniel Lagache), 라캉, 돌토 등을 중심으로)'가 출범한다. 프랑스 정신분석학회 설립년도, 학회지명을 정리하면 다음과 같다. 1926년 11월 4일, 파리정신분석학회(SPP, 학술지명: Revue française de psychanalyse) 1953년 6월 18일, 프랑스정신분석학회(SFP, 1963년 11월 19일 해체, 학술지명: La psychanalyse). 1964년 5월 26일, 프랑스정신분석협회(Association psychanalytique de France, APF, 라가슈, 라플랑쉬, 앙지외 등, 학술지명: Nouvelle Revue de psychanalyse, printemps, automne, Directeur J.-B. Pontalis). 1964년 6월 21일, 프랑스정신분석학교(l'École française de psychanalyse, EFP, 라캉, 돌토 등). 1964년 9월, 파리프로이트학교(l'École freudienne de Paris, EFP, 1980년 해체). 1980년, 파리프로이트학교(l'École de la Cause freudienne, ECF, 라캉, 밀레 등). 1992년 1월 3일, 세계정신분석협회(Association Mondiale de psychanalyse, 밀레 등).

et Casuistique»이다. 즉, "과학의 결과들이 윤리학에 초래한 문제들"이다. 이것은 과학자들의 욕망에 관한 것이다. 두 번째는 심리학(자)의 본능이 프로이트 정신분석학의 충동(Trieb)에 초래한 '문제'이다. 이것은 심리학자들의 욕망에 관한 것이다. 세 번째는 1925년 바트-홈부르크(Bad-Hombourg)에서 열린 제9회 국제정신분석대회(회장 칼 아브라함)에서 막스 아이팅곤(Max Eitingon)이 제안하여 마련된 교육분석표준화이다. 이것은 분석가의 욕망에 관한 것이다. 처음 두 욕망(과학자의 욕망, 심리학자의 욕망)을 세 번째 것(정신분석가의 욕망)과 연결하면서 라캉은 '국제정신분석협회(IPA)'를 통해 권력화되는 '분석가의 욕망'을 다룬다. 이미 라캉 그룹은 IPA의 분석가 양성 제도에 이의를 제기하면서 자신들의 제도를 만들어서 운영했는데, 그 결과 IPA에서 제명된다. 그래서 라캉은 '분석가의 욕망은 무엇인가?' 문제를 제기한다.

이런 '문제들'에 휩싸인 라캉은 «Technique et Casuistique»에 관하여 생각하는 1964년 로마 콜로키움 자리에서, 과학자들의 욕망에 관하여 생각하면서, 정신분석가의 욕망을 생각한다. 정신분석가의 욕망은 정신분석가 양성에 있어서 가장 중요한 핵심에 해당한다고 본다. 분석가 양성은 결국 정신분석가의 욕망의 핵으로 안내하는 것이라고 말한다. 이것은 분석의 '종결'과 이어진다.

당시 라캉은 분석가 양성에 있어서 la passe(통과)를 염두에 두고 있었고, 『자크 라캉의 세미나 15』(1967.11.15.-1968.5.15.)를 시작하기 전, 1967년 10월 9일에 la passe(통과)를 제도화한다. '통과'는 "정신분석가는 자신만이 자신의 권한을 판단할 뿐이다"(라캉, 1967: 14), "분석가의 권위는 그 자신으로부터만 나오는 것"(『라깡 정신분석 사전』, 403)이라는 말로 정리되는데, la passe(통과)는 'IPA에 따른 전지전능의 분석가 개념(SsS)'에서 '거세된 분석가 개념(a)으로'의 이행이다(1968.1.10.

강의).339) 그는 이미 이런 변화를 『자크 라캉의 세미나 11』에서 다룬다. 그는 이 변화를 당시 Szasz("The Concept of Transference(1963.10.)")로 대변되는 IPA의 분석가 개념을 비판하면서, 프로이트의 1915년 논문 ("충동과 그 운명들")을 주석하면서(『자크 라캉의 세미나 11』의 13-15장 참조), 1964년 5월 13일 강의에서 아래의 그림으로 제시한다.

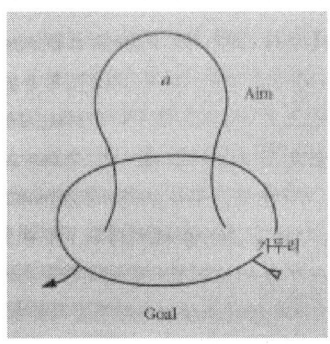

충동의 네 가지 요소와 분석가와 분석수행자 간의 관계를 보여주는 이 그림은 1964년의 로마-파리-IPA의 관계를 압축적으로 보여주는데, 2025년의 과학자의 욕망과 분석가의 욕망을 읽는 준거가 될 것이다. 여기에 종교의 역할과 담론도 개입할 수 있을 것이다.

3. 『에크리』 32번 글 "Du 〈〈Trieb〉〉 de Freud et du désir du psychanalyste"의 번역과 해설

1964년 1월 로마 콜로키움에서 발표하고, 『에크리』에서 수록된 "Du 〈〈Trieb〉〉 de Freud et du désir du psychanalyste"는 총 37개의 문단

---

339) "L'objet petit(a) est la réalisation de cette sorte de désêtre qui frappe le sujet supposé savoir."

으로 구성된, 『에크리』에서 가장 짧은 글이다. 연구자는 37개 문단에 번호를 매기고, 각각을 번역 및 해설한다. 분량을 줄이기 위해 영문 번역(핑크)과 한글 번역(새물결)은 꼭 필요할 경우에만 제시한다. 라캉의 글이 콜로키움 발표 원고이기에 이 글 또한 '-입니다' 체로 번역한다.

원문(라캉) 1. La pulsion, telle qu'elle est con(s)truite par Freud, à partir de l'expérience de l'inconscient, interdit à la pensée psychologisante ce recours à l'instinct où elle masque son ignorance par la supposition d'une morale dans la nature.

한글 번역(연구자) 1. 충동은, 무의식의 경험에 근거하여 프로이트에 의해 수립된 바와 같이, 본능에 의탁하는 심리학적 사상을 금합니다. 이 심리학적 사상은 본성 속에 도덕을 상정함으로 자신[심리학적 사상]의 무지를 감추는 본능에 의탁합니다.

해설(연구자) 1. 첫 단어 'La pulsion'은 제목의 첫 번째 항인 "Du 《〈Trieb〉》de Freud"의 Trieb(독일어, 프랑스어로 la pulsion, 영어로 Drive)로 시작한다. 라캉은 이 단어와 대척 영역인 심리학을 배치하여 대조한다. 프로이트에 따른 충동은 심리학적 사상이 말하는 본능과는 다르다. 프로이트에 따른 충동이 금지하는 것은 심리학적 사상이 본능에 기대는 것, 본능에 기대는 심리학적 사상이다. 앞의 'elle'과 뒤의 'elle'은 무엇을 말하는가? 앞의 'elle'이 'la pulsion(충동)'이라면, 뒤의 'elle'은 'la pensée psychologisante(심리학적 사상)'이다. 라캉이 겨누는 것은 본능(l'instinct), 본능과 연관된 심리학적 사상(la pensée psychologisante)이다. 원문(라캉)에는 con(s)truite에서 s가 삭제되어 있다.

원문(라캉) 2. La pulsion, on ne le rappellera jamais assez à l'obstination du psychologue qui, dans son ensemble et per se, est au service de l'exploitation technocratique, la pulsion freudienne n'a rien à faire avec l'instinct (aucune des expressions de Freud ne permet la confusion).

한글 번역(연구자)2. 우리는 결코 프로이트(le)를 전체적으로도 개별적으로도 기술주의 개발에 봉사하는 심리학자의 완고함이라고 되새기지는 않을 것입니다. 충동, 프로이트적 충동은 본능(프로이트의 어떠한 표현도 그 혼동을 허락하지 않습니다)과 할 수 있는 것이 전혀 없습니다.

해설(연구자)2. 여기서 정관사 le는 무엇을 의미하는가? 한글본과 영어본에서는 이것을 반영하지 않는다. le를 프로이트로 볼 경우, 라캉은 심리학자들의 부류에 프로이트를 넣지 않겠다는 결의를 보여준다. 전체적으로도 부분적으로도 프로이트가 말하는 충동은 심리학자들이 말하는 본능과 어떤 혼동도 될 수 없다는 것을 보여준다. 앞 문단에서 심리학적 사상이라고 한 표현을 여기서는 심리학자의 완고함이라고 표현한다. 1964년 2월 5일 세미나에서 라캉은 "Trieb와 instinct 사이에는 아무런 공통점도 없기 때문에 결국 이 영어판은 전체적으로 완전히 오역에 빠지게 됩니다"(『자크 라캉의 세미나 11』, 새물결, 82)라고 말한다.

원문(라캉)3. La libido n'est pas l'instinct sexuel. Sa réduction, à la limite [mâle], au désir mâle, indiquée par Freud, suffirait à nous en avertir.

한글 번역(연구자)3. 리비도는 성적 본능이 아닙니다. 프로이트가 지적한 대로, 남성 욕망으로, 남성 한정으로 그것(리비도)을 축소하는 것은 이 사실[앞 문장, "리비도는 성적 본능이 아니다"]을 우리에게 경고하기에 충분할 것입니다.

해설(연구자)3. 리비도를 성적 본능으로 본다는 것은 리비도를 남자의 욕망으로, 남자에게 한정한다는 의미이다. 여기서 강조되는 것은 리비도의 본능(l'instinct)이 아니라 리비도의 성적인 것(sexuel)에 있다.

1964년의 라캉은 리비도를 기관으로 보고, 본능으로 본다. 그러나 성적인 것, 즉 남자의 영역에 한정하는 것을 경계한다. 이 문장에서 'limite'는 경계, 한계, 한도 등의 의미인데, 뒤에 나오는 형용사를 붙여 'limite mâle'로 이해한다면, 남자에 한정한다는 의미이다. 성적인 본능으로서 리비도는 남자의 욕망이나 남자에 한정이 아니라 여자(femelle)에게도 적용된다는 의미이다. 그리고 'en'은 앞 문장 전체를 받는다. 즉 앞 문장 'La libido n'est pas l'instinct sexuel'은 남자의 욕망이나 남자에 한정으로 읽어서는 안 된다는 의미이다. 한글 역은 'réduction'을 '환원'으로 번역하는데, '축소'로 이해하는 게 좋고, 'avertir'도 '예고, 알림' 보다는 '경고'의 의미로 보는 게 좋다.

원문(라캉)4. La libido dans Freud est une énergie susceptible d'une quantimétrie d'autant plus aisée à introduire en théorie qu'elle est inutile, puisque seuls y sont reconnus certains quanta de constance.

한글 번역(연구자)4. 프로이트 안에서 리비도는 정량측정 가능한 에너지이기에 〈이론이 무용하다〉고 이론적으로 소개하는 것은 쉽습니다. 왜냐하면 오직 프로이트에게서 리비도는 항상적 양만 인정되기 때문입니다.

해설(연구자)4. 이 문장에서 elle이 무엇인지 모호하다. 주격(3인칭여성)인칭대명사 elle은 앞에 나오는 여성명사 'La libido', 'une énergie', 'une quantimétrie', 'en théorie' 중 어떤 것을 지칭하는가? 한글 역에서는 모호하고, 영어 번역은 'théorie'를 받는듯하다. 라캉은 프로이트가 말하는 리비도를 측정가능한 에너지로서 리비도, 항상적 양의 리비도라고 말한다. 'elle'이 지칭하는 바에 따라 추가적인 의미를 이끌어낼 수 있다. 그러나 1964년 5월 20, 27일 『자크 라캉의 세미나 11』에서 라캉이 리비도에 관하여 남긴 다음의 문장을 통해, 우리는 라캉이 생각하는 리

비도에 관하여 고심하게 된다.340)

원문(라캉)5. Sa couleur sexuelle, si formellement maintenue par Freud comme inscrite au plus intime de sa nature, est couleur-de-vide: suspendue dans la lumière d'une béance.

한글 번역(연구자)5. 리비도의 본성에 가장 가깝게 기재된 것처럼 프로이트에 의해 매우 확실하게 주장된 리비도의 성적 색깔은 꿍[쏨]-의-색깔[즉, 빈색, 무색], 구멍으로 들어오는 빛 안에서 정지된 색깔입니다.

해설(연구자)5. 양으로서의 리비도를 언급한 후, 라캉은 리비도의 'couleur'를 거론한다. 한글 역은 물드는 것, 영어 번역은 'coloring', 'color'로 번역했다. 그리고 'suspendue'를 한글 역은 '감도는'으로, 영어 번역은 'suspended(중단된)'로 번역했다.

원문(라캉)6. Cette béance est celle que le désir rencontre aux limites que lui impose le principe dit ironiquement du plaisir, pour être renvoyé à une réalité qui, elle, on peut le dire, n'est ici que champ de la praxis.

한글 번역(연구자)6. 이 구멍은 아이러니하게도 쾌락이라고 불리는 원리가 이 구멍에 부과하는 경계들과 욕망이 만나는 구멍입니다. 현실로 되돌려보내지기 위해서 이 구멍은 여기서 실천의 장일 뿐입니다.

해설(연구자)6. 여기서 'lui'가 지칭하는 것은 한글 역에서는 '그것에', 영어 번역에서는 'it'인데, 연구자는 'lui'를 '구멍'으로 본다. 이 문장에서 le principe dit ironiquement du plaisir와 une réalité qui, elle이 관계

---

340) "La libido est à concevoir comme un organe, organe-partie de l'organisme, organe-instrument."(1964.5.20.) "C'est la libido, en tant que pur instinct de vie."(1964.5.20.) "Cette lamelle, cet organe, c'est la libido."(1964.5.20.) "l'organe de la libido, la lamelle."(1964.5.20.) "La libido est l'organe essentiel à comprendre de la nature de la pulsion."(1964.5.27.)

를 풀기가 쉽지 않다. 이 관계를 풀려면, 라캉이 포착한 프로이트의 입지, 즉 프로이트가 '구멍'을 중심으로 쾌락원리와 현실원리를 전개한다는 것을 유념하는 것이다.

원문(라캉)7. C'est de ce champ justement que le freudisme coupe un désir dont le principe se trouve essentiellement dans des impossibilités.

한글 번역(연구자)7. 프로이트주의가 욕망을 절단하는 것은 바로 이 [실천의] 장(champ)[현실원리]으로부터인데, 욕망의 원리는 불가능[구멍] 안에서 본질적으로 발견됩니다.

해설(연구자)7. 라캉은 쾌락원리와 현실원리 사이에 있는 이 '구멍'을 '불가능'으로 본다. 『자크 라캉의 세미나 11』에서 그는 '구멍'을 'non-sens(무-의미)'라고 부른다. 이 '구멍'에서 충동과 욕망이 만나고, 소외와 분리가 일어난다. 'un désir dont le principe'는 '원문(라캉)19'의 'le principe par quoi le désir'에서 재론된다.

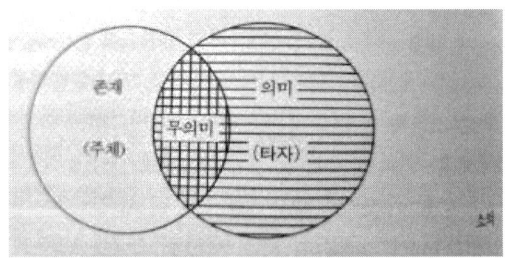

원문(라캉)8. Tel est le relief que le moraliste eût pu y relever, si notre temps n'était pas aussi prodigieusement tourmenté d'exigences idylliques.

한글 번역(연구자)8. 이것[champ de la praxis, 실천의 장, 현실원리, le principe du désir 욕망의 원리]은, 만약 우리 시대가 목가적 요청들로 인해 그렇게 시달리지 않았더라면, 모랄리스트가 불가능 안에서 찾을 수 있었던 유물입니다.

해설(연구자)8. 한글 역은 'le relief'를 요철(凹凸)로, 연구자는 '유물'로 번역한다.

원문(라캉)9. C'est ce que veut dire la référence constante chez Freud aux Wunschgedanken (wishful thinking) et à l'omnipotence de la pensée: ce n'est pas la mégalomanie qui est dénoncée, c'est la conciliation des contraires.

한글 번역(새물결)9. 프로이트가 Wunschgedanken(wishful thinking)과 사유의 전능함을 지속적으로 언급하면서 말하고자 했던 바가 그것일 것이다. 즉 과대망상이 아니라 대립물의 화해가 비난받고 있는 것이다.

한글 번역(연구자)9. 이것은 프로이트에게서 일관되게 언급되는 소망사고, 사고의 전능함입니다. 이것은 통고된 과대망상이 아니라 대립의 화해[반대의 조정]입니다.

해설(연구자)9. 한글본에서 번역하지 않은 'Wunschgedanken'은 현실의 원리, 욕망의 원리에 속하는 사고이다. 쾌/불쾌원리와 현실원리의 대립은 과대망상이 아니라 화해, 조율에 해당한다.

원문(라캉)10. Ceci pourrait vouloir dire que Vénus est proscrite de notre monde: déchéance théologique.

한글 번역(연구자)10. 이것은 비너스가 우리 세계에서 추방되었다는 것을 말할 수 있을 것입니다: 신학적 실추[원가의 원죄].

해설(연구자)10. 사랑을 상징하는 비너스[그리스 신화 아프로디테의 로마 신화명]가 추방되었다는 것은 어머니로부터의 분리, 거세에 해당한다고 볼 수 있다. 즉, 쾌/불쾌원리와 현실원리의 대립 결과 조율된 상태가 거세된 상태이다. 상징계의 형성이다. 신학에서는 첫부부의 실추 (타락, 선악과나무열매를 먹은 것)인 원죄에 해당한다.

원문(라캉)11. Mais Freud nous révèle que c'est grâce au Nom-du-Père que l'homme ne reste pas attaché au service sexuel de la mère, que l'agression contre le Père est au principe de la Loi et que la Loi est au service du désir qu'elle institue par l'interdiction de l'inceste.

한글 번역(연구자)11. 프로이트가 우리에게 보여주는 것은, 아버지-의-이름으로 인해 남자(아들)가 어머니에 대한 성적 봉사에 묶이지 않는 다는 것, 아버지에 대항하는 공격이 법의 원리가 된다는 것, 법이 근친 상간을 금지함으로 구축하는 욕망에 대한 봉사를 가능케한다는 것입니다.

해설(연구자)11. 프로이트가 말하는 비너스의 추방, 신학적 실추는 '아버지-의-이름'에 의한 거세이다. 어머니의 성적 봉사에 묶이지 않는 다는 것은 곧 거세된 아이가 되는 길이다. 이 거세에 대항하는 공격은 법의 원리가 된다. 근친상간 금지의 법, 거세법에 대항하면서 욕망한다. 이것은 아들과 어머니, 아버지의 관계에서이다. 딸의 경우는 아래의 '원 문(라캉)17'에서 명시된다. "아버지-의-이름"은 1963년 11월 20일 생탄 병원에서 했던 라캉의 강의 이름이기도 하다. IPA로부터 프랑스정신분 석학회(SFP)가 해체된 다음 날에 행한 강의 제목이다. 아버지-의-이름 덕분에 라캉 그룹은 욕망을 하게 된다는 것이다. 이 욕망은 IPA의 욕망 과는 다른 욕망을 의미할 것이다.

원문(라캉)12. Car l'inconscient montre que le désir est accroché à l'interdit, que la crise de l'œdipe est déterminante pour la maturation sexuelle elle-même.

한글 번역(연구자)12. 왜냐하면 무의식이 보여주는 것은 욕망이 금기 에 걸려 있고, 오이디푸스의 위기는 성적 성숙 그 자체를 위해서 결정적이라는 것을 보여주기 때문입니다.

해설(연구자)12. 금기에서 욕망이 나온다. 금기는 오이디푸스 구조에 위기를 초래한다. 그 결과 성적 성숙이 진행된다. '해설(연구자)11'에서 언급한 IPA와 라캉 그룹 간의 관계를 보여준다.

원문(라캉)13. Le psychologue a aussitôt détourné cette découverte à contresens pour en tirer une morale de la gratification maternelle, une psychothérapie qui infantilise l'adulte, sans que l'enfant en soit mieux reconnu.

한글 번역(연구자)13. 심리학자는 모성적 감사라는 도덕을 도출하고자, 아동을 더 잘 인식하지 않고 성인을 유아화하는 심리치료를 도출하고자, 이런 발견과는 정반대로 우회하였습니다.

해설(연구자)13. 라캉 그룹의 욕망과는 달리, 심리학자는 이런 길과는 반대의 길을 간다. 라캉이 이 글의 처음 두 문단에서 심리학적 사상과 심리학자들을 염두에 두면서 공격하였듯이, 욕망의 방향에 따라서 이 콜로키움에서 다루는 '기술과 결의론'의 의의가 정해진다.

원문(라캉)14. Trop souvent le psychanalyste prend cette remorque. Qu'élude-t-on ici?

해설(연구자)14. 1964년 당시, 정신분석가도 심리학자와 같은 길을 가고 있음을 지적한다. 서론에서 다루었듯이, 어쩌면 프랑스 정신분석의 세 그룹 중 두 그룹을 이야기하는 걸로 볼 수 있다. IPA에 소속된 '파리정신분석학회(SPP)'이 83명 분석가, 프랑스정신분석협회(APF)의 26명 분석가의 선택을 의미한다고 볼 수 있다.

원문(라캉)15. Si la crainte de la castration est au principe de la normalisation sexuelle, n'oublions pas qu'à porter sans doute sur la transgression qu'elle prohibe dans l'Œdipe elle y affecte tout autant l'obéissance, en l'arrêtant sur sa pente homosexuelle.

한글 번역(연구자)15. 가령, 거세에 대한 공포가 성적 정상화의 원리에 속한다면, 우리가 잊지 말아야 하는 것은 거세에 대한 공포가 오이디푸스 안에서 금지하는 것을 위반하는 것에 관계된다는 것, 거세에 대한 공포가 동성애적 성향에 대한 위반을 막으면서 복종에 똑같이 영향을 미친다는 것입니다.

해설(연구자)15. 거세는 아이를 성적 성숙으로 이끄는데, 이때 근친상간 금기(아들이 엄마 사랑, 딸이 아빠 사랑)를 위반하고자 하면 거세 공포가 생긴다. 또한 동성애적으로 오이디푸스 구조가 가는 위반을 막을 때도 거세 공포가 생긴다. 거세공포는 한편으로는 근친상간 금기 위반 시, 다른 한편으로는 동성애적 성향에 복종 시 이중적으로 생긴다. 이 문장의 'en l'arrêtant'에서 'l'이 지칭하는 것을 찾는 것이 중요하다. 연구자는 그것을 'la transgression(위반)'으로 본다. 이 문장 또한 IPA와의 '이중적' 관계를 암시하는 것으로 볼 수 있다. la castration(거세)과 관련하여 라캉은 『자크 라캉의 세미나 11』의 첫날 강의에서, "예외적인 경우들을 제외하고는 이제 아무도 오이디푸스 콤플렉스의 삼항 구조나 거세 콤플렉스에 관심을 두지 않습니다"(한글본 26, 불어본 15)라고 말한다.

원문(라캉)16. C'est donc plutôt l'assomption de la castration qui crée le manque dont s'institue le désir. Le désir est désir de désir, désir de l'Autre, avons-nous dit, soit soumis à la Loi.

한글 번역(연구자)16. 이것은 그러므로 욕망을 구축하는 결여를 창조하는 거세에 대한 인수/수용입니다. 욕망은 욕망에 대한 욕망, 법에 종속된 대타자(큰타자)에 대한 욕망입니다.

해설(연구자)16. 거세를 수용하는 것은 거세자의 욕망을 수용하는 것이다. 거세를 이루는 것은 내가 충동을 조절해서가 아니라 타자의 거세법을 수용하면서이다. 여기서 désir de l'Autre는 대타자(큰타자)가 갖고 있는 욕망인데, 영어 번역은 Other's desire로 되어 있다. 여기서 대타자(큰타자)는 IPA로 볼 수도 있고, 글의 제목(Du 〈〈Trieb〉〉 de Freud et du désir du psychanalyste)이 보여주듯 분석가로서 'Autre', 즉 분석가가 갖고 있는 욕망으로도 볼 수 있다. 이 문장에서 'assomption(영어 assumption)'은 거울단계 글에서도 사용한 것인데, 성모 마리아의 승천, 승천절(8월 15일)을 의미하고, 한글판 『에크리』에서 '환호'(한글판 114페이지)로 번역하는 용어이다.

원문(라캉)17. (C'est le fait que la femme doive en passer par la même dialectique - alors que rien ne semble l'y obliger: il lui faut perdre ce qu'elle n'a pas - qui nous met la puce à l'oreille: en nous permettant d'articuler que c'est le phallus par défaut, qui fait le montant de la dette symbolique: compte débiteur quand on l'a, - quand on ne l'a pas, créance contestée.)

한글 번역(연구자)17. (여자는 동일한 변증법에 의해 그것[대타자의 욕망]을 통과해야 한다는 사실입니다. 어떤 것도 그 변증법 안에서 그것[대타자의 욕망]을 강요하지 않습니다: 그녀는 그녀가 갖지 않은 것을 잃어야 한다고 우리에게 귀띔해줍니다: 결핍에 의한 팔루스[결여]를 메우는 팔루스는 상징적 부채의 총액(그것[팔루스]을 가질 때 빚을 지게 되고[대변계정-회계 장부에서 우측], 그것을 갖지 않을 때 분쟁채권을 갖는데[차변계정-회계 장부에서 좌])을 만든다고 조합하도록 우리에게 허락하면서 말입니다.

해설(연구자)17. 위(원문(라캉)11)에서 아들과 어머니, 아버지의 관계를 다루었고, 여기서는 딸(여자)을 다룬다. 결핍에 의한 팔루스는 상징적 부채 총액을 만든다. 딸이 팔루스를 가질 경우는 부채를 갖는 것이다. 팔루스는 갚아야 하는 부채이다. 팔루스를 가진 만큼 빚을 갖는다. 대변계정(회계 장부에서 우측)의 팔루스는 빚이다. 딸의 경우, 팔루스를 갖지 않는다고 해도, 차변계정(장부에서 좌측)에 명기된 채권(자산)은 분쟁채권(분쟁자산)이다. 'le phallus par défaut'의 표현을 '결핍에 의한 팔루스'라고 번역하면 의미가 드러나지 않지만, '결여를 메우는 팔루스'로 번역하면 의미가 드러난다. 여기서 메움은 상상적 메움, 빚으로 빚을 메우는 것이다. 메우는 대상은 '팔루스'이다.

원문(라캉)18. La castration est le ressort tout à fait nouveau que Freud a introduit dans le désir, donnant au manque du désir le sens resté énigmatique dans la dialectique de Socrate, quoique conservé dans la relation du Banquet.
한글 번역(연구자)18. 거세는, 소크라테스의 변증법 안에 수수께끼로 남은 의미를, 『향연』과의 관계 안에서 보존된 어떤 것을 욕망의 결핍에 부여하면서, 프로이트가 욕망에 도입했던 완전히 새로운 영역입니다.
해설(연구자)18. 거세는 결핍을 만들어 욕망을 창출하는 새로운 영역이다. 욕망은 거세를 통해 생긴 결핍[구멍]에서 나오는 압력(Drang)과 연관이 있다. 욕망은 결핍에 의해 작동된다. 분석 관계에서 이 욕망은 타자의 욕망이다. 타자(분석가)가 갖고 있는 욕망에 의해, 분석수행자는 욕망(결핍, 부재)을 하게 된다. 분석수행자는 분석가를 'SsS'(Sujet-supposé-Savoir, 『자크 라캉의 세미나 9』에서 도입)로 상정하여 동일시하지만 결국은 거기서 나와서 a로 만나야 된다. 분석가 또한 자신을 'SsS'로 상정하지 않고 'a'로 상정해야 한다. 라캉은 프로이트의 1915년 논문을 통해 이 'a'를 분석가의 자리라고 『자크 라캉의 세미나 11』에서 말한다. 1963년 10월에 게재한 자스(Szasz)의 논문을 비판하면서. 라캉은 분석가의 욕망을 거세된 분석가의 욕망이라고 강조한다. IPA로부터 제명(파문, 거세)된다는 것은 상상계에서 상징적인 것으로의 이행, 즉 주체의 탄생이라고 보는 듯하다.

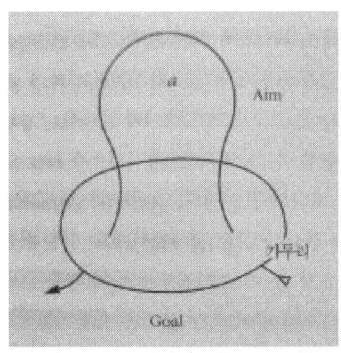

원문(라캉)19. Dès lors l'ἄγαλμα de l'ἐρων s'avère le principe par quoi le désir change la nature de l'amant. Dans sa quête, Alcibiade vend la mèche de la tromperie de l'amour, et de sa bassesse (aimer, c'est vouloir être aimé) à quoi il était prêt à consentir.

한글 번역(연구자)19. 그때부터 에로스(ἐρων)의 아갈마(ἄγαλμα)[사랑의 대상-연구자가 넣음]는 욕망의 원리인데, 이 원리는 연인의 본질[관계]을 바꿉니다. [사랑의 대상을-연구자가 넣음] 탐색하면서 알키비아데스(Alcibiades)는 그가 기꺼이 동의했었던 사랑의 기만과 비천함(사랑하는 것은 사랑받고자 하는 것입니다)의 비밀을 누설합니다.

해설(연구자)19. '에로스의 아갈마(사랑의 대상)'는 욕망의 원리를 보여준다. 이 원리는 연인의 관계를 사랑의 기만과 비천함으로 바꾼다. 즉, 사랑하는 것은 사랑받고자 하는 것이다. 이것은 『자크 라캉의 세미나 8: le transfert』에서 말하는 '사랑의 은유'이다. 이 원리는 이 본질을 밝혔다. 'le principe par quoi le désir'는 '원문(라캉)7'에서 언급한 'un désir dont le principe'(욕망의 원리)와 연결된다. IPA로부터 거세된 자(분석가)만이 할 수 있는 욕망, 거세된 자만이 할 수 있는 사랑, 사랑의 은유에 관한 언급으로도 볼 수 있다.

원문(라캉)20. Il ne nous a pas été permis, dans le contexte du débat, de pousser les choses jusqu'à démontrer que le concept de la pulsion la représente comme un montage?

영문 번역(핑크)20. The discussion at the colloquium did not permit me to go so far as to demonstrate that the concept of the drive represents the drive as a montage.

한글 번역(새물결)20. 콜로키움에서의 논의의 맥락상, 충동 개념은 충동을 몽타주로 나타낸다는 것을 입증하는 것으로까지 논의를 밀고 나가는 것은 우리에게 허락되지 않았다.

한글 번역(연구자)20. 충동의 개념이 몽타주처럼 그것[사랑의 기만과 비천함의 비밀]을 재현한다는 것을 보이는데까지 사안을 밀어붙이도록, [콜로키움, 향연] 논쟁의 맥락에서, 우리에게 허락되지 않았습니다.

해설(연구자)20. 라캉은 『자크 라캉의 세미나 8: le transfert』에서 다룬 향연의 〈맥락〉을 염두에 두고 전개한다. 그러나 한글 역은 로마 콜로키움 토론 〈맥락〉이라고 보고 있다. 라캉은 사랑의 기만과 비천함의 비밀(사랑하는 것과 사랑받는 것)에서 충동의 과정(운명)을 본다. 물론 프로이트가 말한 충동의 네 가지 요소와 그 운명이다. 이 문장의 'la représente'에서 'la'가 의미하는 바를 잘 파악하는 것이 중요하다.

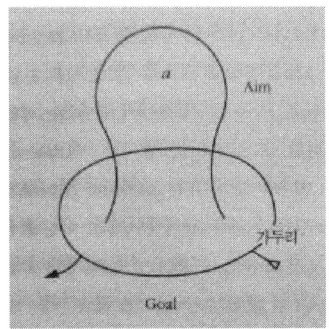

원문(라캉)21. Les pulsions sont nos mythes, a dit Freud. Il ne faut pas l'entendre comme un renvoi à l'irréèl. C'est le réel qu'elles mythifient, à l'ordinaire des mythes : ici qui fait le désir en y reproduisant la relation du sujet à l'objet perdu.

한글 번역(연구자)21. 충동들[부분충동들]은 우리의 신화라고 프로이트는 말했습니다. 이 말을 비현실적인 것을 언급하는 것처럼 이해해서는 안 됩니다. 충동들[부분충동들]이, 신화의 관례에서 볼 때, 신화화하는 것은 실재입니다. 여기[실재]가 바로 주체와 상실한 대상의 관계를 이 안[실재, 신화의 관례?]에서 재생산하면서 욕망을 만드는 곳입니다.

해설(연구자)21. 충동은 실재를 신화화한다. 실재는 욕망을 만든다. 실재가 만드는 욕망은 신화화된 것이다. 실재가 만들어 보내는 욕망은 신화적이다.

원문(라캉)22. Les objets à passer par profits et pertes ne manquent pas pour en tenir la place. Mais c'est en nombre limité qu'ils peuvent tenir un rôle que symboliserait au mieux l'automutilation du lézard, sa queue larguée dans la détresse. Mésaventure du désir aux haies de la jouissance, que guette un dieu malin.

한글 번역(연구자)22. 손익을 거둬야 할 대상들이 자리를 잡기에 부족함이 없습니다. 그 대상들이 도마뱀의 자상(自傷), 곤궁 속에서 자른 꼬리, 간악한 신이 살피는 주이상스의 울타리에서 욕망의 실패 등이 잘 상징화하는 역할을 취할 수 있는데, 그 수는 한정된 다수입니다.

해설(연구자)22. 'pour en tenir la place'에서 'en'은 무엇을 지칭하는가? 사랑의 대상들, 욕망의 대상들, 실재가 만들어 보내는 욕망의 대상들, 신화화된 대상들에 관한 대목이다. 『자크 라캉의 세미나 11』에서 라캉은 향연에 따른 아리스토파네스의 쌍둥이 신화를 소개한다. 그리고 박막신화를 소개한다. 박막 신화는 리비도, 기관으로서의 리비도 신화이다. 즉 욕망의 원리에 관계된다.

원문(라캉)23. Ce drame n'est pas l'accident que l'on croit. Il est d'essence : car le désir vient de l'Autre, et la jouissance est du côté de la Chose.

한글 번역(연구자)23. 이 드라마는 사람들이 믿는 우연이 아닙니다. 그것은 본질에 관한 겁니다. 왜냐하면 욕망은 대타자로부터 오고, 주이상스는 사물 쪽으로부터이기 때문입니다.

해설(연구자)23. 대타자로부터 오는 욕망, 사물 쪽에서 오는 주이상스, 라캉은 욕망과 주이상스 간의 대칭을 말한다.

원문(라캉)24. Ce que le sujet en reçoit d'écartèlement pluralisant, c'est à quoi s'applique la seconde topique de Freud. Occasion de plus à ne pas voir ce qui devrait y frapper, c'est que les identifications s'y déterminent du désir sans satisfaire la pulsion.

한글 번역(연구자)24. 주체가 다원적인 능지처참어정쩡한 상황을 수용한다는 것에 프로이트의 이차 위상은 꼭 들어 맞습니다.

해설(연구자)24. 프로이트의 2차 위상은 Es-Ich-UberIch(이드-자아-초자아)이다. 주체가 다원적 진퇴양난(écartèlement pluralisant)을 받아들인다는 것은 주체의 분열을 말한다. 그 분열은 대타자인 초자아로부터 시작된다. 프로이트는 IdealIch→IchIdeal→UberIch(이상적 자아→자아이상→초자아)의 길을 열어왔고, 1차 위상, 2차 위상으로 정립했다. 여러 심급으로 구분하는 것은 주체의 다원적 진퇴양난의 모습을 일컫는다.

원문(라캉)25. Ceci pour la raison que la pulsion divise le sujet et le désir, lequel désir ne se soutient que du rapport qu'il méconnaît, de cette division à un objet qui la cause. Telle est la structure du fantasme.

한글 번역(연구자)25. 충동이 주체와 욕망을 분할하기 때문에, 그 욕망은 주체가 오인하는 관계만을 지지하고, 분할을 야기하는 대상과의 이 분할만을 지지합니다. 이것이 환상의 구조입니다.

해설(연구자)25. 『자크 라캉의 세미나 11』의 제16장 이후에서 환상의 구조를 말한다. 이 구조는 소외와 분리 등을 동반한다. 주체와 욕망의 분할은 주체의 분열, 무의식적 주체, 욕망의 주체 등으로 불린다. 주체와 욕망의 관계는 오인의 관계, 분할되는 대상과의 관계이다.

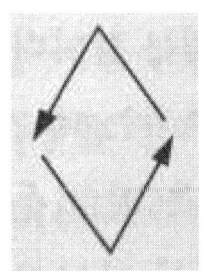
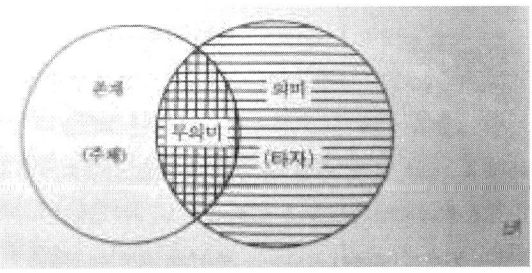

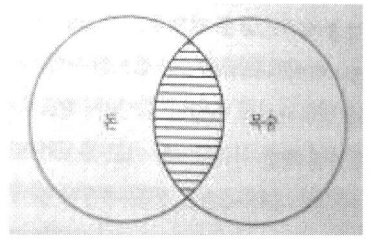 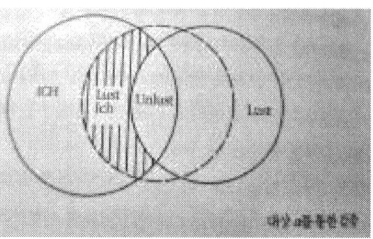

원문(라캉)26. Dès lors quel peut être le désir de l'analyste? Quelle peut être la cure à laquelle il se voue?

한글 번역(연구자)26. 그렇다면 무엇이 분석가의 욕망이 될 수 있을까요? 무엇이 분석가가 헌신하는 치료가 될 수 있을까요?

해설(연구자)26. 분석가가 갖는 욕망은 무엇인가, 분석가의 치료는 무엇인가? '분석가의 욕망'은 '원문(라캉)26', '원문(라캉)32'에서 언급된다. 그리고『자크 라캉의 세미나 11』의 첫날 강의에서 이렇게 언급된다. "분석가 양성의 문제는 분석가의 욕망을 설정한다. 교육 분석은, 제가 저의 대수학에서 지칭한 그 지점, 분석가의 욕망이라 지칭한 그 지점으로 분석가를 인도하는 것과 다른 것에 있지 않습니다(『자크 라캉의 세미나 11』불어본 14, 한글본 24 페이지 참조)." 연금술, 물리학, 농기술 등을 언급하는 가운데, 이런 것을 조작하는 이의 영혼의 순수성을 지적한다. 즉, 연금술사의 욕망, 물리학자의 욕망, 농기술자의 욕망 등에서 "기사(조작자) 영혼의 순수함"(la pureté de l'âme de l'opérateur, 불어본 14, 한글본 23 페이지)이 있는지 문제를 제기한다. 여기서 'l'opérateur'은 법에 따라 공인된 자격을 갖춘 '기사'(技士, l'opérateur)이다. 한글본 번역에는 '조작자'로 번역하지만, 연구자는 '기사'로 번역했고, 본 글의 제목으로 삼았다.

원문(라캉)27. Va-t-il tomber dans la prêcherie qui fait le discrédit du prêtre dont les bons sentiments ont remplacé la foi, et assumer comme lui une 《《direction》》 abusive?

한글 번역(연구자)27. 그[분석가]는 [사제에 대한 신뢰 상실로 이어지는 좋은 감정이 신앙을 대체한다는 신뢰를 상실한 사제의 설법에 빠져 있을까요? 그는 그 사제처럼 그릇된 《《지도/지침》》을 받아들일까요?

해설(연구자)27. 라캉은 그릇된 지침에 근거하여 설교하는 사제를 말하면서, 그릇된 지침을 말하는 분석가를 말하고자 한다. 앞서 언급하였듯이 심리학적 예인줄을 잡는 분석가를 일컫는다. 정신분석에서의 예인줄은 1925년 막스 아이팅곤(Max Eitingon)이 제안한 교육분석표준화를 염두에 두는 듯하다. 이 표준화를 두고 라캉은 『에크리』에 실린 네 개의 글을 통해 설명한다. 즉, "13번. 표준 치료의 변형태들(1953/1955.)", "18번. 정신분석과 정신분석의 교육(1957.2.23. 프랑스철학회.)", "19번. 1956년의 정신분석의 상황과 정신분석가의 양성(1956.9-10.)", "22번. 치료를 이끌기와 그 권력의 원리들(1958.7.10.-13. '프랑스정신분석학회(Société française de psychanalyse, SFP)' 초청 국제콜로키움 첫 번째 발표), 〈정신분석〉 6집 게재)"이다. 이 내용은 아래의 '원문(라캉)31'에서 라캉이 말하는 '이것[분석의 끝]과 저것[치료법]'의 관계에서도 이해할 수 있다.

원문(라캉)28. On ne saurait ici que remarquer qu'à ce libertin près qu'était le grand comique du siècle du génie, on n'y a pas, non plus qu'au siècle des lumières, attenté au privilège du médecin, non moins religieux pourtant que d'autres.

한글 번역(연구자)28. 사람들은 여기서 천재 시기의 위대한 희극작가였던 이 자유사상가(libertin, 이 사제)를 알아차립니다. 사람들은 또한 의학의 특전을 기대했던 계몽주의 시대에 있지 않고, 다른 사람들과 마찬가지로 종교적이지도 않습니다.

해설(연구자)28. 라캉은, 사람들이 계몽주의 시대의 사람들처럼 의학 특전을 기대하거나 종교의 시대처럼 신앙심이 철두철미하지는 않다고 해도, 자유사상가(리베르탱)를 구분할 줄은 안다고 말한다. IPA 소속 분석가와 IPA 소속 아닌 분석가의 구분도 암시되고 있을지 생각해볼 수 있다.

원문(라캉)29. L'analyste peut-il s'abriter de cette antique investiture, quand, laïcisée, elle va à une socialisation qui ne pourra éviter ni l'eugénisme, ni la ségrégation politique de l'anomalie?

한글 번역(연구자)29. 분석가는 이 뒤떨어진 임명을, 세속화된, 때에, 바람막이로 삼을 수 있을까요? 이 임명은 우생학도 피할 수 없는 사회화에, 비정상에 대한 정치적 차별도 피할 수 없는 사회화에 잘 어울릴까요?

해설(연구자)29. IPA에서 발급하는 임명장에 관한 내용으로 볼 수 있다. 분석의 종결을 통해 획득한 분석가 자격에 관한 내용으로 볼 수 있다.

원문(라캉)30. Le psychanalyste prendra-t-il la relève, non d'une eschatologie, mais des droits d'une fin première?

영문 번역(핑크)30. Will the psychoanalyst take up the torch, not of an eschatology, but of the rights of a primary aim [fin première]?

한글 번역(새물결)30. 정신분석가는 종말론이 아니라 근본 목적(fin première)의 권리들의 일람표를 쥘 수 있을까?

한글 번역(연구자)30. 정신분석가는 종말론을 계승하는 것이 아니라 기본적인 끝[기본적 분석 종료]에 따른 권리를 계승할 수 있을까요?

해설(연구자)30. 이 문장은 '언어활동[langage]처럼 짜인 라캉의 무의식' 을 보여준다. 한글 역본은 'une fin première'를 '근본 목적fin première'이라고 두 군데('원문(라캉)30', '원문(라캉)35')에서 번역하고, 또 한 군데 ('원문(라캉)31')에서는 'fin'을 '목적'으로 번역한다. 핑크(Fink)도 영어 번역에서 fin을 aim(목적)으로 번역하면서도 괄호 안에 붙어 원문(fin première)을 넣고 있다. 즉, 'a primary aim [fin première]'(영어 번역문 30), 'aim[fin]'(영어 번역문31), 'the aim of analysis[fin première]'(영어 번역문35))처럼 표현하면서 '목적'과 '종결' 사이에서 번역을 주저하고 있다.

1964년 상황에서 볼 때, 라캉이 사용하는 용어 'fin'은 '종결'로 보는 것이 타당하다. 1964년 진행한 『자크 라캉의 세미나 11』에는 'but'와 'visée'가 사용된다. 라캉이 '분석의 목적'을 말할 때는 'le but de l'analyse', '내 강의의 최종 목표'라고 말할 때는 'la dernière visée de mon discours', '분석의 종결'을 말할 때는 'fin'을 사용한다. 특히 원문(라캉)30에서 'eschatologie'와의 관계에서 'une fin première'을 언급한다. 'eschatologie'가 종국적인 종결이라면 'une fin première'은 근본적 종결이다. 종결이 여러 번의 단계를 거치면서 된다고 할 때 'eschatologie'라는 용어를 사용한다면, 'une fin première'은 기본적 종결을 의미한다. 분석가가 되려면 우선적으로 기본적인 분석을 마치고, 분석 종결자의 권리를 획득해야 자격증이 부여된다는 의미로 볼 수 있다. 라캉은 이것을 '원문(라캉)35'에서 다시 언급한다. 'la fin'은 독일어로 'ende', 영어의 'end'에 해당한다. 라캉이 'aim'을 사용하는 건 『자크 라캉의 세미나 11』의 'Trieb 도식'에서이다. 연구자가 '원문(라캉)2', '원문(라캉)18', '원문(라캉)20'에 넣은 그림에 'Aim'이 나온다. 라캉은 'Aim'을 충동의 '여정'(trajet, itinéraire)으로 이해한다. 정신분석가가 계승하는 것은 종말론이 아니라 기본적인 종결 권리이다. '기본적인 종결'에 따라 분석할 권리를 취득한 분석수행자는 분석을 해 가면서 그 다음의 분석 종결을 경험하고, 그 다음의 분석 종결을 또 경험하게 된다. 이런 중에

'eschatologie'(종말)이 올 수 있다. 어쩌면 파국이라고 볼 수도 있는 상황이 발생할 수도 있다. 여기서 la fin은 라캉과 그의 그룹에서 제시한 분석가 양성 제도인 'la passe'와 관계한다. 라캉이 당시 염두에 둔 '문제들'을 잘 살펴보면, 이 용어를 해석하는 데 용이할 것이다. Fin을 번역하는 데 고심하고 있는 핑크(Fink)는 '언어활동[langage]처럼 짜이는 무의식'의 '잘못쓰기(Verschreiben)' 예처럼, 'fin'과 'aim' 사이에서 갈등하고 있는 것을 보여준다.

원문(라캉)31. Alors, quelle est la fin de l'analyse au-delà de la thérapeutique? Impossible de ne pas l'en distinguer quand il s'agit de faire un analyste.

영문 번역(핑크)31. What then is the aim [fin] of analysis beyond therapeutics? It is impossible not to distinguish the two when the point is to create an analyst.

한글 번역(새물결)31. 그렇다면 치료법을 넘어 분석의 목적은 무엇일까? 분석가를 만들어내는 것이 문제라면 이 둘을 구분하지 않을 수 없다.

한글 번역(연구자)31. 자, 치료법을 넘어 분석의 끝[종결]은 무엇일까요? 한 명의 분석가를 만들 때 이것[분석의 끝]과 저것[치료법]을 구분하지 않는 것은 불가능합니다.

해설(연구자)31. 치료법과 분석의 종결의 구분, 분석가 양성에서 이 구분은 필수적이다. 프로이트는 1937년 "끝이 있는 분석과 끝이 없는 분석"에서 종결 문제를 다루었다. 라캉은 1925년 이후 분석가 양성의 교육분석표준화가 된 규범에 이의를 제기한다. 그는 치료법[치료학-일본역]과 분석의 종결을 분리하여 생각한다. '치료법'이 계속 연구되어야 할 것이라면, '분석의 종결'은 자격증을 획득하는 초보 분석가에게 주어지는 종결이다. 초보 분석가는 계속되는 분석 종결 경험을 반복하면서,

분석 종결 여정(Aim)의 길을 간다.

원문(라캉)32. Car, nous l'avons dit sans entrer dans le ressort du transfert, c'est le désir de l'analyste qui au dernier terme opère dans la psychanalyse.

영문 번역(핑크)32. For, as I have said, without going into the mainspring of transference, it is ultimately the analyst's desire that operates in psychoanalysis.

한글 번역(새물결)32. 왜냐하면 우리가 말한 대로 전이의 원동력으로 들어가지 못한 채 정신분석에서 궁극적으로 작용하는 것은 분석가의 욕망이기 때문이다.

한글 번역(연구자)32. 왜냐하면 우리는 전이의 영역 안에 들어가지 않고 그것[분석의 종결]을 말했습니다. 정신분석에서 마지막 용어[전이, 전이의 영역]를 실행하는 것은 분석가의 욕망입니다.

해설(연구자)32. 전이 이전에는 분석 종결은 없다. 분석가의 욕망이 전이[전이 영역]를 실행시킨다. 『세미나 2』에서는 분석가의 '저항'이 전이를 저지시킨다고 말하면서, 프로이트가 후기에 말한 저항 개념을 따르면서, 분석가의 저항 개념을 언급한다.

앞서 '원문(라캉)16'에서 언급한 '대타자의 욕망(désir de l'Autre)', '원문(라캉)26'에서 언급한 '분석가의 욕망'은 크게 볼 때, 분석가 양성과 관련된다. 분석가 양성에서 분석의 종결은 라캉 그룹과 IPA 그룹이 서로 의견을 달리하는 지점이다. 이 지점에서 로마 대회의 주제인 '기술과 결의론(또는 과학과 도덕신학, 윤리학)'을 생각하면서, 기술의 종결에 관하여 생각해볼 수 있다.

원문(라캉)33. Le style d'un congrès philosophique porte, semble-t-il, plutôt chacun à faire valoir sa propre imperméabilité.

한글 번역(연구자)33. 철학학술대회의 스타일은 비교적 각자가 자신의 고유한 불침투성에 가치를 두는 듯합니다.

해설(연구자)33. 라캉의 발표는 6일간 계속되는 연속 토론 중 이틀째 날에 있었다. 발표문은 나중에 요약하여 제출한 것이기에 6일간의 토론 분위기를 염두에 두고 제출한 것으로도 볼 수 있다. 라캉 자신도 다른 연구자들의 토론자로 나서고, 다른 연구자들의 토론을 받기도 했다. 과학기술의 발전과 그에 따른 윤리적 문제에 관한 토론은 팽팽했던 것으로 보인다. 기술과 윤리를 묶어서 생각할지, 분리해서 생각할지의 문제에서부터 그렇다. 라캉은 이런 분위기를 불침투성이라고 말한다. 각자의 입장 차이를 고수하는 것을 말하는 것으로 볼 수 있다. 리쾨르도 참석했었다. 리쾨르는 1965년에 De l'interprétation, essai sur Freud(『해석에 대하여 - 프로이트에 관한 시론』)를 출판한다. 분석의 종결, 분석가의 욕망에 관한 것도 서로 팽팽하게 의견을 달리한다고 볼 수 있다.

원문(라캉)34. Nous n'y sommes pas plus inapte qu'un autre, mais dans le champ de la formation psychanalytique, ce procédé de déplacement fait la cacophonie de l'enseignement.

영문 번역(핑크)34. I am no more unable to do so than the next person, but in the field of psychoanalytic training, the displacement process makes teaching cacophonous.

한글 번역(새물결)34. 우리도 얼마든지 다른 사람들처럼 그렇게 할 수 없진 않지만 정신분석가의 양성의 장에서 그런 식으로 입장을 바꾸는(déplacement) 방식은 교육의 불협화음을 낳는다.

한글 번역(연구자)34. 우리는 다른 사람보다 더 부적격하지는 않습니다만, 정신분석 양성의 장에서 '해직에 대한 이런 [불침투성] 방식'(ce procédé de déplacement)은 교육의 불협화음을 만듭니다.

해설(연구자)34. 이 문장에서 'ce procédé de déplacement'은 무엇일까? 'déplacement'은 정신분석 용어로는 전치(독: Verschiebung 영: Displacement)이다. 그러나 여기서는 이동, 인사이동, 해직, 이런 의미이다. 이 표현은 매우 점잖다. IPA는 1963년 8월 2일, '프랑스정신분석학회(SFP)'에 공문을 보내어 분석양성가의 명단에서 자크 라캉(과 프랑수아즈 돌토 등)을 제명할 것을 요구했고, 8월 31일 이전에 결정하도록 했다. 라캉의 감독 분석을 받은 자들에게는 보충 분석이 요구되었다. 이 여정은 11월 19일 마무리가 되었다. 11월 20일 라캉은 생탄병원에서 마지막 강연을 한다. 강연 주제는 "아버지의 이름"이었다. 결국 라캉은 파문되었다. 『자크 라캉의 세미나 11』의 첫 시간(1964.1.15.)에 라캉은 스피노자의 파문과 연결하여 자신의 파문을 이야기한다. 일주일 전과는 전혀 다른 기색을 보인다. 프랑스 정신분석 그룹은 1964년 5월 26일 라가슈, 라플랑쉬, 앙지외 등을 중심으로 '프랑스정신분석협회(APF)'를 창설한다. 6월 21일 라캉을 중심으로 '프랑스정신분석학교(EFP)'를 창설하고 이것은 9월에 '파리프로이트학교(EFP)'로 귀결한다. 1965.7.28일 IPA 제24차 국제정신분석대회 때 '프랑스정신분석협회(APF)'는 IPA에 가입한다. 이날부터 프랑스에는 3개의 정신분석 그룹이 있게 된다. 첫째, 파리정신분석학회(SPP, 83명), 둘째, 프랑스정신분석협회(APF, 26명), 셋째, 파리프로이트학교(EFP, 134명). 처음 두 그룹의 109명은 IPA에 거하게 되고, 프랑스의 라캉 경향의 프로이트주의 다수파(134명)는 IPA 밖에 있게 된다. 이와 같이 IPA로 인해 프랑스 정신분석의 두 번째 분열이 일어난 1964년 11월 이후, 프랑스에서 분석가 양성(분석가 교육)은 불협화음을 낸다. 이런 IPA의 방식처럼 로마 콜로키움도 상호불침투성의 방식인데, 이런 태도는 교육적으로 좋지 않다고 라캉은 뼈 있는 의미를 '상호불침투성'에 담았다. 앞서 서론에서 다루었듯이, 분석의 '종결' 문제는 'la passe'와 관계된다. 1964년 9월 '파리프로이트학교

(EFP)' 형성 이후 3년째인 1967년 10월에 라캉은 본격적으로 이 문제를 '파리프로이트학교(EFP)'에서 공식적으로 실행한다. 'la passe'는 한 명의 사람(le passant)이 두 명의 증인(les passeurs)에게 자신의 분석과 그 성과를 말하고, 이 증인들은 일곱 명의 심사위원에게 그것을 알린다. 통과가 결정되면 'Analyste de l'Ecole'의 명칭을 얻는다.

원문(라캉)35. Disons que j'y lie la technique à la fin première.

영문 번역(핑크)35. Let us say that, in teaching, I relate technique to the primary aim [fin première].

한글 번역(새물결)35. 우리는 가르침에서 테크닉을 근본 목적과 연결시킨다고 말해두자.

한글 번역(연구자)35. 제가 정신분석 양성의 장에서 테크닉(기술)과 근본적 종료를 연결한다고 합시다.

해설(연구자)35. 바로 위에서 라캉은 "한 명의 분석가를 만들 때 이것[분석의 끝]과 저것[치료법]을 구분하지 않는 것은 불가능합니다"라고 말했다. 즉, 분석의 종결은 치료법과 다르다고 말한다. 설령, 이 둘을 연결한다고 해도 이것이 그렇게 큰 문제가 되는가? 프랑스 정신분석 단체를 분열시키는 요인이 되는가? 이런 함축적인 의미를 '원문(라캉)34'에 이어 '원문(라캉)35'에서 말하고 있다. 분석의 종결은 치료학의 본질이 아니라 제도상의 문제이다. 그런데 IPA는 이것을 오해했다. 설령 라캉이 이 둘을 연결했다고 해도, 이것이 분석양성가 자격을 박탈하고, IPA에서 축출/제명하는 요인이 되는지, 이 해직 절차는 정당한 것인지 질문하면서, 교육의 불협화음이라고 말한다. 분석가 양성 또는 분석가 양성 시스템에 필요한 양적 요소는 어느 정도에서 끝을 내고 치료에 대한 질적 요소는 끝없이 계속되어야 한다는 것, 이 둘을 분리해서 생각해야 한다는 것이 라캉의 의도이다. 1936년 프로이트가 저술한 "끝이 있는 분석과 끝이 없는 분석"에서 '끝이 있는 분석'이 내담자의 단절이라면, '끝이 없는 분석'은 분석가 자신의 저항에 관한 것이었다. 라캉은 '끝이 있는 분석'은 분석가 양성 시스템에, '끝이 없는 분석'은 분석가의 질적 시스템에 관계된다고 본다. 분석가를 양성할 때, 너무 긴 양성 과정은 무리가 될 수 있다. 그래서 분석가를 양성하는 것과 분석가의 질적 문제는 구분해야 한다고 말한다. 우리가 보통 자격증을 취득할 때, 어느 정도 수준에 도달하면 자격증을 부여하고, 경력이 쌓이면 그 자격증에 대한 질적인 수준은 향상되는 것과 비교할 수 있다.

우리가 알 듯, 프랑스의 정신분석은 1926년 '파리정신분석학회(SPP)'에서 시작한다. 이미 국수파와 해외파로 양분된다. 1953년 일반인(비의사)에 의한 분석 문제와 교육 수련 분석 문제에 관련되어 분열 현상이 일어나 '프랑스정신분석학회(SFP, 1953-1963, 라캉, 라가슈, 돌토 등)'가 설립된다. 이것이 프랑스 정신분석의 첫 번째 분열이다. 두 번째 분열은 1963년 8월 자크 라캉(과 프랑수아즈 돌토 등)을 분석양성가 명단에서 제명하라는 IPA의 압력으로 인해 일어난다. '파리프로이트학교(EFP)'가 설립된다. 이 단체는 분석기술과 근본적 종료의 문제를 분리하여 'la passe'를 진행하는데, IPA는 이것을 인정하지 않는다. 정신분석 기술과 분석의 종결, 이 관계는 1964년 이후 '파리프로이트학교(EFP)'에서도 문제의 불씨가 되지만, 이 둘을 분리하여 분석의 종결 문제는 계속 유지하고, 1981년 프로이트대의(代議)학교(ECF)에서도 그렇다. 1964년 1월 8일 행한 라캉의 본 글(1966.11월에 나온 『에크리』의 32번 글)은 1963.8월 말에 행한 IPA의 라캉 제명과 1967.10.9일 행할 '파리프로이트학교(EFP)'의 'la passe' 제도화 사이에 위치한다. 이러한 위치에서 이 글의 의미를 볼 때 문맥이나 번역 시 오류를 막을 수 있다.

원문(라캉)36. Nous avons regretté en concluant que, dans l'ensemble, soit restée à l'écart la question qui est celle, profonde, d'Enrico Castelli.

한글 번역(연구자)36. 우리는 전체적으로 볼 때 엔리꼬 까스뗄리의 심도깊은 질문을 비껴간 것에 대해 유감입니다.

해설(연구자)36. 엔리코 카스텔리의 심도깊은 질문은 각주에 나오는 "과학의 결과들에 의해 윤리학에 초래된 문제들" 연관된다. 당시 과학은 어떤 과학일까? 『세미나 2』에서 라캉은 인공지능을 언급한 적이 있었다. 라캉은 1963년 이후 프랑스 정신분석 그룹의 두 번째 분열을 문제거리로 논하고자 했는데, 논의의 초점이 모이지 않아 아쉬움을 표한다. 물론 주제가 철학과 윤리학에 관한 것이니.

원문(라캉)37. Le nihilisme ici (et le reproche de nihilisme) ont eu bon dos pour nous garder d'affronter le démoniaque, ou l'angoisse, comme on voudra.

한글 번역(연구자)37. 여기서 허무주의(그리고 허무주의에 대한 비난)는, 사람들이 원하듯, 악마나 불안에 맞서도록 우리를 지켜주는 좋은 배후를 가졌습니다.

해설(연구자)37. 'ici 여기서'가 엔리코 카스텔리의 심도깊은 질문이 이루어지는 철학 학술대회라면, 라캉은 세미나 장소의 전환(생탄병원에서 고등사범학교[ENS]로)을 맞고, 프랑스 정신분석의 분석가 양성 문제의 전환을 맞는 시점이다. 그래서 라캉은 로마 콜로키움이 내심 반가웠을 것이다. 허무주의를 벗어나기 위해서는 구체적인 대안이 요청된다. 우선, 1964년 1월 15일, 『자크 라캉의 세미나 11』이 고등사범학교[ENS]에서 개최된다. 1953년부터 진행하던 생탄병원은 이런저런 이유에서 더 이상 세미나 공간이 될 수 없었다. 1964년 4월에 Seuil출판사와 '프로이트의 장'을 형성한다. 1964년 6월~9월에 '파리프로이트학교(EFP)'를 창설한다. 〈과학의 결과들에 의해 윤리학에 초래된 문제들〉에 대한 허무주의를 논하면서 라캉은 이런 건설적인 구축활동을 이어간다. 즉, 이런 구축들은 허무주의의 든든한 배후이다. '악마와 불안'은 라캉을 제명하여 프랑스 정신분석을 초토화시킨 'IPA'를 상징하는 것일까?

4. 글을 종결하면서

라캉이 1964년 1월 8일 로마 콜로키움에서 발표했던 "Du 〈〈Trieb〉〉 de Freud et du désir du psychanalyste"는 '욕망'이 어떤 경로로 출현하는지 프로이트의 〈〈Trieb〉〉 이론으로 보여준다. 라캉은 프로이트의 "Triebe und Triebschicksale(충동과 충동의 운명)"(1915)에 근거하여 전문가들의 욕망이 어떻게 생성되는가를 다룬다. 특히, 이 콜로키움의 주제와 관련하여 과학기술을 다루는 기사들의 윤리에 관하여 말하면서, 윤리의 토대인 충동과 욕망의 메커니즘을 말한다. 이 메커니즘은 당시 열린 제21차 보편공의회에 참석하는 종교지도자들에게도 적용될 수 있다.

이 콜로키움에서 다루는 기술(Technique)은 과학과 연관된 기술이고, 결의론(Casuistique)은 양심을 다루는 도덕신학, 윤리학에 관한 것이다. 라캉은 기술과 윤리, 기술과 종결은 분리하지 않을 수 없다고 말한다. 과학 발전과 그에 따른 문제들을 분리해서 생각할 수밖에 없듯이, 분석가 양성과 분석기술의 발전을 구분한다. 양성되는 초보 분석가는 조보 상태로 분석을 종결해야 한다는 것이다. 라캉이 IPA로부터 제재를 받고 제명된 것은 분석 회기, 분석 종결 등과 연관이 있는데, 특히 분석가 양성에 있어서 분석 종결 방식과 연관된다. 라캉과 그와 함께 하는 분석가들은 이 방식을 지키기 위해 EFP(l'École française de psychanalyse,

EFP)와 EFP(l'École freudienne de Paris, EFP)를 만들고 거기서 그것을 행한다. 이 수행은 'la passe(통과)'라는 이름으로 1967년 10월 9일 공식적으로 이뤄진다. 『에크리』가 출간된 이후이다. 하지만 라캉은 『에크리』안에서 그것을 충분하게 논의했다. 즉, '해설(연구자)27'에서 다뤘듯이 『에크리』의 "13번. 표준 치료의 변형태들(1953/1955.)", "18번. 정신분석과 정신분석의 교육(1957.2.23. 프랑스철학회.)", "19번. 1956년의 정신분석의 상황과 정신분석가의 양성(1956.9-10.)", "22번. 치료를 이끌기와 그 권력의 원리들(1958.7.10.-13. 프랑스정신분석학회 초청 국제콜로키움 첫 번째 발표), 「정신분석」 6집 게재)" 등에서 다루었다.

분석가 양성에서 중요한 것은 분석가가 될 사람을 '분석가의 욕망'이라는 지점으로 안내하는 것이다. 그 지점에 분석의 '종결'이 있다. 그 지점에 이르는 것이 분석가 양성의 목표, 분석양성가의 분석 목표일 수도 있다. 이 지점으로 가는 분석가는 과학의 실추(원죄)를 인정하는 거세된 자이다. 1991년 1월 라캉 그룹에 속하는 8개 협회는 라캉 사후 처음으로 연합 모임을 가졌다. 거기서 이 협회들은 '분석과 분석가'라는 슬로건 아래 analyse laïque(laïcité)(비전문가 분석), formation de l'analyse(s'autoriser)(분석가 형성), responsalibité du psychanalyste(분석가의 책임성) 등을 다루었고, 이 중에서 responsalibité du psychanalyste는 transmission(계승), limite(경계), discours scientifiques(학문 담론), histoire(역사)와의 관계에 다루어졌다. 이것은 라캉이 제시한 분석가 양성에 관한 분석가의 욕망과 관계된다. 1964년 당시 '분석가의 욕망'을 회자시킨 라캉은 아무도 언급하지 않는 '물리학자의 욕망'에 관해서 이야기해야 한다고 말한다. 이 욕망은 상징계 테두리 내에서 이뤄지는 욕망이다. 즉, 이 욕망 하에 과학과 과학자가 상징계의 범주에서 기술을 연구하고 실행한다는 것이다. 정신분석은 과학에 대하여 정신분석가의 욕망처럼 과학자의 욕망을 이야기하라고 말한다. 라캉은 세미나 11의 첫 시간에 과학에 대하여 그리고 종교에 대해서도 동일한 질문을 던졌다. 즉, 오늘날의 종교와 종교가가 지녀야 할 종교가의 욕망에 관해 질문을 던졌다. 정신분석가 라캉이 종교와 과학에 대하여 던진 욕망에 관한 질문은 60년이 지난 오늘 K-종교인문연구소에서 발간하는 인문연구 제8집을 통해 다시 제기된다.

| 참고 문헌 |

라캉 자크/맹정현 · 이수련 역. 『자크 라캉의 세미나 11. 정신분석의 네 가지 근본 개념』. 서울: 새물결, 2008.

라캉 자크/홍준기 · 이종영 · 조형준 · 김대진 역. "프로이트의 '충동'과 정신분석가의 욕망에 관해." 『에크리』. 광명: 새물결출판사, 2019, 1005-1009.

리쾨르, 폴/김동규 · 박준영 역. 『해석에 대하여 -프로이트에 관한 시론』. 서울: 인간사랑, 2020.

에번스, 딜런/김종주 외 역. 『라깡 정신분석 사전』. 서울: 인간사랑, 1998.

Colloque «*Technique et Casuistique*». *Universite de Rome, Archivio di Filosofia, Tecnica e Casistica*. Padova: Cedam, 1964.

Dor, Joël. *Bibliographie des traveaux de Jacques Lacan*. Paris: InterEditions, 1983.

Lacan, Jacques. "Du 〈〈Trieb〉〉 de Freud et du désir du psychanalyste." *Écrits*. Paris: Seuil, 1966, 851-854.

Lacan, Jacques. *Le moi dans la théorie de Freud et dans la technique de la psychanalyse*. Paris: Seuil, 1978.

Lacan, Jacques. *Le transfert*. Paris: Seuil, 1991.

Lacan, Jacques. *L'identification*. 미출판.

Lacan, Jacques. *L'acte psychanalytique*. 미출판.

Lacan, Jacques/Fink, Bruce. "On Freud's "Trieb" and the Psychoanalyst's Desire." Translated by Bruce Fink in collaboration with Héloïse Fink and Russel Grigg, *Écrits*. New York London: W. W. Norton & Company, 2002/2006, 722-725.

Ricœur, Paul. *De l'interprétation, essai sur Freud*. Paris: Seuil, 1965.

Szasz, Thomas, S. "The Concept of Transference." *The International Journal of Psycho-analysis*, vol. 44(1963.10), 432-443.

VIII. 로버트 쿠버 소설의 메타픽션적 방법론: 「프릭쏭 앤 데스컨트」 중심으로

양윤희

로버트 쿠버 소설의 메타픽션적 방법론:
「프릭쏭 앤 데스컨트」 중심으로

양윤희(영문학 박사)

1. 들어가며

종교와 픽션에 관한 서사론적 과학론

현실은 무겁다. 단단하고 냉정하며, 인간의 상상력을 압도한다. 우리가 살아가는 이 세상은 너무 인과적이고 구체적이어서 틈을 허용치 않는다. 그런 현실 속에서, 우리는 어떻게 숨을 쉴 수 있을까? 종교와 픽션은 그 숨을 돌리게 하는 숨구멍이다. 그것은 단순한 도피가 아니다. 오히려 현실을 감당하고, 해석하고, 재구성하게 해주는 창이다. 우리는 종교 속에서 진실을 찾고, 픽션을 통해 현실을 새롭게 보는 눈을 얻는다.

로버트 쿠버의 메타픽션은 이 숨구멍의 구조를 정교하게 보여준다. 그의 단편들—「매직 포커」, 「모자 마술」, 「요셉의 결혼」, 「형」, 「베이비시터」 등—은 모두 현실과 허구의 경계를 해체하고, 그 틈새에 새로운 시선이 가능함을 증명한다. 쿠버는 여러 실험 소설과 종교적 패러디로 우리에게 숙제를 던지고 있다. "이 현실은 진짜인가? 혹시 이것도 누군가의 이야기 속 일부가 아닌가?" 그는 이야기의 마법을 빌어, 우리가 사는 현실이라는 공간에 균열을 낸다. 그가 하나의 사건을 여러 가능성과 상상, 욕망과 현실의 층위로 나열하는 방식은 단지 서사의 파괴가 아니다. 그것은 현실이 하나의 고정된 이야기로는 결코 정리될 수 없다는 통찰이며, 그 복잡성과 다층성 속에서 우리에게 진실을 재구성하라는 요청이다.

이러한 쿠버의 서사 방식은 철학적으로 데리다의 '차연(différance)' 개념과 깊이 맞닿아 있다. 의미는 언제나 미뤄지고, 뒤섞이고, 고정되지 않으며, 현실 또한 그러하다는 사유. 쿠버는 이를 문학적으로 실천하고, 우리는 그것을 읽으며 이렇게 다시 묻는다. "현실은 무엇인가? 그리고 나는 그것을 어떻게 믿고 있는가?" 픽션은 만들어진 이야기 이상의 것이다. 그것은 현실이라는 규명되지 않은 환자를 수술대 위에 올려놓고, 서사라는 메스로 그 내부를 해부하고 재배열하려는 시도다. 픽션은 진짜보다 더 진실된 방식으로 현실을 말할 수 있을까? 쿠버는 조용히 고개를 끄덕인다. 그리고 우리도, 그의 이야기를 통해 어떤 낯선 숨을 쉬고자 한다. 허구는 도피가 아니라 돌파다. 그것은 상처 입은 현실에 놓인 작고도 환한 통풍구다. 우리는 그 구멍을 통해 빛을 본다. 그래서 다시 현실로 돌아올 수 있다. 다시 살아갈 수 있다.

허구는 우리에게 이렇게 속삭인다.

"당신이 감당하지 못한 진실을, 내가 잠시 품고 있어 줄게."

2. 메타픽션이란 무엇인가?

메타픽션(metafiction)은 'meta'(~에 대한) + 'fiction'(허구)으로, '허구에 대한 허구', 즉 자기 자신의 허구성을 드러내는 이야기'이다. 하지만 그때의 허구는 반드시 진실을 확고하게 감당해야 한다. 전통적인 픽션이 자연스레 세계를 모방하고 그 속에서 진실을 포착하려 했다면, 메타픽션은 그 모사의 구성 방식을 까밝혀 진실의 포착 불가능을 드러내는 의도를 지닌다. 이런 방식에는 ①소설이 소설 쓰기 자체를 주제로 삼아 이야기 속 등장인물을 가짜라고 고백하는 자의식적 자기반영, ②전통적 플롯, 인과성, 인물의 통일된 정체성을 끊임없이 파괴하고 변질시키는 서사의 해체, ③이야기 내부에 다른 이야기나 작가, 혹은 독자가 직접 뛰어들어 서사의 경계를 혼란스럽게 넘나드는 다층적 서사 기법이 있다. 호르헤 루이스 보르헤스의「바벨의 도서관」,「픽션들」이 텍스트의 무한성을 표현한 메타픽션이라면, 존 바스의「잃어버린 예술로서의 이야기하기」는 서사의 결말과 그 이후의 이야기가 계속 끝도 없이 펼쳐지는 반복 서술의 메타픽션이다.

철학적 관점에서 보면 메타픽션은 언어와 현실, 실재와 재현의 관계를 궁극적으로 파고든다는 것을 알 수 있다. 이 점에서는 구조주의, 후기구조주의, 해체주의와 연결된다. 데리다(Jacques Derrida)는 "텍스트 바깥에는 아무것도 없다"라고 했는데 이것은 현실과 언어의 관계가 구조적으로 매개된 것임을 강조하는 메타픽션적 사유와 일치한다.[341] 라

---

[341] 자크 데리다의 해체철학과 메타픽션의 서사는 모두 고정된 중심과 기원의 해체라는 사유의 구조를 공유한다. 데리다가 주장한 차연(différance)은 의미가 영원히 유예되고 미끄러진다는 개념으로, 이는 메타픽션에서 이야기의 진실 혹은 '실제'를 끝없이 유보하며 독자에게 끊임없는 해석을 요구하는 방식과 상응한다. 둘 다 표면 아래 숨겨진 본질을 부정하며, 표면 그 자체의 운동성과 차이를 중시한다. 데리다가 '기표의 무한지연'을 통해 텍스트의 자기반영적 성격을 강조한 것처럼, 메타픽션 역시

캉(Jacques Lacan) 또한 실재(the Real)는 결코 상징계로는 완전하게 포착될 수 없다고 말한다. 메타픽션은 이런 불가능한 재현의 구조를 스스로 드러내며 그 간극을 실험한다. 리오타르(Jean-François Lyotard)는 메타픽션이 "대서사의 해체"를 실천하는 장르라고 설명한다. 이는 소설 속 인물들이 통일된 정체성을 지니지 않고 상징적 구성체로 제시되는 포스트모더니즘 문학의 특징이다. 롤랑 바르트(Roland Barthes)는 『저자의 죽음』에서 독자의 능동성을 강조했고 메타픽션은 바로 이 '저자의 죽음 이후의 글쓰기'를 실천한다. 큰 맥락으로 포스트모더니즘과 메타픽션의 관계를 살펴본다면 포스트모더니즘은 진리, 의미, 이성, 역사의 총체적 서사에 대한 불신에서 출발하고 메타픽션은 불신을 이야기의 구조 자체로 실현한다고 볼 수 있다. 메타픽션은 전통 서사의 전형, 신화, 고전 등을 '놀이'의 대상으로 삼아 전유, 왜곡, 해체하면서 새로운 의미를 생성한다. 이는 패러디, 파스티슈, 시뮬라크르의 개념[342]과도 맞닿아 있다.

이 논문에서는 메타픽션의 특징을 서사 방법론으로 차용한 쿠버의 몇몇 단편들을 집중적으로 분석해 보려한다. 그의 소설들이 어떤 실험적 토대로 글쓰기를 실현하는지 해체하고 그런 방법을 통해 쿠버가 주장하려던 궁극적 교훈은 무엇인지 살펴보자.

서사의 인공성과 허구성을 드러내며 자기 자신을 문제화한다. 이로써 둘 다 의미 생산의 불가능성과 동시에 그 무한한 가능성을 사유하게 만든다. 결국 이들은 모두 진리나 실재에 대한 메타적 반성의 구조를 공유한다는 점에서 철학적 친연성을 지닌다.

342) 포스트모더니즘에서 시뮬라크르(simulacrum)는 원본과 복제의 경계를 무너뜨리는 개념으로, 장 보드리야르(Jean Baudrillard)에 의해 정교하게 발전되었다. 이는 더 이상 어떤 실재(reality)를 모방하거나 재현하는 것이 아니라, 그 자체로 하나의 "현실처럼 기능하는 허구"를 일컫는다. 시뮬라크르는 복제의 반복 속에서 원본이 사라지고, 오히려 복제가 현실보다 더 현실적으로 여겨지는 하이퍼리얼(hyperreal)의 상태를 만든다. 이러한 현상은 광고, 미디어, 소비문화 속 이미지들에서 극명하게 드러난다. 포스트모던 세계에서는 시뮬라크르가 실재를 대체하며, 우리는 더 이상 진짜와 가짜를 구별하지 못한다. 결과적으로 인간은 현실을 경험하는 것이 아니라, 현실처럼 보이는 이미지의 체계 안에서 살아가게 된다.

3. 로버트 쿠버의 문학 세계

　브라운 대학의 영문과 석좌교수인 로버트 쿠버는 포스트모던 작가이자 21세기 '하이퍼픽션(Hyper Fiction)'[343]의 주창자이다. 그는 소설 창작과정에 다양한 문학적 기교와 특이한 기법을 도용하여 서사 방식의 혁신가로 널리 알려져 있다. 사실 그의 소설을 읽는 독자들은 조금 당황스러울 수 있다. 의미의 연결을 방해하는 이해할 수 없는 문체와 복잡한 서사 방식이 전체적인 플롯을 조망하는데 장애가 되기 때문이다. 그의 소설은 단순하지 않다. 마치 암흑 속에서 길을 더듬는 심정이랄까. 하지만 어두움에 완전히 자신을 내맡기고 한 줄기 희미한 서사적 근거를 따라가다 보면 그 노고를 보상해줄 감흥이 분명히 존재한다. 쿠버는 글쓰기가 현실을 여러 각도로 분석하고, 비추어보고, 상상력을 투사하여 재현의 마법을 부린다고 생각했다. 하나의 공간과 단일한 시간관을 적용하는 단편적인 서사 구조, 인간의 의식을 독단적인 이데올로기로 정의 내리려는 시도, 고정된 시각으로 보는 역사관, 의미도 모른 채 대중에 영합하는 문화, 모든 현상을 가치 창출로 파악하는 비윤리적 정서... 그는 이 모든 것을 조롱한다. 우리가 실제라고 간주하는 현실을 되짚고 신화와 동화에 내재한 욕망까지 한 켜 한 켜 벗겨나가는 그의 서술은 작가의 역량에 따라 사유의 층과 재현의 층이 얼마나 풍성하게 확장될 수 있는지 보여준다. 쿠버는 참된 세계는 우리의 경험으로는 알 수 없고 현실

---

[343] 로버트 쿠버가 차용한 하이퍼픽션(hyperfiction)은 전통적인 선형 서사 구조를 거부하고 서사의 다중 경로와 분기적 가능성을 탐색하는 서사 방식이다. 독자가 이야기를 따라가는 대신, 이야기가 스스로 여러 갈래의 가능태를 병렬적으로 펼쳐 보이며, 서사 속에서 독자의 해석과 상상력이 적극 개입될 수 있는 여지를 만든다. 쿠버의 대표작 「The Babysitter」처럼, 하나의 사건이 여러 방식으로 전개되거나 결말 지어지면서, "무슨 일이 실제로 일어났는가?"라는 질문이 무력화된다. 하이퍼픽션은 현실과 허구의 경계를 붕괴시키며, 텍스트의 탈중심성과 자기반영성을 서사의 핵심으로 삼는다. 이러한 방식은 독자에게 고정된 의미 대신, 끊임없는 의미 생성의 장으로서의 텍스트 경험을 제공한다.

에서의 경험이 오히려 그 세계로 가는 것을 불가능하게 만든다고 생각했다. 그러나 그가 생각하는 재현의 불가능성이란 회의와 무의미에 이르는 것이 아니라 그 틈새를 비집고 나오는 상상력의 불빛으로 서사의 자유를 분출시키는 실험이었다. 쿠버는 1969년 단편 소설집『프릭쏭 앤 데스컨츠(Pricksongs & Descants)』를 출판하여 당대의 문단에 커다란 충격을 주었다. 그는 이 책에서 떠들썩한 소설적 유희를 마음대로 펼쳐 보인다. 언어가 일관성을 가지고 객관세계를 정확하게 반영한다는 단순한 개념은 받아들여지지 않는다. 객관세계는 주체의 보는 시각에 따라 수많은 담론으로 재구성될 수 있으며 재구성된 개별적인 담론조차도 판타지의 침입에 의해 언제든지 새로운 담론으로 뒤집힐 수 있었다. 이러한 서사 방식은 포스트모더니즘 시대의 사유에서 비롯되었다고 보여진다. 포스트모더니즘은 모더니즘의 고급화된 예술 양식, 개인 감흥의 절제와 단련, 그리고 소설이 아직도 무언가 진지한 도덕적 메시지를 전달한다는 것에 대한 도전이었기 때문이다. 이제 문학은 실존에 대한 의심과 회의를 나타내기 위해 서사 형식을 과감히 찢고 현실과 재현 사이의 불신을 드러내는 냉소적 거리를 둔다. 사실주의 소설이 전제로 한 실증적, 경험적 세계관은 더는 존재하지 않으며 잘 짜진 플롯, 권위를 가진 전지적 작가, 등장인물의 윤리적 합리성은 오히려 공격의 대상이 된다. 그리고 이 공격의 대표적인 장치가 메타픽션적 글쓰기이다.[344]

로버트 쿠버의『프릭쏭 앤 데스컨츠』(Pricksongs and Descants)는 그 제목부터가 모호하고 암시적이다. 우선 프릭크(prick)는 '찌르다' 혹

---

[344] 어떤 면에서 메타픽션은 하이젠베르크의 불확실성 원리에 근거한다. 물질로 된 가장 작은 블록을 관찰하는데도 그 진행과정에서 관찰자가 대상을 변화시키기 때문에 객관세계를 묘사한다는 것은 불가능하다는 인식이다. 하지만 메타픽션의 관심은 이것보다 더 복잡하다. 하이젠베르크는 본질의 참모습은 묘사하지 못할지라도 인간과 본질과의 관계는 묘사할 수 있다고 믿는 반면, 메타픽션은 이 과정의 불확실성까지 지적하기 때문이다. 메타픽션 소설은 전통적인 소설적 환상을 구성하거나 그러한 환상을 적나라하게 폭로하는 기본적이고 지속적인 원리에 근거하여 구성된다. 즉 하나의 픽션을 창작함과 동시에 그것의 창작과정에 관한 진술을 한다.

은 '꼬챙이'라는 의미와 함께 음악 용어로는 '악보' 혹은 '음표'를 뜻한다. 그리고 데스컨트(descant)는 대위법의 초기 형식에서 다성 악곡의 수창부 즉 최고 음부를 일컫는 말이다. 대위법이 다성 음악의 작곡 기법에서 가장 기본이 되는 음표 간의 방법론을 일컫는 말이라면 이 제목의 의미는 음표와 선율의 관계라는 뜻이다. 왜 쿠버는 문학 작품에 이렇듯 얼토당토한 제목을 부쳤을까. 아마도 우리의 삶을 수많은 음표가 그려진 오선지에 비유하고 싶었던 모양이다. 동 음악인 호모포니(homophony)의 작곡법을 화성법이라 하고 다성 음악인 헤테로포니(heterophony)의 작곡법을 대위법이라고 하는 것으로 보아 음표들이 각기 다른 여러 성부로 일정한 규칙에 따라 결합 되어 전체적인 하모니를 이루며 아름다운 화음으로 태어나는 것에서 문학적 아이디어를 얻은 것 같다. 각 각의 음표는 저 혼자만으로는 절대 천상의 아름다움을 재현할 수 없다. 전혀 어울릴 것 같지 않은 이음이 오선지에서 조화를 이룰 때 고운 선율로 새롭게 태어나는 것이다. 또 다른 각도로 보자면 이 소설의 제목은 상당히 알레고릭하다. '프릭크'에는 '찌르다' 혹은 '남성의 음경'을 지칭하는 비어적 의미가 있고 '데스컨트' 또한 '응하다' 혹은 컨트(cunt)라는 '여성의 외음부'를 뜻하기 때문이다. 그러므로 『프릭쏭 앤 데스컨츠』는 결합의 신비, 즉 상상력과 리얼리티의 얽힘을 다루고 있다고 볼 수도 있다.

 이 소설집에는 서술 방식이 극도로 다른 스물한 개의 단편이 수록되어 있다. 서문과 열아홉 개의 단편 그리고 세르반테스에게 바치는 헌정사(Dedicatoria y prologo a don Miguel de Cervantes Saavedra) 이다. 일곱 개의 실험 소설(Seven Exemplary Fiction)이라는 부제와 함께 시작되는 이 헌정사에서 쿠버는 세르반테스에게 다음과 같은 예술적 소견을 밝힌다..

 존경하는 대가시여! 제가 어쭙잖은 습작으로 당신에게 누가 될까 두렵긴

하지만 1580년에서 1612년 사이에 쓰인 당신의 소설이 새로운 아이디어를 재현하는 '실험소설'인 것처럼 저도 허심탄회하게 마음을 터놓고 이런 새로운 실험소설을 써서 당신이 가신 길을 따라가 볼까 합니다. 훌륭하신 돈 미겔! 우리 둘의 친구 돈 로베르토는 "소설은 우리의 상상적 행복을 위해 꼭 필요한 상상적 경험을 제공해야 한다"고 말했지요. 우리가 소유한 모든 상상력을 일깨우고, 그것을 단련시켜 보다 나은 상황에 이르게 하는 것이 작가의 일인 것이지요. 그런 관점에서 제가 감히 신비로운 일곱 개의 실험소설을 엮어내려는 의도를 은밀하게 품어 왔음을 밝힙니다.(101)[345]

쿠버는 돈키호테가 이발사의 면도대야를 보자마자 전설 속에 나오는 진정한 용사에게만 주어지는 맘부리노의 황금투구라고 외치며 그것을 쓰고 돌진하는 것을 비유하며 그런 돈키호테를 창조한 세르반테스의 실험적인 능력을 칭송한다. 작가란 모름지기 돈키호테처럼 이발사의 면도대야를 맘부리노의 황금투구로 변신시킬 줄 아는 안목과 용기가 필요하다는 것이다. 작가는 실재(reality)를 재현한다기보다 오히려 가상을 실재에 영입하는 이야기꾼이라고 쿠버는 설명한다. 이야기를 전달할 때 그것을 아우를 수 있는 소설적 형식이 절실히 필요함을 강조하며 자신이 미약하지만 그런 형식을 실험해보겠노라고 말이다.

소설은 처음에 '문(The Door)'이라는 서문으로 시작한다. 마치 작가가 문을 열고 자신의 상상력의 세계로 들어오라는 메타포를 담고 있는 듯하다. 하지만 여섯 페이지 정도밖에 안 되는 짧은 서문을 읽은 후 독자들은 난감함을 느끼지 않을 수 없다. 세 편의 동화가 서사의 연결 고리 없이 자의식적으로 툭 툭 튀어나오며 한데 얽히어 있기 때문이다.[346]

---

[345] 로버트 쿠버, 『요술부지깽이』, 민음사 세계문학전집 201권, 역자 양 윤희, 2009. (이후의 인용문은 필자의 번역으로 대치함)
[346] 'The Door'이라는 이 서문에는 『빨간 모자』(Little Red Riding hood), 『잭과 콩나무』(Jack and Beanstalk), 『미녀와 야수』(Beauty and Beast)의 등장인물들이 교차 반복되며 서술을 이끈다.

첫 부분에 나오는 『제크와 콩나무』에서 서술자는 흥미롭게도 제크를 잡아 죽이려던 거인이 바로 제크 자신이라는 뜬금없는 소리를 한다. 제크는 콩나무를 타고 거인 오게르(ogre)를 죽이러 하늘로 올라가지만 공교롭게도 그 자신이 바로 거인이었고, 타고 올라간 콩줄기는 그의 몸통이었다. 그 장면에 연이어 『빨간 모자』와 『미녀와 야수』를 한데 얽어 할머니의 시점과 빨간 모자의 시점으로 자동 독백(internal monologue)[347]이 흘러나온다. 쿠버는 빨간 모자를 늑대의 유혹에서 구해준 사냥꾼이 콩나무에 도끼질을 했던 제크라고 묘사하면서 그가 아버지의 부성으로 늑대에게 유혹당하는 딸을 구한거라고 설명한다. 부루노 베텔하임(Bruno Bettelheim)은 『옛 이야기의 매력』(The Uses of Enchantment)에서 쿠버의 이런 직관을 프로이트식으로 해석한다. 『빨간 모자』는 성장기에 있는 소녀가 오이디푸스적 집착을 풀어내는 결정적인 문제를 다루고 있다는 것이다(168). 만약 소녀가 이를 해결하지 않으면 유아기가 무의식 속에 계속 남아 유혹의 위험에 자신을 노출하게 된다. 성적으로 유혹하는 늑대는 아버지가 되고 제크의 어머니는 빨간 모자의 할머니가 된다. 이것은 어린 시절 깊숙이 침투해 있던 여러 편의 동화가 마치 꿈처럼 하나로 응축되어 전혀 다른 서사로 펼쳐진 것처럼 보인다. 이런 방식으로 쿠버는 『제크와 콩나무』의 내용을 완전히 다시 쓴다. 제크는 어머니에게 콩 줄기를 올라타고 구름 속 거인을 만난 이야기를 들려준다. 하지만 그가 하늘로 올라가 만난 것들은 동화 속 노래하는 하프나 황금 알을 낳는 신비스런 닭이 아니었다. 그곳은 공포스럽고 황량했으며 어떤 미덕도 보상받지 못하는 괴물들의 소굴이었다. 제크는 그 사실을 들키지 않기 위하여 콩 줄기에 도끼질을 하여 하늘 세계와 땅 세계를 끊어 놓으려 한다. 하늘 세계에 이르는 콩줄기를 도끼로 찍는 부단한 노력은

---

[347] 도리트 콘(Dorrit Cohn)은 『투명한 마음』(Transparent Minds)에서 서술자가 등장인물의 심리를 작품 속에 기입하는 방식을 크게 '인용 독백', '서술 독백', '심리 서술'이라는 세 가지로 구분한다.

삶의 부조리함을 들키지 않기 위해 부단히 허구를 각색하는 작가에 비견된다.

> 귀 기울여 보라. 세상 사람 모두는 아닐지언정, 어머니와 그 자신만이라도 즐겁기를 원했다. 콩 줄기를 타고 올라간 하늘 세상의 이야기를 듣고, 어머니가 삶을 사랑하여 그런 얘기의 일부가 되기를 간절히 바랐다... 무엇보다도 어머니의 웃음소리와 자신의 이야기에 푹 빠진 호기심 어린 미소가 좋았기에 그곳의 공포는 말할 수 없었다...그가 맡은 피 냄새의 본질을 말이다.(11)

이 서문은 독자와 작가를 패러디한 것이라고 볼 수도 있다. 작가는 세상의 진리를 독자에게 전달하고자 한다. 그러나 독자에게 현실의 끔찍한 본질을 보여 줄 수가 없다. 작가는 부단히도 견뎌야 하는 삶에 격분하며 제크와 마찬가지로 도끼질을 해댄다. 도끼질은 글쓰기이며, 틀을 깨는 파괴이며, 본질을 가리면서 다시 드러내는 메타픽션적 은유이다. 틀(frame)이란 '구성, 구축, 건축, 수립된 질서, 체계...' 모든 사물의 본질적인 하부구조 또는 기초를 이루는 토대로 정의될 수 있다. 포스트모더니즘은 역사와 예술작품들이 바로 '구조' 또는 '틀'을 통해 조직되고 인식된다는 견해에서 출발한다. 하지만 여기서 더 나아가면 '틀로 짜진 것'과 '틀로 짜지지 않은 것' 사이에 어떠한 구분도 있을 수 없다는 것이 드러나게 된다. 그래서 현실을 허구와 분리하는 그 '틀'을 정의하는 것이 메타픽션의 중심 과제가 된다(Patricia Waugh 47). 쿠버는 자신의 소설에 이런 틀깨기를 전면적으로 부각시킨다.

4. '틀깨기'로 본 메타픽션
-「매직 포커」와 「모자 마술」

소설집의 첫 번째 단편인 『매직 포커』(Magic Poker)의 서사구조를 보자. 서술자는 자신이 섬을 창조하고 그곳에 아름다운 두 명의 자매를 초대했노라고 밝힌다.

> 섬을 하나 창조해 내며 그곳을 거닐고 있다. 태양을 만들고 소나무, 전나무, 자작나무, 산딸기나무까지 들여놓았다. 한적한 호숫가에 찰랑거리는 물이 조약돌을 넘나든다. 나는 그늘과 습지, 거미줄, 그리고 허물어가는 폐허도 만들었다. 그렇다. 폐허. 폐허에는 집 한 채와 손님용 오두막, 보트 창고들과 선착장이 있다. 테라스도 갖추어져 있고... 나는 그곳에 한낮의 뜨거운 침묵과 심오함, 무거운 정적마저 감돌게 했다. 꼭 무슨 일이 생길 것만 같다.(20)

'나'는 소설의 서술자 겸 창조적 작가로 자신의 존재를 드러내며 재현과정을 설명한다. 쉰네 개의 단문으로 이루어진 이 소설은 황금 팬츠를 입은 언니와 여동생, 언니의 판타지 속에 사는 섬지기, 터틀넥을 입은 키 큰 신사, 창조적 서술자 '나'의 의식이 교차 반복되며 진행된다. 그러나 다섯 명의 등장인물들은 서로의 존재를 알아보거나 의사소통을 할 수 없다. 같은 시, 공간의 인물들이 아니다. 차원이 다른 존재들이 한 공간에 우발적으로 나타나 상내를 지켜보면서 각자의 생각을 진술한다. 이들은 서로를 알아보기도 하고, 전혀 관심이 없기도 하고, 훌쩍 사라지기도 한다. 독자는 플롯의 진행을 따라가다가 갑자기 지금껏 읽은 서사가 누군가의 상상 혹은 거짓임을 알게 되기도 하고, 잠깐 읽었던 서술이 다시 처음으로 돌아가 다른 이야기로 펼쳐지는 황당함을 겪게 된다. 예를 들어 이 소설의 주요 테마인 '요술 부지깽이의 변신'은 황금 팬츠를 입은 언니의 차원에서만 일어난다. 그녀가 부지깽이에 입을 맞추면 멋진 남성으로 변신하여 구애를 한다. 하지만 이 사건이 상상인지 실제인지 독자는 알 수가 없다. 왜냐하면 황금 팬츠를 입은 소녀의 서술이 단락을 달리하며 부지깽이에 마법이 일어난 경우와, 아무 일도 일어나지 않는 경우가 나란히 병치되어 전개되기 때문이다. 같은 소설의 틀 안에 있는 동생 카렌의 입장에서 보면 요술 부지깽이는 그저 녹슨 연장에 불과하다. 카렌에게는 바로 옆에 있는 서술자나 키 큰 남자의 존재가 보이지 않는다. 마치 유령 같다. 이런 서사가 쿠버의 독특한 '틀깨기'이다. 쿠버가 제시하는 틀깨기는 존 파울즈의 『프랑스 중위의 여자』348)처럼 서술자가 독자에게 상상과 실제의 경우를 구분해 주는 것이 아니다. 등장인물들의 리얼리티가 서로 교차하면서 각자 다른 경험이 병렬식으로 펼쳐진다. 서술자는 자신이 창조한 인물들을 걱정하며 앞으로 어떻게 전개 시킬지 고민한다. 그는 자신이 황금 팬츠를 입은 소녀와 성교를 하고 싶은 키 큰 남자(tall man)라고 하기도 하고, 괴물같이 흉측하게 그녀들을 지켜보는 섬지기라고 고백하기도 한다. 서술자의 횡설수설은 여기서 그치지 않는다. 그는 소설 초반에 자신이 만들어 놓은 섬을 어떤 부자가 구입해서 고쳐 놓았으며 그곳이 지도에 나오는 오리건주의 강꼬치 물고기 섬이라고 말한다.

---

348) 이 소설 45장에서 작가인 존 파울즈는 서술자의 목소리를 통해 앞의 결말은 사실이 아니라 상상한 것이라고 고백하고 세 번째 결말부터는 독자들과 상의하여 결정하겠다고 밝힌다. 그는 동전을 던져 두 가지 결말을 상정하고 각 각의 경우를 반복해서 서술한다. 하지만 이렇게 여러 개의 결말을 나열하는 것은 현실을 허구로 재현하는 과정을 독자들에게 직접 보여주려는 의도에서 비롯된 것이라 볼 수 있다.

나는 지도를 들여다본다. 있다. 레이니 호수도 있고, 강꼬치물고기 섬도 존재한다.349) 누가 이 지도를 발명했을까? 글쎄, 내가 발명했음에 틀림없다. 달버그가(家)도 역시, 물론, 그리고 그것들에 대해 내게 얘기해준 사람들조차 그렇다. 맞다, 아마 내일은 시카고나 지저스 크라이스트 그리고 달의 역사를 발명할 것이다.(50)

위와 같은 서술은 틀을 깨는 것을 넘어서 마치 우리의 삶이 어떤 창조적 서술자의 의도에 의해 허구적으로 구성되는 중이라는 느낌을 받게 한다.

이런 '틀깨기' 기법의 최고전략은 『모자 마술』(The hat act)에서 더욱 부각된다. 『모자 마술』은 재현과 실재 그리고 작가와 독자의 관계가 입체적으로 드러난다. 이 한 편의 소설에 창작에 대한 쿠버의 모든 견해가 들어있다고 해도 과언이 아닐 것이다. 마술사가 모자를 가지고 관객들을 계속 놀라게 하는 마술 연기를 선보인다. 모자에서는 토끼와 비둘기가 무더기로 튀어나와 관객들을 열광시키지만 마술이 으레 그렇듯 시간이 지날수록 반응은 시들해진다. 마술사는 관객들을 기쁘게 하려고 땀을 뻘뻘 흘리며 고투하다가 급기야 자신을 도와주는 아름다운 조수 아가씨까지 모자 속에 우겨넣고 만다. 그러나 토끼나 비둘기와는 달리 아가씨의 몸통은 모자 밖으로 쉽게 빠져나오지 못한다. 당황한 마술사는 모자를 내동댕이쳐 보기도 하고, 모자 가장자리를 발로 쾅쾅 밟아 입구를 넓혀 여자를 꺼내려 한다. 그러나 그저 마술적 기교로 여겼던 이런 행위가 참혹한 살해로 이어진다. 아가씨가 모자 속에서 으깨져 죽은 것

---

349) Rainy Lake(레이니 호수)는 미국 미네소타주와 캐나다 온타리오주 사이에 걸쳐 있는 담수호로, 약 360평방마일(932km²)의 면적을 가지고 있다.이 호수는 Voyageurs 국립공원의 일부로, 수많은 섬과 복잡한 해안선을 특징으로 한다. 쿠버는 이 호수를 작품의 배경으로 삼아, 현실의 장소를 허구의 무대로 변모시키고 있다. Jackfish Island(강꼬치 물고기 섬) 또한 Rainy Lake에 실제로 존재하는 섬으로, 작품 내에서는 Dahlberg가족이 소유했던 장소로 묘사된다. 작품에서 이 섬은 전설적인 "마법의 부지깽이(Magic Poker)"가 발견되는 신비로운 장소로 그려지며, 현실의 지리적 요소가 허구의 전설과 결합되어 독특한 분위기를 자아낸다.

이다. 관객들은 구토하고 마술사는 끌려나간다. 쿠버가 이 단편을 통해 독자들에게 하고픈 이야기는 뭘까? 그것은 작가는 이제 더 이상 리얼리티를 통제하는 관조적 입장이 아니라 자신이 구축한 서사물에 함몰당하는 등장인물에 불과하다는 것이다. 마술은 무엇인가? 그것은 마술사가 모든 트릭을 이용하여 관객을 속이는 것이다. 마술사와 관객 사이엔 거리가 있어야 하며 마술의 리얼리티는 거짓 판타지의 실현이다. 그런데 지나칠 정도로 독자를 즐겁게 하려는 욕망에 사로잡힌 마술사가 창조자로써의 자리를 잃고 꼭두각시가 되어 자신의 마술에 걸려들고 말았다. 리얼리티를 재현한다는 것이 오히려 그 리얼리티를 깨는 결과를 가져온 것이다. 쿠버가 이 소설을 통해 보여주려는 것은 작가가 구현하는 리얼리티는 결코 충만한 완결물이 아니라는 것이다. 언어와 재현의 세계는 늘 허술하고 틈새가 가득하여 창조하는 서술자조차도 그 틈새로 사라지고 마는 마술 같은 공간이다. 작가는 공학도처럼 부분적으로 문학을 조율하고 분석하는 기술자는 될 수 있지만 모든 서사 상황을 전체적으로 통제하여 정확하게 현실을 그려낼 수는 없다.

5 '파스티슈'로 본 메타픽션
- 종교 서사 「형」과 「요셉의 결혼」

메타픽션은 자가반영적(self-reflexive) 서사를 통해 이야기의 본질과 허구의 경계를 탐색하는 문학 양식으로, 포스트모더니즘의 핵심적인 서사 전략 중 하나로 자리잡아 왔다. 메타픽션적 글쓰기에서 중요한 문학 장치 중 하나가 바로 파스티슈(pastiche)이다. 파스티슈는 단순한 흉내

내기가 아니라, 텍스트 간의 관계성을 극대화하고, 기존 장르나 이야기의 경계를 해체함으로써 허구의 이면을 드러내는 긴장감 있는 메커니즘이다. 파스티슈의 개념은 라틴어 'pasticium'(혼합 음식물)에서 유래하며, 본래 미술과 음악에서 다양한 양식의 혼성이나 작가의 스타일을 흉내 내는 것을 지칭했다. 그러나 현대 비평 담론에서 이 개념은 프레드릭 제임슨(Fredric Jameson)에 의해 결정적으로 재정의된다. 제임슨은 『포스트모더니즘, 혹은 후기 자본주의의 문화 논리(Postmodernism, or, The Cultural Logic of Late Capitalism)』(1991)에서 파스티슈를 "풍자의 의도가 제거된 패러디, 즉 빈껍데기 모방"으로 규정했다. 그는 포스트모던 사회에서 역사성이 상실됨에 따라 작가들이 과거의 양식을 비판 없이 재사용할 수밖에 없다고 보았다. 파스티슈는 과거 서사 스타일에 대해 의미론적 거리나 도덕적 태도 없이, 순전히 양식(style) 자체의 인용을 통해 유희적이고 혼종적인 텍스트를 형성한다. 메타픽션에서 파스티슈는 이러한 양식적 혼종을 통해 서사 자체의 인공성을 부각하고 자율성을 획득하는 효과를 거둔다. 즉, 파스티슈는 이야기의 외피를 빌려옴으로써, 그것이 이야기임을 은연중에 드러내고, 나아가 독자에게 다음과 같은 질문을 유도한다: "지금 읽고 있는 이야기의 외피 양식은 왜 이런 형태인가?", "이 양식은 어떤 이야기 전통을 모방하고 있으며, 그것은 믿을 만한가?" 이러한 질문을 통해 서사와 현실, 원본과 복제, 진실과 허구의 경계를 비틀고, 문학의 자기인식을 심화시킨다.

로버트 쿠버의 소설집에는 종교와 연관된 두 편의 파스티슈적 단편이 있다. 『형』(The Brother)과 『요셉의 결혼』(J's Marriage)은 성경을 패러디한 단편이다. 린다 허천(Linda Hutcheon)은 패러디의 어원을 희랍어인 'paradia'로 보고 'para'를 「반(反)하여」의 뜻을 가진 것으로 해석하여 패러디를 텍스트 간의 대비나 대조로 설명한다(Hutcheon 192). 그러나 para 에는 「이외에」라는 뜻도 있기 때문에 결국 패러디의 정의는 '어원의 두 의미 사이에서 중립적 태도를 취하면서 차이를 가진 반복을 하는 것'이라고 볼 수 있다. 그리고 이때의 차이는 비평적 거리라고 할 수 있다. 이 두 단편은 '노아의 방주'와 '마리아와 요셉의 결혼'을 재현하여 평범한 인간이 겪는 신으로부터의 소외를 다룬다. 노아의 동생은 혼신을 다해 형 노아가 방주를 만드는 것을 도와주지만 정작 홍수 자체를 의심한 대가로 방주에 올라타는 것을 거절당한다. 독자는 신에게 구원 당하는 노아의 관점이 아닌 배에 승선하지 못하는 동생의 관점으로 이제까지의 사유를 한 번 되짚어 보게 된다. 아이를 가진 동생의 아내가 폭우에 매몰되어 죽게 되었는데도 노아는 그들을 외면한다. 쿠버가 묘사한 노아의 무정함과 엄청난 홍수 속을 헤매는 동생의 비애 때문에 읽는 이의 마음은 저릿하다. 이런 느낌은 『요셉의 결혼』에서도 마찬가지다. 요셉은 자신이 사랑하는 여인이 아기를 잉태한 것이 부조리하기만 하다. 아무리 신의 의지가 개입된 성스러운 일이라도 마리아의 남편으로의 삶은 그늘지고, 외롭고, 답답하기 이를 데 없다. 특히 사랑 행위를 원하는 그의 욕망이 끝없이 좌절당하고 연기되면서 결국 꿈에서밖에 아내를 안을 수 없어, 술에 찌든 폐인으로 죽는 요셉의 비련은 독자들에게 그저 당연하기만 했던 그늘 속의 가려진 인물을 재고해보는 휴머니즘을 갖게 해준다. 쿠버는 성경을 패러디하여 인간을 구원하는 신화를 인간을 소외시키는 서사로 바꾸었다. 둘의 거리는 작가의 부정적 판단의 거리이며 재창조와 비평을 모두 담고 있는 공간적 거리라고 할 수 있다. 그 공간 속에서 독자는 재현은 선택이지 결코 리얼리티가 될 수 없다는 것을 알게 된다. 「형(The Brother)」과 「요셉의 결혼(The Marriage of Joseph)」은 각각 성경의 노아 이야기와 예수의 탄생 서사를 전복적으로 재해석하여 종교적 서사의 권위, 윤리, 신화적 구조 자체를 해체하고 있다. 이 서사는 구원받지 못한 자의 시선을 통해 종교적 서사의 중심이었던 '선택'과 '의(義)' 개념을 돌아보고, 기존 신화의 도덕성을 반문한다.

이 소설에서 쿠버의 서사는 자주 파열된다. 동생의 내면 독백과 외부 세계가 교차하여 이야기의 시점이 명확한 통일성을 갖지 못하기 때문이다. 이러한 기법은 플롯의 진행이 아니라, 이야기 구조 자체에 대한 성찰을 유도한다. 독자는 "무엇이 이야기인가? 누가 이야기의 주체인가?"라는 질문 앞에 서게 된다. 소설은 성경 특유의 문체를 따르되, 그 어조는 진지함과 조롱, 경외와 냉소가 뒤섞인 이중적 음색을 띤다. 쿠버는 원형 신화를 모방함으로써 그 신화를 해체하는 전략을 구사하는데, 이것이 제임슨(F. Jameson)의 파스티슈 개념과 정확히 부합한다. 노아의 동생은 실존했던 인물인가?, 혹은 이야기에서 지워진 상상적 존재인가? 쿠버는 픽션을 통해 현실의 사각지대—기록되지 않은 자, 말할 수 없던 자의 가능성—을 소환한다. 이로써 종교 서사 역시 픽션처럼 구성된 담론에 불과할지 모른다는 포스트모던적 인식을 제시한다. 노아는 중심인물처럼 보이지만, 그의 인격은 동생의 존재를 통해 증명된다. 이때 동생은 중심을 뒷받침하는 주변이자 그 의미를 미끄러지게 하는 차연의 기능을 수행한다. 의미는 결코 고정되지 않고, 중심은 주변에 의해 끊임없이 유예된다. 이는 곧 파스티슈의 전형적 방식—원형 텍스트의 언어와 구조를 모방하되, 전혀 다른 윤리적·철학적 맥락으로 재배치하는 장치—라고 할 수 있다. 파스티슈는 따라서 메타픽션에서 기억, 역사, 종교 서사, 정체성, 장르 자체에 대한 비판적 사유를 유도하는 수단으로 작용한다. 동시에, 그것은 단지 텍스트 간의 유희가 아니라, 서사 구조의 폭로를 통해 '이야기란 무엇인가'라는 존재론적 질문을 제기한다. 파스티슈는 하나의 장르로서가 아니라, 서사의 기원을 해체하고, 그 허구성을 드러내며, 독자에게 이야기의 허상을 자각하게 하는 미학적 장치인 것이다. 이러한 맥락에서 볼 때, 파스티슈는 메타픽션의 문학적 전개에서 단지 스타일의 차용이나 표면적 유희에 그치는 것이 아니라, 서사의 근본을 사유하게 만드는 철학적 실천이라고도 볼 수 있다. 그것은 문학을 하나의 이데올로기적 장으로 인식하고, 그 장 안에서 의미의 구조가 어떻게 형성되고 해체되는지를 보여주는, 강력한 비평적 도구다.

「요셉의 결혼」에서 요셉은 신의 뜻으로 아내와 육체적 관계를 할 수 없는 욕망을 억압당한 사내로 그려진다. 신성한 탄생의 이면에 소외된 인간의 고통이 강조되며, 신의 서사 속에서 인간의 자율성과 감정은 어떻게 부정당하는지 보여주고 있다. 쿠버는 이 이야기를 통해 '거룩한 이야기'가 얼마나 많은 인간적 욕망과 정체성을 희생시키는지 얘기하면서 종교 서사의 불가침성과 도덕적 권위를 해체한다. 성경 이야기들은 보통 윤리적 모범이나 신성한 질서의 표현으로 여겨지지만 그것의 이면에는 역사적으로 배제되고 억압된 누군가가 반드시 존재하는 것이다. 이러한 접근은 장 보드리야르(Jean Baudrillard)의 "시뮬라크르" 개념과도 연결된다. 신화나 종교적 내러티브는 원래의 '실재'가 없는 자기 복제적 이야기일 뿐이고 그런 시뮬라크르의 허구성을 드러내는 것이 메타픽션적 작업이라 할 수 있다. 현대는 종교 윤리가 절대적 기준으로 작동하기 어려운 시대이다. 쿠버는 바로 이 지점에 고전적 종교 서사를 끌어와, 그 윤리적 구조의 허위성과 폭력성, 그리고 인간 감정의 억압을 강조한다. 요컨대, 그는 메타픽션을 통해 종교 서사의 구조 자체를 비틀면서, "이야기의 구조가 윤리를 어떻게 결정짓는가?", "그 윤리는 누구를 배제하는가?"라는 질문을 던진다. 쿠버의 텍스트는 단순한 신성모독이 아니라, 신화를 다시 이야기함으로써 인간의 존재, 고통, 욕망을 회복하려는 시도이다. 그는 이야기를 믿지 말고, 이야기의 형식을 의심하라고 말한다. 이는 메타픽션의 핵심 질문이기도 하다. "이야기는 누구의 것이며, 그것은 무엇을 숨기는가?"

6. '현실의 중첩'인 다층적 서사의 메타픽션
―「베이비시터 (The Babysitter)」

　로버트 쿠버의 단편소설「베이비시터」는 단일한 서사를 따르지 않는다. 1969년에 발표된 이 작품은 중산층 가정의 평범한 저녁 일과를 배경으로 하되, 그것이 지닌 환상, 욕망, 폭력, 상상, 외설적 상념, 그리고 일상성이라는 복수의 층위들이 서로 얽히고 중첩되며 하나의 '이야기'가 아닌 여러 이야기의 다성적 충돌로 구성된다. 이것은 단순한 서사 실험이 아니다. 메타픽션이라는 문학적 장치의 구현이며, 현실이라는 개념 자체를 낯설게 하는 철학적 행위이다. 린다 허천(Linda Hutcheon)에 따르면, 메타픽션은 단순한 서사 실험이라기보다 현실 구성의 방식 자체를 의문시하는 텍스트의 자기 반영적 행위다.「베이비시터」에서 쿠버는 전통적인 서사 기법―통일된 시점, 인과적 구조, 도덕적 확실성―을 해체하고, 대신 서사적 가능태들(what could happen)을 병렬적으로 제시한다. 이로써 독자는 '무슨 일이 일어났는가'라는 질문 대신, '무슨 일이 가능한가'라는 이야기의 조건을 질문하게 된다.

　작품에 등장하는 각 인물―베이비시터, 아이들, 부모, 청소년들―의 내면적 상상과 외부 행위는 때로는 분리되고 때로는 중첩되며, 하나의 서사로 환원될 수 없는 다층적 현실의 존재 방식을 보여준다. 허천이 말했듯, 메타픽션은 "픽션이 현실을 반영한다"는 명제를 의심하며, 오히려 "픽션이 현실을 구성한다"고 주장한다.

　「베이비시터」는 단순히 복잡한 구조를 가진 이야기라기보다는, 하나의 이야기 안에 다수의 가능한 이야기들이 병치되고 겹쳐지며 중첩되는 서사적 미궁이다. 소설은 1960년대 미국 중산층 가정의 평범한 저녁으로 시작된다. 열일곱 살 소녀 제인은 부유한 가정인 하트가(家) 부부의 요청을 받아 아이 둘을 돌보기 위해 그들의 집을 방문한다. 제인은 잠시 보모 일을 하러 온 소녀이면서 주변 인물들에게 성적 욕망과 모성적 책임, 두려움과 환상을 끊임없이 분기시킨다. 해리는 제인의 고용주로 겉으로는 평범한 가장이지만, 내면에는 억눌린 욕망이 얽혀있다. 돌리는 해리의 아내인데 제인에 대한 불신과 자신의 정체성에 대한 불안으로 혼란스러운 감정을 느낀다. 또 다른 인물인 잭은 제인의 또래 남학생으로 그녀에게 애정을 품고 위험한 상상을 행동으로 실행하려 든다. 그의 친구인 마크 또한 노골적인 욕망의 화신으로, 폭력적 성향을 드러내는 역할을 한다. 지미는 세 살 난 하트 부부의 아들이다. 아이는 주변에서 일어나는 일에 무의식적으로 반응하며 장면의 긴장감을 고조시킨다. 비시는 지미의 동생이며 젖먹이 아기로 무력하지만 제인의 양육 행위와 모성적 갈등의 핵심 장치가 된다.

　해리와 돌리는 오랜만에 부부 동반 외출을 하기로 했고, 제인은 텔레비전을 켜 놓고 그들의 어린 아들 지미와 갓난아기 비시를 돌보며 조용한 저녁을 보낼 계획이다. 그러나 쿠버는 이 일상의 장면을 고정된 사실로 다루지 않고, 서사 자체를 겹겹이 쪼개고 뒤섞으며 여러 현실적/상상적 가능태들을 병렬적으로 펼쳐낸다. 제인을 타겟으로 인물들의 내면과 환상, 욕망이 교차하며 현실과 허구의 경계가 급속히 무너진다. 제인은 단순한 베이비시터가 아니라, 욕망과 불안을 투사하는 대상이 된다. 그녀를 짝사랑하는 소년 잭은 친구 마크와 함께 그녀를 훔쳐보기 위해 하트 집에 몰래 찾아갈 계획을 세운다. 이들의 대화는 사춘기적 성적 호기심과 판타지가 뒤섞여 있기에 실제로 강간을 행동에 옮겼는지, 혹은 그저 공상에 머무른 것인지 확신할 수 없다. 한편 외출한 해리와 돌리는 각자의 방식으로 제인을 의식하며 반추한다. 해리는 제인과의 은밀한 성적 욕망을 상상하고, 돌리는 자신의 남편이 제인과 관계를 갖지 않을까 노심초사한다. 돌리는 거울 앞에서 예전 젊음을 회상하면서 제인에게 불안감을 느낀다. 이러한 부부 사이의 긴장과 단절도 또 하나의 내적 서사선을 이룬다.

소설은 이후, 전혀 다른 결말들을 동시에 나열하기 시작한다. 제인이 욕조에서 아기를 익사시키는 장면, 잭과 마크가 그녀를 성폭행하는 장면, 해리가 집으로 몰래 기어들어 제인과 강제로 관계를 갖는 장면, 제인이 아무 일도 없이 평화롭게 아이들을 재우는 장면—이 모두가 교차하며 나열된다. 그러나 독자는 이들 중 어떤 사건이 진짜로 발생했는지 확신할 수 없다. 쿠버는 각각의 서사적 조각들(scenarios)을 허구의 가능태로 병렬적으로 제시함으로써, 오히려 독자 스스로가 '이야기'를 만들어내야 하는 상황을 연출한다. 이야기 말미에는, 제인이 부모의 차를 타고 무사히 집으로 돌아가는 장면이 나타나기도 한다. 하지만 바로 다음 문단에서는 하트가(家)의 욕조 앞에 앉아 둥둥 떠 있는 아기의 시체를 쳐다보는 그녀가 그려진다. 연이어, 제인이 겁에 질려 도망치는 장면, 아이를 침대에 눕히고 스스로 목욕하는 장면 등, 모두가 하나의 가능한 결말로 제시된다. 이 중첩은 데리다적 차연(différance)의 실현이자, 메타픽션의 극단적 형태로 읽힐 수 있다. 소설은 단일한 '사건'의 재현이 아니고, 여러 개의 가능성, 상상, 환상, 현실, 허구들이 동시에 전개되며 겹쳐지기에, 몇 개의 '서사선'이 있는지는 해석에 따라 달라질 수 있다. 하지만 대표적으로 다음과 같은 5~6개의 서사적 층위를 구분할 수 있다.

1. 현실 가능 세계 (Realistic Storyline)
- 베이비시터는 집에 도착해 아이들을 돌보고 있음.
- 해리와 돌리는 외출해 있음.
- 잭과 마크는 장난삼아 그녀를 찾아가려 함.

- 성적인 사건은 일어나지 않음.

이 층위는 '아무 사건이 일어나지 않은 실제 세계'로 읽힐 수 있다. 하지만 이 또한 완전히 확정되지 않는다.

2. 남학생들의 환상 (Male Fantasy/Fiction)
- 잭과 마크가 집에 침입해 베이비시터를 성폭행하거나 유혹하는 상상.
- 때로는 폭력적이고 음란한 서술로 진행됨.

이 층위는 현실보다는 십대 남성의 판타지로 읽히며, 급진적으로 이야기 윤리를 교란시키고 있다. 비록 현실적 가능성이 낮은 내용이지만, 문장에서 사실처럼 묘사되기에 독자는 혼란을 느낀다.

3. 아버지의 상상 (Adult Male Gaze)
- 해리는 베이비시터를 욕망하며, 아내 몰래 집에 들러 그녀와의 관계를 꿈꿔보는 상상을 한다.
- 때로는 성관계가 실제로 일러나는 서사처럼 표현된다.

이 층위는 현실적 가능성은 있으나, 작품의 다른 층위들과 충돌하기에 하나의 확정된 '사실'로 받아들이기 어렵다.

4. 어머니의 불안과 질투 (Female Jealousy)
- 돌리는 베이비시터와 남편 사이를 의심하며 베이비시터가 아이들

을 제대로 돌보지 않을까 걱정한다.

이 시선은 일인칭 서술이 아닌 여성 독자의 시선을 반영하는 듯한 사회적 감시의 층위로 작용하고 있다.

5. TV와 미디어의 이야기 (Mediated Narrative)

* 아이들이 보는 TV 프로그램, 광고, 음악 등이 베이비시터의 상황과 교차한다.
* 현실과 픽션의 경계를 흐리는 장치.
* 문화적 코드(섹슈얼리티, 폭력, 가족 구조 등)가 TV를 통해 주입되고 있다.

이는 쿠버가 "서사의 허구성이 일상에 침투해 있다는 점"을 지적하는 메타서사적 장치로 읽을 수 있다.

6. 베이비시터의 내면 독백 또는 환상 (Unvoiced Subjectivity)

* 직접적으로 많이 드러나진 않지만, 몇몇 문장은 베이비시터의 내적 환상, 정체성 혼란, 감각적 반응 등을 암시하고 있다.
* 그녀도 단순한 피해자나 도덕적 중재자가 아니라 성적 존재, 상상력의 주체로 작동함을 보여준다.

이 소설은 구조적으로 위와 같은 여섯 가지 층위가 겹쳐서 서술된다. 현실 가능한 서사는 사건이 없거나 무해하게 끝이 나고, 등장인물의 상상은 여러 개의 층위로 복잡하게 나열되며, 여기에 덧붙여 미디어 서사의 문화적 코드까지 합세하여 소설의 플롯을 완전히 와해시키고 있다.

7. 나아가며: 쿠버가 생각한 메타픽션의 의미
－시뮬라크르의 세계

지금까지 로버트 쿠버의 몇 몇 단편을 '틀깨기', '파스티슈', '다층적 서사'의 측면에서 자세히 분석해보았다. 쿠버는 우리가 말하는 '현실'이 단 하나의 선형적 세계가 아니라, 다양한 가능성들, 욕망, 상상, 매체, 기억, 공포 등이 중첩된 복수의 층위로 구성되어 있다고 보았다. 단편 『매직 포커』는 재현의 틀 안과 밖을 깨뜨리며 다층의 서사 상황을 제시하는 서술자가 등장하고, 『요셉의 결혼』과 『형』은 성서의 신화를 파스티슈 형식으로 다시 써서 인간 내면의 휴머니즘을 끄집어낸 패러디 픽션이다. 「베이비시터」는 현실의 사건이, 그 사건을 상상하는 다양한 의식들과 동시에 존재함을 보여주었다. 이것은 철학적으로는 현상학의 다층적 지각, 문학적으로는 포스트모더니즘의 '가능세계 이론'(possible worlds theory)과 닿아 있다.

쿠버의 소설로 본다면 '사건'이란 존재하는 것이 아니라 구성되는 것이다. 쿠버는 이야기의 내용(what happened)보다는, '이야기가 구성되는 방식(how it is told)'에 관심을 두고 서술을 한다. 하나의 '사건'은 객관성을 띠지 않고, 누가, 어떤 관점으로, 어떤 욕망을 가지고 구성하느냐에 따라 달라진다. 「베이비시터」는 서사의 구성성을 적나라하게 드러내서 독자로 하여금 '진짜 사건'을 찾는 행위의 허망함을 느끼게 한다. 이것은 데리다의 말처럼, "중심은 어디에도 없고, 이야기 그 자체로는 진리를 보증할 수 없다."는 해체론과 상통한다. 모든 이야기(기표)는 다른 이야기(기표)와의 관계 속에서만 존재한다. 쿠버는 데리다의 차연 개념과 비슷하게, 기표의 자율성, 기의의 부재를 문학적으로 구현하고 있다. 한 문장, 한 사건은 결코 고정되지 않고, 항상 다른 층위와 차이와 지연 속에서 의미화된다. 이처럼 '의미'는 미끄러지고, 확정되지 않고, 독자에 따라 달라진다.

쿠버는 현실이 이미 이야기처럼 구성되어 있고, 매체와 문화 코드에 의해 '픽션화'되어 있다고 본다. TV, 광고, 잡지, 판타지, 도덕률, 성적 판타지-이 모든 것들이 우리가 현실을 지각하는 방식에 영향을 미친다. 베이비시터는 실제 인물이라기보다, 이 모든 사회적 기호들의 표적(기표)이다. 즉 쿠버는 현실이 허구를 닮은 것이 아니라, 허구가 이미 현실을 구성하고 있다고 말하는 것이다. 서사의 모든 층위를 병렬로 보여주면서 쿠버는 다음과 같은 철학적-존재론적 질문을 직접 던진다. "무슨 일이 실제로 일어났는가?" 아니다. 아무것도 확정되지 않는다. "이야기를 믿을 수 있는가?" 아니다. 이야기란 항상 누군가의 시선, 욕망, 권력, 상상에서 나왔다. "나의 현실은 객관적인가?" 아니다. 현실도 하나의 구성물, 텍스트일 수 있다고 말이다. 그러므로 쿠버가 말하는 '현실'이란 다수의 가능성과 인식의 층위가 비선형적으로 반복 병렬되는 짜여진 서사이다.

「베이비시터」는 종교 서사처럼 시뮬라크르의 개념을 서사적으로 구현한다. 이야기 속에서 일어나는 사건들은 실재에 기반하지 않으며, 서로 다른 상상, 환상, 기억이 병렬적으로 나열되어 현실의 '원본'을 끝내 파악할 수 없게 만든다. 각 인물의 욕망과 환상이 중첩되면서, 독자는 '무엇이 실제로 일어난 일인가'라는 질문이 무의미함을 알게 된다. 이는 장 보드리야르가 말한 시뮬라크르, 즉 실재를 대체하고 초과하는 복제의 체계, 그 자체다. 「베이비시터」는 실재가 사라진 자리에 잔혹하고도 매혹적인 허구의 층위를 겹겹이 쌓아 올리며, 우리가 살고 있는 하이퍼리얼의350) 세계를 반영한다. 결국 쿠버는 픽션을 통해, 허구가 실재보다 더 실재처럼 작동하는 세계의 불안을 드러낸다. 결론적으로 메타픽션이라는 기법으로 "현실이란 무엇인가?"를 다시 묻는다. 쿠버의 소설은 이야기의 형태를 빌려, 현실의 본질을 묻는 형이상학적 실험장인 것이다. 그는 단순히 '현대인이 혼란스럽다'고 말하는 것이 아니라, '혼란스러운 현실'이 바로 우리가 사는 유일한 현실임을 인정하자고 말한다. 그곳에서 우리는 비로소 하나의 진리 대신, 여러 겹의 진실들과 마주하게 된다. 이런 관점에서 쿠버는 포스트모던 시대의 이야기 수행자, 혹은 현실의 해체자이며 재건자라고 볼 수 있다. 서사를 재건한다는 것은 현실이라는 납득할 수 없는 상처에 환타지라는 약을 덧발라 이리저리 고쳐보는 과정이라고 할 수 있다. 그러므로 아무 상처가 없는 현실은 픽션의 소재가 될 수는 없다. 무언가 봉합할 여지가 있는 현실만이 메타픽션으로 구현될 수 있다. 쿠버는 메타픽션과 현실의 이런 오묘한 관계를 들추고 있다.

"픽션이 되기 위해선 현실이 되어야 한다"와 "현실이 되기 위해선 픽션이 필요하다"는 말은 언뜻 모순처럼 보이지만, 메타픽션이 서사의 본질을 드러내는 방식이다. 완전히 닫힌 현실, 즉 환상이나 해석의 여지가 없는 절대적 현실은 픽션이 될 수 없다. 픽션은 가능성, 상상, 틈, 차이, 지연 속에서 움직이기 때문이다. 반대로, 픽션이 현실처럼 느껴지기 위

---

350) 하이퍼리얼(hyperreal)은 장 보드리야르(Jean Baudrillard)가 제시한 개념으로, 현실보다 더 현실처럼 느껴지는 가짜(realer than real)를 의미한다. 이는 복제나 모조품이 원본보다 더 생생하거나 진짜처럼 여겨질 때 발생한다. 예컨대, 테마파크나 가상현실처럼 **실제는 아니지만 진짜보다 더 '현실적'으로 경험되는** 것이 하이퍼리얼이다. 보드리야르는 현대 사회가 이런 시뮬라크르(simulacra)로 가득 차 있다고 본다. 하이퍼리얼은 결국 **원본과 복제의 구분이 사라진 세계**를 말하며, 현실 자체가 사라지고 기호만 남는 상태를 비판적으로 지적한다.

해선, 일정한 사실성, 일관성, 리얼리티의 규칙이 필요하다. 그러므로 픽션과 현실은 서로를 위해 존재하며, 그 사이의 미묘한 '틈' 속에서 메타픽션은 태어난다. 메타픽션은 현실을 해체하는 동시에 다시 짜맞추는 재구성의 기술이고 "현실은 허구의 틈 속에서 자신의 뼈대를 드러낸다" 쿠버나 바르트, 칼비노, 바르가스 요사, 보르헤스는 현실을 한 편의 이야기로 다시 재배열한다. 그 과정에서 우리는 '이게 진짜인가?'라고 묻지 않게 되고, 오히려 이렇게 말하게 된다. "진짜 같은 이야기와, 이야기 같은 진짜가 뭐가 다르지?" 그러므로 무언가 여지가 있는 현실만이 메타픽션으로 구현될 수 있다. "여지"란 바로 상상과 환상, 해석의 여백, 기표의 지연, 시선의 편차, 진실과 허구 사이의 틈을 의미한다. 바로 그 틈에서 메타픽션은 태어나고, 독자는 다시 질문하게 된다. 그리고 모든 질문이 결국 하나의 물음으로 수렴된다. "나는 지금, 어떤 현실을 믿고 있는가?"

| 참고 문헌 |

Primary Texts by Robert Coover
Coover, Robert. Pricksongs and Descants. New York: E.P. Dutton, 1969.
쿠버, 로버트. 『요술 부지깽이』. 양윤희 옮김. 서울: 민음사, 2009.

On Metafiction and Postmodern Narrative
Barth, John. "The Literature of Exhaustion." The Atlantic, Aug. 1967.
Barth, John. "The Literature of Replenishment." The Atlantic, Jan. 1980.
Hutcheon, Linda. A Poetics of Postmodernism: History, Theory, Fiction. New York: Routledge, 1988.
Hutcheon, Linda. Narcissistic Narrative: The Metafictional Paradox. New York: Methuen, 1984.
Waugh, Patricia. Metafiction: The Theory and Practice of Self-Conscious Fiction. London: Methuen, 1984.
김욱동. 『포스트모더니즘과 문화 이론』. 서울: 민음사, 1993.

Philosophical and Theoretical Background
Barthes, Roland. "The Death of the Author." Image-Music-Text, translated by Stephen Heath. New York: Hill and Wang, 1977.
Baudrillard, Jean. Simulacra and Simulation. Translated by Sheila Faria Glaser. Ann Arbor: University of Michigan Press, 1994.
Derrida, Jacques. Of Grammatology. Translated by Gayatri Chakravorty Spivak. Baltimore: Johns Hopkins University Press, 1976.
Derrida, Jacques. Writing and Difference. Translated by Alan Bass. Chicago: University of Chicago Press, 1978.
Lacan, Jacques. Écrits: A Selection. Translated by Alan Sheridan. New York: W. W. Norton & Company, 1977.
Lyotard, Jean-François. The Postmodern Condition: A Report on Knowledge. Translated by Geoff Bennington and Brian Massumi. Minneapolis: University of Minnesota Press, 1984.

Korean Translations of Theoretical Works
바르트, 롤랑. 『텍스트의 즐거움』. 김희영 옮김. 서울: 동문선, 2001.
보드리야르, 장. 『시뮬라시옹』. 최윤영 옮김. 서울: 새물결, 1998.

데리다, 자크. 『그라마톨로지에 대하여』. 김웅권 옮김. 서울: 동문선, 2001.
리오타르, 장 프랑수아. 『포스트모던의 조건』. 김동일 옮김. 서울: 민음사, 2000.
라캉, 자크. 『자크 라캉:욕망 이론』. 민승기, 이미선, 권택영 옮김. 문예출판사, 1998

Secondary Literature on Coover

Joris, Pierre. "Robert Coover and the Hazards of Metafiction." Novel: A Forum on Fiction, vol. 7, no. 3, Spring 1974, pp. 206-218.

IX. Abstract

This study explores the metafictional strategies employed by Robert Coover in his seminal work Pricksongs and Descants, focusing on how his narratives self-consciously interrogate the nature of storytelling. By analyzing Coover's use of frame-breaking, narrative reflexivity, and pastiche, the research reveals how his texts disrupt traditional literary conventions and challenge the boundaries between fiction and reality. Drawing on foundational theories of metafiction by scholars such as Patricia Waugh and Linda Hutcheon, this work situates Coover within the broader context of postmodern literature. Additionally, the study examines the philosophical underpinnings of Coover's metafiction through the lens of poststructuralist thinkers like Derrida and Barthes, emphasizing themes of textual instability and authorial absence. The findings contribute to a deeper understanding of Coover's role in advancing metafiction as a mode of literary experimentation and critique. This research also reflects on the implications of metafiction for contemporary narrative theory and its ongoing dialogue with philosophy and cultural theory.

※ 이 논문은 2023년 대한민국 교육부와 한국연구재단의 지원을 받아 수행된 연구임(NRF-2023S1A5B5A17084094)

# IX. '음양오행(陰陽五行)'의 현대적 재해석

김영주

'음양오행(陰陽五行)'의 현대적 재해석

김영주(동국대 동서사상연구소 연구원)

1. 서론

현대 사회에서 '음양오행(陰陽五行)'이라는 용어는 하나의 거대한 사상 체계라기보다는 주로 개인의 운명과 길흉화복을 예측하는 실용적 도구로 소비되는 경향이 짙다. 사주(四柱), 궁합(宮合), 작명(作名), 풍수(風水) 등은 음양오행이 대중과 만나는 가장 보편적인 통로이며, 이 과정에서 음양오행은 소위 술수(術數)의 영역에 국한되거나, 종종 비과학적이고 모호한 동양적 신비주의의 잔재로 치부되는 경향이 짙다. 심지어 '점술' 혹은 '미신'이라는 비판에 직면하기도 한다. 이러한 통속적 인식은 음양오행이 동아시아 사상사 속에서 형성되고 변모해 온 복합적인 지성사적 맥락을 간과하게 만드는 심각한 문제를 야기한다. 특히, 음양오행을 하나의 단일하고 균질적인 사상 체계로 간주하는 것은 가장 큰 오해 중 하나다.

본래 음양설과 오행설은 독립적으로 발생하여 각기 다른 길을 걸어

오다 전국시대에 이르러서야 결합되기 시작했다. '음양'은 본래 '그늘'과 '볕'을 의미하는 기상 용어에서 출발하여, 만물의 대립·보완·전화(轉化)를 설명하는 보편적 '관계의 철학'으로 발전했다. 반면 '오행'은 초기에는 인간 생활에 필수적인 다섯 가지 물질[五材]을 지칭하는 소박한 개념이었으나, 전국시대의 사상가 추연(鄒衍)에 의해 왕조 교체의 필연성을 정당화하는 정치 이데올로기이자 결정론적 우주론으로 변모했다.

이처럼 서로 다른 궤적을 그려온 두 사상이 결합하고, 특히 오행론이 점술과 결합하면서 『주역(周易)』의 본래 철학적 의미마저 혼탁하게 만들었다는 비판적 시각이 존재한다. 『주역』의 핵심은 음양의 상호작용을 통해 끊임없이 변화하는 세계의 원리를 탐구하고 인간의 주체적 수양을 강조하는 의리역(義理易)에 있으나, 후대에 오행설이 인위적으로 결합되면서 운명을 예측하고 길흉을 점치는 술수역(術數易)으로서의 성격이 부각되었기 때문이다.

더 나아가 본고에서 핵심적으로 다룰 문제는 '오행' 개념 그 자체의 내부에 존재하는 두 가지 상이한 전통을 구분하는 것이다. 첫째는 추연을 필두로 한 우주론적 '전통오행'이며, 둘째는 20세기 후반 곽점초간(郭店楚簡)과 마왕퇴백서(馬王堆帛書) 등 출토 문헌의 발견으로 새롭게 조명된 윤리적 '자사오행(子思五行)'이다. 전통오행이 목(木)·화(火)·토(土)·금(金)·수(水)라는 외부 세계의 법칙을 탐구하는 우주론이라면, 자사오행은 인(仁)·의(義)·예(禮)·지(智)·성(聖)이라는 인간 내면의 덕목 완성을 추구하는 윤리학이자 수양론이다.

따라서 현대 사회에 만연한 음양오행에 대한 통속적 인식을 교정하고, 그 안에 담긴 합리적 사유와 철학적 가치를 복원하는 것을 목적으로 한다. 이를 위해 첫째, '음양'과 '오행'의 개념을 역사적으로 분리하고, 둘째, '오행' 내부에 존재하는 '전통오행'과 '자사오행'이라는 두 개의 길을 명확히 구분하여 비교 분석하고자 한다. 궁극적으로 여기에서는 술수적

오행론의 안개에서 벗어나, 인간의 주체성과 도덕적 실천을 강조하는 '자사오행'을 복원하고 이를 현대적으로 재해석함으로써, 음양오행 사상이 오늘날 우리에게 어떤 철학적, 실천적 가치를 지닐 수 있는지 그 새로운 가능성을 모색하는 데 그 취지가 있다.

2. 본론

1) 음양(陰陽)과 오행(五行)에 대한 사회의 인식

(1) 현대 사회의 통속적 이해와 그 한계

현대 사회에서 '음양오행(陰陽五行)'이라는 용어는 하나의 거대한 사상 체계라기보다는 주로 개인의 운명과 길흉화복을 예측하는 실용적 도구로 사용되는 경향이 짙다. 사주(四柱), 궁합(宮合), 작명(作名), 풍수지리(風水地理) 등은 음양오행이 대중과 만나는 가장 보편적인 통로이다. 이러한 통속적 인식 속에서 음양은 남성과 여성, 밝음과 어두움과 같은 단순한 이분법적 개념으로, 오행은 목(木)·화(火)·토(土)·금(金)·수(水)라는 다섯 가지 기운이 서로 돕거나(相生) 해치는(相剋) 관계로 개인의 운명에 결정적인 영향을 미치는 신비로운 힘으로 이해된다.

이러한 통속적 이해는 두 가지 명백한 한계를 드러낸다. 첫째, 음양오행을 운명 예측이라는 단일한 목적으로만 접근함으로써, 그 안에 담긴 자연 철학적 사유, 관계론적 세계관, 그리고 윤리적 성찰의 가능성을 간과하게 만든다. 모든 것을 미리 정해진 법칙으로 설명하려는 시도는 인간의 주체적 의지와 노력을 평가절하하고, 때로는 비합리적인 결정의 근거로 오용될 위험을 내포한다.

둘째, 과학적 합리성이 지배적인 현대 사회에서 이러한 통속적 음양오행론은 '미신' 혹은 '유사과학'이라는 비판에 직면하기 쉽다. 실제로 과학적 회의주의의 관점에서 음양오행은 경험적 검증이 불가능하고, 자의적인 분류 체계에 기반한 '거대한 농담'으로 평가되기도 한다. 예를 들어, 음양의 기원을 태양과 달의 관계로 한정 짓는 것은 138억 년 우주 전체의 원리를 설명할 수 없는 '빅뱅(Big Bang) 또는 대폭발(大爆發)'에 불과하다는 비판이나, '금이 물을 낳는다(金生水)'는 상생 관계의 비논리성을 지적하는 비판은 이러한 한계를 명확히 보여준다. 결국 통속적 인식은 음양오행을 철학적 사유의 대상이 아닌 신념의 대상으로 전락시켜, 합리적 대화와 발전을 가로막는 원인이 되기도 한다.[351]

(2) 음양(陰陽)과 오행(五行) 개념의 분리와 역사적 맥락

이러한 통속적 이해의 한계를 극복하기 위해서는, 먼저 음양과 오행을 학문적 관점에서 엄밀히 구분하고 그 역사적 발전 과정을 추적하는 작업이 선행되어야 한다. 통속적 인식과 달리, 학문적 관점에서 음양과 오행은 처음부터 하나의 체계가 아니었으며, 각기 다른 기원과 철학적 함의를 지닌다.

『역경』의 괘효사에서 陽(양)자는 한 번도 쓰이고 않고, 陰(음)자는 단 한 차례 중부괘(中孚卦☱) 구이(九二) 효사의 "우는 학이 음지에 있으나 그 새끼가 화답한다.[鳴鶴在陰, 其子和之]"에서이다. 여기서 말한 음(陰)은 단지 어둡고 깊숙한 곳이라는 자연의 상황을 말한 것일 뿐 철학적 함의나 과학적 함의를 갖는 것은 아니다. 그러나 『역전』에서는 음양이 『주역』 전체를 관통하는 관건이라고 생각한다. 「계사상」 제5장에

---

351) 이지형, 「음양오행이라는 거대한 농담, 위험한 농담」, 『과학, 도덕을 말하다』, 한국 스켑틱 6호, 참조.

서는 "한 번 음하고 한 번 양하는 것을 도라고 한다[一陰一陽之謂道]"라 하고, 제6장에서는 "음양의 뜻은 일월에 배합한다[陰陽之義配日月]"고 하였다.352)

『관자』의 「사시」에 보면 "음양이란 천지의 큰 이치요, 사시란 음양의 큰 법이며, 형덕이란 사시의 이름이다. 형덕이 사시에 합당하면 복을 낳고, 위배되면 재앙을 낳는다"353)라고 하였다. 이는 음양오행학파 추연(鄒衍)의 저작에서 보존된 것으로 보인다. 전국시대 중후반 제나라 천문학자였던 추연은 음양이 소멸하고 자라나는 이치를 오행의 금·수, 목·화에 적용하고 토를 그 중간에 놓아 천지의 변화와 사계절의 운행 질서를 밝히고 인사의 재복(財福), 길흉(吉凶)을 말하였다. 진고응(陳鼓應)은 '음양'이라는 용어는 『국어』에 처음 등장한다고 말하며 『좌전』의 기록을 들어 춘추시대 정치가들에 의해 음양개념이 주장되었으며354), 춘추 말기 노자(老子)가 이를 만물 발생의 원동력이자 속성으로 보았고 장자(莊子)가 그를 계승하였다고 한다.

'음양'의 가장 원초적 의미는 '그늘'과 '볕'이라는 기상 현상에 대한 소박한 관찰에서 비롯되었다. 『설문(說文)』에 따르면, 전국시대 이전에 음(陰)은 구름에 가려 해를 볼 수 없는 상태를, 양(陽)은 구름이 걷혀 해가 비치는 모습을 형상화한 것이었다. 이는 우주를 설명하는 형이상학적 원리가 아니라, 지극히 구체적인 자연현상에 대한 묘사였다.

---

352) 양계초·풍우란 외 지음, 김홍경 편역, 『음양오행설의 연구』, 신지서원, 1993, pp.29~51.
353) 『管子』, 「四時」. "是故陰陽者 天地之大理也 四時者 陰陽之大經也 刑德者 四時之名也 刑德合于時 則生福 詭則生禍"
354) 진고응(陳鼓應)은 '음양'이 최초로 등장하는 문헌으로 『국어』를 든다. 유왕(幽王)때 서주 삼천에 지진이 발생했는데, 태사인 백양부(伯陽父)가 지진의 발생 원인을 음양의 두 대립된 세력의 조화를 상실해서 발생된 것으로 해석하였다. "양이 엎드려 있어 나오지 못하고, 음이 누르고 있어 증발하지 못한다면 지진이 생겨난다"(『國語』「周語」,"陽伏而不能出 陰迫而不能蒸 於是有地震") 또한 음양오행설이 춘추시대에 정치가들에 의해 많이 주장되었다고 말한다. 예를 들어 『좌전』「희공 16년」의 기록을 보면, 송나라 상공에서 운석 다섯 개가 떨어지고, 해오가리 비슷한 큰 새가 송나라 수도 상공을 거꾸로 날아가는 것을 보고 주의 내사인 숙흥(叔興)이 '이것은 음양에 관한 일로서 인간사의 길흉과는 무관하다.'고 하였다. 월나라의 범려는 천시(天時)와 인시(人時)를 논하면서 자연법칙을 가지고 천도를 해석하고, 음양은 서로 전화하는데 "양이 끝까지 발전하고 나면 음으로 전화하고 음이 끝까지 발전하면 양으로 전화한다"(『國語』「越語」,"陽至而陰 陰至而陽")함을 지적하였다.

이러한 구체적 개념은 춘추전국시대를 거치며 철학적 비약을 이룬다. 특히 『노자(老子)』 제42장에 등장하는 "만물은 음을 등지고 양을 껴안으니, 빈 기운으로 조화를 이룬다"(萬物負陰而抱陽, 沖氣以爲和)는 구절은 이러한 변화를 상징적으로 보여준다. 여기서 음양은 더 이상 단순한 명암(明暗) 현상이 아니라, 우주 만물을 구성하는 보편적이고 대립적인 두 기(氣)의 근원적 원리로 격상된다. 이후 음양은 밤과 낮, 고요[靜]와 운동[動], 수축과 팽창 등 세계에 존재하는 모든 대립적이고 순환적인 현상을 설명하는 보편적인 분석틀, 즉 '관계와 변화의 철학'으로 확고히 자리 잡게 된다. 이는 고정된 실체가 아닌, 끊임없는 상호작용 속에서 세계를 이해하려는 동역학적(dynamic) 세계관의 핵심이다.

반면, '오행'의 학문적 기원은 훨씬 더 구체적이고 정치적인 맥락을 갖는다. 문헌상 오행이 최초로 등장하는 『서경(書經)』, 「홍범(洪範)」편에서 오행은 수(水)·화(火)·목(木)·금(金)·토(土)로 제시되는데, 이는 인간의 삶과 농경 사회를 유지하는 데 필수적인 다섯 가지 물질적 자원(五材)의 의미가 강했다. 이 단계의 오행에는 후대의 상생(相生)이나 상극(相剋)과 같은 역동적 관계론이 결여된 채, 다섯 요소가 병렬적으로 나열된 것에 불과했다.

이러한 물질적 개념이 거대한 우주론으로 변모하는 결정적 계기는 전국시대의 사상가 추연(鄒衍)에 의해 마련되었다. 그는 극심한 사회적 혼란 속에서 왕조 교체의 필연성을 설명하기 위해 '오덕종시설(五德終始說)'[355]이라는 독창적인 역사철학을 제창했다. 이는 각 왕조에 오행의 기운[德] 중 하나가 배속되어 있으며, 오행의 상극(相剋) 원리에 따라 다음 덕을 지닌 새로운 왕조가 필연적으로 들어선다고 설명하는 것이었다. 이는 오행을 정치 이데올로기화한 것으로, 자연의 질서로 인간 사회

---

355) 오덕(五德)의 순환 순서에는 두 가지 설이 있다. 화·수·토·목·금의 순서로 왕조가 교체된다는 오행상승(五行相勝)과 목·화·토·금·수의 순서로 바뀐다는 오행상생(五行相生)이 그것이다. 추연의 오덕종시설은 오행상승을 사용하여 각 왕조의 흥망성쇠를 설명한 것이었다.

의 혼란에 의미와 질서를 부여하려는 시도였다.

이후 한(漢)나라의 동중서(董仲舒)는 추연의 이론을 음양 사상 및 천인상응(天人相應) 사상과 결합하여 더욱 정교하고 체계적인 우주론으로 완성시켰다. 이로써 오행은 자연, 정치, 인간의 모든 영역을 관통하는 결정론적 법칙으로 자리 잡게 되었고, 이는 한 제국의 통치 정당성을 확보하는 강력한 이데올로기적 장치로 기능했다. 이처럼 학문적 관점에서 오행론의 체계화 과정은 순수한 자연 탐구의 결과라기보다는, 혼란한 사회·정치적 질서를 우주적 필연성으로 정당화하고 안정시키려는 시대적 요구가 강력하게 투영된 산물이었던 것이다.

2) 『주역(周易)』 팔괘(八卦)와 오행(五行)

(1) 주역(周易)의 핵심 원리: 음양과 팔괘

『주역(周易)』 철학의 근간을 이루는 것은 '음양(陰陽)'의 원리이며, 이를 기호로 체계화한 것이 '팔괘(八卦)'이다. 『주역』의 세계관은 복잡한 기호 체계나 길흉을 점치는 방법에 국한되는 것이 아니라, 그 안에 함축된 자연관과 변화 발전관을 이해하는 데 핵심이 있다.

'음양'은 만물을 구성하는 보편적 기(氣)의 두 가지 상반된 상태, 즉 능동적이고 팽창하는 양기(陽氣)와 수동적이고 수축하는 음기(陰氣)를 의미한다. 『주역』은 이러한 음양의 원리를 효(爻)라는 기호를 통해 시각적으로 표현한다. 끊어지지 않은 선(▬)은 양효(陽爻), 끊어진 선(▬ ▬)은 음효(陰爻)를 상징하며, 이 두 가지 기본 기호를 세 개씩 조합하여 하늘(乾), 땅(坤), 물(坎), 불(離), 바람(巽), 우레(震), 못(兌), 산(艮)의 자연을 상징하는 기본 현상을 여덟 개의 괘[八卦]를 만들었다. 『역경』의 작자들은 이 여덟 가지 대표적인 자연물을 통해 세계의 다른 더 많은 것들의 기원과 변화를 설명하고자 했다.356) 사실 팔괘 관념은 『역경』에 집중적으로 표현되었을 뿐만 아니라 『좌전(左傳)』, 『국어(國語)』 등의 전적들에서도 나타난다. 이렇게 볼 때, 팔괘 관념은 이미 춘추·전국 시대 사람들의 성행하는 관념이었음을 알 수 있다.357) 왜 팔괘 관념이 생겨났는가? 이에 관해 『역전』「계사전」에서는 다음과 같이 묘사하고 있다.

"옛날 포희씨(복희씨)가 천하를 다스릴 때 위를 우러러 하늘의 상을 살피고, 아래로 굽어보아 땅의 법을 관찰하였으며, 새와 짐승의 무늬와 천지의 마땅함(宜)을 관찰하고, 가깝게는 자기에게서 취하고 멀게는 사물에서 취하여 이치를 찾아냈다. 이에 팔괘를 만들어 신명한 덕(德)에 통하여 만물의 실정을 분류하였다."358)

여기서 중요한 것은 『주역』이 세계를 고정된 실체로 보지 않는다는 점이다. 64괘의 변화를 통해 드러나는 『주역』의 자연관은, 자연계에는 변하지 않는 것이 없으며 모든 변화하는 사물은 자신만의 발전 단계를 가진다는 것을 긍정한다. 또한 사물의 발전이 일정한 단계에 도달하면 반드시 반대되는 결과를 초래하고 대립면으로 전환해 간다고 설명하며, 상반되는 두 측면(대소, 시종, 진퇴, 길흉 등)을 하나로 배열한다. 자연

---

356) 김영주, 「『주역(周易)과 점(占)치는 사회』, 『상호문화적 글로벌 시대의 종교와 사회』, 열린서원, 2024, pp.205~206.
357) 전국시대(B.C.475~B.C.221)에 『주역』의 괘·효사는 천문 역법가(음양가)와 도가(道家)의 영향을 받아 새로이 해석된다. 이로부터 주역은 자연의 변화를 음양(陰陽)의 원리로 설명하는 이론 체계를 확립하게 된다. 즉, 괘사와 효사에 내재한 음양의 관념이 이 시대에 이르러 음양론으로 정립되고, 이 음양론을 통해 자연을 설명하고, 이에 근거하여 인간의 당위 규범을 정하는 이론의 틀을 갖추게 된다. 그리고 자연에 대한 합리적인 인식에 발맞추어 괘사와 효사에 대하여 더욱 합리적이며 윤리적인 해석이 첨가되면서 『주역』은 단순한 점서가 아니라 철학서이자 수양서로 발전한다. 우리가 지금 읽어야 할 『주역』은 바로 이런 『주역』이다. 『주역』의 음양론이 우리에게 제공할 수 있는 새로운 패러다임을 읽어야 한다. 음양론에 기초한 유기체적 자연관은 서구의 기계론적 자연관에 대비될 수 있는 것으로 우리 의식에 혁명적인 전환을 일으킬 수 있다.
358) 『역전』「계사전」, "古者包犧氏之王天下也, 仰則觀象於天, 俯則觀法於地, 觀鳥獸之文與地之宜, 近取諸身, 遠取諸物, 於是始作八卦, 以通神明之德, 以類萬物之情."

계는 이러한 두 가지 대항 세력의 모순 운동으로부터 만사만물의 생산, 변화, 발전을 추동하며, 이는 인류 최초의 귀중한 변증법적 사유로 평가받는다. 이처럼 『주역』의 본질은 운명 예측을 넘어, 음양의 상호작용을 통해 끊임없이 변화하는 세계의 원리를 탐구하는 심오한 철학 체계, 즉 의리역(義理易)359)에 있다.

(2) 오행설(五行說)의 독립적 기원과 팔괘설(八卦說)과의 단절

오늘날 주역과 흔히 결합되어 사용되는 '오행설'은 본래 주역의 팔괘설과는 전혀 다른 맥락에서 출발한 독립적인 사상 체계였다. 풍우란(馮友蘭)은 선진(先秦) 시기 팔괘설과 오행설이 두 개의 독립적인 계통이었음을 주장하며, "오행을 말하는 자는 팔괘를 말하지 않았고, 팔괘를 말하는 자는 오행을 말하지 않았기 때문"이라고 지적했다.360)

이러한 주장은 『역경』과 그 해설서인 『역전』 어디에도 '오행'이라는 단어가 명시적으로 언급되지 않는다는 사실에서 강력한 설득력을 얻는다.361) 오행 개념이 문헌상 최초로 명확하게 등장하는 것은 『서경(書經)』, 「홍범(洪範)」 편으로 우리가 알고 있는 "오행"에 철학적 의미를 부여한 최초의 문헌이다.362) 「홍범」 편은 기자(箕子)가 동쪽으로 떠나기

---

359) 『역(易)』의 양파(兩派)는 상수역학파와 의리역학파 또는 한역(漢易)과 송역(宋易)이다. 육종(六宗)은 상수역의 점서역(占筮易)·기상역(祺祥易)·도서역(圖書易)과, 의리역의 도가역(道家易)·유가역(儒家易)·사사역(史事易)이다.
360) 馮友蘭, 『三松堂全集』, 제2권, 河南人民出版社, 1988, p.352.
361) 김충열 교수(고려대 철학과)는 2004년 한국주역학회와 대전대학교 동양문화연구소가 주최한 춘계학술발표회에서 「주역과 음양오행」 기조 강연에서 일찍이 "오행설은 역경에는 물론 역전에도 나오지 않아 사실상 역학과는 무관한 개념"이며, 이것이 후대의 술수역(術數易)과 결합하며 『주역(周易)』의 본질을 흐렸다고 강하게 비판한 바 있다. 다만 백서본 『역전』에서는 "오행"이라는 말이 두 번 등장한다
362) 『서경』 「홍범」, "첫 번째 오행(五行)은 첫 번째는 수(水)이고, 두 번째는 화(火)이고, 세 번째는 목(木)이고, 네 번째는 금(金)이고, 다섯 번째는 토(土)이다. 수(水)는 윤하(潤下)이고, 화(火)는 염상(炎上)이고, 목(木)은 곡직(曲直)이고, 금(金)은 종혁(從革)이고, 토(土)는 이에 가색(稼穡)을 한다. 윤하(潤下)는 짠 것이 되고, 염상(炎上)은 쓴 것이 되고, 곡직(曲直)은 신 것이 되고, 종혁(從革)은 매운 것이 되고, 가색(稼穡)은 단 것이 된다."(一五行: 一曰水; 二曰火; 三曰木; 四曰金; 五曰土. 水曰潤下; 火曰炎上; 木曰曲直; 金曰從革; 土爰稼穡. 潤下作鹹, 炎上作苦, 曲直作酸, 從革作辛, 稼穡作甘.)

전에 문왕을 위해 정치의 대도를 가르쳐 준 것인데, 기자가 보기에 물의 성질[水性]은 "적셔서 내려가는 것[潤下]"이고, 불의 성질[火性]은 "태워서 올라가는 것[炎上]"이며, 나무의 성질[木性]은 "굽음과 곧음[曲直]"이고, 쇠의 성질[金性] "좇아서 변혁하는 것[從革]"으로 용화(熔化)하여 변형할 수 있는 것이며, 흙의 성질[土性]은 "키우고 거두며 저장하는 것[爰稼穡]"이다.

여기서 제시된 "오행"은 기기자 상제가 건립하는 세계 질서의 아홉 가지 대법[九疇] 중 첫 번째다. 오늘날 우리가 카테고리(category)를 '범주(範疇)'로 번역할 때, '범주'라는 말은 『상서·홍범』의 "홍범구주(洪範九疇)"363)에서 나온 말이다. 아홉 가지 범주 중에 첫 번째 범주가 곧 "오행"인 것이다. 여기에서 "오행"은 여전히 종교신학적 속박에서 벗어나지 못하고, 세계 만물의 본원이라는 의미도 갖지 못한다. 그러나 이로 인해서 여기에서의 오행이 가지고 있는 특수한 철학적 의미를 부인할 필요는 없다.

오행은 수(水)·화(火)·목(木)·금(金)·토(土)로 제시되는데, 이는 우주론적 원소라기보다는 인간의 삶과 농경사회364)를 유지하는 데 필수적인 다섯 가지 물질적 자원[五材]365)의 의미가 강했다. 이 단계의 오행에는 후대의 상생(相生)이나 상극(相剋)과 같은 역동적 관계론이 결여된 채, 다섯 요소가 병렬적으로 나열된 것에 불과했다.

이는 『주역』의 팔괘설과 근본적인 차이를 보여준다. 팔괘설이 음양이라는 추상적 원리에서 출발하여 구체적 현상을 설명하는 하향식 구조

---

363) 홍범구주에서 '범'은 원칙을 말하고 '주'는 종류를 말한다. 홍범은 큰 원칙[大法]이며, 구주는 그 아홉 종류라는 말이다. 아홉 가지의 나라를 다스리는 대법이 곧 '홍범구주'이다.
364) 이때의 농업 활동은 치토(治土), 치수(治水), 치화(治火)가 필요 없는 평지에서 이루어졌던 것으로 추정된다. 수공업은 농업에서 분화되었는데, 또 전문적인 수공업 활동, 즉 치금(治金)과 치목(治木)도 있었다. 이처럼 수공(水工), 화공(火工), 토공(土工), 금공(金工), 목공(木工)의 다섯 가지 가장 기본적인 직업이 있었고, 고대에는 이들을 '오공(五工)'이라고 불렀다.
365) 『春秋左氏傳』襄公 27년, "하늘이 다섯 가지 재료를 만들고 사람들이 그것을 사용하는데, 하나라도 없어서는 안 되는 것이다."(天生五材, 民幷用之, 廢一不可.)

를 지닌다면, 초기 오행설은 구체적인 물질에서 출발하여 그 목록을 제시하는 상향식 구조에 가까웠다. 이처럼 두 사상은 그 기원, 구조, 지향점에서 명백한 단절을 보이며 각기 다른 길을 걸어왔다.

(3) 오행설의 술수화(術數化)와 주역과의 결합

물질적 자원의 목록에 머물던 오행설이 역동적인 우주론으로 변모하는 결정적 계기는 전국시대의 사상가 추연(鄒衍)에 의해 마련되었다. 그는 왕조의 흥망성쇠를 오행의 상극(相剋) 원리로 설명하는 '오덕종시설(五德終始說)'을 제창했다. 이는 오행을 역사와 정치, 나아가 길흉을 예측하는 술수(術數)와 결합시키는 시초가 되었다. 고대 중국의 술수학은 본래 천문, 역법 등 자연현상에 근거하여 인사의 길흉을 예측하는 것으로, 추연은 이러한 사상을 부연하여 오행론을 하나의 거대한 이론으로 체계화했다. 자사의 오행설이 추연에게 영향을 주었고, 추연은 도리어 유가와 오행설의 결합에 영향을 주었다고 말하는 것이 가능해진다. 추연은 오행을 이용하여 역사를 해석하였을 뿐만 아니라 오행과 음양의 결합을 통해 전체 자연계 및 사회생활 모두를 음양오행의 구조 아래에 두게 하였다.

이러한 두 개의 독립적인 사상 체계, 즉 주역의 팔괘설과 추연 계열의 오행설이 본격적으로 결합하게 되는 결정적 계기는 한대(漢代)의 역학가 경방(京房)에 의해 마련되었다. 경방은 팔괘설을 오행설로 발전시켜, 각 괘에 오행을 배속하고 이를 통해 길흉화복을 점치는 복잡한 체계를 구축했다. 이로써 주역은 본래의 철학적 의미, 즉 변화의 원리를 탐구하고 인간의 주체적 수양을 강조하는 의리역(義理易)의 측면은 약화되고, 운명을 예측하고 미래를 점치는 술수역(術數易)[366]으로서의 성격

---

[366] 양한(兩漢)시대의 상수역을 일반적으로 한역(漢易)이라고 하고, 상수역은 다시 이수상(理數象)과 술수상(術數象)으로 구분된다. 우주만물의 변화를 형상하는 것이 이수상이고, 384효 사

이 크게 부각되기 시작했다.367)

주역의 팔괘설과 오행설은 그 기원과 철학적 본질이 다른 별개의 시스템이다. 오행설이 주역과 결합하게 된 것은 후대, 특히 한나라 시대에 점술적 목적을 위해 인위적으로 이루어진 결과이며, 이로 인해 오늘날 많은 사람이 주역과 음양오행을 하나의 운명 예측 도구로 오인하게 되는 역사적 배경이 형성되었다. 따라서 주역의 본래 가치를 이해하기 위해서는 이 둘을 분리하여 고찰하는 비판적 시각이 반드시 필요하다.

3) 백서(帛書) 및 죽간(竹簡) 『오행』과 사행(四行)

(1) 곽점초간과 마왕퇴백서 『오행』368)의 발견

20세기 후반, 중국 호북성 곽점촌과 장사 마왕퇴에서 각각 발견된 죽간(竹簡)과 백서(帛書)는 동양 사상사 연구에 지각 변동을 일으켰다. 이 고고학적 발견은 분서갱유와 같은 역사적 격변 속에서 사라졌던 선진(先秦)시대 사상의 원형을 우리에게 직접 보여주는 귀중한 1차 사료이다. 특히 두 문헌에서 공통적으로 발견된 『오행(五行)』편은 학계에 엄청난 파장을 일으켰다. 죽백 『오행』 경문(經文)의 내용은 오행과 선덕을 개론한 부분과, 성·지·인의 사상을 논한 부분, 총명성지론, 인의예

이의 변화 운동을 형상하는 것이 술수상이다. 이수상은 자연수 또는 천수상(天垂象)을 의미하고, 술수상은 성인(聖人)이 수를 이용하여 천상(天象)을 파악하는 것을 의미한다.
367) 김충열, 「주역과 음양오행」, 한국역경문화학회, 『주역철학과 문화』 제2집, 2004, pp.10~12.
368) 『五行』은 1973년 겨울, 湖南 長沙 馬王堆 제3호 漢墓에서 老子 甲本卷 다음의 4편의 古佚書 가운데 첫번째 편에 해당하는 제170행에서 214행까지의 「經」와 215행에서 351행까지의 「說」部에 龐樸이 붙인 편명이었다.(龐樸, 帛書五行篇研究, 濟南: 齊魯書社, 1980.) 魏啓鵬은 "五行"이라는 편명에 반대하고 德行이라고 하였으나(魏啓鵬, 「思孟五行說的再思考」, 四川大學學報(哲學社會科學版), 1988, 82쪽 및 馬王堆漢墓帛書「德行」校釋, 成都: 巴蜀書社, 1991, 1쪽.) 1993년 겨울에 湖北 荊門 郭店村 제1호 楚墓에서 백서본의 經文 가운데 글자와 순서만 약간 다르고 「說」 부분은 없는 竹簡本이 출토되고, "五行"이라는 두 글자로 시작하고 있음에 따라 현재는 五行이라는 편명이 일반화되었다. 郭店 楚墓 1호묘의 조성 시기는 대략 戰國 중후기의 기원전 350년에서 300년 사이로 추정되고 있다.(彭浩, 「郭店一號墓的年代及相關的問題」, 本世紀出土思想文獻與中國古典哲學研究論文集(下), 陳福濱 主編, 新莊: 輔仁大學, 1999, 357쪽.)

단서론, 심(心)과 신독(愼獨)에 관한 논의의 다섯 가지로 분류할 수 있으나,369) 크게 '덕행론(德行論)'·성지론('聖智論)'·'성덕론(成德論)'의 세 부분으로 나누는 것이 일반적이다. 그 내용은 우리가 익히 알던 목(木)·화(火)·토(土)·금(金)·수(水)의 우주론적 오행이 아니라, 유가(儒家)의 핵심적인 윤리 덕목들을 다루고 있었기 때문이다.370)

이 문헌의 발견은 오랫동안 실체가 불분명했던 '자사·맹자학파[思孟學派]'의 존재를 강력하게 뒷받침하는 증거가 되었다. 특히, 전국시대의 순자(荀子)가 그의 저서『비십이자(非十二子)』편에서 자사(子思)와 맹자(孟子)를 비판하며 언급했던 '오행설'이 바로 이 출토문헌『오행』의 내용과 일치한다는 사실이 밝혀지면서, 역사 속에서 잊혔던 또 하나의 오행론이 그 실체를 드러내게 되었다.

(2) 순자(荀子)의 비판과 자사오행(子思五行)의 실체

순자는『비십이자』편에서 자사와 맹자를 비판하며 "옛것을 본받아 괴상한 설을 만들어 오행이라 일컫는대[案往舊造說, 謂之五行]"고 혹평했다. 순자가 보기에 사맹학파의 오행설은 기존의 사상 체계와 어울리지 않는[無類], 설명이 모호하고 닫혀있는[無說], 그래서 이해하거나 해결할 수 없는[無解] 괴상한 이론이었다. 오랫동안 학자들은 순자가 비판한 이 '오행'이 무엇인지 정확히 알지 못했다. 후대의 주석가인 양경(楊倞)은 이를 인(仁)·의(義)·예(禮)·지(智)·신(信)의 오상(五常)으로 추정했지만, 이는 출토문헌『오행』의 발견으로 잘못된 해석이었음이 증명되었다.371) 자사가 말한 五行(wǔ héng)은 "仁義禮智聖"의 5종의 덕

---

369) 陳來,「竹簡『五行』篇與子思思想硏究」, 北京大學報(哲學社會科學版), 2007, 6쪽.
370) 홍성민·유흔우,「竹帛『五行』의 聖智觀 연구」, 儒敎思想文化硏究 第68輯, 2017, p.90.
371) 당(唐)나라 때까지만 하더라도 사람의 오상(五常)인 仁·義·禮·智·信과 金·木·水·火·土의 오행(五行)을 모두 '오행(五行)'으로 인식하고 있었던 것을 알 수 있다.(王先謙,『荀子集解』(『漢文大系』第15卷). "五行, 五常, 仁義禮智信是也.")

성을 가리키는 것으로써 전통적인 "金木水火土"의 五行(wǔ xíng)과 구별된다.372)

출토문헌 『오행』은 순자가 비판했던 바로 그 '오행'이 인(仁)·의(義)·예(禮)·지(智)·성(聖)이라는 다섯 가지 윤리적 덕목임을 명확히 보여준다. 이는 오행이라는 당대의 영향력 있는 개념적 틀을 유가 사상가들이 자신들의 고유한 심성론과 수양론을 체계적으로 구축하기 위해 비판적으로 '전유, 전용(appropriation)'했음을 의미한다. 즉, 우주론적 질서를 설명하던 외부 지향적 사유를 인간 내면의 윤리적 질서를 탐구하는 내부 지향적 사유로 전환시킨 혁명적 시도였던 것이다.

(3) '사행(四行)'과 '오행(五行)'의 구분

자사오행은 단순히 다섯 덕목을 나열하는 데 그치지 않고, 그 안에 정교한 위계와 구조를 담고 있다. 이 구조를 이해하는 핵심 열쇠는 '형어내(形於內)', 즉 '내면에 형성됨'이라는 개념과, '사행'과 '오행'의 구분이다.

『오행』373)은 어떤 행위가 단순히 겉으로 드러나는 것을 '행(行)'이라 하고, 그것이 내면의 덕성에 뿌리를 두고 형성되었을 때 비로소 '덕의 행실(德之行)'이라 부른다. 즉, 행위의 외면적 결과보다 그 행위를 추동하는 내면적 동기와 인격적 성숙을 훨씬 더 중시하는 것이다.

『오행』은 인(仁)·의(義)·예(禮)·지(智) 네 가지 덕목을 묶어 '사행(四行)'374)이라 칭한다. 이 '사행'은 인간이 후천적인 노력을 통해 부

---

372) '行'은 hèng으로 발음한다. 五行(wǔ hèng)은 "仁·義·禮·智·聖"으로써 金·木·水·火·土의 五行(wǔ xíng)과 구별된다.(龐樸, 「竹帛五行篇與思孟五行說」, 『本世紀出土思想文獻與中國古典哲學研究論文集』(上), 新莊: 輔仁大學, 1999, p.53.) 仁·義·禮·智·聖이 仁·義·禮·智·信으로 고쳐져서 金·木·水·火·土와 짝지어 진 것은 서한(西漢)시대 때의 일이다. 五行(wǔ hèng)은 또 文帝 劉恒을 피휘하여 五常으로 고쳐 불렀다.

373) 『五行』, 「經1」. "仁形於內謂之德之行; 不形於內謂之行. 義形於內謂之德之行, 不形於內謂之行. 禮形於內謂 之德之行, 不形於內謂之[行] . [智形]於內謂之德之行, 不形於內謂之行. 聖形於內謂之德之行, 不形於內謂之 〚德之〛行. 德之行五, 和謂之德. 四行和謂之善. [善], 人道也. 德, 天道也"

단히 실천하고 이루어야 할 '인간의 길[人道]'에 해당한다. 그리고 이 네 가지 행실이 조화를 이룬 상태 [四行和]를 '선(善)'이라고 정의한다. '선'은 인간의 노력으로 도달할 수 있는 윤리적 완성의 경지이다. '오행'은 '사행'에 '성(聖)'이 더해진 것이다. '성(聖)'은 다른 네 덕목과 나란히 놓이는 다섯 번째 덕목이 아니라, 앞선 네 가지 덕목이 완전히 체화되고 통합되어 더 이상 인위적인 노력이 필요 없는 자연스러운 상태에 이르러 궁극적으로 '하늘의 길[天道]'과 합일된 경지를 의미한다. 이 다섯 가지 덕의 행실이 조화를 이룬 상태[德之行五和]를 '덕(德)'이라 부른다.

이러한 구조는 『오행』의 핵심 명제인 "선은 인도요, 덕은 천도다[善, 人道也. 德, 天道也]"라는 구절에 집약되어 있다. 이는 인간의 영역[人道]에서 부단한 윤리적 노력으로 '선'을 이루고, 이를 통해 궁극적으로 하늘의 원리[天道]인 '덕'을 자신의 내면에 온전히 체현하는 것을 이상으로 삼는, 철저히 유가적인 윤리철학 체계이다.

(4) 『오행』의 성덕(成德) 노선과 '신독(愼獨)'

인간은 어떻게 '선'을 넘어 '덕'의 경지에 이를 수 있는가? 『오행』은 그 구체적인 수양 방법론으로 '성덕(成德) 노선'을 제시하며, 그 핵심에 '신독(愼獨)'이라는 공부가 자리 잡고 있다. '성덕 노선'은 '성(聖)'과 '지(智)'의 역할을 명확히 구분한다. '성(聖)'은 천도를 듣고 아는[聞而知之] 능력으로, 모든 덕[仁義禮智]이 비롯되는 근원이다. 반면 '지(智)'는 현인을 보고 아는[見而知之] 능력으로, '인도'의 범위에 국한된다. 즉, '지'는 인간적 노력의 출발점이며, '성'은 천도와 합일된 궁극적 경지이다.

'덕'의 경지에 이르기 위한 핵심적인 수양 방법이 바로 '신독'이다. 신(愼)은 '삼가'는 뜻으로, 자신의 마음을 흐트러지지 않게 오롯이 집중하

---

374) '四行(si xing)'은 위에서 나열한 '안에서 형성되지 않은[不形於內]' 仁義禮智의 네 가지이다.

고專其心, 도리에 어긋남이 없도록 살피는 것을 의미한다. 독(獨)은 단순히 '홀로 있음'을 넘어, 타인의 시선이 없는 상태에서의 '자기 자신의 마음[心]' 그 자체를 의미한다. 따라서 '신독'이란, 다른 사람이 보지 않는 곳에서도 자신의 내면을 성찰하고 다스려, 모든 행위가 겉치레가 아닌 진실한 내면의 덕성에서 우러나오도록 하는 수양의 과정이다. 이러한 '신독'의 공부를 통해서만 인간은 '행'을 '덕지행'으로 승화시킬 수 있으며, '선'을 넘어 '덕'의 경지에 도달하여 '유덕이락(有德而樂)', 즉 '덕이 있기에 즐거운' 군자(君子)의 경지에 이를 수 있다.

결론적으로, 백서와 죽간의 『오행』은 우주론적 결정론에 맞서, 인간의 주체적 노력과 내면 성찰을 통해 스스로의 인격을 완성하고 나아가 천도와 합일할 수 있다는 정교하고 심오한 윤리적 수양론을 제시한다. 이는 동아시아 사상사에서 잊혔던 매우 중요한 지적 유산이라 할 수 있다.

4) 전통오행(傳統五行)과 자사오행(子思五行)

(1) 우주론과 윤리학의 근본적 차이와 비판

앞선 장들에서 우리는 '오행'이라는 이름 아래 전혀 다른 두 개의 사상 체계가 존재함을 확인했다. 하나는 추연(鄒衍)을 필두로 한 우주론적 '전통오행'이며, 다른 하나는 출토문헌을 통해 드러난 윤리적 '자사오행'이다. 전통오행이 외부 세계의 법칙을 관찰하고 직관적 유비(analogy)에 기반하여 그 법칙을 인간사에 적용하려는 '외향적(extroverted)' 사유라면, 자사오행은 인간의 내면을 성찰하고 도덕적 완성을 통해 세계와 조화를 이루려는 '내향적(introverted)' 사유이다. 전통오행의 핵심 동력이 외부의 기운들 사이에서 벌어지는 상생과 상극의 순환이라면, 자사오행의 핵심 동력은 '신독(愼獨)'으로 대표되는 인간의 주체적인 수양과 실천이다. 이처럼 두 오행론은 세계와 인간을 이해하는 출발점과 지향점에서 결코 하나로 묶일 수 없는 뚜렷한 차이를 지닌다.

전통오행론은 고대인의 세계관과 지혜를 담고 있지만, 합리성과 실증성을 중시하는 관점에서 볼 때 여러 가지 근본적인 한계를 드러낸다. 이러한 비판은 현대 과학뿐만 아니라, 이미 조선 후기 실학자들에 의해서도 제기된 바 있다.

전통오행론의 핵심을 이루는 배속 관계[예: 간(肝)은 목(木)]나 상생·상극 원리는 경험적, 실험적으로 검증하기 어려운 자의적 연결에 기반한다. 예를 들어, '금이 물을 낳는다(金生水)'는 관계는 '바위틈에서 물이 나온다'는 피상적 비유에 근거할 뿐, 과학적 인과관계로 설명하기 어렵다. 오히려 '불이 쇠를 녹여 물처럼 만든다'는 점에서 '화생수(火生水)'가 더 직관적이라는 반론도 가능하다. 또한, 이론에 맞지 않는 현상이 나타나면 '오히려 업신여긴다'는 의미의 '모(侮)'와 같은 예외 규정을 통해 설명하므로, 이론이 틀렸음을 증명할 수 없는 '반증 불가능성'의 문제를 안고 있다.

음양오행론에 대한 비판이 서구 과학의 도입 이후에만 있었던 것은 아니다. 이미 조선 후기 실학자들은 당대의 지배 이데올로기였던 성리학과 그 근간을 이루는 음양오행론의 형이상학적, 신비주의적 측면을 강하게 비판했다.

조선 후기 담헌 홍대용(洪大容)은 음양을 형이상학적 실체가 아니라 빛과 연관된 본래적인 의미로 파악했으며, 오행 역시 만물을 구성하는 궁극적 원소가 아니라 현상을 관점에 따라 인위적으로 분류한 것에 불과하다고 보았다. 그는 "오행의 수는 원래 정론이 아니다. 그런데 술가(術家)에서 이를 조종으로 삼아… 억지로 맞추고… 지리하게 얽어매고 여러 술수를 장황하게 이야기하나, 끝내 그런 이치는 없다"[375]고 일축하며, 오행설의 자의성과 비합리성을 비판했다.

다산 정약용(丁若鏞)의 비판은 더욱 신랄하고 체계적이었다. 그는 오행상극 이론, 오장육부와 12경맥 상응 이론 등 한의학의 핵심 이론들이 '헛된 관념'에 불과하다고 비판했으며,376) 사주, 택일, 풍수 등 민간에 널리 퍼진 술수들을 모두 허망한 것이라고 단정했다.377)

이들 실학자의 비판은 내부에서 자생적으로 발생한 합리주의적, 실증주의적 사유의 중요한 성과이다. 이는 음양오행론에 대한 맹목적 추종을 경계하고 그 합리성을 묻는 비판적 지성 전통이 분명히 존재했음을 보여준다.

(2) 자사오행의 현대적 가치와 재해석의 가능성

전통오행론이 지닌 과학적 한계와 역사적 비판에도 불구하고, 음양오행 사상 전체를 폐기하는 것은 섣부른 판단이다. 오히려 비과학적이고 결정론적인 전통오행의 굴레에서 벗어나, 윤리적·실천적인 자사오행을 현대적으로 재해석함으로써 새로운 가치를 발견할 수 있다.

전통오행론을 '실패한 과학'이 아닌, 세계를 유기체적 관계망으로 파악하는 '상징체계'로 이해할 때 그 철학적 가치를 발견할 수 있다. 하지만 여기서 한 걸음 더 나아가, 자사오행은 단순한 상징을 넘어 구체적인

---

375) 홍대용, 『담헌서(湛軒書)』 내집(內集) 권4, 「의산문답(醫山問答)」, "五行之數, 元非定論. 而術家者, 宗之... 牽合... 支離纏繞, 侈談衆術, 而究其終, 無是理也"
376) 정약용, 『의령(醫零)』, "금이 능히 나무를 이기므로 폐(肺)의 기운이 항상 간(肝)을 제어하며, 간의 병은 가을(秋, 金의 계절)을 만나면 심해지니, 이는 간이 금을 두려워하기 때문이다. 이것은 술가의 말이니, 매우 어리석다."(金能克木, 故肺之氣常制肝, 肝之病, 得秋而劇, 以其畏金也. 此術家之言, 愚甚.), "손의 맥을 짚어 오장육부의 증상을 알아낸다는 것은 거짓이다. 다만 손과 발, 뇌의 큰 경락을 진찰하여 혈기의 왕성함과 쇠약함, 허와 실을 알 수 있을 뿐이다."(以手之脈, 而知五臟六腑之症, 妄也. 但診手足腦之大絡, 知其血氣之旺衰虛實耳.), "맥을 짚는 부위가 한 치가 아니라면 모르겠으나, 만약 한 치 길이의 부위를 나누어 놓은 것이라면, 이른바 오장육부가 각각 제 부위를 차지하고 있다는 것을 나는 믿을 수 없다."(寸關尺非一寸也則已, 是一寸而分其界, 則所謂五臟六腑之各有部位, 吾不信也.)
377) 정약용, 『풍수집의(風水集議)』, "풍수설을 세상 사람들이 많이 받들어 믿어서, 덕과 의를 닦지 않고 장례나 무덤에게서 복을 구하니, 그 습속이 이미 고질이 되어 미혹을 깨우칠 수가 없다."(風水之說, 世多崇信, 不修德義, 求福於葬巫, 習俗已錮, 無以曉惑.)

'실천윤리'의 모델을 제공한다. 인·의·예·지·성이라는 다섯 덕목은 현대인이 직면하는 다양한 윤리적 딜레마 속에서 자신의 내면을 성찰하고 더 나은 인격으로 성장하기 위한 구체적인 지침이 될 수 있다. 군자가 '선(善)'을 행함에는 시작과 끝이 있지만, '덕(德)'을 행함에는 시작은 있으나 끝이 없다는 『오행』의 구절처럼, 자사오행은 끝없는 자기 수양과 성장을 지향하는 역동적인 윤리관을 제시한다. 자사오행의 윤리적 프레임은 다양한 현대 학문 분야와 창조적으로 만날 수 있다.

자사오행의 다섯 덕목은 긍정 심리학(Positive Psychology)에서 말하는 '성격 강점(Character Strengths)' 및 '덕성(Virtues)'과 매우 유사한 구조를 가진다. 이를 통해 동양적 맥락에서의 인간의 성장과 행복, 그리고 회복탄력성에 대한 심도 깊은 연구가 가능하다.

인(仁)·의(義)·예(禮)·지(智)·성(聖)은 현대 사회가 요구하는 '진성 리더십(Authentic Leadersh ip)'[378] 또는 '서번트 리더십(Servant Leadership)'의 핵심 가치와 맞닿아 있다. 이를 조직 문화에 적용하여, 신뢰와 존중을 바탕으로 한 건강한 공동체를 구축하는 이론적 토대로 활용할 수 있다.

자율적 판단을 내리는 인공지능(AI)에게 어떤 윤리적 원칙을 부여할 것인가는 현대기술 철학의 핵심 과제다. 자사오행의 덕목 체계는 규칙 기반의 윤리를 넘어, 상황에 따라 유연하게 판단하고 조화로운 결정을 내리는 '덕성 기반 인공지능(AI)' 모델을 구상하는 데 중요한 철학적 영감을 제공할 수 있다.

전통오행이 지닌 결정론적이고 비과학적인 한계를 명확히 인식하고, 그 대안으로서 자사오행이 지닌 주체적이고 실천적인 윤리학으로서의

---

378) '진성 리더십(Authentic Leadership)'은 진정성(authenticity)의 개념을 바탕으로 '리더와 조직구성원들의 긍정적 자기개발 촉진 측면에서 자기인식, 내재화된 도덕적 관점, 정보의 균형된 처리 및 관계적 투명성 등을 보다 발전시키기 위해 긍정적 심리 역량과 긍정적, 도덕적 분위기를 만들어내고 증진하는 리더의 행동 양식'으로 정의된다.

가치를 재발견할 때, 우리는 비로소 음양오행이라는 거대한 사상적 유산을 현대적으로 되살릴 수 있는 새로운 길을 찾을 수 있을 것이다.

3. 결론

현대 사회에서 미신이나 운명론의 틀에 갇혀 있는 오행(五行) 사상을 비판적으로 재검토하고, 그 안에 내재된 두 개의 상이한 지적 전통을 구분하여 분석함으로써 오행론의 새로운 가능성을 모색하고자 했다. 이를 위해 첫째, '음양'과 '오행'이 본래 다른 역사적 경로를 걸어온 독립적 사상임을 밝혔으며, 둘째, '오행'이라는 이름 아래 우주론적 '전통오행'과 윤리적 '자사오행'이라는 두 개의 길이 존재함을 논증하였다.

본론의 내용을 요약하면 다음과 같다. '전통오행'은 목·화·토·금·수라는 다섯 원소의 상생·상극 원리를 통해 외부 세계의 변화 법칙을 설명하려는 결정론적 우주론이다. 이는 전국시대 추연(鄒衍)에 의해 정치 이데올로기화되었고, 한대(漢代)에 이르러 술수(術數)와 결합하며 오늘날 통속적 오행론의 주류를 형성했다. 그러나 이 모델은 과학적 검증의 어려움과 과도한 환원주의라는 한계를 지니며, 이미 조선 후기 실학자들에 의해서도 그 비합리성이 지적된 바 있다.

반면, 20세기 후반 출토문헌을 통해 그 실체가 드러난 '자사오행'은 인·의·예·지·성이라는 다섯 가지 윤리 덕목을 중심으로 인간 내면의 완성을 추구하는 실천적 수양론이다. 이는 외부의 법칙에 종속되는 인간이 아닌, 주체적 노력을 통해 스스로의 인격을 완성하고 나아가 천도(天道)와 합일할 수 있다는 능동적 인간관을 제시한다. 이는 오행이라는 개념 틀을 외부에서 내부로, 우주에서 인간으로 가져온 사상사적 전환을 의미한다.

본 연구의 가장 중요한 성과와 가치는, 오랫동안 술수적 오행론의 그늘에 가려져 있던 '자사오행'의 철학적 가치를 복원하고, 이를 통해 오행 사상을 미신의 영역에서 탈피하여 합리적이고 실천적인 철학적 자산으로 재평가할 수 있는 길을 열었다는 점에 있다. 특히 자사오행을 현대의 덕 윤리학, 긍정 심리학, 리더십 이론, 나아가 인공지능(AI) 윤리 등 현대 과학 및 학문 분야와 융합할 수 있는 가능성을 제시함으로써, 고전 사상의 현대적 생명력을 입증하고자 했다.

물론 본 연구는 몇 가지 한계를 지닌다. 자사오행에 대한 논의는 여전히 곽점초간과 마왕퇴백서라는 제한된 출토 문헌에 의존하고 있으며, 그 해석을 둘러싼 학술적 논쟁은 현재진행형이다. 또한, 현대 학문과의 융합 가능성은 주로 방향성을 제시하는 수준에 머물러 있어, 각 분야와의 심도 있는 공동 연구를 통한 구체적인 모델 개발은 추후의 과제로 남는다. 따라서 향후 연구는 첫째, 『오행』편의 텍스트에 대한 보다 정밀한 분석을 통해 자사오행의 수양론적 구조를 더욱 명확히 규명해야 한다. 둘째, 자사오행의 덕 윤리 체계를 서양의 덕 윤리학과 비교 연구하여 그 보편성과 특수성을 탐구하는 작업이 필요하다. 셋째, 자사오행의 덕목 모델을 실제 교육 프로그램이나 심리 상담 등에 적용하고 그 효과를 경험적으로 검증하는 실천적 연구로 나아가야 한다.

| 참고 문헌 |

『論語』,『孟子』,『老子』,『荀子』,『管子』,
『周易』,『周易參同契』,『皇極經世書』,『黃帝內經』
董仲舒,『春秋繁露』, 中華書局, 1985.
    , 남기현 역,『춘추번로』, 서울: 자유문고, 2005.
班固,『白虎通義』, 北京, 中國書店, 2018.
    , 신정근 옮김,『백호통의』, 소망출판, 2005.
『四庫全書總目提要』
段玉裁,『說文解字注』

고회민(高懷民) 지음, 신하령·김태완 옮김,『상수역학』, 신지서원, 1994.
김경수,『출토문헌을 통해서 본 중국 고대 사상』, 심산출판사, 2008.
김충열,『中國哲學史』, 예문서원, 1993.
소길(蕭吉) 지음, 김수길·윤상철 공역,『오행대의』, 대유학당, 2023.
양계초·풍우란 외 지음, 김홍경 편역,『음양오행설의 연구』, 신지서원, 1993.
유호군, 임채우 역,『주역과 술수역학』, 동과서, 2014.
은남근 지음, 이동철 옮김,『오행의 새로운 이해』, 법인문화사, 1992.
임정기,『음양오행으로 읽는 세계』, 맑은샘, 2022.
조셉 니담(Joseph Needham), 이석호 외 옮김,『중국의 과학과 문명2』, 을유문화
    사, 1988.
주백곤(朱伯崑),『易學哲學史』中冊, 北京大學出版社, 1988.
펑유란 지음, 정인재 옮김,『간명한 중국철학사』, 마루비, 2018.
풍우란, 박성규 옮김,『중국철학사』, 까치, 2014.
馮友蘭, 鄭仁在 譯,『中國哲學史料集』, 螢雪出版社, 1994.
카린 라이(Karyn L. Lai), 심의용 옮김,『케임브리지 중국철학 입문』, 유유, 2018.

김영주,「『주역(周易)과 점(占)치는 사회」,『상호문화적 글로벌 시대의 종교와 사
    회』, 열린서원, 2024, pp.199~227.
김충렬,「주역과 음양오행」, 한국역경문화학회,『주역철학과 문화』제2집, 2004,
    pp.7~36.

임병학,「『洪範』五行의 본질적 의미」, 퇴계학연구원,『퇴계학보』제150호, 2021 ,pp.127~156.
임정기,「오행의 의미와 그 변화」, 새한철학회,『철학논총』제4호, 2020, pp.329~348.
천승민·유흔우,「帛書『周易』「易傳」의 卦氣說에 관한 연구」, 한국공자학회, 『공자학』제32호, 2017, pp.35~69.
홍성민·유흔우,「竹帛『五行』의 聖智觀 연구」, 한국유교학회,『儒敎思想文化研究』第68輯, 2017, pp.87~116.
龐樸,「再論"五行"與"聖智"」, 中國哲學史, 北京: 哲學研究雜誌社, 2001(03).
陳來,「竹簡 五行 篇與子思思想研究」, 北京大學報(哲學社會科學版), 2007, 第2期.

| 저자 약력 |

우희종

서울대학교 수의과대학 학장을 역임하고 작년부터 서울대학교 명예교수로 있으며, 현재 비영리 공익 재단법인인 '여산생명재단'을 국회 등록단체로 하여 활동 중에 있다. 대학 졸업 후 일본 도쿄대학, 미국 펜실버니아 대학 및 하버드 의과대학 등을 거쳐 서울대학교 재직 중에는 수의과대학 학장, 아시아 지역 수의과대학협회 (AAVS) 회장을 비롯해 전공 분야에서의 활동 외에도 '민주화를 위한 전국 교수협의회(민교협)' 상임의장, '우리민족서로돕기운동' 공동대표 등 시민단체 활동과 2020년 '더불어시민당' 당대표를 역임하는 등 사회개혁을 위한 참여에 적극적이다. 특히 생명감수성을 강조하면서 동물복지 문제에 관여해 왔으며, 처음으로 대선 선거 캠프 내에 '동물권위원회'를 만들어 국내에 동물권의 개념을 일반화하는 데에 기여했다. 현재는 AI나 로봇 등장에 따른 포스트휴먼 사회에서의 생명권에 관심을 두고 있으며, 기후위기나 팬데믹 유행의 근대사회의 한계를 넘어서는 새로운 시대적 패러다임 도출에 힘 모으고 있다. 불자이자 기독교인으로서 20여년간 마음공부 모임을 이끌고 있으며, 본인의 간화선 수행을 통한 종교적 각성이 다양한 사회 활동과 저서 작업의 동력임을 밝힌 바 있다. 저서는 전공 관련 외에도 다양한 저자들과 함께 쓴 종교 간의 대화나 과학과 사회 및 인문학 주제의 책이 많다. 정년 퇴임 후에는 정치나 사회 활동을 줄이고, 종교 간의 대화와 생명 감수성 확산에 주력하고 있다.

박수영

연세대학교에서 지질학과 철학을 공부하고, 공기업에서 직장생활을 하였다. 이후 KAIST 비즈니스 스쿨에서 경영학석사과정(MBA)을 공부하였고, 동국대에서 불교학으로 석사, 인도철학으로 박사학위를 취득하였다. 주요 논저로는 산스끄리뜨어의 기원에 대한 "Proto-Indo-European 오그먼트의 기원과 역할: 오그먼트는 어떻게 과거를 지시하는가?"(인도철학 42집), 빠니니 문법의 구조를 분석한 "『아슈따디아이』 따디따(taddhita) 부분의 구조"(인도연구 21권1호), 바르뜨리하리의 인도사상사적 위치를 다룬 "바르뜨리하리(Bhartṛhari)의 재조명"(남아시아연구 25권1호), 힌두이즘의 기원 문제를 다룬 "힌두이즘의 기원에 대한 재조명: 힌두교는 동인도회사(EIC)의 발명품인가"(인도철학 57집), 『포스트코로나 시대의 새 종교지평』(공저) 등이 있다. 현재 인도철학회 편집위원 및 동국대 연구초빙교수로 일하고 있다.

이메일: souyoung@naver.com

박종식

대한불교조계종의 승려 만종공일(卍宗空日)은 서울대학교를 졸업하였으며, 동국대학교에서 인도철학을 전공하였다. 등단한 시인으로, 봉은사의 포교사회국장이며, 동국대학교 객원교수이다. 20대의 젊은 시절 여러 곳을 떠돌았으며, 30대에는 백두산 언저리에서 수년간 머무르며 발해, 고구려 유적지와 항일독립투쟁의 현장을 들러보았다. 또한 공동체 관련 일에 관여하다가 덕유산 자락으로 옮겨 자연농법과 영성에 대한 다양한 실험을 하였다. 40대에 출가하여 길상사, 백담사 등의 절집에서 살았다. 설악산과 지리산 자락의 절집과 남해 바닷가의 토굴 등을 오가며 정진하였다. 2020년 겨울부터 서울 봉은사에서 지내고 있다. 주요 관심사로는 문명비평에 초점을 둔 불교미학 검토, 생명현상을 검토하는 불교의학 연구, 선어록에 대한 신선한 해석작업 등이다. 홀로 차(茶) 마시기를 즐기며 달빛 좋은 날이면 주위 사람들에게도 향이 깊은 차를 내주곤 한다.「나라다 박띠수뜨라의 박띠사상연구」,「치선병비요경의 불교의학 연구 등의 학위논문이 있으며, 저서로는「설악무산의 문학, 그 깊이와 넓이」,「상호문화적 글로벌 시대의 종교와 문화」,「불교의학 기초편」 등이 있다.
이메일: jyotisa33@daum.net

만태영

중앙대학교에서 경제학을 공부하여 관련 업종에서 근무하다 식물과 인연을 맺었다. 이후 불교 경전에 수록된 식물들을 인도와 네팔의 식물을 중심으로 정리해 건국대학교 분자생명공학과에서 석사학위를 취득하였다. 보고서와 자료집으로만 존재하였던 경전 속의 식물과 관련한 불교 최초의 학위 논문이었다. 동국대학교에서 대승 경전에 나타난 식물의 식물학적 실체와 교학적 의미를 불교가 자연을 바라보는 관점에서 연구해 박사학위를 취득하였으며 동 학위 논문으로 제8회 대원불교문화상(학위논문 부문)을 수상하였다. 또「대승 경전에 나타나 식물들의 상징성을 중심으로 한 교법(敎法)이해 모형 연구」로 제6회 불광 전법학술상을 수상하였다. 현재 동국대학교 인문학술연구 교수이자 한국불교식물연구원(www.kbpi.org) 원장으로 불교 경전과 불교 사서에 수록된 식물의 자원식물학적, 종교적 활용과 식물문화콘텐츠 개발 등 식물을 통한 다양한 방식의 불교학 연구에 매진하고 있다. 「비주얼 인문학의 실현-『삼국유사』속 식물문화원형을 바탕으로 조성하는 역사테마식물원」, 「『법화경』에서 '공덕의 과보'로 나타나는'천화'의 의미 연구」를 비롯한 다수의 논문이 있다. 저서로『경전속 불교 식물-자비의 향기를 전하다.』(네이버 지식백과 정보제공 도서)와 『마음을 밝히는 붓다의 식물 108가지』가 있다.

이명권

연세대학교 신학과를 졸업하였고, 감리교 신학대학원 및 동국대학교 대학원 인도철학과에서 석사학위를 마쳤다. 서강대학교 대학원 종교학과에서 박사학위를 취득했고, 미국 〈크리스천헤럴드〉 편집장, 관동대학교에서 '종교간의 대화' 강의, 그 후 중국 길림사범대학교에서 중국문학 석사학위 후, 길림대학 중국철학과에서 노자 연구로 박사학위. 중국 길림사범대학교에서 교환교수로 재직, 동 대학 동아시아연구소 소장을 역임. 그 후 서울신학대학교에서 초빙교수로 동양철학을 강의함. 현재 코리안아쉬람 대표 및 K-종교인문연구소 소장으로서 코리안아쉬람TV/유튜브를 통해 "이명권의 동양철학"을 강의하고 있으며, 인문계간지『산넘고 물건너』(열린서원) 발행인이다. 평화운동에 관심을 가지고 K-평화통일연대를 창설하여 상임대표를 맡고 있다.

저서로는『우파니샤드』,『베다』,『노자왈 예수 가라사대』,『예수 석가를 만나다』,『공자와 예수에게 길을 묻다』,『무함마드, 예수, 그리고 이슬람』,『암베드카르와 현대인도 불교』가 있다. 공저로는『오늘날 우리에게 해탈은 무엇인가?』,『사람의 종교, 종교의 사람』,『종말론』,『통일시대로 가는 평화의 길』, 『평화와 통일』, 『포스트 코로나 시대의 새 종교지평』, 『포스트 코로나 시대의 평화사상과 종교』, 『상호문화적 글로벌 시대의 종교와 문화』, 『종교와 정치』, 『종교와 예술』, 『종교와 생태』, 『종교와 사회』 등이 있다. 역서로는 『종교간의 대화와 협력을 위한 영성』, 『간디 명상록』, 『마틴 루터 킹』, 디완찬드 아히르의 『암베드카르』, 세샤기리 라오의 『간디와 비교종교』, 한스 큉의 『위대한 그리스도 사상가들』(공역), 『우리 인간의 종교들』(공역)이 있다.

이메일: imkkorea@hanmail.net

최현성

카이스트에서 경영과학을 전공하였으며, 동국대학교에서 인도철학과 명상과학을 연구하여 '현대 명상의 연원과 실용성 연구(마음챙김과 요가를 중심으로)'라는 논문으로 철학박사 학위를 받았다. 20년간 명상을 수련하며, 이를 기반으로 현대인들에게 실용적이고 삶에 밀접한 명상의 지혜를 전하는 활동을 이어왔다. 2012년부터 2016년까지 카이스트, 한국에너지기술연구원(KIER), 한국전자통신연구원(ETRI) 등 각종 연구소와 서울의 명상센터에서 에너지 명상과 마음챙김, 참선을 지도하며 전문성을 쌓았다. 2018년부터 2023년까지 봉은사에서 명상 지도법사로 청년, 직장인을 대상으로 한 마음챙김 명상 프로그램을 진행하였다. 그 이후 영미권 도서 전문 기획자이자 역자로 활동했으며, 현재는 유튜브 채널 '마음챙김 오디오북'을 운영하며 일상에서 쉽게 접할 수 있는 명상법과 마음챙김 습관을 나누고 있다. 주요 논문으로는 "『『안반수의경』의 수식관(數息觀)과 요가의 조식(調息)'이 있으며, 역서로 『더 빠르게 실패하기』가 있다.

강응섭

총신대학교 신학과를 졸업하고, 프랑스 몽펠리에3대학교 정신분석학과를 거쳐, 몽펠리에개신교대학에서 프로이트와 라캉의 정체화(Identification) 개념으로 루터와 에라스무스의 의지 논쟁을 분석하여 신학박사학위를 받았다. 1999년부터 예명대학원대학교의 조직신학 교수, 정신분석상담학 교수이다. 저서로는 『동일시와 노예의지』, 『프로이트 읽기』, 『첫사랑은 다시 돌아온다』, 『자크 라캉의 세미나 읽기』, 『자크 라캉과 성서해석』, 『라깡과 기독교의 대화』, 『한국에 온 라캉과 4차 산업혁명』 등이 있다. 역서로는 『정신분석대사전』, 『라깡 세미나·에크리 독해 1』, 『프로이트, 페렌치, 그로데크, 클라인, 위니코트, 돌토, 라깡 정신분석 작품과 사상』(공역) 등이 있다. 그 외에 신학과 정신분석학을 잇는 다수의 논문과 공저가 있다.

양윤희

경희대학교 영어 영문학과에서 지그문트 프로이드와 블라디미르 나보코브를 연결한 『반복 충동과 포스트모던 소설』로 박사학위를 받았다. 1992년부터 2018년까지 경희대 교양학부와 후마니타스칼리지에서 문학 수업을 했고, 2009년 로버트 쿠버의 『요술부지깽이(Pricksongs and Descants)』를 민음사 세계문학전집으로 번역하면서 메타픽션에 관한 연구에 몰두하였다. 쿠버의 소설을 패러디하여 2021년 장편 소설 『두 달 뜨는 밤』을 출판하였고 국제 인문학상을 수상한 얀 플람퍼 교수의 『감정의 재탄생(The History of Emotion)』을 번역하여 한국대학출판협회의 2023년 우수도서에 선정되었다. 현재 경희대 비폭력 연구소에서 감정과 픽션에 관해 공부하고 있다.
이메일: dff003@naver.com

김영주

동국대학교 일반대학원 철학과에서 철학박사 학위를 취득하였다. 주요 논문으로는 「왕충의 비판유학에 관한 연구」, 「『궁달이시』의 '천인유분'과 '시명관'에 관한 연구」, 「불교의 우주론과 생태 이해」, 「주돈이 태극도의 미학적 사유」, 「『주역(周易)』과 점(占)치는 사회」 등이 있다. 한양대학교 ERICA 융합산업대학원 동양문화학과에서 음양오행 및 명리이론을 강의했으며, 현재 동국대학교 동서사상연구소 전문연구원으로 있다.
이메일: yjkim7431@naver.com

종교와 과학

초판 1쇄 발행 | 2025년 7월 9일
지은이 | 우희종 박수영 박종식 민태영 이명권 최현성 강응섭 양윤희 김영주
펴낸이 | 이명권
펴낸곳 | 열린서원
편집디자인 | 산맥
등록번호 | 제300-2015-130호(1999년)
주소 | 강원특별자치도 화천군 간동면 용호길 73-155
전화 | 010-2128-1215
전자우편 | imkkorea@hanmail.net
ISBN | 979-11-89186-78-4(**93200**)

값 25,000원

※ 잘못 만들어진 책은 구입한 곳에서 교환해 드립니다.
※ 이 도서에 국립중앙도서관 출판사 도서목록은 e-CRP홈페이지
   (http://www.nl.go.kr/ecip)에서 이용하실 수 있습니다.